纺织品文物保护修复概论

《纺织品文物保护修复概论》编写组　编

文物出版社

图书在版编目（CIP）数据

纺织品文物保护修复概论／《纺织品文物保护修复概论》编写组编．—北京：文物出版社，2019.11

ISBN 978 - 7 - 5010 - 6465 - 6

Ⅰ.①纺…　Ⅱ.①纺…　Ⅲ.①纺织品 - 文物 - 修复 - 中国　Ⅳ.①K876.9

中国版本图书馆 CIP 数据核字（2019）第 274404 号

纺织品文物保护修复概论

编　　者：《纺织品文物保护修复概论》编写组

责任编辑：张晓曦
封面设计：程星涛
责任印制：张道奇

出版发行：文物出版社
社　　址：北京市东直门内北小街 2 号楼
邮　　编：100007
网　　址：http：//www.wenwu.com
邮　　箱：web@ wenwu.com
经　　销：新华书店
印　　刷：北京京都六环印刷厂
开　　本：710mm×1000mm　1/16
印　　张：23.5
版　　次：2019 年 11 月第 1 版
印　　次：2019 年 11 月第 1 次印刷
书　　号：ISBN 978 - 7 - 5010 - 6465 - 6
定　　价：200.00 元

目　录

第1章 绪论

纺织品文物保护修复的对象是纺织品文物及由纺织材料构成的艺术品或其他复合材质文物，纺织品文物的构成材料以丝、毛、棉、麻纤维为主，部分纺织品文物辅以染料、颜料、黏合剂、金属线、皮革等材质。纺织品文物的主要材质为有机质，易受环境温湿度、光照、霉菌、灰尘等因素的影响而发生各类型的劣化，控制纺织品文物纤维及其附带材质的劣化并对已发生病害的文物进行保护修复，是纺织品文物保护修复的主要任务。考古出土及传世纺织品文物是纺织品文物的大宗，而这些纺织品因经历的保存条件不同而呈现出不同的保存状态，其所需的保护修复技术类型也有一定差异。

1 考古出土与传世纺织品

1.1 考古出土纺织品

20世纪初，中国西北地区出现了外国人"探险热"，在这些来自俄、英、法、德、日、瑞典和美国的探险队中，瑞典的斯文·赫定、英国的斯坦因、法国的伯希和等是比较有影响力的代表。他们在新疆、内蒙古、青海、甘肃的戈壁荒漠中盗掘了大量纺织品文物，这些纺织品文物大多被收藏于西方博物馆内。

在新中国成立初期的史前和商周考古工作中，发现了少量纺织品痕迹或残片。1958年，浙江钱山漾遗址中出土了少量绢片、丝带、丝线及苎麻布片和细麻绳等，其时代距今4750年左右。20世纪50年代初，在湖南、湖北和河南等地出土了大量战国时期的丝织物。新疆地区也在阿斯塔纳墓地发现了大量保存较好的纺织品，在尼雅遗址也出土了大量保存很好的丝绸服饰。在这一时期，还有一项著名的纺织考古发现，那就是从定陵地下玄宫发掘出土的大量明代丝绸。"文革"期间，重要的纺织考古发现有湖南长沙马王堆1号汉墓、新疆地区的阿斯塔纳墓区以及哈拉和卓墓地发掘出土的大量丝织品。

进入新时期，中国的纺织考古工作取得了更大的进步，在一系列重要的考古发现中相继出土了大量珍贵纺织品文物。例如，湖北江陵马山 1 号楚墓，新疆楼兰遗址、洛浦山普拉墓地出土的汉晋织物；新疆营盘和吐鲁番出土的晋唐织物；青海都兰和陕西法门寺地宫出土的唐代丝绸；福建福州和江西德安出土的南宋织物和服饰；内蒙古辽庆州白塔和耶律羽之墓出土的辽代丝织品以及河北隆化鸽子洞出土元代丝绸等，都是这一时期重要的考古出土纺织品实物资料。

从纺织品的时代看，已发现的最早纺织品属新石器时代晚期。距今 7000～5000 年，在黄河流域以及长江流域出现了麻纺织业和丝织业，西北地区则出现了毛织业。最早的丝绸实物见证是山西夏县西阴村出土的半个野生桑蚕茧，而大麻织物的物证最早见于河南荥阳青台村新石器遗址第七层地层中出土的麻纱、麻绳、麻布织物等，其时代距今约 5500 年左右。葛纤维织物已发现的最早实例为 1972 年出土于江苏吴县草鞋山新石器遗址第十层文化层堆积中的距今约 6000 年的葛布片；商周时期，织物种类与刺绣技术均有很大发展。商代丝织物以青铜器上残存的织物印痕为主，福建武夷山白岩崖洞的船棺中发现的大麻、苎麻、丝、木棉四种原料织物属于较少见的实物。西周时期的纺织品及服饰实物见于河南三门峡上村岭虢国国君虢仲墓以及辽宁朝阳西周早期墓中。这一时期，毛织物主要出土于新疆地区；楚国丝织品主要发现于两湖地区，主要集中于长沙、荆州两地。战国丝绸中最重要的发掘是湖北江陵马山 1 号楚墓，共出土衣服 35 件，服饰、衾和其他用品所用的织绣种类多达几十种。河南潢川黄君孟夫妇墓中出土了不少春秋早期的丝织品、刺绣残片和麻鞋。除此之外，在湖北随县曾侯乙墓、河南信阳楚墓、新疆乌鲁木齐鱼儿沟战国墓等地均有战国时代纺织品出土；西汉纺织品文物的重要发现无疑要数湖南长沙马王堆 1 号墓，出土丝织品及服饰一百余件，出土丝织品主要是穿着于女尸身上的丝质服饰以及存放于竹笥中的单、夹绵袍及裙、袜、手套、香囊等。除此之外，河北满城中山靖王刘胜及其妻窦绾墓、广州象岗南越王墓、北京丰台大葆台汉墓、湖北江陵凤凰山 168 号汉墓以及一些小型西汉墓中也出土了大量丝织品；在甘肃敦煌附近的马圈湾烽燧遗址发现了大量西汉时期毛织物和丝织物，在武威磨咀子则出土了大量西汉晚期到东汉中期

的纺织品。另外，新疆塔克拉玛干大沙漠南道的民丰尼雅、洛浦山普拉、若
羌楼兰遗址出土了大量魏晋南北朝时期织物，如"王侯合昏千秋万岁宜子孙"
锦被和"五星出东方利中国"锦护膊。营盘是新疆考古出土纺织品的重要区
域，1995 年开始的考古发掘中出土了大量丝、毛、棉、麻纺织品，其中有不
少毛毯和少数贴金织物；唐代前期，官营丝织业十分发达，中晚期，纺织生
产重点区域逐渐由中原向南方地区转移，西北地区的纺织业也有很快发展。
北朝至隋唐时期织物主要出土于新疆吐鲁番阿斯塔纳与哈拉合卓墓地、青海
都兰热水吐蕃墓、陕西法门寺唐代地宫以及甘肃敦煌藏经洞；宋、辽、金、
夏时期的织绣品种不断创新，加金织物在金代大量出现。辽代丝绸历年均有
出土，内蒙古赤峰大营子辽赠卫国王墓出土大量绣品，辽宁法库叶茂台辽代
早期墓葬中曾出土服饰十余件，内蒙古赤峰阿鲁科尔沁旗罕苏木耶律羽之墓、
兴安盟代钦塔拉辽墓也曾出土大量辽代早期纺织品，巴林右旗辽庆州白塔塔
顶出土了少量辽代中期纺织品。另外，赤峰解放营子、哲里木盟小努日木辽
墓、豪欠营辽墓则出土了大量品类丰富的辽代晚期纺织品文物。金代织物主
要有两处发现，一是黑龙江阿城金代齐国墓出土大量金代贵族服饰，其中大
量织物为加金织物，另一处为山西大同金代阎德源墓出土的道教冠服。北宋
时期纺织品主要发现于佛塔塔基或地宫，例如江苏镇江甘露寺铁塔塔基、浙
江瑞安慧光塔塔身、江苏苏州虎丘云岩寺塔塔身、江苏苏州瑞光寺塔塔心窖
穴等，湖南衡阳何家皂山宋墓出土织物残片二百余片，该批织物为目前所知
少有的在墓葬中出土的宋代丝绸。南宋织物出土较多，例如浙江兰溪香溪高
氏墓、江苏镇江金坛周瑀墓和常州武进村墓、江西德安周氏墓、福建福州黄
昇墓与茶园山墓等；在昔日汪古部活动区域内，内蒙古四子王旗耶律氏陵园
古墓、达茂旗大苏吉乡明水古墓、镶黄旗哈沙图古墓出土大量蒙元时期丝织
品，织金、印金织物特色更加鲜明。在山东邹城儒学博士李裕庵夫妇合葬墓
出土衣物 55 件，内蒙古集宁路故城发现一瓮窖藏丝织物共 8 件，印金织物是
其中的一个特色。甘肃漳县徐家坪汪世显家族墓、内蒙古额济纳旗黑水城、
安徽庆安棋盘山元墓、浙江海宁元代贾椿墓、湖南华容城关元墓、湖南沅陵
双桥元墓均曾出土大量元代纺织品；明清织物在各地都有大量出土，传世明
清织物量也很大。

1.2　传世纺织品文物

　　传世纺织品文物以清代为主，包括北京艺术博物馆、南京博物院、中国

国家博物馆在内的部分博物馆零星藏有少量的清代服饰、刺绣品等传世品，在清代纺织品收藏方面，北京故宫博物院无疑是最重要的机构。北京故宫博物院以清代宫廷旧藏为基础，解放初期曾是国内收藏织绣品的唯一机构，藏有大量的民间织绣珍品。其收藏品主要包括：织物成卷匹料，大多为清代江南三织造的产品，晚期民间织造甚至近代织机生产的产品；服装和饰品，除了皇帝朝服及便服外，还包括宫内女眷们的各种行头、戏装和道袍等；另外，还有大量的室内装饰品，包括织绣画、地毯、帘子、床帐等等，其总数目不下十万件。除北京故宫博物院外，河北承德避暑山庄、辽宁沈阳故宫博物院等也有类似收藏，但其数量和等次均不及北京故宫博物院藏品。除了织绣、服饰之外，很多宗教场所也藏有部分丝质经卷、唐卡、佛幡等传世纺织品文物。

2　纺织品文物保护修复与研究的内容

纺织品文物保护修复工作的主要对象为考古出土纺织品，从工作时段及地点分，包括考古现场的纺织品文物提取与现场保护、纺织品文物包装运输，纺织品文物实验室保护修复，纺织品文物库房保存、纺织品文物展览等多个环节。

纺织品文物为有机质，在考古现场揭露以后，易因环境变化而发生各类病害，在现场提取和保护阶段，需要为纺织品文物营造适宜的保存环境，采取恰当的临时性稳定处理和提取技术，妥善包装运输至文物保护实验室进行下一步保护修复处理。在这一阶段工作中，需要开展纺织品文物出土环境条件监测，纺织品文物老化类型及其与环境条件的关系研究。结合现场文物保护理念，开展各类纺织品材料及其附带材质的现场稳定处理技术研究，创新纺织品文物现场档案记录与信息提取技术，探索档案记录的规范化，开发实用性纺织品文物的包装与运输技术。

在纺织品文物实验室保护修复阶段，除了对纺织品的病害因素进行控制或消除外，还需要对纺织品文物材料进行鉴别，对其老化状态进行评估，对病害进行确认，对病害机理进行分析，筛选恰当的保护修复技术手段。这主要包括对纺织纤维、染料、颜料、金属线进行材质科学分析，对织物的组织结构、刺绣工艺进行分析，对织造、刺绣、印染及彩绘纹样进行档案记录和分析，对服饰结构进行分析研究等。在全面了解纺织品文物材质结构和保存状况的前提下，结合文物的保护理念，确定文物保护修复方案和技术选择。具体技术主要包括：织物表面清洁、清洗、灭菌、杀虫、形变矫正、回潮、揭展、加固、针线法修复等。其中还涉及对保护修复用织物及缝线进行染色，以使其色彩与文物色彩相协调的染色技术。对于经过实验室保护修复的文物，仍需采用稳定的包装材料，根据文物的使用方向，设计制作恰当的文物包装，用于文物展览、存放以及运输。

预防性文物保护工作对纺织品文物的稳定保存具有重要意义。在实际工作中，需要从保存环境的温湿度、灰尘、光照、空气洁净度、霉虫害监测、包装、搬运、展览等多个方面对文物进行妥善的预防性保护，提升纺织品文物在实验室、库房以及展厅中的保存稳定性和安全性。这一部分工作，主要包括环境因素对织物病害劣化的影响关系研究、环境监测控制与分析研究、霉害虫害控制技术以及文物包装运输技术与规范等。除此之外，还包括对文物保存风险防范、预防性保护工作管理以及灾害和突发事件防范措施等等。

3　纺织品文物保护修复现状与发展

我国纺织品文物保护修复工作的快速发展阶段应该始于 20 世纪 80 年代。在这一时期，纺织考古、纺织收藏、保护修复、科学研究等很多方面都较以往有了很大的进步。虽然我国纺织品文物保护修复已经历了三十多年的发展，但与国外同领域相比我们的发展历史仍然相对短暂，总体水平仍然较低。主要体现在：专职纺织品文物保护修复专业人员十分有限，与我国所存纺织品文物相比，数量明显不足；纺织品文物保护修复专业教育培训体系落后，至今没有专业高等学历教育设置；绝大多数纺织品文物的现有保存环境差，保存设备和材料落后；专业保护修复实验室和科研机构数量少、条件差；有关纺织品文物保护修复的实用且可推广性强的科研成果数量较少，仅有科研成果的公开度不高和推广应用效果十分有限；缺少有关纺织品文物保护的学术交流组织，相关专业学术会议及出版物的数量也十分有限；现有纺织品文物保护修复及研究资源的分配和使用，缺少在基础设施建设、保存条件改善以及具有创新性和实用推广性基础技术及小课题方面的倾斜力度。

欧美是纺织品文物保护相对发达的地区，其中欧洲纺织品文物保护修复的发展历史较早，发展基础和从业人员数量也远远好于其他地区。欧洲的纺织品文物保护强国主要有英国、瑞士、法国、德国、意大利等，荷兰、比利时、匈牙利、瑞典等国家也在某些领域做出了一定成绩。在美洲则主要集中在美国、加拿大和少部分南美洲国家。另外，亚洲的日本、韩国、新加坡等国家也开展了较多纺织品文物保护研究工作。与国外纺织品文物保护现状相比，我国纺织品文物保护修复技术领域目前在文物保护修复理念、保护修复技术方法、科学研究方法、教育培训模式等四个方面存在较大差异。

3.1　国外纺织品文物保护理念

对国外纺织品文物保护修复理念进行全面的总结有相当难度，以下仅对几个值得我们注意的显著特点进行简述。主要包括对预防性文物保护的高度重视、对保护方案及保护技术的慎重选择、对文物信息提取和保存的重视以及对纺织品文物保护相关外部影响因素的评估和研究利用。

对纺织品文物预防性保护的重视可以说是欧美纺织品文物保护中最显著的一个特点。预防性文物保护是文物保护的首要任务，是相对于干预性文物保护而提出的一个概念，可以理解为所有为预防文物病害、劣变和损坏而采取的不直接作用于文物本体的措施。预防性文物保护工作在抑制文物材质老化，减缓文物病害、避免文物损坏等很多方面都具有极其重要的作用。在做足了预防性文物保护工作的前提下，对文物采用渗透、加固、封护、清洗、修复等干预性保护措施的需求就会大大减少，对文物的干预性影响也自然会大大降低。国外纺织品收藏机构的保护修复专业人员在文物预防性保护工作上投入的时间比例比较大，他们广泛参与文物保存环境控制和监测记录、文物包装材料及存放形式改进、展览文物的包装制作及文物固定、展览环境控制、参与脆弱文物拍照搬运等工作。另外，有的纺织品文物收藏单位在纺织品文物保护修复专业人员与普通文物库房保管人员之间还有一类工作人员，其工作主要是开展文物的预防性保护工作，包括日常文物的搬运、环境控制、文物保养、病害及保存状况监测等。再从国外的文物保护经费使用方面来看，也能看出他们对预防性文物保护的重视。国外用于大型文物保护科技创新等科学研究项目的经费不是很多，而且经费数额一般都不大，主要鼓励开展具备广泛性和基础性的，有推广价值和意义，能实际解决文物保护修复所面临问题的研究。有相当大部分的资源被使用在预防性文物保护方面，比如对文物保存库房的改造，对库房或展览空间环境的控制，对文物保存包装材料的研发和推广应用，对基层文物保护人员的预防性保护知识教育和技能培训，以及对学生和年轻从业人员的培养和小项目科研支撑等方面。

慎重而科学地对待纺织品文物保护修复方案的制定和保护修复方法的选择，充分考虑与纺织品文物相关的内外因素，参考相关专家甚至社会公众的观点和思想，是欧美纺织品文物保护修复理念中的另一个比较突出的特点。面对一件需要保护修复的纺织品文物，科学地制定保护修复方案，选择恰当的保护修复技术是至关重要的一步，它直接影响到所采取的保护处理措施对文物的影响。因此，在方案制定和技术选择阶段，保护修复人员结合自身的专业知识和技能水平，在全面考察和了解文物的组成、保存条件、使用方向以及历史信息等相关外部环境因素的前提下，多方咨询参考包括博物馆或收藏机构的领导或私人文物所有者、文物艺术历史学家、博物馆展览设计人员、文物包装制作人员、其他材质文物保护修复专家、甚至包括单位其他部门同事（他们以普通社会公众的视角来看待文物保护）的观点是十分有意义的，这有利于减少因文物保护修复执行者个人知识、思想和技术的局限性或不合理性，而导致的保护修复操作对文物的不合理影响。国外从业人员，在实际工作中基本上能够做到，尽可能地参考其他专业人员和受众群体的观点和感受，根据文物保存条件和工作条件，调整和制定相应的文物保护、修复、包装和展览方案。

国外纺织品文物保护领域对纺织品文物保护过程中文物信息的揭示、保存与展示利用，以及如何尽可能实现保存历史信息和保护文物材质的双赢进行了比较多的探索。在很多情况下，保存文物原真信息和保护文物本体材质之间是存在矛盾的。因此，除了慎重保留文物所承载附带的信息外，还需对如何平衡揭示、保存和展示利用文物信息与最大限度地保存文物本体材质之间的关系进行探讨。应该说，在现实工作中，所选方案只具备在特定环境中的相对有限合理性。但无论如何，进行这样的探讨和思考是十分必要的，只有这样才有可能做到文物信息揭示、保存和展示利用与文物本体材质长久保存的双赢。另外，国外纺织品文物保护领域的学者还在更大的范围内，对与纺织品文物保护修复研究相关的社会、文化、宗教、种族、历史、人力资源等因素进行了探讨，对这些因素是如何影响纺织品文物保护修复工作的开展，以及应该如何辩证地合理引导和利用其中的积极因素，减少消极因素的不利影响，进而更好地促进纺织品文物保护修复工作的发展都进行了有益的探索。

3.2 国外纺织品文物保护修复方法

总体来讲，欧美纺织品文物保护修复的水平相对较高，但对其具体技术进行全面总结并不容易，它包括了纺织品文物的预防性保护、表面清洁、湿度调节及相关延续工作、湿洗干洗、展览包装、针线法保护修复等很多具体技术。相对于具体技术的总结，更重要的应该是对国外纺织品文物保护修复技术发展模式的思考。

国外纺织品文物保护修复技术领先地位的建立，与他们对纺织品文物保护修复理念的探索和实践，对纺织品文物保护细节技术的严谨追求和不断积淀，以及对保护修复技术无保留地交流和推广有很大关系。其中最显著的一个特点，应该是国外在纺织品文物保护修复技术细节上的丰富积淀，这得益于他们对保护修复实用技术开发、交流和推广的重视。由于受体制、人力和资金的限制，尤其是他们很难得到大金额的项目或课题支撑，来整合大量资源开展某项技术创新或攻关研究，因而他们不似国内，不时有大的文物保护技术突破或科技创新推出。但他们借助很有限的资金，注重资源的优化配置，务实性地开展了一些小规模的科研工作，主旨都是针对性地解决与纺织品文物保护修复相关的各类难题，强调实用性，注重公布研究结果的翔实性和技术细节，以推广应用的实际效果来评价研究成果的价值。经过多年的发展，国外的纺织品文物保护修复技术得到了长足的发展。

英国博物馆组织曾专门对服饰和纺织藏品的保管技术进行了系统总结并出版，虽然服饰织物的包装、搬运、悬挂、展览、固定等保管技术本身的科技含量并不大，但也引起了他们足够的重视，其总结的工作方法和注意事项十分周全，实用性非常强，至今仍被广泛参考。另外，对于纺织品文物修复中常用的针线法技术，也不断有西方学者进行细致的总结，从缝线的材质、染色、强度和粗细，到缝针的材质、粗细、弯曲形状，再到缝线在文物残破区的应用针法、分布区域和密度选择，以及对不同类型织物服饰所应采取的针线处理方法都进行了全面思考，并积极将技术积累所得在年轻从业者的培训和教育中推广，极大地促进了针线法技术的提高和发展。这些成果的取得，所花费资金的数额并不大，学者们密切结合实际，经过认真细致地工作和总结，通过出版和培训教育如实地公布和推广研究成果，对纺织品文物保护修复技术的发展起到了积极的推动作用。

另外，国外纺织品保护修复从业人员的专长分类也比较精细。虽然都在从事纺织品文物保护修复与研究，但各自的工作重点不同，有的专门做考古纺织品文物保护，有的专门做刺绣或挂毯织物的保护修复，有的则专门做染色技术研究、服饰展览支撑固定研究、织物湿洗研究等等。他们根据自己的专长，选取纺织品文物保护中的一个方向做深入的研究。由于雇佣体制非常灵活，这些有一技之长的纺织品文物保护修复及研究人员可以在欧美甚至世界其他地区找到短期工作，通过受聘参与某机构的工作或开展短期培训课程将自己的研究成果加以推广。术业有专攻，这些从业人员能够根据各自爱好，深入研究纺织品文物保护的每一个小领域，因而容易达到较高的水平，并通过被雇佣开展工作和教育培训，将高水平的研究成果推广，这都带动了国外纺织品文物保护修复技术整体水平的提高。

3.3　国外纺织品文物保护科学研究

国外纺织品文物保护修复领域的研究人员，有很大一部分是来自于化学、物理、纺织等其他相关领域的专家，他们开展一些与纺织品文物相关的科研工作。绝大多数情况下，这些研究人员不会直接开展纺织品文物保护修复工作，也大都认同自己只是开展与纺织品文物相关的研究，而不是纺织品文物保护修复专家。由于分工明确，很多研究人员得以常年延续在一个分支领域的研究，因而他们在纺织品文物保护的很多分支领域都取得了显著的成绩。例如，英国南安普顿大学纺织品文物保护中心利用显微傅里叶变换红外等技术对纺织品文物的物理和化学老化状态、近代人造聚酰胺纺织品文物的特征数据库建立、近代早期人造染料的鉴别方法研究、室内暴露展览丝绸文物的预防性保护等进行了系统研究。由英国曼彻斯特大学、爱丁堡大学、苏格兰国立博物馆、伦敦大学学院、南安普顿大学以及比利时、荷兰和西班牙的几家单位组成合作团队，吸纳了保护修复专家、保护修复科学家、科学仪器分析专家和化学、物理、机械、力学等方面的专家，采用多学科组合的综合研究方法，完成了挂毯类文物的毛、丝绸、金属线组成部分的劣化进程研究。在纺织品文物湿洗方面，有学者采用计算机技术，监测湿洗过程中洗液的成分和指标变化，得出湿洗过程中文物的各项指标在不同阶段的变化曲线，用以评估纺织品文物湿洗工艺对文物的影响，合理选择表面活性剂，确定湿洗液浓度、温度和浸泡时间等，这项工作在纺织品文物的安全湿洗以及改进和完善湿洗工艺等方面均具有重要意义。

3.4　国外纺织品文物保护教育培训体系

欧美纺织品文物保护修复的发展与其在专业人员教育和人才培养方面的努力密不可分，国外纺织品文物保护修复的高等教育主要集中在瑞士、英国、法国和德国。早期国外纺织品文物保护修复人才培养是以博物馆等纺织品收藏单位的实验室或工作室内部的师徒或同事之间的言传身教为主要模式的，随着人才培养发展的需要，才逐渐有高校或研究院所的专家参与教学和培训工作。后来，随着纺织品文物保护修复研究事业的发展和社会公众对这一行业认识程度的提高，才逐渐形成了以博物馆实验室或工作室为依托开展实践培训和教学，联合相关艺术、考古、纺织等高校开展学科理论教学的联合培养模式。

目前，在纺织品文物保护修复培训和高等教育方面做得比较出色的应属瑞士阿贝格基金会，它是一家私人纺织品文物收藏保护研究机构，在世界纺织品文物保护修复和研究领域占据重要地位。他们也走过了从早期自己培养学生到后来逐渐与伯尔尼应用科学大学联合培养学生，直至现在可以培养纺织品文物保护修复硕士和纺织品艺术史博士的发展之路。其纺织品文物保护修复专业为五年学制，教学语言为德语，理论教学和实践分别在伯尔尼应用科学大学和瑞士阿贝格基金会博物馆两地开展。他们培养学生的一大特点是通过长期高标准的实践培训与高校理论教学的密切结合，使学生既具备过硬的实践动手能力和经验，又具备开展纺织品文物保护修复工作所需的相关知识储备。另外，英国在纺织品文物保护修复教育方面也取得了很大成绩，其中最突出的应属英国纺织品文物保护中心（TCC）。原中心的前身立足于 Hampton Court Palace，自 1976 年起便开始了纺织品文物保护修复学生的培训课程，最初开设了三年制的纺织品文物保护以及挂毯和沙发类家具装饰文物保护修复的研究生学历教育。从 2000 年起，并入南安普顿大学，开始培养纺织品文物保护修复硕士，培养了来自日本、韩国、中国、印度、美国、哥伦比亚以及欧洲多个国家的学生，为世界纺织品文物保护修复教育做出了很大成绩。该中心已于 2010 年 3 月转移到英国格拉斯哥大学。除了瑞士阿贝格基金会和 TCC 外，英国皇家艺术大学的文物保护修复系与维多利亚和埃尔伯特博物馆合作，每年培养 1 名纺织品文物保护方向的硕士学生。德国科隆大学每年也能培养 2 ~ 3 名纺织品文物保护专业的硕士生。另外，法国、瑞典、比利时也有少量纺织品文物方向的学生毕业。但总体而言，全世界每年毕业的学生数量十分有限，远远不能满足现实工作需求。另外，欧洲的纺织品文物保护教育培养也正面临着很大压力，教育培养资源开始萎缩。因此，世界纺织品文物保护修复高等教育和人才培养的情势不容乐观。

国外的纺织品文物保护的理念、技术、研究方法、从业人员背景等都与各自的国情、社会、经济、历史文化等外部因素相关，我们不能简单照搬他们的模式。研究或考察一个国家的纺织品文物保护的发展之路和现状，不应该将其独立于其所根植的大环境之外来思考。只有这样，才能较为全面地理解各种纺织品文物保护发展模式的共性和差异性，针对我们的纺织品文物保护修复发展现状，采取恰当的发展模式。

第 2 章　出土纺织品文物考古现场的保护

考古现场保护是文物保护的重要组成部分。考古现场文物保护是指在文物将要发掘出土及出土后运送至实验室这一时间段内，对文物进行的抢救性和临时性的保护或维护。相对于文物在实验室内的保护，考古现场保护情况更为复杂，时效性更强，具有一定的不确定性，是一项抢救性和临时性的工作。考古现场保护的成败，直接关系到文物后续保护和研究工作的质量，因此，考古现场的保护工作显得尤为重要。

考古现场保护的主要目的是在文物出土过程中，通过采用各种保护措施以消除或减少外界环境对出土文物的破坏，保留出土文物及文物资料的完整性，使得发掘出土的文物在出土现场到实验室这一特定的时间段，能得到妥善的维护，并不影响后续的保护和考古研究，为文物在实验室内修复与保护提供有利条件，以便更好地保护文物和提取更多的考古信息。文物考古现场保护是经验和理论的结合，文物保护人员需要在基本原则的指导下，根据实际情况选择适宜的保护技术。纺织品文物考古现场保护的内容，概括起来有三个方面：首先是纺织品文物出土现场的稳定性控制，其次是文物的安全提取、包装和运输，再次是文物样品及信息的采集。

近年来，纺织品文物的室内揭展、清洗、加固和修复等保护技术研究成果丰硕，得到了长足发展，但考古现场的保护技术研究和实施受制于现场的复杂情况，发展较为缓慢，缺乏较为系统的保护知识和技术体系。尽管如此，国内外纺织品文物保护工作人员在以往工作的基础上，针对现场保护的基本需求开展了相应的研究，在考古现场保护的目的、基本内容、工作程序以及需要掌握基本原则、技术使用范围和注意事项等方面取得了一定的成绩，使考古现场保护效果有了极大提升。本章将以纺织品文物出土现场保护的工作内容、一般方法以及基本原则为基础，系统梳理现场保护实施常用设备、材料、工作程序以及注意事项的基本内容，为考古现场出土的纺织品保护提供参考。

1 现场保护注意事项

1.1 环境控制

纺织品文物出土前长期处于埋葬状态中，受埋葬环境中各种因素的共同作用而发生不同程度的老化，同时纺织品与埋葬环境的各种因素之间形成一种微妙的平衡，考古发掘打破了这种平衡，给纺织品的安全带来了不确定因素。纺织品的主要材料属于天然高聚物，当其受热、光、紫外线、氧等的作用时，会发生物理或化学性能变化，如变色、龟裂、强度降低等。这些外部条件引起高聚物主链断裂或交联，导致结构变化且性能降低，劣化过程中主要发生的反应是降解。维持纺织品文物出土后结构的稳定，减缓和控制纺织品文物的进一步劣变是现场保护工作的核心目标。其中，消除或减少纺织品文物安全隐患的主要措施是对考古现场微环境的控制。在诸多环境因素中，温湿度、有害生物、有害气体、光对纺织品文物有着至关重要的影响。

温度和湿度的改变能够加速纺织品文物的老化。相对湿度的改变造成纺织品文物的加速降解，而相对温度的改变则加速纺织品文物的纤维老化。通常认为，纺织品文物出土后最理想的保存状况是将其置于一定湿度的环境中并隔绝氧气。保存环境不能过于潮湿，因为纤维径向膨胀大，长度膨胀小，如果过于潮湿，纤维会发生变形。而如果湿度降低，蒸发失水会引起纤维收缩，使纤维变脆、变色、翘曲，这也是纺织品文物必须保存在一定湿度范围内的原因。温度是影响化学反应速率的主要因素之一，温度升高使物质内部分子运动加剧，分子运动的速率提高，因此容易发生化学反应。温度引起的纺织品文物劣变包括物理性质的改变和化学反应。纺织品纤维在受热状态下，结构的变化对性能的影响十分明显。纺织品纤维受热后，其聚集态结构，如晶体和非晶结构、分子取向结构等都会发生变化，导致纺织品整体结构的改变。另外，纺织品纤维受热后，分子之间的移动增加，使其他分子更容易深入纤维内部发生化学反应，产生腐蚀。

有害生物是造成纺织品文物劣化和降解的主要因素。纺织品文物为微生物的生长和繁殖提供了养料，比较容易发生微生物腐蚀。已有的研究证实，蜡叶芽枝孢霉（Cladosporium herbarum）、互隔交链孢霉（Alternaria alternate）、杂色曲霉（Aspergullus versicolor）等多种霉菌，都可引起纺织品文物的生物病害，加速文物的劣化和降解。土埋法和豆渣包埋法对丝绸的微生物腐蚀机制进行了研究，发现蚕丝纤维在微生物的作用下，纤维表面出现了坑穴，坑穴的数量随着填埋时间的增加而不断增多，尺寸也随之增大，纤维的机械性能急剧下降。霉菌对于丝绸的腐蚀机制，主要有以下四种情况：1）蚕丝纤维被霉菌作为营养物质加以分解利用，直接引起破坏；2）霉菌在代谢过程中产生的柠檬酸等有机酸使蚕丝纤维发生酸水解；3）霉菌分泌的色素污染丝绸文物，使其发黏并散发出难闻的霉烂气味；4）霉菌新陈代谢产生热量，加快丝绸文物的劣化速度。

有害气体也是引起纺织品文物老化和降解的主要因素。因为现代工业的发展，空气中的二氧化硫、乙酸、二氧化氮等有害气体不断增加，对纺织品文物的安全造成威胁。氮氧化物与水分子结合时，会产生很强的腐蚀性酸，这些酸对纺织品文物造成腐蚀，氮氧化物易使纺织品文物表面发生褪色、变色和老化。除此之外，氧气的存在可能会引发含有羟基和酚羟基活性基团发生氧化反应，也是造成纺织品文物老化和降解的主要因素。

光可导致纺织品文物在考古现场加速老化和降解。纺织品纤维是天然高聚物，通常经过了染色处理，纤维上附着的媒染剂、染料或颜料使其光劣化机理变得更为复杂。由于考古环境复杂，土壤等杂质的渗入也会影响其劣化的机理。光照引起纤维结晶区和非结晶区的变化，分子量改变以及链断裂导致分子量的降低和化学反应活性的增强。光照引起的化学劣化涉及两个基本的步骤：电子吸收能量导致旧的化学键断裂和新的化学键形成。

因此，考古现场环境因素是影响纺织品文物出土后安全的主要因素，现场微环境控制也将是现场保护工作的主要内容之一。

1.2　工地管理

良好的工地管理是现场保护技术实施的重要保障。工地管理涉及保护物资、技术储备、后勤保障、文物安全等方面，以下将对影响文物本体劣变的管理措施进行归纳和分析。

1.2.1　温湿度控制

温湿度的改变会加速纺织品文物的毁坏，所以建立一个"原初气候"的保存环境就显得十分重要。基本的原则是从墓葬（遗迹）中出土的纺织品文物应被保存在相对温湿度变化比较小的环境里。由于考古现场条件限制，对于潮湿纺织品，可以考虑使用硅胶干燥剂在小范围内控制纺织品文物存放环境的湿度；对于饱水纺织品，可考虑通过薄膜覆盖等手段控制水分散失。

1.2.2　密封处理

纺织品文物发掘出土后，如果长时间地暴露在空气中，空气中的酸性气体、碱性气体、灰尘会对文物造成损坏，加速纺织品文物的老化。对此我们可以减少纺织品文物在空气中暴露的时间和次数。例如，使用薄膜材料对发掘出土的丝织文物进行密闭处理，减少其与空气的接触时间和次数。让文物与空气之间留存一定的缓冲空间，直到文物慢慢适应外界的空气环境。

1.2.3　虫害的防治

由于纺织品文物是有机质材料组成的，含有丰富的有机营养物质，有利于各种虫类和微生物的生长和繁殖，这直接导致了对出土的纺织品文物进一步损害。对此，在考古发掘的过程中应该减少甚至消灭虫害的危害。昆虫的生命力十分顽强，在一些对人类来说比较极端的环境下，昆虫都可以生存。虫类具有喜温畏寒、喜湿怕干、喜暗怕光的习惯，对此我们可以破坏虫类的生存环境来减少或消灭虫害，但是破坏其生活环境只能抑制害虫生长，不能彻底消灭虫类和微生物。可以通过将纺织品文物保存在一个充满酒精气味的储存环境器中，或者周期性的在文物上面喷洒酒精的方式进行处理，需要谨慎使用杀虫剂，因为杀虫剂会对纺织品产生危害。同时还可以使用熏蒸剂消灭虫类，熏蒸剂以气态分子形式进入有害生物体内将其灭杀，具有渗透性、挥发性、扩散性、接触面广而均匀、无残留的特点，是一种比较常见的杀虫方法，十分有效。

1.2.4　避光保护

在考古发掘现场，光源的污染是无法避免的。对此可以使用遮光布或者不透明材料对纺织品文物进行包裹，减低光源对纺织品老化的加速破坏。研究表明，使用遮光布能有效地减少强光和紫外线的照射，而且遮光布无毒、无味，不会对文物和人产生不好的影响。因此，在发掘现场使用遮光布可防止外界开放环境中的紫外光和可见光对出土文物的危害，且遮光布材料范围广，价格适宜，易于推广。

由于现场环境因素和工作条件的不同，没有一成不变的固定模式或方法，必须根据现场的实际情况，具体问题具体解决。

1.3　制定提取预案

防患于未然，制定合理的现场保护预案是实施保护的前提。考古发掘现场情况复杂多变，条件设施简陋，由于文物在不同地区被发掘，因此考古发掘的地理环境与地质条件又各不相同，文物的埋藏环境也各不相同，再加上文物现场保护工作必须与田野发掘配合进行等诸多因素，因此，考古现场文物保护预案的制定十分复杂且重要。考古发掘现场保护的主要目标是在保留出土文物信息资料的完整性和现场保护措施不影响实验室后续保护处理两大前提下，尽量减缓甚至停止新环境对文物材料产生的侵蚀，从而使文物在这一时间段内得到临时性的、抢救性的保护或维护。

制定预案需要掌握制定步骤、预案内容以及现场保护前期准备工作。

1.3.1　前期调查

考古发掘现场环境因素是预案制定的依据，前期调查是预案制定的第一步。前期调查是指通过科学调查以及与主持发掘的考古学家进行充分沟通，全面地了解发掘项目的各方面情况，包括要发掘地点的地域特征、自然环境、遗址类型及时代、可能出土的文物种类及材质、归属单位的保护能力等。

首先是对现场环境因素的调查。现场环境主要包括地形地貌、气候变化、温湿度变化、太阳辐射量、日照时间、主要风向和频率以及干旱、暴雨和霜冻等自然灾害情况等地上环境，以及土壤的性质、含水率、地下水水位、地下水的性质等文物埋藏环境。掌握现场环境因素是判断纺织品文物保存状况的主要依据，同时有利于制定合理的预防性保护措施。其次是墓葬基本情况的调查。通过对墓葬规模的了解，结合墓葬环境的分析，对现场保护工作量、经费预算、专业人员配备、保护材料设备的准备会更有针对性。

1.3.2　预案主要内容

在前期调研的基础上，制定具有针对性的现场保护预案。预案的核心内容应包括以下几个方面：

1.3.2.1　保存状况的分析评估

文物出土时保存状况不同，所采取的现场保护处理手段可能也相异，所以需要结合环境调查结果判断文物保存状况。文物保存状况的分析评估是现场保护方法选择及设计的基本依据，与最终的保护效果有着密切的因果关系，是现场保护预案的重要组成部分。

1.3.2.2　劣变的因素分析

环境变化是造成出土文物发生质变的重要因素，因此制定预案要充分考虑和应对环境改变带来的影响。纺织品考古现场劣变因素的分析是考古发掘现场文物保护的主要内容之一，对于现场保护措施的选择具有重要意义，是现场保护预案必不可少的重要组成部分。

1.3.2.3　现场环境控制与治理措施

在劣变因素分析的基础上，结合环境因素变化情况，制定环境控制与治理措施。一般包括温湿度控制、防光照、防冻、防微生物、防虫等预防措施。

1.3.2.4　文物现场保护处理措施

现场保护处理措施的制定不仅能保证考古发掘现场保护处理工作的顺利开展，而且还可以保证现场保护处理的及时性、科学性、合理性，对降低出土文物的损失具有重大意义。具体措施包括纺织品出土后的清理、提取、包装等。考虑到考古现场存在的不确定性，制定保护处理措施时需要尽可能考虑出现突发状况的应对措施。

预案的制定需遵循以下原则：

1）无论是考古发掘还是保护，在进行任何干预行为的前后都必须进行深入的研究，仔细制订和实施保护方案，同时建立档案。

2）在考古发掘和保护过程中，应全面提取各种信息，特别要注意运用科技手段对潜在的、扰乱的、叠加的、退化的及腐变动因等信息进行采集，其中有代表性的样品应在进行保护处理之前采集。

3）在保证文物安全的前提下，尽可能少地对其进行处理，同时进行正确的包装和储存。

4）尽可能维持文物原状，保持出土实物的原真性。

5）所采取的干预行为必须具有可再处理性。

2　考古现场常用设备及材料

纺织品考古现场的设备与材料的充分准备，是提高现场保护工作效率的主要保障，也是考古现场文物提取规范化实施的内容。

主要保护设备和材料有：

2.1　记录设备与材料

记录本、铅笔、油性笔、橡皮擦、削笔刀、计算纸、绘图板、文件夹、钢卷尺、网格框、书包、标签、坐标纸、记录表和登记表、笔记本电脑、相机、摄像机等。

2.2　采样设备与材料

洗耳球、滤纸、脱脂棉、胶带、气体采集器、收集样品所需的样品瓶、玻璃注射器、量杯、离心管、封口袋、采集样品所需的小型工具（钳子、锯子、竹刀片、镊子）、抽真空装置、防水服、雨靴、医用手套、安全绳带等。

2.3　提取及包装材料

脱脂棉、泡沫塑料、海绵、聚乙烯薄膜（系列）、柔软纸张（系列）、锡箔纸（系列）、白棉布、聚乙烯封口袋（系列）、捆扎绳、包装箱盒（系列）、保温箱（系列）、托板架、液态氮、液态二氧化碳、氟利昂、石膏、聚氨酯（氨基甲酸乙酯）、发泡剂、木板条、封口机、便携式电焊机、聚苯板、三角铁、扁铁、槽钢、各种型号的螺丝钉和铁钉、剪刀、裁纸刀、美工刀、小型升降设备等。

支撑衬垫包装材料（无酸纸、无酸硬纸板、塑料板、聚乙烯泡沫、涤/棉织物、聚酯纤维等）、阻隔包装材料（聚乙烯薄膜、聚酯薄膜、厚度为 2 ~ 4mm 聚乙烯塑料封口袋、聚乙烯塑料盒、浅色纯棉制品、铝箔、封口胶带等）、防震缓冲包装材料（海绵、软质聚氨酯泡沫塑料、气囊式包装袋、聚酯纤维、脱脂棉、瓦楞纸、纤维缓冲垫）。此外，包装过程中使用的包装材料还有湿度指示卡、多孔硅胶、蓄冷剂、除氧剂、干燥剂、无酸标签、防水标签、碳素笔、永久防水墨水、记号笔等。

2.4　一般用品

牛角刀、毛刷、毛笔、喷壶、不锈钢桶盆盘、塑料桶盆（套）、喷雾器、电吹风等。

2.5　防护用品

口罩（系列）、面罩、手套（系列）、救急用具、操作服装（系列）、防滑鞋、安全跳板、抽水机等。

2.6　化学试剂

2.6.1　加固材料

丙烯酸类三甲树脂、丙烯酸类合成树脂、聚醋酸乙烯酯乳液、502 快速黏结剂、环氧类合成树脂、丙烯酸非水分散体加固剂、生物加固材料等。

2.6.2　稀释材料

丙酮、丁酮、环己酮、无水乙醇、柠檬酸、草酸、蒸馏水和去离子水等。

2.6.3　防腐材料

甲醛、异噻唑啉酮、苯扎溴胺广谱等杀虫剂和防霉剂。

2.6.4　保湿、防冻材料

聚乙二醇、丙三醇、乙二醇等。

3　样品和信息资料采集

3.1　实物样品

考古现场出土纺织品采集必须依据现场的实际情况，遵循文物保护原则，按照科学化的要求，因地制宜，尽可能将出土的古代纺织品实物及所包含的人文信息完整地采集。考古现场发掘的综合采样能对文物的后续研究提供充分的帮助。

采集需要注意以下四个问题：

1）采集样品的工具、样品袋及容器要洁净，采样时如需反复使用一件工具，每次取完样品后都要对工具进行清洗消毒，尤其在采集需要进行微生物分析的样品时更要如此。

2）尽量选择残破文物不被注意的小部件进行采样。所取样品能够尽量满足研究的需要。采样必须清楚标明采样名称、采样地点、部位及与周围遗物的关联性。

3）有些分析工作对采样有特别的要求，因此，要按照分析检测的要求进行取样。

4）科学保管样品，避免因外界因素干扰而使样品失去科学研究价值。

采集的样品种类包括：纺织品文物的纹饰、材质、污染物、微生物、周边的残留物、沉积物等；考古发掘现场的环境样品，采集时要考虑到能对文物产生直接或间接影响的因素，比如环境中水样、土样、空气样、溶盐样、菌种等。

3.2　文字影像资料

考古现场除了样品采集，还需要完成各类信息的记录。信息资料的采集应贯穿整个保护工作的始终，包括对文物所进行的各个操作程序和步骤的文字记录和照相、录像等资料和每天的工作日志。

1）对墓葬（遗迹）环境进行记录，记录工作应该贯穿考古现场保护的始终，其中不仅包括对不同文物进行所有的操作程序和步骤的文字记录和照相、录像等音像资料，还包括每天的工作日记。档案记录是出土文物保护修复的第一手资料，记录和保存好档案能为后人的文物保护修复工作提供借鉴和帮助。即时记录十分重要，同时记录应该符合事实。许多纺织品文物在刚被发现的时候状况良好，但是在发掘过程中会加速糟朽。如果在文物出土和完整记录之间有一个时间缺口，那么一些重要的细节信息可能会消失。脆弱的纺织品文物在每一次被触碰的过程中会发生持续的糟朽，因此尽可能地减少对纺织品文物进行不必要的触碰，是一种预防性的文物保存方式。除去文字性的记录，每一件纺织品文物都应该进行一个视觉性的记录，包括绘图（如果可能的话）、拍照以及为存储的底片编号。绘图时可以用绘图纸覆盖在文物上（切忌触碰文物），然后用永不褪色的钢笔留下画痕，可以将这些绘图进行复制。

2）对纺织品文物信息进行采集，是指采集纺织品文物的性质、保存的状态、病害等情况。对文物上的纹饰、边角破损处进行采集，减少对文物本体的破坏，并且对周边残留的有机质进行采集。文物信息的采集对考古和实验室保护研究都十分重要。

4　现场提取的常用方法

由于纺织品文物材质的特殊性而难以完整保存，能够保留至今的纺织品文物也大多糟朽状况严重，给保护工作带来了极大困难。考古现场出土纺织品文物的老化和降解程度、与周围器物之间的存放关系、墓葬环境是现场提取保护需要考虑的主要因素。

清理时应该遵循以下原则：

1）清理纺织品文物时应该先了解纺织品的组织结构和形制。

2）在清理时，应当使用木质、竹制等自身有柔性的工具。

3）如果现场纺织品与尸体粘连比较紧密或者纺织品文物形制巨大，可以选择遗物套箱法打包回实验室进行提取。

4）如果纺织品文物形制不大且数量众多，短时间内不能分析清楚，也可以使用套箱法整体打包回实验室进行后续的研究。

5）墓室内残存的纺织品文物小残片，也不能忽略，就算是碳化或者极端情况下的残片，也要尽最大的可能收集起来。残片虽小，但所包含的信息是非常巨大的，使用现在的科技力量能够分析出纺织品文物的种类和品质，或者分析出墓主的历史情况，甚至可以寻找到某种具有重要价值的文物标本。

4.1　现场提取的常用方法

现场提取是文物出土后的第一次移动，提取质量的好坏，直接影响后续的保护修复工作。在提取前需要对文物保存状况、现场环境及条件进行权衡考虑，如纺织品强度如何，是否需要进行现场临时加固处理，文物提取过程中因环境突变可能出现的问题及采取的应急措施是否到位等。《博物馆纺织品文物保护技术手册》一书已对常见的提取方法进行归纳，有揭取法、冷冻提取法、套箱法、托网法、插板法、加固提取法。对于保存状况较为理想、面积较大纺织品，可采用卷取的方法进行现场提取。卷曲提取法是指利用轴杆转动的方式取得文物，适用于面积大、质地软的平面文物，如荒帷。卷曲的方法可以使纺织品文物受力均匀，但是这种方法对脆化的纺织品文物不适用。脆化的纺织品文物，纤维脆弱、没有机械强度、纤维无弹性、不耐折压，这时强行使用卷曲法提取，会使织物断裂，甚至成粉末状。文物起取后应放入相对湿度稳定的密闭环境中以保持其原有的环境特性。

4.1.1　反转平移法

选用钢筋或钢丝作为内轴轴杆，然后将聚乙烯薄膜缠绕在轴杆上，轴杆两端露出文物；将缠有聚乙烯薄膜的轴杆置于文物下方，将其反向旋转前移，直至文物完全被聚乙烯薄膜托衬；将预先制作的托板衬入薄膜之下并固定，然后连同托板将文物取出。适用于面积大、质地糟朽的平面文物（图2-1）。

4.1.2　直接卷取法

选用合适直径的材料作为内轴，表面包裹缓冲体制成轴杆，然后将轴杆置于文物表面，由一端进行卷取，卷取的同时衬入宣纸，完成后将文物移至托板。适用于面积大、质地有一定强度的平面文物（图2-2）。

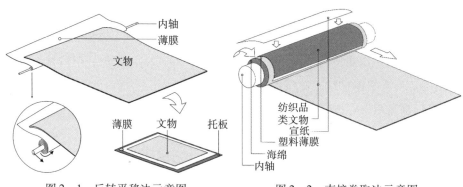

图2-1　反转平移法示意图　　　图2-2　直接卷取法示意图

由于文物保存情况不同，具体方法亦不尽相同，提取方法的选择受制于纺织品保存状况、存放位置、现场环境、保护条件、人员储备等各种因素，因此需要保护工作人员根据实际情况灵活使用。

4.2　不同环境的提取建议

纺织品现场提取技术和措施需要综合考虑现场条件、文物保存状况和墓葬环境，选择最适宜的提取方式。我国著名的纺织品考古与保护专家王㐌曾介绍了几种类型的现场保护经验：一种是西北干燥地区的墓葬，纺织品保存较好，但纺织品与尸体粘连处多半腐损或脆化，需要回潮处理后提取；另一种是潮湿墓葬，纺织品处于饱水状态，甚至是浸泡在棺液中的，对于漂浮在水中的纺织品，可用纱网托捞起取，对于存放复杂的，需要根据存放状态，采用整体提取的方式进行提取；还有一种是华北黄土地带的墓葬，这一地区墓葬封闭不严密，纺织品的保持情况最差，现场很难完成揭取，将其整体运送到实验室内进行提取是最佳选择。

根据考古发掘现场情况的不同，采取不同的提取操作。根据实践经验，一般的做法如下：

1）对保存较好的纺织品文物可直接提取，放到事先准备好的托板上。

2）对保存较差的或体积较大的，可采用托取法进行处理：采用竹刀等把纺织品挪动到大小合适的托板并固定好，然后连同托板将器物取出。

3）对漂浮在水中的文物，可先借助水的浮力，选择托网法进行提取。

4）对保存较好、体积较大纺织物，如荒帷，可用卷取的方法进行揭取。

5）对保存状况差、与周围器物关系复杂的纺织品，可选择套箱法或插板法进行整体提取。对一些相互叠压复杂的，无法在现场弄清关系的，可先将四周的器物清理干净，然后用整体提取的方法，运回室内进行清理。

6）提取过程中，注重维持纺织品文物的含水率。即干燥环境出土的织物尽量维持干燥状态，潮湿环境出土的织物避免水分过快散失。

7）棺内有大量积水，且需要整棺吊运至室内清理的，需要放出全部积水，避免运输中的晃动造成文物的损伤。

8）粘连在其他器物表面的小块纺织品，可选择在维持原有湿度的状况下，整体运输至实验室内清理。

9）糟朽程度严重的纺织品，需要特别强调现场信息资料的提取，如组织结构、织物种类、颜色、形制等，避免运输中造成珍贵信息的丢失。

整个现场提取过程，需要注意纺织品所在小环境的控制，尽量减少挪动次数，并加强防光、防虫等预防性措施。

5　现场包装和运输

考古现场出土的纺织品文物具有珍贵性和脆弱性，考古发掘现场纺织品文物包装是纺织品文物现场保护的重要环节，是将出土文物安全运回实验室的关键。文物从无光、缺氧、温湿度波动极小处于平衡状态的埋藏环境变换到有光照辐射、含氧丰富、温湿度变化频繁的出土环境，其所处的平衡状态被打破，环境突变会使脆弱的纺织品文物受到严重甚至是毁灭性的损害，而科学合理的现场包装可以减小环境突变对文物的损害，是延长文物保存寿命的手段之一。

目前我国针对文物包装有两个标准，一个是《文物运输包装规范》（GB23862 - 2009），一个是《中华人民共和国展览文物出国（境）包装规范》，两个规范对文物运输包装和文物展品的内外包装材料、包装箱的尺寸规格、包装方法做了规范，以确保文物运输和展出过程中的安全。

现场包装是利用对文物无害的包装材料，将出土纺织品文物进行安全防护和保存处理，包括包装材料、方法和工艺。现场包装既要保证文物外观不受损伤，又要确保内部结构不被破坏，同时还要考虑文物运输过程中可能遇到的不利情况，如恶劣路况、机械震动、搬运时的碰撞冲击以及可能带来的生物与化学的危害。现场包装是出土纺织品文物保护的一项重要内容，是保证文物安全和信息完整的重要措施。

文物保护工作者在长期的工作实践中根据文物包装工作的规律，总结出了文物包装的原则，即安全性、真实性、选择性、科学性、环保性。纺织品文物现场包装的原则遵循文物包装的原则，同时结合考古现场纺织品文物脆弱易损的特点，在材料的选择和包装方法上有别于馆藏文物。

5.1 纺织品提取包装的基本概念

鉴于考古现场简陋的环境条件，不能对发掘出土的纺织文物进行全面安全的保护，要将文物运回实验室进行保护。如何将发掘出土的纺织品文物安全运回室内是一项非常重要的保护程序。在运回之前需要对文物进行包装，包装可以减少运输路途中对文物造成的损害，同时能够继续保护纺织文物不受到外界环境的持续性破坏。运输是纺织品文物从考古现场到保护修复工作室的过程。

纺织品文物的埋藏环境根据其含水量的多少分为三类：饱水环境、潮湿环境和干燥环境，不同埋藏环境纺织品文物的包装在材料选择和方法上有所区别。

5.1.1 饱水纺织品文物的包装

饱水纺织品文物包装的关键是保湿，同时饱水纺织品非常脆弱，一般选用大块的塑料布或者薄板将其包裹起来，然后放入密封的塑料容器中。

5.1.2 干燥纺织品文物的包装

干燥环境中出土的纺织品文物不用清洗，不能储存在潮湿环境中，需要用聚乙烯袋进行包装。必要时用塑料盒的盖子或者泡沫板做支撑处理，包装好的器物应保存在阴暗地方，隔热避光。

5.2 包装材料性能与类型

包装材料是保证文物安全的基础，包装材料的筛选应从材料的力学性能、物理性能、化学稳定性、生物安全性、经济性能等几个方面考虑。

5.2.1 力学性能

包装材料应能有效保护文物，因此应具有一定的强度、韧性和弹性，能适应压力、冲击、振动等静力和动力因素造成的影响。

5.2.2 物理性能

主要包括密度、吸湿性、阻隔性、导热性、耐热性和耐寒性等。根据不同环境下出土的文物对包装的不同要求，包装材料应对水分、水蒸气、气体、光线、热量等具有一定的阻挡。

5.2.3　化学稳定性

包装材料应选择在外界环境的影响下不易发生化学作用（如老化、锈蚀等）的材质。

5.2.4　生物安全性

包装材料应无毒，不影响人体健康，不含或不溶出有害物质，与文物接触不产生有害物质；包装材料应无腐蚀性、无放射性、无污染、能自然分解和易于回收利用。

5.2.5　较好的经济性能

包装材料应来源广泛、取材方便、成本低廉，使用后的包装材料和包装容器应易于处理，不污染环境。

《文物运输包装规范》（GB23862-2009）将文物包装材料主要分为：表面防护包装材料，阻隔、防震与缓冲包装材料，箱体包装材料三大类。根据考古发掘现场包装材料的功能常常将包装材料分为支撑衬垫包装材料、阻隔包装材料、防震缓冲包装材料、箱体包装材料四类。

5.2.5.1　支撑衬垫包装材料

支撑衬垫包装材料应柔软、对文物无污染，能对脆弱文物起到适当的支撑作用，保护文物内部结构。如无酸纸、无酸硬纸板、塑料板、聚乙烯泡沫、涤/棉织物、聚酯纤维等。

5.2.5.2　阻隔包装材料

阻隔包装材料能适当隔离文物与外界环境，如聚乙烯薄膜、聚酯薄膜、厚度为 2~4mm 聚乙烯塑料封口袋、聚乙烯塑料盒、浅色纯棉制品、铝箔等。

5.2.5.3　防震缓冲包装材料

防震与缓冲包装材料应采用无污染的包装材料，不宜使用会排放有害介质的材料，同时要保证文物运输过程中的安全。如海绵、软质聚氨酯泡沫塑料、气囊式包装袋、聚酯纤维、脱脂棉、瓦楞纸、纤维缓冲垫等。

5.2.5.4　箱体材料

箱体材料不应由于材料变形而导致文物损坏。

此外，包装过程中使用的包装材料还有湿度指示卡、多孔硅胶、蓄冷剂、除氧剂、干燥剂、无酸标签、防水标签、碳素笔、永久防水墨水、记号笔等（表2-1）。

不推荐使用的包装材料有：PVC容器、酸性纸质产品、聚氨酯泡沫、金属标签、易褪色的墨水、订书针、密封胶带和细绳（不能直接用于包扎文物）等。

表2-1　常用包装材料

序号	名称	说明
1	无酸纸	主要用作文物内层包装纸、褶皱成团用作衬垫和缓冲材料
2	天然棉花	用作衬垫缓冲材料，不能直接接触文物。可用无酸纸或聚乙烯膜包裹棉花，做成支撑材料
3	聚乙烯等各类塑料薄膜	用作文物与支撑材料或文物与缓冲材料之间的阻隔包装材料。塑料薄膜厚度至少为0.2mm
4	铝箔	具有很好的阻隔性，具有防潮、遮光、气密、耐磨蚀、无有机挥发物等特点。厚度应大于0.018mm
5	聚乙烯封口袋	用于包装样品、小件文物，厚度为2~4mm
6	聚乙烯塑料盒	用于各种脆弱文物包装
7	聚乙烯泡沫	用作支撑文物、缓冲压力的包装材料，可包装饱水、潮湿和干燥状态的文物
8	多孔硅胶	能随着周围环境湿度的变化而迅速吸收和释放大量的水分，用作干燥剂和湿度缓冲材料
9	湿度指示卡	用来显示密封环境内的湿度状况
10	标签	用于填写文物信息。应使用无酸标签、防水标签

5.3　包装方法

考古发掘现场文物包装工艺主要包括文物的覆盖和包裹、文物容器内的摆放、添加衬垫及防震。常用的包装方法有：表面防护包装、支撑衬垫包装、保湿包装、容器包装、袋包装、缺氧或低氧包装、防霉包装、缓冲包装等。

对文物加以支撑衬垫包装，可以保护脆弱文物；对文物加以表面防护包装，可以防止文物表面受损、黏粘；对文物加以防震缓冲包装，可以防止文物挤压变形；在包装箱四周加以衬垫，保护文物安全，缓冲文物运输过程中产生的冲力。

常用的包装方法有：

5.3.1　表面防护包装

使用聚乙烯薄膜、聚酯薄膜等包装材料作为文物和支撑包装材料或缓冲包装材料之间的阻隔物，直接包裹文物。

5.3.2　支撑衬垫包装

使用塑料板、聚乙烯泡沫等包装材料保护支撑脆弱文物。支撑材料尺寸应比被包装文物大。

5.3.3　保湿包装

用饱水薄海绵可以为文物提供水分。需要对文物进行包装时，先覆盖一层较厚的黑色聚乙烯薄膜，再用吸水海绵包裹。饱水文物一般采用四层防护的保湿包装。

5.3.4　容器包装

使用带密封圈盖子的聚乙烯或其他材料的塑料盒作包装容器，包装考古发掘现场出土的干燥状态或潮湿、饱水状态的纺织品文物。包装干燥状态的文物时，在容器底部铺放吸湿硅胶，在文物与吸湿硅胶间填充聚乙烯泡沫或无酸纸张等衬垫材料，在容器侧壁与衬垫材料间插入湿度指示卡。包装潮湿或饱水状态的文物时，容器底部和四周侧壁铺放潮湿的聚乙烯泡沫板，将用吸水海绵包裹的文物放入其中，周围填充吸水海绵。

5.3.5　袋包装

可以使用聚乙烯塑料封口袋包装自身强度较好的文物。

5.3.6　缺氧或低氧包装

将脱氧剂和文物一起包裹在密闭容器中，用脱氧剂吸附氧气，为文物提供一个缺氧或低氧的储存环境，抑制霉菌生长。

5.3.7　缓冲包装

在文物与包装箱内部各面以及内、外包装箱之间衬垫防震缓冲材料。防震缓冲材料应紧贴（或紧固）于文物和内包装箱或外包装箱内壁之间。常用的缓冲包装有全面缓冲包装、四角缓冲包装、侧面衬垫包装、使用固定支架调整受压面积等。

5.3.8　镟挖法防震包装

依照文物的形状，在较厚的中密度板、海绵板上镟挖出凹槽，将器物放置其中，使之不移位。

5.3.9　防霉包装

将包装材料进行紫外线灭菌处理，用一定浓度的广谱性抗生素（制霉菌）喷洒文物本体，防止霉菌生长。

5.4　包装要点

考古发掘现场的纺织品文物包装是纺织品文物现场保护的重要环节，是将出土文物安全运回实验室的关键。考古发掘现场纺织品文物现场储存过程中造成文物损害的主要原因是：1）不适宜的环境；2）不合适的包装材料；3）不恰当的包装方式。包装材料和包装方法的选择对文物有很重要的影响，包装的主要目的是采用环境隔离、环境控制和支撑衬垫等方式，为对环境敏感的纺织品文物构建适宜储存的微环境，并为脆弱文物提供适当的支撑和防护。采取防震缓冲措施为文物提供安全的运输条件。包装过程中应注意以下几点：

1）进行文物包装时，应尽量减少文物之间的震动，避免文物的破坏和磨损。

2）每件文物都应该独立包装。

3）脆弱文物与自身强度较好的文物不能混装在一起。

4）根据出土文物保存状态、尺寸大小、材质，选择合适大小厚度的塑料薄膜、包装袋、包装盒包裹文物。

5）包装脆弱文物时，应为文物提供适当的支撑和保护。

6）提取文物时若使用了坚固的支撑物，应将其与文物一同包装。

7）出土文物进行适当包装后，应隔热、避光、低温保存。

8）包装盒或包装袋上应有相应的文物信息标识。

第3章　纺织品文物的相关分析鉴别技术

1　纺织纤维鉴别

纺织品是纺织纤维经加工织造而成的产品，其最基础的组成是纤维。纤维是天然或人工合成的细丝状物质，其直径为数微米到数十微米或略粗些，而长度比直径大许多倍的纤细物质的统称。其中具有一定强度、一定的可绕曲性、互相纠缠抱和性、能纺织，可以生产纺织品（如纱线、绳带、机织物、针织物等）的纤维统称纺织纤维。

纺织品文物保护工作中，纤维的材质鉴别十分重要，文物保护的实质是材料保护，只有了解材质才能有针对性的实施保护，文物修复中本体和补料均需材质定性。实际工作中遇到的纤维形态可能已织成纺织品，也可能遇到原状纤维文物。

1.1　纤维分类

纺织纤维分为两大类，一类是天然纤维；一类是化学纤维。

1.1.1　天然纤维

天然纤维是可以从自然界直接得到的，包括植物纤维、动物纤维和矿物纤维。天然纤维的使用历史久远，人类最早用于纺织的纤维都是天然纤维。从考古和现存的证据来看，我国古代纺织品中常见的纤维是棉、麻、丝、毛四种。

1.1.1.1　植物纤维

主要以棉、麻为主，早期的纺织品也有葛藤等植物纤维。

1）棉：人类种植棉花的历史有几千年，我国从宋代以后中原地区开始大面积植棉，到了明代，棉纺织品已逐渐成为人们衣着的主要原料。棉主要有四个栽培品种（陆地棉、海岛棉、亚洲棉、非洲棉）。通常我们所见到的棉花品种为陆地棉，也是纺织品文物纤维中常见的品种。

2）麻：纺织品文物常见麻的品种有：苎麻、大麻，另外苘麻、罗布麻、黄麻、亚麻等也可能遇到。苎麻，俗称"中国草"，栽培历史悠久，从目前的出土证据来看，各个历史时期的苎麻织物很多，最早的有距今4700多年的浙江湖州钱山漾新石器时代遗址中，发现苎麻纺织平纹细布（炭化）。大麻，又称火麻、线麻、汉麻。甘肃省东乡族自治县林家遗址出土了距今四五千年的新石器时代晚期的大麻果实。在河北省藁城台西村商代遗址出土了距今已有3000多年的大麻残片，在宋代以前，大麻是纺织的主要原材料之一。苘麻，也称椿麻、塘麻、青麻、白麻、车轮草等，是我国最早利用和人工种植的纤维原料之一。河姆渡遗址出土的绳索，有用苘麻纤维搓制的。罗布麻，又名野麻、茶叶花，主要产自新疆罗布泊地区而得名，唐代称泽漆麻，也是历史上用于纺织的纤维。黄麻，俗称络麻、绿麻、野洋麻等。在我国有500多年的种植历史，主要用于制造麻布、麻袋、绳索和地毯等。故宫乾隆时期建筑的用地仗中掺有黄麻。亚麻纤维是人类最早发现并使用的天然纤维。一两万年前，古埃及人就开始在尼罗河谷地种植亚麻，据当地出土的亚麻残片推断，六七千年前已有亚麻织物。亚麻的变种很多，其中胡麻（亚麻的一种）在我国有2000多年的栽培史。胡麻是药用和油用作物，其茎纤维短而脆，未见用来纺织，是造纸原料。我国种植用于纺织的亚麻只有不过百年的历史，20世纪50年代才有亚麻的纺织。中国古代与欧洲贸易繁荣，亚麻织物作为外国商人的服饰或商品，在历史上理应出现过，但至今未见出土实物。

1.1.1.2　动物纤维

主要是丝和毛。

1）丝：丝绸是中国人对世界文明的主要贡献之一，通常讲的丝绸是指桑蚕丝织物，我国的种桑养蚕业史至少有五六千年的历史，蚕桑贯穿了有记载的各个历史时期。河南荥阳仰韶文化遗址出土了距今约5500年的丝织物残片；还有一种蚕称为柞蚕，又叫野蚕、山蚕，在《尚书·禹贡》中有记载，可见柞蚕丝至少也有两三千年的历史。

2）毛：动物的毛皮是人类服饰的起源之一，原始人类为了御寒，披挂兽皮。随着生产力的发展，人类开始缉毛纺线而织，起初是手工后发展到机织。在文物上常见到的有织物、也有毛皮。毛皮的种类非常多，这里不做详细介绍，只分析用于纺织的毛：羊毛、兔毛、驼毛、牦牛毛。

1.1.2 化学纤维

化学纤维是用天然或合成的聚合物为原料，经化学方法制成的纤维，分为人造纤维、合成纤维和无机纤维。

有记载的化学纤维出现在 19 世纪，规模化生产是 20 世纪以后的事情。目前为止，我们接触过的历史文物中，还没有发现化学纤维织成的纺织品文物。在革命文物、民族文物中，还是有化纤织物存在的。因此在掌握天然纤维分类的同时，也要对化学纤维的种类有所了解（图 3 - 1）。

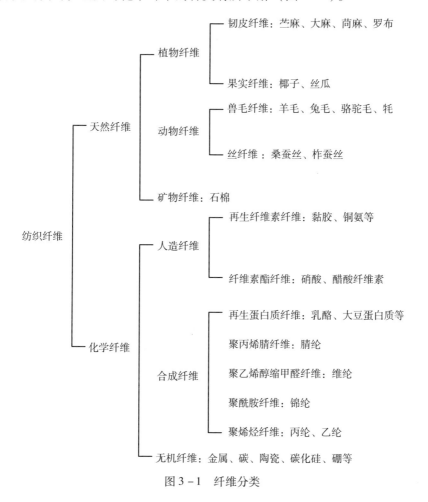

图 3 - 1 纤维分类

对于纺织品文物纤维材质的检测，文物行业没有相应的行业标准，主要参考纺织行业的标准和行规，并在此基础上根据纺织品文物的具体特点作相应的调整。

1.2 纤维鉴别方法

在现行的中华人民共和国纺织行业标准中，适用于常规纺织纤维定性鉴别的标准有八种：FZ/T 01057.2 – 2007 燃烧法；FZ/T 01057.3 – 2007 显微镜法；FZ/T 01057.4 – 2007 溶解法；FZ/T 01057.5 – 2007 含氯含氮呈色反应法；FZ/T 01057.7 – 2007 密度梯度法；FZ/T 01057.6 – 2007 熔点法；FZ/T 01057.8 – 2012 红外光谱法；FZ/T 01057.9 – 2012 双折射率法。在大专院校、科研院所还使用一些纤维鉴别的方法，如扫描电子显微镜法、紫外可见分光光度法、热分析法、色谱法、X 射线衍射法（XRD）。纺织行业还有其本行业的常用鉴别方法——感官鉴定法。专业的纺织品检测机构常用的鉴别方法是感官鉴定法、燃烧法、显微镜法、溶解法等几种联用。研究机构使用的分析方法是根据样品的具体情况和仪器选择的。对于纺织行业的检测机构和研究单位来讲，大多涉及的是化学纤维，上面提到的很多方法适用于化学纤维的检测。纺织品文物（天然）纤维主要的检测方法是显微镜法、红外光谱法配合一些其他方法，如感官鉴定法、燃烧法、溶解法、扫描电子显微镜法等。这些方法是在纺织行业标准的基础上，结合纺织品文物的具体特点做相应变化，目的是更加方便、实用地满足纺织品文物纤维检测的需要。

1.2.1 感官鉴定法

从广义上讲，是通过人体器官的感觉定性检查和判断的方法。在纺织品行业，感官鉴定法是指用眼睛看织物的光泽、纤维的粗细、花纹、颜色等表面特征，有一个初步印象；通过手对织物触摸、挤压或摩擦时引起的触压感，体会软、硬、滑、涩等感觉，检测者根据以往经验对织物做出评价。此方法既不是国家标准，也不是行业标准，但在纺织行业经常用到（表 3 – 1）。

表 3 – 1　感官鉴定纤维材质

材质	目测		手感	
	原纤维	织物	原纤维	织物
桑蚕丝	长而细，有光泽	光泽柔和、均匀，较薄	光滑、细腻	有拉伸力，手擦后迅速放开有折痕

续表

材质	目测		手感	
	原纤维	织物	原纤维	织物
羊毛	卷曲，光泽均匀	呢面平整，有一定厚度	光滑，富有弹性	富有弹性，古代的毛织物大多有硬扎感觉，手攥后迅速放开能够恢复，无折痕
苎麻	光泽差，表面有粗节	平整，光泽差	手感较粗硬，有扎感	柔软性差，手攥后迅速放开折皱多，恢复慢
棉	纤维短而细，常附有各种杂质和疵点	光泽差	弹性差，手攥后难恢复	手感柔软，弹性差，手攥后迅速放开有明显折痕

现代纺织中，由于纺织技术的发展，各种风格的面料不断涌现，例如，一些仿棉的化纤织物和棉织物，单纯使用感官鉴定法很难区分，在应用上有一定的局限性，只是作为一个初步评价。对纺织品文物来讲，材质只是毛、棉、丝、麻，古时纺织技术还没有那么发达，仿毛、仿丝、仿棉、仿麻等化纤织物都没有出现，此方法有一定实用价值，但涉及文物能否触摸，是否有附着物干扰等，还要看具体的保存状态。

1.2.2　燃烧法

适用于鉴别各种纺织纤维的大类，可以分辨天然纤维和化学纤维。在文物修复时可用来鉴别补料（表3-2）。

1）原理：根据各种纤维靠近火焰、接触火焰和离开火焰时所产生的各种不同现象，以及燃烧时产生的气味和燃烧后的残留物状态来分辨纤维类别。

2）工具：打火机、镊子。

3）方法：将纤维用手捻成细束（一小段纱或一小块织物），用镊子夹住，徐徐靠近外层火焰，观察纤维对热的反映（熔融收缩）情况。再将纤维移入火焰中，观察纤维在火焰中的燃烧状态，离开火焰，嗅闻火焰刚熄灭时的气味儿。待试样冷却后再观察残留物灰分状态。

表 3 – 2　常见纤维的燃烧状态

纤维名称	燃烧性	接近火焰	火焰中	离开火焰	燃烧时气味	残留物灰分特征
棉	非常易燃	不熔不缩	立即燃烧	迅速燃烧	纸燃味	呈细而柔的灰黑絮状
麻	易燃	不熔不缩	立即燃烧	迅速燃烧	纸燃味	呈细而柔的灰白絮状
丝	燃烧慢，燃烧时缩成团	熔融、卷曲	卷曲、熔融、燃烧	略带闪光燃烧时有自灭	烧毛发味	呈松而脆的黑色颗粒
毛	燃烧慢，燃烧时缩成团	熔融、卷曲	卷曲、熔融、燃烧	燃烧缓慢，有时自灭	烧毛发味	呈松而脆的黑色焦炭状
粘纤铜氨纤维	易燃	不熔不缩	立即燃烧	迅速燃烧	纸燃味	呈细而柔的灰黑絮状
醋酸纤维		熔缩	熔融燃烧	熔融燃烧	醋味	呈硬而脆的不规则黑块
涤纶	易燃	熔缩	熔融燃烧冒黑烟	继续燃烧有时自灭	有甜味	呈硬而黑的圆珠状

1.2.3　显微镜法

使用透射光显微镜观察纤维的纵、横截面形态特征，参照标准谱图，判断纤维种类的方法。此方法适用于天然纤维和部分化学纤维的鉴别，特别是天然纤维的种类鉴别准确、有效且简便、实用，是鉴别纺织品文物纤维（毛、棉、丝、麻）的首选方法。

1）样品：选取被测纺织品文物中有代表性的纤维，去除干扰因素（污染附着物），织物要按经纬线分别取样。

2）试剂：甘油、液状石蜡、火棉胶、无水乙醇、乙醚、切片石蜡等。

3）仪器与工具：哈氏切片器（或其他类似装置，回转式切片机）、刀片、镊子、剪子、挑针、载玻片、盖玻片、透射光显微镜等。

4）纵向观察：将适量纤维散放于载玻片上，加上一滴透明的甘油（或液状石蜡），盖上盖玻片，置于显微镜载物台上，在放大倍数 100～500 倍条件下观察其形态。

5）横截面观察：有两种方法制作横截面切片。其中使用回转式切片机，由于制样时间长，操作相对复杂，此法的优点是能够切出较薄的切片。常用的横截面制作方法是哈氏切片器法，将哈氏切片器的紧固螺丝松开，拔出定位销子，将螺座旋转到与金属板凹槽成垂直位置，抽出金属板凸舌。将一小束纤维试样梳理整齐，紧紧夹入哈氏切片器的凹槽中间，以锋利刀片先切去露在外面的纤维，然后装好上面的弹簧装置，并旋紧螺丝。稍微转动刻度螺丝，露出 10～30μm 长的纤维，用挑针滴一小滴 5% 火棉胶溶液，待蒸发后，用刀片小心地切下切片。用镊子夹取纤维切片，放在载玻片中央，滴一滴甘油（或液状石蜡），覆上盖玻片，即可放在显微镜下观察其形态。通常被测文物上的纤维量很少，需包裹在可识别的其他种类纤维里（常用的是羊毛纤维），然后制片。对于出土的一些较糟朽的纤维，可先使用火棉胶加固，然后再切片。不同的显微镜观察同一样品，会有感官上的差别，但纤维的具体特征还是不变的（表 3-3）。

表 3-3　常见的几种纺织品文物纤维横截面、纵向形态特征

纤维名称	横截面形态	纵向形态
棉	呈不规则腰圆形，有中腔	扁平带状，有天然转曲
苎麻	呈腰圆形，有麻裂，有中腔	带有横节，有很多条状沟槽
大麻	不规则的多角形、多边形、椭圆形，有中腔	有横节、多裂纹、小孔
苘麻	呈椭圆形或不规则多边形、中腔较大。三十个左右的单纤维细胞借果胶粘连在一起形成纤维束	有横向小裂纹、无横节、有竖纹
罗布麻	呈椭圆形、腰圆形、多边形，有中腔	有横节、表面光滑、竖纹
黄麻	呈五角、六角或多角形，有中腔，腔比亚麻大，通常是几个到十几个单纤维细胞靠果胶粘连在一起形成纤维束	有横节、多裂纹、小孔
亚麻	呈多边形，中腔小	有节纹、较光滑、少量竖纹
桑蚕丝	不规则三角形，角是圆的	透明、光滑、纵向有条纹
柞蚕丝	长三角状，扁平，有很多毛细孔	粗细不匀，纵向有条纹
羊毛	圆形或近似圆形，有些有髓	鳞片环状瓦状张角大，表面粗糙
兔毛	绒毛近似圆形、四边形，针毛呈哑铃型，有髓	鳞片排列紧密，呈环形、斜条纹、菱形

纤维名称	横截面形态	纵向形态
驼毛	绒毛呈椭圆形、有色素沉积点。针毛髓腔较大	表面有细小色素斑点形成的纵纹，有环形、斜条状鳞片
牦牛毛	针、绒呈椭圆形、圆形。色深，也有个别白色针毛。针毛髓腔小	色素深且分布不匀，鳞片呈不规则的环状紧密排列

显微镜法在纺织品文物材质鉴定与修护中常用，可以有效地判断特征明显的纤维材质。它的特点是取样少，有些仪器能够做到不需取样直接观察，方便实用。在实际工作中通常使用的显微镜有生物显微镜、三维视频显微镜等等。

1）清代镶红旗甲胄残片一块（图 3-2、3-3），检测其红色面和白色里衬（已变黄色）的材质。按照上面介绍的操作方法取样、制样（横截面制作采用羊毛包裹），分别观察面和里的经、纬线横、纵向形态特征。红色面的经、纬线纵向透明、光滑，有条纹（图 3-4、3-5），横截面呈不规则三角形，角是圆的（图 3-6、3-7），典型的桑蚕丝形态特征；白色里衬的经、

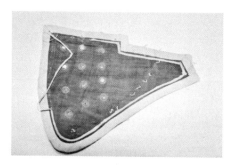

图 3-2　清代镶红旗甲胄面

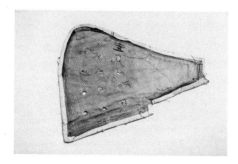

图 3-3　清代镶红旗甲胄里衬

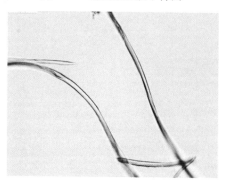

图 3-4　红色面经线纵向图（800 倍）

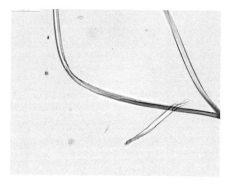

图 3-5　红色面纬线纵向图（800 倍）

纬线纵向呈扁平带状，并有天然扭曲（图 3 - 8、3 - 9），横截面呈不规则腰圆形，有中腔（图 3 - 10、3 - 11），是棉的典型形态特征。

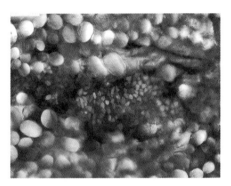

图 3 - 6　红色面经线横截面图（800 倍）

图 3 - 7　红色面纬线横截面图（800 倍）

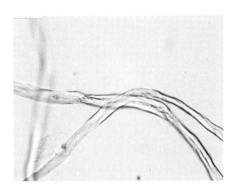

图 3 - 8　白色里衬经线纵向图（800 倍）

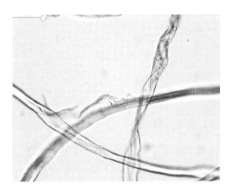

图 3 - 9　白色里衬纬线纵向图（800 倍）

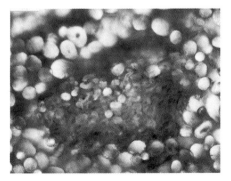

图 3 - 10　白色里衬经线横截面（800 倍）

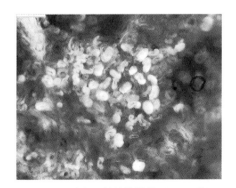

图 3 - 11　白色里衬纬线横截面（800 倍）

　　2）故宫库存康熙朝皇子的一件雨衣（图 3 - 12），因种种原因无法取样，使用三维视频显微镜的手持镜头。在 160 倍的镜头下，对此件雨服的表面进行观察。可见经、纬线上都有明显的鳞片，符合羊毛纵向形态特征，判断纤维种类为羊毛，此件雨衣材质为羊毛（图 3 - 13）。

图 3 - 12　康熙朝皇子雨衣

图 3 - 13　160 倍镜头下的纤维

1.2.4　电子显微镜法

　　电子显微镜由镜筒、真空装置和电源柜三部分组成。根据电子光学原理，用电子束和电磁透镜代替光束和光学透镜，使物质的细微结构在非常高的倍数下成像的仪器，分为透射电子显微镜和扫描电子显微镜等。在工作中，通常使用的是扫描电子显微镜，原理是：用极窄的电子束聚焦在样品的表面，然后逐行扫描样品，激发出各种物理信息，通过接收、放大、显示成立体图像，反映出样品细微的表面结构。其特点是：1）分辨率高；2）放大倍率宽；3）景深大；4）样品制备简单。扫描电镜可以安装多种附件，分别检测不同的信号，如 X 射线能谱仪（EDS）、X 射线波谱仪和电子背散射衍射仪（EBSD）。其中，常用的能谱仪（EDS）用于检测样品出射的特征 X 射线，提供材料化学成分的定性或半定量结果，检测元素范围在 Be ~ U，并提供元素线扫描和面分布图。检测纺织品纤维时，由于扫描电子显微镜与光学显微镜成像原理不同，扫描电子显微镜下观察到的立体超微结构图像与光学显微镜下纤维的平面特征图像有差别，需要与纤维的扫描电子显微镜超微结构特征标准谱图相对照。扫描电子显微镜的局限性在于其对纤维的细节描述过于清晰，很多在平面图像上反映出来的形态特征，在立体图像上改变或消失，有些纤维需要以颜色特征作为区分点，扫描电子显微镜只能体现出黑、白、灰三色，这些局限性使得一些纤维无法辨识。扫描电子显微镜适合用于纤维的细节对比、验证等研究分析工作。

扫描电子显微镜观察各类纤维：

1）棉纤维：横截面形态不规则，有中腔，可辨识度低；纵向超微结构是带状，有天然转曲。使用扫描电子显微镜观察棉纤维的超微结构以纵向为主。

2）桑蚕丝纤维：扫描电子显微镜与光学显微镜所观察到的桑蚕丝纤维形态有区别，桑蚕丝横截面超微结构呈不规则三角形、多边形。纵向超微结构有棱角、不规则。使用扫描电子显微镜辨识桑蚕丝纤维，需要横、纵向超微结构配合观察。

柞蚕丝纤维：横截面超微结构呈长三角状。纵向超微结构是粗细不匀、有棱角、不规则。使用扫描电子显微镜辨识柞蚕丝纤维，需要横、纵向超微结构配合观察。

3）毛类：羊毛、兔毛、驼毛、牦牛毛等线形纤维，除毛根和毛尖略细外，其他部分毛的粗细基本上是一致的，鳞片结构也大致相同。扫描电子显微镜下观察毛类纤维，纤维立体图像上展现出清晰的细节，原本光学显微镜平面图像上用于辨识的特征形态，变得复杂了。有研究人员通过扫描电子显微镜测量鳞片高度、鳞片厚度、鳞片翘角角度等，研究不同种类的毛，同种类不同产地的毛，同种类同产地不同个体的毛，同一个体不同部位毛等的区别。

（1）羊毛：横截面超微结构呈圆形或近似圆形，有些有髓腔。纵向鳞片超微结构呈环状、瓦状。

（2）兔毛：横截面超微结构不规则，绒毛呈近似圆形，针毛有哑铃形，均有较大髓腔。纵向鳞片排列紧密，呈杂波形。使用扫描电子显微镜辨识兔毛纤维，哑铃形横截面是兔毛的辨识点，但绒毛和家兔毛的横截面少有哑铃形，因此辨识起来有一定的难度，需要横、纵向超微结构配合观察。

（3）驼毛：横截面超微结构呈圆形、椭圆形，针毛髓腔较大。纵向鳞片扁平，翘角很小，呈不规则的杂波形。相对于光学显微镜观察，识别起来有一定难度。

（4）牦牛毛：横截面超微结构呈圆形、椭圆形。纵向表面鳞片薄，呈不规则的杂波形。相对于光学显微镜观察，识别起来有一定难度。

4）麻类：各种麻都有一个共同特点就是形态不规则，使用扫描电子显微镜观察麻类，纵向能够观察到横节（苘麻除外），横截面形态杂乱无章，无法辨识。

1.2.5　红外光谱法

适用于纺织纤维的鉴别。原理：以一束红外光照射到被测试样上时，该物质分子将吸收一部分光能并转变为分子的振动能和转动能。借助于仪器将吸收值与相应的波数作图，即可获得该试样的红外吸收光谱，光谱中每一个特征吸收谱带都包含了试样分子中基团和化学键的信息，不同物质有不同的红外光谱。纤维鉴别就是利用这种原理，将未知纤维与已知纤维的标准红外光谱进行比较从而鉴别纤维（表3－4）。

表3－4　常见纤维红外光谱的主要吸收谱带及特征频率

纤维种类	主要吸收谱带及其特征频率·cm^{-1}
纤维素纤维	3450－3200. 1640. 1160. 1064－980. 893. 671－667. 610
动物毛纤维	3450－3300. 1658. 1534. 1163. 1124. 926
桑蚕丝	3450－3300. 1650. 1520. 1220. 1163－1149. 1064. 993. 970. 550

几种常见纤维的红外吸收光谱图：

1）仪器：美国赛默飞世尔（Thermo Fisher）公司生产的尼高力（Nicolet iN10 MX）显微红外光谱仪。

2）棉—麻：红外吸收光谱图反映出棉与麻的谱峰形状相同，出峰位置相同，根据这些特征频率能够判断出纤维素纤维，但无法进一步定性为棉或不同种类的麻。从纤维研究的角度上分析，红外吸收光谱图中不同种类纤维峰的强弱上略有差别，这可能与纤维自身组成成分所占不同的比例有关（如纤维中纤维素、半纤维素的比例不同），也可能与纤维样品的处理工艺有关（下图中苘麻样品未做除胶等工艺处理），文物样品还可能与其附加物有关等等。总之，这些差别可以纤维对比，而不能纤维定性。图3－14为棉与麻（罗布麻、亚麻、大麻、苎麻、黄麻、苘麻）的红外光谱图。

3）毛类：红外吸收光谱图反映出动物毛纤维的特征频率（图3－15），各种绒、毛的谱峰形状相同，出峰位置相同，只能判断出动物毛纤维，无法区分不同种类的绒与毛（羊毛、兔毛、牦牛毛、驼毛、牦牛绒、驼绒）。

4）桑蚕丝—柞蚕丝：红外吸收光谱图中桑蚕丝与柞蚕丝特征频率（图3－

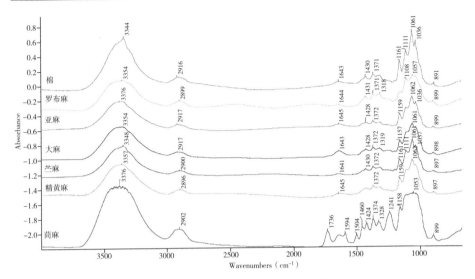

图 3 - 14 棉与各种麻的红外吸收光谱图

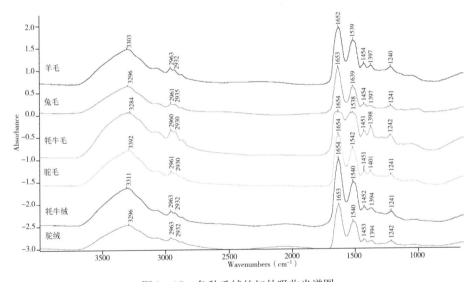

图 3 - 15 各种毛绒的红外吸收光谱图

16）基本相同，只是柞蚕丝在 965cm^{-1} 明显吸收峰（丙—丙肽链结构），是区分桑蚕丝与柞蚕丝的特征。

随着现代化科学仪器的发展，红外光谱仪检测时可以不需要制样，且所需样品量极少，此项技术在有机质文物的检测领域应用广泛。红外光谱法在纺织品文物的纤维鉴别中常用，对于糟朽的、不成形的、形态特征无法识别

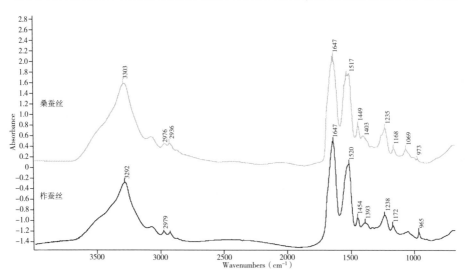

图 3 – 16　桑蚕丝—柞蚕丝的红外吸收光谱图

的纤维尤为适用。

1.2.6　溶解法

适用于天然纤维、化学纤维的鉴别。原理是利用不同化学试剂对不同纤维在不同温度下的溶解特性来鉴别纤维的类别。仪器工具：温度计（10 ~ 100℃）、恒温水浴锅（37 ~ 100℃）、封闭电炉、天平、烧杯、镊子、玻璃棒将 0.1g 纤维置于 25ml 烧杯中，注入 10ml 溶剂，在常温 24 ~ 30℃下用玻璃棒搅动 5 分钟，观察溶剂对纤维的溶解状况。但对于有些在常温中难于溶解的纤维需加温做沸腾试验用玻璃棒搅动 3 分钟，观察溶剂对纤维的溶解状况。在实际工作中，由于溶解法所需的试剂很多是强酸、强碱，有些还需加热达到沸腾，并不是很方便操作使用，但可作为参考依据（表 3 – 5）。

表 3 – 5　几种鉴别常见纤维的溶剂

纤维 试剂	棉	麻	丝	毛
95% ~ 98% H_2SO_4（沸腾）	立即溶解	立即溶解	立即溶解	不溶
70% H_2SO_4（室温）	溶解	溶解	立即溶解	不溶
60% H_2SO_4（沸腾）	溶解	立即溶解	立即溶解	不溶

试剂 \ 纤维	棉	麻	丝	毛
38% ~15% HCl（沸腾）	部分溶解	部分溶解	溶解	不溶
30% NaOH（沸腾）	不溶	不溶	立即溶解	立即溶解
5% NaOH（沸腾）	不溶	不溶	溶解	不溶
65% HNHO₃（沸腾）	立即溶解	立即溶解	立即溶解	不溶
NaClO（室温、有效氯成分 3.6% ~5%）	部分溶解	不溶	溶解	不溶

　　以上六种鉴别方法是文物领域较常使用的方法，对于文物上常见的天然纤维检测，显微镜法是全面且准确的方法，其他几种方法各有优点和局限性。纺织行业标准中还有密度梯度法、含氮含氯呈色反应法、双折射率法，多侧重于检测化学纤维。除此之外，显色法、紫外可见分光光度法、X - 射线衍射法等方法，也可用于纤维材质的检测。纺织品文物的材质鉴别，要看文物的具体情况和仪器及试剂的准备情况而定。

1.3　纺织品文物的色差测量

　　颜色是纺织品重要的组成部分，纺织品文物保存至今经过了漫长的历史时期，无论是出土还是传世，其原本颜色都会发生多多少少的改变。色变的原因复杂：纺织品染料与空气及所在环境的酸、碱、盐发生的化学反应；与光发生的光化学反应；因水浸泡产生的颜色迁移；微生物参加的生化反应等等。对于这些纺织品文物的色变程度需要有一个科学的评价，通常采用的方法是测量纺织品文物上的颜色差异——色差。在纺织品的保护与修复过程中，有很多方面需要色差的测量，如纺织品的清洗是否对颜色有所影响，需要对其进行清洗前、后的色差检测；修复时补料的配色需与文物本身的颜色作比较，可以说色差测量是修护与研究工作中经常涉及的。

　　在文物领域对于纺织品色差的测量还没有行业标准，通常方法是参考国家纺织行业标准和纺织行业的一些实际操作，与文物的具体情况相结合制定检测方案。在纺织行业中测量纺织品的色牢度是一项常规检测项目，色牢度又称染色牢度，定义是指纺织品的颜色对在加工和使用过程中，经受外界因素包括：水洗、光照、汗渍、摩擦等等作用下的褪色程度，也就是检测外界因素变化对纺织品颜色的影响。在国家标准和纺织行业标准中对于色牢度试验方法有多种，变化的都是所实施的外部条件，而用于变色评定的是标准灯箱和"评定变色用灰色样卡"以及色差仪。

1.3.1　标准灯箱（图3-17）和"评定变色用灰色样卡"（图3-18）

在纺织行业测量色牢度时使用，它根据国际通用标准，对灯箱的技术指标设计，灯箱的尺寸、内腔颜色、光源都具有固定要求。我国纺织行业色牢度的测量采用的 D65 光源，是近似真实日光的光谱功率。

图3-17　标准灯箱　　　　　　　　　图3-18　评定变色用灰色样卡

检测时，灯箱的光源照明自上而下垂直不变，样品表面摆放角度及人眼的观测角度随样品的光泽度变化，观察距离 30 ~ 40cm。目测无光泽纺织品时，样品置于样品台上呈 45°，观察方向接近垂直于样品表面（图3-19）；目测稍带有光泽的纺织品时，样品平放，观察角度为 45°（图3-20）；目测带有较大光泽的纺织品时，如果样品的颜色随照明和目测角度而改变时，观察者的方向也应在各种不同角度上进行目测检验。

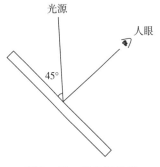
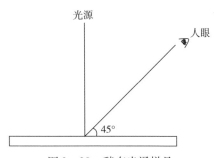

图3-19　无光泽样品　　　　　　　　图3-20　稍有光泽样品

评定时，使用的国标评定变色用灰色样卡，是5级9档规格类型，每一档的数据采用 ISO，AATCC、GB 提供的标准，使用高精度分光光度计测定。采用的评级范围是根据国际照明委员会（CIE）1976 年推荐的 CIELAB 色差公式计算而得（表3－6）。

表3－6　色牢度级别表

牢度级别	5	4~5	4	3~4	3	2~3	2	1~2	1
CIELAB色差△E	0	0.8	1.7	2.5	3.4	4.8	6.8	9.6	13.6
容差	0.2	±0.2	±0.3	±0.35	±0.4	±0.5	±0.6	±0.7	±1.0
视觉	无变化	轻微变化	可察觉	可察觉	可识别	可识别	明显变化	明显变化	非常大

检测方法是在标准灯箱内的同一距离和光源下，把原来的样品与色变后样品同时置于同一平面上按照纺织品的同一方向靠紧，灰卡也靠近置于同一平面上，凭借检测人员的目力，当原样和色变样的色差程度与某一级的灰卡色差最接近时，就作为该试样的牢度级数。级数越高两个对比样的差别就越小，当色变样与原样之间没有观感色差时，可定为五级，允许误差为半级。这种色差评定方法是在标准条件下，依靠人的目光评定出原样和色变以后样品之间的总色差，对于色变中的色调、明度、饱和度，不给出单一的评定。颜色的细微变化均可由人的眼睛反应出，即使达不到色差级数的变化，人眼也会有偏色察觉。但人眼对颜色的敏感程度不同，因此评级色差也会有差别，需要检测人员有丰富的检测经验。这也是灰卡色差测量方法的误差所在。

1.3.2　常用测量色差的仪器

1）色差计：采用滤光片分光，精度较粗的，只能测出两个样品之间的色差值，没有颜色的绝对值数据（L 代表明暗度，a 代表红绿色，b 代表黄蓝色）。

2）色差仪：也叫分光光度测色仪，采用积分球分光，其精度较高，能够测量每个颜色的"反射率曲线"得出绝对值数据。通常由四个部分组成：光源、积分球、光栅（分光单色器）和光电检测器。早期积分球式的"分光光度测色仪"采用 LED 作为光源，稳定性差，需预热半小时以上方可使用，由于光源不稳定，误差率较高。现在多数色差仪采用"高能脉冲氙灯"和"卤素石英钨丝灯"，"高能脉冲氙灯"具有寿命长、光强高、测量精度高等优点。"卤素石英钨丝灯"，相对"高能脉冲氙灯"其缺点是光强低，寿命短，在蓝光段测量不准确等。但它有能量消耗小，价格低廉、易维护更换的优点。色差仪分为体积小、便于携带的便携式和精度高、性能稳定的台式两种。由于样品测量的条件限制，实际工作中测量纺织品文物的色差选用便携式色差仪的较多。

纺织行业还有另外两种常用的方法，一是 40 瓦日光灯下，距离不超过1m 观看；二是北方晴天时，上午 10 点到下午 4 点这个时间段，在阴凉地比色。这两种方法的优点是简单方便，而且光源强度最接近于标准光源 D65，可真实地反应出颜色的差别。在修复纺织品文物的补料染色过程中，要求补料与原文物的颜色尽量一致，通常是依靠染色人员的眼睛评判，使用灰卡和色差仪均不是很方便，且不需要判断出相差级数，因此可参考纺织行业的这两种方法，简洁、方便、实用。

2 常见的织物结构分析

2.1 织物与织物组织的概念

2.1.1 织物的基本概念

所谓织物是指用纤维制作成经线和纬线，经相互交织而成的片状物体。我国古代先民早在原始时期就学会用葛藤皮和野麻皮等自然界植物，通过搓、绩的方法加工成线或绳，经编或织的方式制成织物，用以遮体御寒。而浙江湖州钱三漾遗址出土的纺织工器具和蚕丝线，让我们认识到中国的纺织技术早于世界上其他国家和地区，丝绸织物的形成与应用也至少可追溯至新石器时代晚期。

2.1.2 织物组织的定义及其表示方法

织物组织是指织物的经线和纬线互相上下沉浮，并按一定规律交织的组织形式。古代织物组织主要有平纹组织、斜纹组织、缎纹组织、重经组织、重纬组织、罗组织、绒组织等。而现代丝绸织物的组织分类比较细，按织物的交组规律可分为简单组织和复杂组织两大类。其中简单组织包括平纹、斜纹、缎纹基原组织；以及以基原组织为基础，经变化获得各种不同组织的"变化组织"；还有由基原组织和变化组织联合变化后派生出来的"联合组织"，如条格组织、绉组织、凸条组织、透孔组织、蜂巢组织、网目组织和小提花组织等。复杂组织是指重组织、双层组织、起绒组织和纱罗组织。

在对织物组织表述中，有"组织点""织物循环数"和"飞数"三个基本要素。

1）组织点：是指经线和纬线互相交织处的点，经线浮于纬线之上的点称经组织点；纬线浮于经线之上的点称纬组织点。在织物中，若经组织点占优势，就称经面组织；若纬组织点占优势，就称纬面组织；若经纬组织点相同，称同面组织。

2）组织循环数：是指经纬组织点的沉浮规律在织物中每重复一次所需的丝线根数，构成一个组织循环的经线根数称经线循环数，用 Rj 表示；构成一个组织循环的纬线根数称纬线循环数，用 Rw 表示。组织循环愈大，所组成的花纹越复杂。

3）飞数：是指织物中同一系统内相邻两根丝线上，相应的经（或纬）组织点之间相隔的纬（或经）线数，常用 S 表示。

织物组织的表示方法主要有方格表示法和直线表示法两种。

2.1.2.1　方格表示法

方格表示法，即把织物组织描绘在小方格纸上的方法。小方格的纵行表示经线，顺序从左到右；横行表示纬线，顺序从上到下，其纵横行相交的小方格则为组织点。一般在小方格内绘有符号者表示经线浮于纬线之上，称经组织点（经浮点），常用符号"■、▲、●"等来表示。在方格内不绘有符号者表示纬线浮于经线之上，称纬组织点（纬浮点）。用这种方法表示织物组织的图形称为组织图，由于绘制简单，所以在现代织物组织学中应用最普遍，如图所示（图 3 – 21）。由于它可以在印有小方格的意匠纸上表示，故又称为意匠表示法。

2.1.2.2　直线表示法

直线表示法，即把织物组织点描绘在纵横直线交叉处的方法，经组织点用符号"●"或"X"在纵横直线交叉处作标记，纬组织点则不加任何符号。纵行次序从左到右，横行次序从下到上，当沉浮规律达到循环时，则完成了一个组织循环，用图所示。在实际工作中，这种用直线表示织物组织的方式应用较少（图 3 – 22）。

2.1.2.3　结构表示法

对于较复杂的组织，为了能更加清晰、直观地反映经纬交织情况及其规律，常用结构图来表示，即双勾纵线条表示经线，双勾横线条表示纬线，经纬交叉重叠处为交织点（组织点）。当沉浮规律达到循环时，便完成一个组织循环，如图表示（图 3 - 23）。另外，它常与结构剖面图配合表现，使组织更为直观、形象。这种表示方法对于单层织物来讲比较容易绘制清楚，而对于重组织来说，绘制难度就大大增强，但比方格表示法更容易看得清楚。

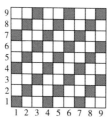
图 3 - 21　方格表示法

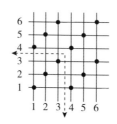
图 3 - 22　直线表示法

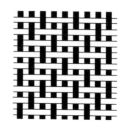
图 3 - 23　结构表示法

2.1.3　织物的分类

织物按材料分类，有丝、麻、毛、棉等；按织物结构分，有平素织物、提花织物两大类，细分有平纹织物、斜纹织物、缎纹织物、罗织物、绒织物等；按用途分，有服装用绸、家纺用绸、装饰用绸、航空用绸、医学用绸等，其中应用最广泛的是制作服装，更是形成服装风格、体现着装效果的重要因素。本部分主要以丝绸织物的结构分类为主要内容介绍，以适应古代纺织品的保护与修复工作。

中国古代丝织物种类繁多，最具代表性的种类有绢、绫、锦、罗、缎、绒、缂丝等，而这些大类中又有许多品种，甚至由古至今都经久不衰，织造技艺高超，成为我国丝织传统技艺的宝贵典范。

2.2　平纹类织物

平纹组织是基元组织中最简单、应用最广泛的织物组织。它的结构为经线和纬线一隔一地相间沉浮，形成一上一下的相互交织（图 3 - 24），其主要特点是一个组织循环内经纬线根数只有 2 根，是所有组织中最少的。

由平纹组织构成的平纹类织物在纺织品织物中产生最早，至少有 7000 年历史，所以应用也最广泛。尽管平纹组织十分简单，但运用各种丝线的加工工艺或组织变化技巧，可使素洁的平纹织物变得富有特色。在古代丝绸中，应用平纹组织的素织物有绢、纱、縠、缣、纨、缟、缯等，而现代织物中已不出现縠、缣、纨、缟，只有纱、绢、绉、纺、绸、绡等类，但无论是古代还是现代，不同的名称织物之间由于经纬线粗细、密度、捻度等不同，会产生一定的质地差异。而提花织物中现代丝绸应用平纹组织的基

图 3 – 24　平纹组织结构图
和纵横向截面图
（■—经线　□—纬线）

本体现为提花绢、提花纺、提花绸类，相比而言，古代则比较丰富，如东周、战国、汉时期的织锦均为平纹型重经组织，此外，"绮"是古代单层织物中应用平纹组织比较另类的一种。还有，缂丝也是以平纹组织为基础的特殊一类。

2.2.1　绢

古代所称的"帛"，主要是指绢。织物用生丝织造后，再经炼染而成，其经纬线线均无捻度。由于质地细腻、轻薄，常被用作印花的坯料或绣花的底料，如新疆吐鲁番出土的唐代印花绢，湖北马山一号墓出土的战国龙凤纹绣绢。还有被用以绘画，如马王堆出土的"帛画"、宋代时高雅的"绢画"，甚至被用作扇面。现代绢织物在织造工艺上与古代不同，是以熟织为特点，即先染丝线，后织造，下机后便是成品。

2.2.2　纱

是一种质地特别轻薄，又具有明显细小孔眼的平纹织物。纱的经纬线全部或部分采用弱捻，生色丝织造，因密度较小，故织物表面能形成孔眼的轻薄丝织品。古籍中有"方孔曰纱"，古诗中有"轻纱薄如空"之句，可见纱的薄与透是其基本特征，所以纱又称方孔纱。江西靖安东周墓出土的方孔纱就是保存比较完好的例证之一，其经密只有 20 根/cm，纬密只有 18 根/cm，比较粗犷。而马王堆出土的汉代素纱蝉衣，不仅精密细致，且孔眼均匀清晰，仅重 49g，可见织造水平之高，令世人惊叹！

古代的纱近似于现代织物中的东风纱，经纬线为桑蚕单丝，加强捻，重量每平方米仅 15g，与马王堆出土的素纱蝉衣比较接近，薄如蝉翼，但弹性、

悬垂性，以及坚牢度不如乔其纱。现代织物中提花纱也十分常见，在结构上基本以平纹为主，辅以透孔组织、蜂巢组织等，使花地分明，既有轻薄通透感，又有暗花显现。

2.2.3　縠

是一种具有绉效应的平纹织物，古代称"縠"，相当于现代的绉类织物。经纬线均加中等捻度以上，但丝线一般较细，生丝织造，再经炼染处理，使丝线自然收缩、弯曲，以致在织物表面呈现细微的绉纹，这时织物弹性大为增强。《周礼》中载"轻者为纱，绉者为縠"，说明古代的纱与縠是有明显区别的。縠产生于何时？据《嘉泰会稽志》载："縠首见于越国。"即春秋时的越地就擅长制织縠，汉代时使用更加普遍，唐宋时均土贡縠类织物，明清时这种起绉织物更加兴盛。《增韵》："绉纱曰縠"，于是縠的名称逐渐被绉或绉纱所替代。

现代织物中的平纹结构绉类织物比较多，代表性品种有双绉、碧绉、乔其绉等。

1）双绉：全真丝绉类织物。经线不加捻而纬线加强捻的纯桑蚕丝白织绉类织物，平纹结构。由于加强捻的纬线以两种不同的捻向（S、Z）交替织入，形成绉效应而得名。双绉的织物规格较多，主要在于经纬线的组合、经纬密度的配比、门幅宽窄等参数的变化，形成织物的厚薄不同。该织物坯绸经精练后形成绉效应，一般还需染色、印花，以适应更广泛的用途。其产品特点是手感柔软，富有弹性和极好的透气性，故夏季穿着较其他平纹类织物要凉爽（图3-25）。

2）碧绉：全真丝素绉类织物，有素碧绉和格子碧绉两种，但织造工艺相同，仅是在经向和纬向有意识地设计成条子或格子，形成与素碧绉不同的外观风格。该织物在工艺上与其他绉织物不同的方面是，一般纬线是两根以上合并加捻，而碧绉的纬线是分成粗细两股，分别加捻后合并，再反向退捻，这样使粗丝线自然地以螺旋状抱合细丝线，经织造后在织物表面形成细微的波浪状绉效应，且透气性和弹性也特别好，是十分细腻又有骨感的绉织物。

3）乔其绉：原产自法国，以桑蚕丝为原料，经纬均加强捻的生织织物，需经炼染后为成品，由于织物绸面呈均匀细致的绉纹和细小孔眼，质地稀疏透明，故俗名"乔其纱"。乔其纱的规格比较多，每平方米重量一般为35～

52g，重磅乔其纱重量可达每平方米 67g。轻盈飘逸，具有极好的弹性和悬垂性，故应用于舞服、戏装、围巾等比较多。但该种织物缩水率很大，达 10% 以上，因此缝制前需在清水中浸渍缩透（图 3 – 26）。

图 3 – 25　双绉织物　　　　　　图 3 – 26　乔其纱织物（放大 50 倍）

2.2.4　缣

是一种细绢，《释名》中对缣的描述是："缣，兼也，其丝细致，数兼于布绢也。"但也有采用双根经线并列与一根或双根纬线交织的、比较细密的平纹织物，《说文》中对缣的描述是："缣，并丝缯也"，可见是近似重平类的织物。缣，在殷墟妇好墓出土中就出土有这样结构的织物，这可能是比较早期的较厚实的平纹织物。但从织物结构上分析，商周时期就已经能够将简单的平纹组织进行变化应用，相当于现代的经重平和方平组织，实在令人感到吃惊。《管子·山国》："春缣衣，夏单衣"，可见相比纱、縠而言，缣的质地比较紧致，故古代常被用作春秋季用绸。

现代丝织品中与缣相仿的有电力纺、洋纺、杭纺等。

1）电力纺：桑蚕丝生织纺类织物，平纹组织，最早以土丝为原料，后改为桑蚕丝，并采用电力机生产，故名电力纺。织物质地细洁，光泽好。织后需精练、染色、印花加工整理，增加手感的柔软性。电力纺规格较多，厚薄有别，但总体每平方米重量在 36 ~ 70g，故总体而言比较柔软，但因经纬线均不加捻，故弹性较差些。织前需将生丝浸渍软化丝身，便于织造，减少织疵。

2）杭纺：桑蚕丝生织纺类织物，因在浙江杭州设计生产而得名。织物经纬线均采用农工丝，无捻，由于丝身条干不匀，且泛黄，有糙块，故绸身较为粗犷、厚实。织后需精练、染色加工整理或练白。

2.2.5　纨

是一种表面光洁细腻的平纹织物。《说文》中对纨的描述是："纨，素也。从系、丸声，谓白致缯，今之细绢也"。《释名》中对纨的描述是："纨，焕也，细泽有光，焕然也"。可见，纨的质地相当细腻，光润如冰，具有高贵之气。据湖北擂鼓墩战国墓出土的一件纨所知，经密达 100 根/cm，是纱织物经密的 5 倍。殷墟妇好墓出土的细密绢，经密 72 根/cm；湖北马山楚墓出土的绢中经密 100~120 根/cm 的有 12 件，经密 120 根/cm 以上的有 6 件，最高的经密竟达 164 根/cm，相当致密，而纬密大都在 30~50 根/cm，故织物上呈现细密的细畦纹。也由此，古代常对美貌的女子形容为"纨质"；衣着华美形容为"纨绔"。

如此细腻华贵的纨，与现代织物中的塔夫绸十分相近。塔夫绸也称为塔夫绢，最早从法国引进，苏州从 1919 年开始生产，1922 年在美国纽约举办的全球丝绸展览会上，苏州沈常泰纱缎庄、夏福号纱缎庄展示了样品。1932 年由苏州东吴丝织厂在电力机上试织成功，并投入生产，注册商标为"织女牌"，新中国成立初改为"采桑牌"，20 世纪 70 年代后期又为"水榭牌"，一直行销国际市场，80 年代初还被英国查尔斯王子选为婚礼服的面料，享有"塔王"美誉。其经纬线原料均选用优质的桑蚕丝，用熟丝织造，原料规格通常为（20/22D 桑蚕丝 8T/S×2）6T/Z，经密要求在 100 根/cm 以上，先脱胶染色，后织造，由于经纬密度高，故织纹细腻而紧致，绸面光滑平挺，光泽柔和，并具有悦耳的丝鸣感。根据织物组织结构不同，有素塔夫绸和花塔夫绸之分，素塔夫绸为平纹组织，花塔夫绸为平纹地起八枚经缎花组织，两者的外观效果和风格有极大不同，前者素雅，后者富贵。在此两大类别中，由于经纬原料组合的不同，有真丝塔夫、交织塔夫等品种；根据经纬原料颜色配置的不同，又有塔夫、闪色塔夫、条子塔夫、方格塔夫、紫云塔夫等，风格各异。

2.2.6　绨

平纹类织物。在古籍中对绨有多处描述，如《说文解字》："绨，厚缯也。"《急就篇》："绨络缣练素帛蝉。"颜师古注："绨，厚缯之滑泽也。重三斤五两，今谓之平䌷。"这都说明绨是一种质地较紧密的厚重织物，官吏们用绨制作成的公袍称"绨袍"，还从唐代岑参所作诗《尚书念旧垂赐袍衣率题绝句献上以申感谢》"富贵情犹在，相逢岂间然。绨袍更有赠，深荷故人怜"中了解到，绨袍还是馈赠的高档礼品，可见是当时比较贵重的面料之一。

古代的绨有弋绨，是一种黑色粗厚的丝织品。而现代的绨是十四大类中的一个类别，虽然结构也是平纹，质地同为粗厚缜密的织物，但原料上发生了较大变化，基本为人造丝与丝光棉纱、蜡棉纱交织，一般人造丝为经线，棉纱为纬线，先织后染色，成品每平方米 150～153g，比较厚实。当纬线为丝光棉纱时称"线绨"，有花素之分，提花线绨常用作被面，是 20 世纪 80 年代的家纺时尚品。当纬线为蜡棉纱时称"蜡线绨"，由于棉纱表面涂有一层蜡，故面纱比较光滑、条干均匀。蜡线绨也有花素之分，花绨是在平纹地上起经浮较短的小花纹，绸面光洁，质地坚牢，作春秋外套较合适。

2.2.7 缟

一种平纹结构的生丝绸。在《汉书》颜师古注："缟，皓素也"，表明是素织物。清代任大椿《释缯》："熟帛曰练，生帛曰缟"，清楚地表明缟为生丝绸，而后练为熟丝绸。古代比较著名的缟是"鲁缟"，刘向《说苑》："鲁人善织履，妻善织缟，而徒于越"，可见鲁地对织造缟已有相当娴熟的技术。

2.2.8 绸

一种以平纹为地组织的织物统称。《说文解字》："绸，缪也。"宋代以后常用精练丝在平纹地上起本色花，称"暗花绸"。明清以来，一般都将绸作为丝织品的统称，但更多是指平纹地的各类花素织物。传统绸类织物有水绸、纺绸、绵绸等，现代丝织品代表性的绸类织物有双宫绸、和服绸、大同绸、鸭江绸等。

2.2.9 缂丝

以平纹为基本组织，但在花纹处并非像一般织物那样是通过提花技术形成的，而是应用"通经回纬"的特殊结构方式形成。经线用较细的生蚕丝，纬线用较粗的彩色熟蚕丝，通过两头特别尖的小梭子，根据图案要求不断变换色丝，在局部方位内按平纹组织一上一下挖织，并在花纹轮廓处采用转向"回纬"的技艺，逐步完成该部位的织造。因此，它在花纹轮廓处会留下由于往复回纬而造成的"孔眼"，这一独特的结构具有"雕镂"之感，所以得名"缂（刻）丝"。

这种技法起源于汉代通过"丝绸之路"古埃及和西亚地区传播而来的"缂

毛"，从唐代开始用丝线代替毛线织造，至宋代时，缂丝已从单纯的民间手艺，进化演变为中原文化渗透下的艺术创造，呈现出与以往相较天壤之别的精致度。进入南宋，缂丝的生产中心随着宋廷的南渡而转向江南，集中在太湖流域，尤其是苏州地区，并世代相传延续至今。缂丝的技法有多种，如"抢色""掼结""勾"和"搭梭"等，画稿越复杂，换色越多，技法变化就越丰富。缂织一幅作品一般需换梭千次，甚至上万次不等。可见缂丝是技法高超的复杂的手工艺丝织品。它不受尺寸和花纹色彩的限制，大到屏风，小到书签；长到手卷，小到册页；方的尺幅，圆的团扇等都可缂织。由于缂丝织造技艺至今都只能用手工来完成，其难度更胜于刺绣，因此"一寸缂丝一寸金"生动表述了其不菲的价值。

2.2.10　绮

一种由一组经线与一组纬线交织而成的单层纹织物，以平纹为基本组织的提花绸。它的名称出现较早，《楚辞》中就有"纂组绮绣"之句，在《说文》："绮，文缯也"，解释指有花纹的缯。两汉时期，凡平纹地的单层暗花织物即被称为"绮"，与锦、绣等被同列为有花纹的高级丝织品。从我国陆续出土的绮类织物分析看，绮的结构形态至少有四种。

1）平纹为地，花部组织是在平纹结构基础上沿45℃斜向增加一个经组织点，而形成的粗细均匀的斜向纹路，或是间隔距离符合平纹组织循环倍数的斜向纹路。因此这种结构的绮出现的图案总是呈45℃的菱形纹或山形纹，如商代"雷纹花绮"、战国"杯形纹绮"、汉代"菱形纹绮"等，故有专家称之"商式绮"。其特点是花地层次分明，斜纹清晰（图3-27、3-28）。

图3-27　经浮花结构状态——商式绮之一

图3-28　纬浮花结构状态——商式绮之二

2）平纹为地，花部组织是在平纹结构基础上沿经向增加一个经组织点，且每 2 根隔经的增加点位置是相同的，图案由纵向连续的 3 个经组织点形成经浮花。由于 2 根隔经组织点相同，在织物正面有 5 个横向经组织浮点，而在织物被面就出现了 5 个纬浮点，所以这类结构相对第一种要松塌一些，呈现的花纹没有那么紧密细致。出现这种结构的绮主要在战国，其特点是花纹结构虽然不会拘泥于固定的一个方向延展，可以创造多种类型的图案造型，但比较规整，而花纹的清晰度不如第一种。

3）平纹为地，花部组织是在原有平纹结构基础上增加一个隔经隔纬的平纹组织点，使之构成了 3 个经浮点的、并且组织循环数为 4 的特殊组织结构。这种特殊的结构因出现于东汉，因与之前出现的两种绮组织有所不同，故被称之为"汉绮组织"。1959 年在新疆民丰尼雅遗址就出土了一件东汉时期的"黄色菱纹绮"，而 1995 年在尼雅遗址发掘的 M3 中出土了同样结构的一件男式绮衣长袍——"菱格纹暗花绮"（图 3 - 29）。

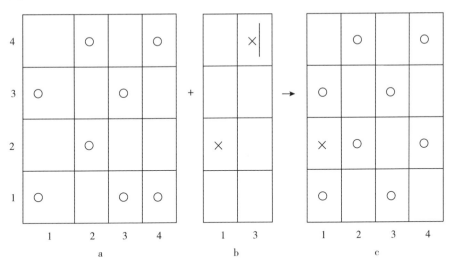

图 3 - 29　"菱格纹暗花绮"中的汉绮组织演化图

a. 平纹组织图　b. 增加的组织点　c. 花部组织图

4）平纹地上起斜纹花，是在第一种结构基础上演化成规整的 3/1 四枚斜纹，主要出现于汉晋，至隋唐后已是成熟的组织结构，继而成为绫的基本组织特征，延传至今。

最早所见的绮，是包裹于商代铜钺上的丝织物，藏于瑞典斯德哥尔摩远东古物博物馆，为平纹地上显菱形的花纹，菱形的构成是通过45°斜向的织纹所成，属第一种绮结构。东周时期所见的绮见于湖北荆州马山一号楚墓出土的"彩条绮"，有黑、红、黄三色相间排列而成，其中黑色条为素织平纹，红色和黄色条则有花纹，属第二种绮结构。两汉时，考古工作者相继发掘了多件绮，其中长沙马王堆出土的西汉"杯形几何纹绮"，图案结构与信阳楚墓"杯纹绮"近似，以菱形叠加而成的耳杯纹样主题突出，图案的上下左右呈全部对称，经向循环3.3cm，纬向循环亦为3.3cm，由于织物两侧各保留有宽0.3cm的幅边，可知其幅宽在41cm左右，织物结构与第一种绮相近，但花部结构已由斜向纹路的织纹变为严格的3/1斜纹，花地分明。

魏晋南北朝时，绮在文字记载中已不多见，但实物中由新疆吐鲁番出土的高昌时期"套环贵字纹绮"尤为经典。它为平纹地起四枚斜纹花结构，图案以椭圆形横排并交切为基本骨架，套环上一组内填"联珠纹"，另一组内填"卷云纹"，环内相间处有对鸟和"贵"字纹，还有其他朵花，显然这已不再是中原传统的纹饰，而与丝绸之路上的外传文化有着密切联系。与此结构和纹样极为相似的花绮织物，在苏州丝绸博物馆也有一件，为"套环贵字纹花绮单袍"，出土于青海，款型优美（图3-30）。

唐代时，平纹地上起斜纹组织花纹的绮大量呈现，在《唐六典》卷二二所载的"少府监织染署"就有专门用来生产绮的工场，而源自《全唐诗》卷一八中施肩吾所作的"夜裁鸳鸯绮，朝织葡萄绫"，便是当时生产绮绫的写照。因为此时已将"绮"称之为"绫"，且之前的商式绮、汉式绮结构基本不出现了。但人们已习惯将平纹暗花绸统称为"绫"。

宋代时，绮依然是丝绸中的上等织品，非常流行。江苏常州武进宋墓出土的"米字纹绮"就是代表品种之一，地部为平纹，花部为经浮花，其织物背面则是纬浮花，经密42～44根/cm，纬密44根/cm，图案以菱形为骨架，内饰花纹为米字形，一个花纹循环经纬数为72×72根，经浮长在3～7个经组织点，呈3上1下、5上1下或7上1下的斜向纹路，花地清晰，显花效果较好（图3-31）。

而在福建黄昇墓出土的"菱形菊花绫"属纬显花的平纹暗花绮，其经纬密度均为36根/cm，经线较细，纬线一粗一细交替投入，其中粗纬显纬浮花，纬浮在5～11枚不等，因此花地分明，菱纹及菊花纹具有淳厚之感（图3-32）。

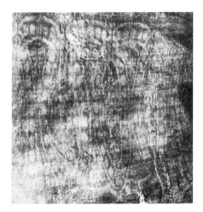

图 3 - 30　联珠套环贵字纹花绮
单袍（局部）

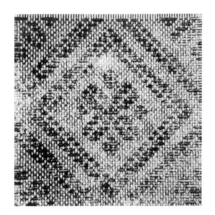

图 3 - 31　米字纹绮结构示意图

类似这样不同纹饰的绮织物在该墓中出土有 20 多件。此外，江西德安南宋周氏墓中出土的绮有 5 件，其中"酱色松竹梅纹绫"经密 24 根/cm，纬密 32 根/cm，经纬线均采用粗细不同的两组间隔排列交织，粗细度相差一倍，在花部由细经细纬交织成平纹，粗经粗纬交织成四枚破斜纹花，因此花纹也比较清晰，而地部则因粗细纬交替织入，故织物的平纹地具有一定罗纹外观效果（图 3 - 33）。类似结构和工艺的还有"香色折枝梅纹绮"和"球路印金罗襟杂宝纹绮衫"，这充分显现出古代人求新异变的艺术表现力和织造工艺的创造力。

元明时期这类结构的织物明显减少，墓葬出土品几乎没有，取而代之的是织金、织银织物成为流行，至此使在纺织历史上起过重要作用的绮由盛而衰。

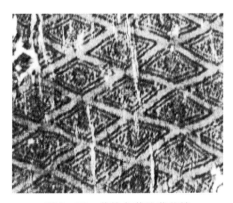

图 3 - 32　紫棕色菱纹菊花绫

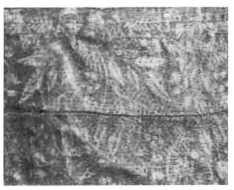

图 3 - 33　酱色松竹梅纹绫

2.3　斜纹类织物

斜纹类织物产生于汉代，称之"绫"，是一种具有斜纹组织的单层织物。从出土实物及文字记载考证研究，学界基本认可的绫出现在汉代。汉代时将平纹地起斜纹花或经浮花的单层织物，都称为"绮"，而且是当时非常时尚的丝绸面料。之后才出现由具有一定斜向纹路的提花结构，逐渐演变成规整的斜纹组织，所以绫的出现比绮要晚。

斜纹组织为基元组织之一，是指经纬交织点连续排列形成斜向纹路的组织。构成斜纹的关键是该织物组织循环的经纬线数至少为 3 根，在此基础上通过循环数和飞数的变化可形成多种斜纹。常用的斜纹组织有三枚、四枚、五枚、六枚等，此外，沿基原斜纹组织的经向或纬向增加组织点，可形成多种类型的变化斜纹。例如，有加强斜纹、复合斜纹、山形斜纹、锯齿斜纹、菱形斜纹等（图 3 - 34 ~ 3 - 37）。

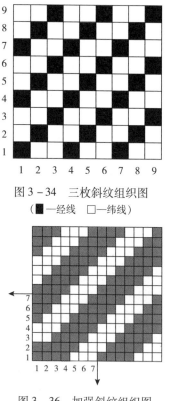

图 3 - 34　三枚斜纹组织图
（■—经线　□—纬线）

图 3 - 35　三枚斜纹结构图
及横截面图

图 3 - 36　加强斜纹组织图

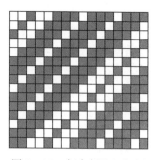

图 3 - 37　复合斜纹组织图

采用斜纹组织形成的织物，表面具有明显的斜向纹路，质地较平纹织物柔软，富有光泽和弹性，但由于经浮点或纬浮点较多，因此它比平纹组织结构要松些，所形成的织物也会柔软一些。除标准斜纹组织的织物外，通过组织的变化，还能得到层次丰富、阴阳分明的各种斜纹结构和花纹图案。这在古代丝织物中已有比较广泛的应用，如唐宋时期出现的各类绫中，有些为平纹地上显斜纹花；有些为斜纹地上显平纹花，品种丰富，唐代"葡萄糖草纹绫"就是代表之一。

斜纹类织物有两种类型，一种是经纬线全部由斜纹组织交织或变化斜纹组织形成，称为"素绫"，另一种则为"花绫"。《正字通·系部》："织素为文者曰绮，光如镜面有花卉状者曰绫。"传统花绫一般是指斜纹组织为地，起平纹、斜纹、缎纹或浮花的单层提花织物。

斜纹组织因斜向组织起点位置的不同，有左斜和右斜之分，其形态大致有五种类型：

2.3.1　同向绫

是指斜向一致的绫，花绫或素绫均有。但若同一件织物有两种以上斜纹出现，则一般是利用不同循环数的斜纹组织，呈现出不同的经浮或纬浮光泽效果，但必须符合循环数约数为倍数的原则。如青海唐墓出土的"黄色大花卉绫"，地组织为 2/1 三枚斜纹（左向），花组织为 1/5 六枚斜纹（左向），而辽代耶律羽墓出土的有一件绫的地组织为四枚斜纹，花组织为六枚斜纹，等等形式，目的都是使织物的花地间具有一定的明暗层次。

2.3.2　异向绫

是指同一织物中斜向不一致的绫，花绫或素绫均有，但以花绫为主。比如花、地组织循环数相同而斜纹方向相反的，或出现有多种斜纹组织，但斜向各异的绫。如日本正仓院收藏的中国唐代"葡萄唐草纹绫"，以及银川西夏正献王墓和镇江南宋周瑀墓中也有异向绫出土。

2.3.3　缎花绫

是以斜纹为地，缎纹为花的绫纹织物。古代最早的缎花绫出现在新疆盐湖古墓，地为 2/1 斜纹，花为 1/5 六枚变则纬缎。元代时出现五枚缎纹，在山东邹县元墓中有一件"梅雀方补袷袍"，其方补的组织就是 4/1 左斜纹为地，五枚三飞纬缎纹为花。在辽代众多花绫中，还出现了一种近似锦类的绫，即地为 5/1 六枚变则经缎，纬向由地纬和花纬交替交织，由于花纬较地纬纤度粗六倍左右，故花纬能较好覆盖住地纬，使纬花效果显著，同时还发现，纬花还采用了两种色纬显花，所以花地分明（图 3 - 38）。而清代时，出现了 1/3 斜纹为地，八枚三飞经缎纹为花的"大洋花绫"，使花地层次更为清楚，且因经浮较长的缘故，有一定高花效果。缎花绫结构在现代提花绫中，常有应用。

2.3.4　浮花绫

是指斜纹为地，经浮或纬浮为花的织物。这种结构最早出现于唐代，日本正仓院藏品中有，另在内蒙古元墓中发现的"蓝地雪花球路绫"就是 2/1 斜纹地上显纬浮花结构。辽墓出土的浮花绫结构更为清晰，斜纹地，纬浮花，并采用了较大对比度的经纬浮长点，以致花地纹饰明显。现代提花绫中，应用不多。

2.3.5　特殊结构的绫

指利用不规则斜纹组织为地构成的提花绫。如斜纹地为山形、锯齿形、菱形等，这种特殊结构的绫始见于辽、元时期，如辽代耶律羽墓出土的"回纹地卷云团窠双凤纹绫"，就是以 5/1 斜纹为基础组织构成的菱形回纹作地，再以 1/5 斜纹显花（图 3 - 39），可在后期所见不多。但在现代绫的产品中却又有应用，20 世纪 90 年代曾比较流行斜纹提花绸，为了使提花绫具有创新性，设计人员在设计时巧妙应用急（缓）斜纹、加强斜纹、复合斜纹、影光斜纹等特殊组织，使绸面呈现别具一格的外观效应，成为外销报样流行一时的产品。

图 3 - 38　辽代浮花绫（局部）

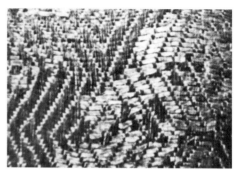

图 3 - 39　辽代回纹地卷云团窠
双凤纹绫（局部）

　　六朝至隋唐时，绫盛极一时，当时官员们都用绫作官服，并按官职大小规定绫的花色，由官营织造署负责生产各种不同花纹和规格的绫。《旧唐书·舆服志》记载："三品以上，大科绸绫及罗，其色紫。五品以上，小科绸绫及罗，其色朱。六品以上，服丝布，杂小绫，其色黄。七品以上，服龟甲双距十花绫，其色绿。九品以上，服丝布及杂小绫，其色青。"由此也促使织造技艺大为提升，纹样也极为讲究，寓意深酌，造型完美。还有浙江的缭绫，邺中（今河南安阳）的八梭绫都十分有名，织绫的规模很大。日本正仓院所藏"葡萄唐草纹绯绫"，为中国唐朝时输出的绫，被列为珍品。除素绫外，花绫的结构以平纹地斜纹花为主，均以四枚斜纹居多，但斜纹的斜向在同一件织物中有同向和异向，如 1/3 斜纹或 3/1 斜纹，利用斜向不同所折射出的织纹光泽不同原理，丰富了绫纹的层次。如青海都兰出土的"缠枝葡萄纹绫"、纽约大都会博物馆所藏"双珠团窠对龙纹绫"就属于这一类。

　　宋代时，由于沿袭了唐朝服制，绫的生产需求依然很大，由于绫的质地轻薄，其功用出现了新变化，即开始用绫作书画经卷、书籍以及高级礼品盒等的装裱材料，并逐渐成为装裱用绸的大宗，一直延续至今。元代时，官府对绫依然重视，在官营织造中还设置了生产绫的专门机构"绫锦院""织染局"，以加强绫的生产管理，其中以浙江生产的缭绫最负盛名。明清时期绫的产量逐渐减少，但限制的规定越来越严格，《明史·舆服志》记载，官员服饰面料用杂色纻丝、绫、罗、彩绣，庶民只能用绸、绢、纱、布。可见绫在当时是作为贵重的绸料来使用的。位于浙江归安县的东林、西林，即双林镇，盛产吴绫，且生产规模日益壮大，道光年间的绫机户达千余家，其盛况延续至民国，但绫的品种转向裱绫。苏州的盛泽也是吴绫生产的重要地区，主要产品有板绫和线绫，民国时又增加了庄绫、云绫、兴绫等，以致成为盛泽地区手工织造业的大宗产品。

　　现代绫与古代的绫一样，也有花、素之分。素绫是指采用单一的斜纹或变化斜纹组织。花绫一般是指斜纹地组织上起斜纹花的单层暗花织物，有时也会用到平纹组织，但只是为了使花纹具有更明显的明暗效果，起点缀而已。

　　现代绫类织物有很多品种，组织较古代要丰富和复杂，尤其是提花绫。绫类丝绸按原料分为有纯桑蚕丝织品、合纤织品和交织品。常见的绫类织物品种有斜纹绸、斜纹绫、尼丝绫、美丽绸、涤弹绫、采芝绫、绒面绫、羽纱等，绫织物经纬密度的配置完全视用途而定，如用于书画装裱的绫，一般密度稀疏，质地轻薄、结构较松疏；用于服装、围巾、领带、家纺的花素绫，密度较大，质地细腻，原料以桑蚕丝为主，少有交织品，因此手感柔软，比平纹织物富有光泽，并且织成后一般施以印染、彩绘或刺绣工艺加工，成为高档的服饰用绸；而用作服装里料或装饰用绸的绫，一般采用人造丝或交织，密度介于上述两者之间，虽然经密不大，但因原料纤度较大，故依然较为紧致，且织物比较光滑，质地也较厚实。

2.4　缎纹类织物

缎纹组织是基原组织中最复杂的一种织物组织，由经线和纬线在织物中形成一些单独的、互不相连又均匀分布的经组织点或纬组织点构成。主要特点是一个组织循环内的经纬根数至少为 5 根，在此基础上通过组织点飞数的变化，可形成多种缎纹组织，常用的有五枚、八枚、十六枚等。其次，由于交织点在基原组织中最少，而丝线浮长又最长，故织物正面呈现经线浮长的称为经面缎带，反之则称为纬面缎纹（图 3-40）。

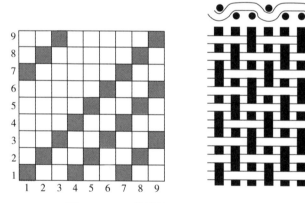

图 3-40　五枚缎纹组织图、结构图及横截面图

关于缎纹组织出现的年代，曾有专家认为是宋代，但缺乏实物佐证，因为宋代之前的文字中没有"缎"字出现，宋元时是以"段"字作"缎"字用的。所见实物是在耶律羽之辽墓出土的大量丝织品中，发现有缎纹纬锦，由二组经线组成，其中一组接结经与纬线交织成五枚缎纹组织，这一结构为缎类织物的起源研究起到了极大作用。也由此推测，缎纹组织可能先出现于提花重组织中，后逐渐演变为单层素织物，至明代成为丝绸中的主流品种，《吴

县志·物产》说"纻丝俗名缎，因作缎字"。这从大量出土的明代服饰中得到印证，素缎、提花缎广泛应用，组织以五枚缎为主，少见六枚缎。但到明末时出现了八枚缎，单层织物中的素缎和提花缎均以五枚缎和八枚缎呈现，在广州所产缎织物就有称为五丝和八丝。而至清初时，八枚缎已成为相当成熟的主流产品，还出现了七枚缎及十枚缎等，但仅在织锦组织中少有出现。故宫所藏缎类织物有贡缎、库缎、暗花缎、织金缎、妆花缎、闪缎、巴缎、鸳鸯缎、大蟒缎、寸蟒缎、广缎、绉缎、摩本缎、花累缎、罗纹缎、金彩缎、片金缎等等，品种相当丰富。

采用缎纹组织形成的织物，质地细腻，平滑光亮，手感柔软。而且，经密越大，缎纹越细腻光亮。按织物结构来看，八枚缎的浮长比五枚缎要长，因此结构较松。为改善状况，一般将经密设置得比五枚缎要大，使之绸面更加平挺，光泽更为饱满、肥亮。在丝线应用上，古代缎织物的经纬线基本无捻，有时经线会有 2 ~ 3 捻/cm，以增加织物的柔韧性。在现代缎织物中，经纬线无捻的素缎，以里料居多，如人造丝为原料的羽纱、真丝软缎等便是典型。而常见缎织物的纬线加捻居多，捻度在 6 ~ 18 捻/cm，这样既保持了经浮长的亮丽光滑，又较好地改善了质地的柔韧性、悬垂性、弹性，如现代织物中的素绉缎等平素缎织物就是典型代表，而提花缎织物不胜枚举，如平纹地起八枚经缎花的花塔夫、八枚经缎地上起八枚纬缎花的花广绫、八枚经缎地上起纬浮花的织锦缎，以及古香缎、花软缎等。

古代缎类织物，除素缎外，提花缎主要有以下几种：

2.4.1 花累缎

花累缎其历史可追溯至明代。苏州虎丘发现的王锡爵墓葬内（明万历四十一年）出土的黄色云纹缎官服镶边所用面料，即为花累缎。据《苏州织造局志》记载，清代乾隆、嘉庆年间在苏州织造局生产的诸多产品中，花累缎就是其中之一。我们所见众多明代提花缎均与此基本相仿。随着手工业向机械工业的革新，虽然生产工艺和手段发生变化，但该品种一直延续至今。基本规格为：织物结构以八枚经面缎纹为地，起八枚纬面缎纹花，经线为染色熟丝，规格为（20/22D 桑蚕丝 8T/S×2）6T/Z，纬线为半练染色蚕丝，规格为 20/22D×6 生桑蚕丝。经密较大，达 124.7 根/cm，加之半练色丝作纬，故织物质地紧密，挺括，光泽明亮，不易沾染灰尘。织造完成后，织品还需进行刮绸后处理的特殊工艺，经刮绸整理的织物，更加平整、挺括而富有独特光泽。其纹样以大团花、寿字为主要特征，也有散花、小花、八吉如意及几何纹等题材，色彩以金色为多，也有枣红、元色、咖啡、玉色、西红等产品。

2.4.2　摹本缎

摹本缎是明代较有名的产品，主要产地在苏州，清代时为官营织造生产，进贡入库以供皇室选用，故又名"库缎"，后成为清代缎类织物中的大宗产品。"库缎"有花素之分：素库缎和花库缎，素库缎以八枚缎纹组织制织，花库缎是在缎地上提起本色或其他颜色的花纹。基本组织是四枚缎、五枚缎和八枚缎三种，并有"暗花"和"亮花"之分，暗花的组织为同色纬缎，亮花则是采取不同色彩的纬线起花，使花纹更加肥亮，更加具有凸显的立体效应。若部分花纹用金银丝挖花织造，则称为"装金库缎"，如果采用了金、银两种线来制织部分花纹，则称"二色金库缎"。因而，库缎的基本品种有本色库缎、两色库缎、妆金库缎、妆彩库缎等。库缎纹样大多以团花为主，有"五福捧帮""万世如意""汉文八仙"等吉祥图案，体现福寿的纹样还有两条龙中间为一"寿"字，五只蝙蝠和两条龙中间相嵌一"寿"字等，其"寿"字常用纯金的金线挖织，显示织品的富丽堂皇和多层次的花纹效果。库缎大多用来做衣服，故通常又称为"袍料"，因此库缎在云锦中具有很大的用量，其技术特点突出了缎纹织物的肥亮和柔软。

图3－41　清代红地绿莲花闪缎
（南京博物院藏）

2.4.3　闪缎

闪缎是一种以缎组织为基本结构的缎类织物，特点是通过对比强烈的异色经纬，经交织后使外观产生闪色变化的效果。清代前期，清代光绪年间在苏州织造局生产的闪缎品种较多，如双闪五彩柔薄缎，以异色经纬交织而成；缠花闪缎，经纬线的色彩是红闪绿，结构为缎纹地，起纬二重花；缠莲装金闪缎，经纬线色彩为红闪绿，正反八枚缎组织，花芯处为织金，采用圆金钱挖花工艺（图3－41）。由于缎纹有独特的变色效果，显得素雅高贵，主要用作服饰。

2.4.4　妆花缎

系云锦的一个品种，基本结构是在五枚经缎地上起纬绒花，但显花的方式与一般织物不同，是通过绕有彩色纬线的小纬管与经线挖织而成，按图案色块要求"通经回纬"，也可以在相邻有同色花纹处将该根色绒线跳过其他色，连过去挖织，也可以根据颜色需要随时剪断，换种颜色，这种独特的手工技艺使缎面上的花纹色彩达到了灵活多变的目的。明清时的妆花缎还时常织入捻金线和片金线，用于主花或包边等处，通常将捻金用挖花的织法，而片金线用通梭，增强织物的富贵效果。

2.4.5　织金缎

是一种在平挺光亮缎地上用金线作纬起花的织物。明代时的织金缎相当流行，基本结构是五枚经缎地上起金线纬花，十分富丽贵气。金线有捻金和片金两种，以片金显花为多，为使织金花纹饱满、闪亮，故要求纹样图案以块面为主，甚至用反处理的方式设计纹样，即将地部为织金，花部为五枚经缎。清代时的织金缎基本与明代相近，只是图案风格有变化，但已不是主流产品。

2.4.6　广缎

广缎的结构也是在缎纹地上起纬花，缎纹组织有五枚、七枚、八枚，但纬花是纬浮，没有接结点，且在织物的反面是抛梭，因此该织物的花纹以小花型为特征。在色彩的应用上，常选择比较亮丽的颜色，呈现多彩热烈之感。

2.5　重经织物

2.5.1　重经织物概念

重经织物一般是指重经提花织物，是通过重经组织原理将多彩经线显花。

重经组织是指应用两组或两组以上的经线与一组纬线交织而成的重叠组织。重经组织根据织物对经线组数的不同，可分为经二重组织、经三重组织、经四重组织及经多重组织。其经线循环数是由表里经线排列比确定的，即当基础组织经纬数相同时，为排列比之和，当基础组织经纬线不等时，则纬线为两个基础组织循环数的最小公倍数，经线为两个基础组织形式的最小公倍数与排列比之和的积。

重经织物常以一组经线作为地经与纬线交织成地组织，其他各组为纹经，分别在织物表面显现花纹，当某组纹经不起花时，则沉在织物背面与纬线接结，如古代的战国、汉唐织锦，现代的留香绉、采芝绫等织物。

2.5.2　重经织物结构的演变与发展

重经织物在古代丝织品中主要为经向显花的织锦，简称"经锦"。

经锦的起源，可以追溯到距今三千年前的周代。在《诗经·小雅·巷伯》中载有"姜兮斐兮，成是贝锦"，还有"玉锦""衣锦"和"锦衾"等名称出现。迄今我国最早发现的经二重平纹组织的经锦实物是 1970 年在辽宁朝阳魏营子西周早期墓葬中，只是因为出土的物证已看不清两种丝线的颜色差别，故曾被称之为"素式锦"。而 2007 年在江西靖安东周大墓中出土了多件高经密二重平纹型经锦，如"狩猎纹锦""条形纹锦"等，令人惊叹，它们为我国古代织锦技术的研究提供了有力佐证。

形成重经组织基本的首要条件是表经线的浮长必须大于里经线的浮长，以使长浮线能掩盖短浮线。其次，里经线必须与表经线具有共同的组织点。它的基本结构是：由两个或两个以上系统的经线和一个系统的纬线以平纹为基本组织重叠交织而成，根据经线系统的组合数不同，可以形成多重平纹型经锦结构。由此，使多彩经线起花的平纹重经组织，通过组织的变化在经向显示出多种色彩的纹样。

2.5.2.1　古代重经织物

从周代、战国、汉代、北朝至唐代初期的古代经锦，结构均为平纹型重经组织，以二重经锦、三重经锦较为普遍，四重经锦、五重经锦较少（图 3 – 42 ～ 3 – 49），新疆尼雅遗址出土的"五星出东方利中国锦"是目前唯一的一件五重

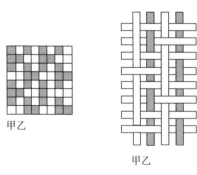

图 3 – 42　二重平纹型经锦组织图
和结构图

图 3 – 43　平纹型二重经锦织物
（□—表经表纬　■—里经）

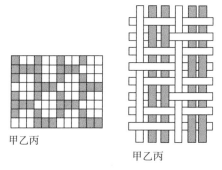

甲乙丙

甲乙丙

图 3 – 44　三重平纹型经锦组织图和结构图
（□—表经表纬　■—里经）

图 3 – 45　平纹型三重经锦织物

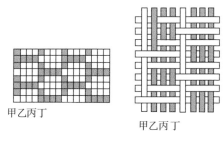

甲乙丙丁

甲乙丙丁

图 3 – 46　四重平纹型经锦组织图和结构图
（□—表经表纬　■—里经）

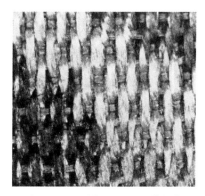

图 3 – 47　平纹型四重经锦织物

甲乙丙丁戊

甲乙丙丁戊

图 3 – 48　五重平纹型经锦组织图和结构图
（□—表经表纬　■—里经）

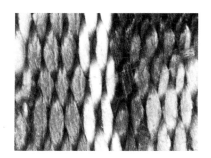

图 3 – 49　平纹型五重经锦织物

平纹型经锦织物，经密达 240 根/cm，显示出当时所具有的高超织造技术。一般来说，一组经线为一种颜色，这样二重经锦就为二色锦，三重经锦就为三色锦，等等。但古代工匠十分巧妙地将其中一组经线以分区彩条排列的形式，使二重经锦可以呈现三到四色，甚至更多，如湖北江陵马山战国墓出土的

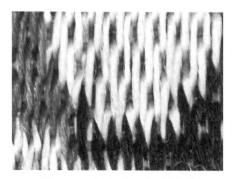

图 3 - 50　斜纹型三重经锦织物

"塔形纹锦"和"凤鸟凫几何纹锦"就属于应用了彩条排列的二重经锦。这种技艺一直延续并影响到现代织物中，只是各个时期的纹样风格截然不同，有着时代鲜明的特征。如战国时期以几何形结构纹饰为主，比较严谨；汉代经锦多以变形的龙、虎、辟邪、狮、麒麟、仙鹿等动物，与日、月、山峰、云气、植物、人物等相融于一体，运动感强烈，色彩艳丽，并在纹样间隙织有铭文，如"万世如意""登高明望四海""长乐明光"等；唐代则以联珠纹、团窠纹、对禽鸟纹、花卉纹为主要特征，富贵端庄而大气。

唐代早期出现的织锦，结构和制织工艺都延续了先秦二汉的平纹型经锦，出现了以斜纹为基本组织的斜纹型经锦，并发展极快，最终取代了平纹型经锦。在新疆民丰、吐鲁番和青海都兰唐墓中出土了为数不少的这种经锦，有二重锦、三重锦（图 3 - 50），经向紧度比平纹型经锦增加，表层经密在 50 ~ 60 根/cm，织物显现的花纹立体感更强，尤其还沿用了汉锦中经向彩条排列的工艺特色，使锦面色彩更为丰富。

在织造工艺上，与平纹型经锦相比，需增加一片综，以满足一上二下的斜纹组织要求。但这个看似很小的变化，却使延续了多个朝代，跨越千年的平纹型经锦被突破，是中国古代经向提花技术的一大进步。但此时的图案循环都比较小，花幅在 3 ~ 5cm，花回也与之差不多，所以分析当时的提花机可能是用束综小花楼织机制织的，经线提花时用多把吊装置解决，以减轻拽花工的劳动强度，而纬向由于多数是对称图案，所以用极少的耳子线就能解决了。

2.5.2.2　近代重经织物

唐代中后期的多重组织提花织物基本上已由多重经转变为多重纬的发展阶段，宋代起由于缎纹组织的出现，使后时期的锦类织物以缎地重纬织物为主，而重经织物则渐渐被冷落，处于沉寂阶段。直到民国后，经起花织物又再兴起，但结构形式上发生了变化，不再局限于采用同一种真丝原料，染成不同色彩的经线分别显花；也不再局限于花地同一种重经组织显花。它开始采用两种或两种以上不同性能的原料作经而分别显花，其组织结构也采用多种类别的重经组织；其中有的工艺也由原来的丝线染色又改为匹绸染色，它是通过不同性能的经线其吸色性能的不同，经染色后，织物表面可形成不同色彩和不同光泽的经向花纹。如民国时期设计和生产的"惟馨绸"，新中国成立后设计和生产的"留香绉"等，尽管名称上是"绉"，但按其组织定义对照，应属于十分精美的重经组织的经锦一类。它们都是利用两组不同性能原料的经线重叠交替显花，一组为真丝，与纬线交组平纹变化组织作地纹；另一组为粘胶人丝，起人丝缎纹花。纬线为真丝，并加上一定捻度。故织物经染色后，经向呈现明暗和色彩不同的花纹，使外观增添了华丽色彩。如留香绉的组织，既有平纹组织，又有 12 枚经面缎纹组织，又有背衬 4 枚斜纹组织和浮组织。

2.5.2.3　现代重经织物

重经纹织物也是现代织锦中的一大类型，它通过至少两种以上彩色经线在经重组织的结构基础上，显现出彩色的花纹。基本特征是一组经线与纬线交织成地组织，其余经线与纬线交织成纹组织，但地经也可用来起花。由于纹、地经所起作用不同，所以在织造工艺中一般以双经轴及双造（或大小造）装置设定，应用中极为灵活巧妙，留香绉、彩锦缎、金雕缎等都是具有各自特点的多彩重经织物。有时，地经也可用来起花。地组织通常为平纹、斜纹和缎纹，以平纹居多。其中留香绉的基本组织是：地部由地经与纬线交织成平纹地组织，纹经在织物背面与纬线作有规律的平纹组织接结；花部组织有两种结构，一种是当纹经在织物表面起 12 枚经缎花时，地经与纬线在背面交织成平纹，另一种是当地经在织物表面起 12 枚经缎花时，纹经与纬线在背面交织成 1/3 斜纹。尤其织物地部最为特别，体现在纹经的接结方法十分复杂而巧妙。即一个接结完全组织的循环为 12 针 40 梭（针——代表意匠纵格数，梭——代表意匠横格数），横向每隔四梭有两纬交替（间隔 6 针）下沉与织物背面的纹经进行接结，纵向每隔四梭以后，向右倾斜 2 针，至 20 梭处再向左倾斜 2 针，直到 40 梭处回至原起点衔接。因此在 40 梭循环中，共有八条两纬交替下沉的接结经，其中四条为单起平纹，四条为双起平纹，并且奇数条纬专对奇数纹经接结，偶数条纬专对偶数纹经接结。正是通过这种接结方式及接结点的倾斜，使织物地部形成了纵山形的暗纹，具有水波样的效应，十分精美，成为留香绉最有特色的方面。

重经组织在应用于较轻薄的织物中时，不起花的纹经沉在织物背面时，由于织物透明而无法掩盖，因此只能将它们沿花纹的轮廓修剪掉，但在设计织物组织时，一般要求在花纹轮廓处用平纹包边，以防纹经线脱落。这类织物如现代丝织品中的迎春绡、条子花绡、伊人绡等轻薄型经起花绡类织物。

在织造工艺上，现代重经织物还因采用不同的原料和不同的表里组织，因此会使用双经轴及双造（或大小造）装置设定织造，满足经线交织率不同及经线张力也不同的需求。在染色工艺上，除少数采用色织外，多数采用生织、匹染，或采用半色织工艺，使织物结构和风格更为丰富多彩。如彩锦缎、金雕缎等都是具有各自特点的多彩重经织物。

从重经织物的发明、创造和发展演变历程可见，在我国丝绸发展史上具有重要的地位，影响深远。

2.6　重纬织物

2.6.1　重纬织物的概念

运用重组织原理，使织物表面呈现出多种层次和色彩花纹的纹织物称为重纬织物。

重纬组织是指两组纬线或两组以上纬线与一组经线交织而成的重叠组织。重纬组织根据织物对纬线组数的多少，可分为纬二重组织、纬三重组织及纬多重组织，其经纬循环数是由表里基础组织及表里纬线排列比确定的，即当两个基础组织经纬线数相等时，经线循环数与一个组织循环数相等，纬线循环等于一个组织循环数乘以排列比之和；当两个基础组织经纬线数不相等时，经线循环数等于两个基础组织循环数的最小公倍数，纬线循环等于两个基础组织循环数的最小公倍数乘以排列比之和（图3-51）。由于重组织可增加织物的色彩和层次感，并在重量、厚度、坚牢度及保暖性方面弥补了单层织物的某些不足，因此无论重经织物还是重纬织物都是提花织物。

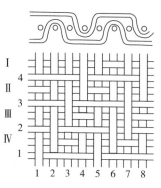

图3-51　重纬组织结构图
（ⅠⅡⅢⅣ—里纬）

2.6.2　重纬织物结构的演变与发展

我国重纬织物应是在隋唐开始出现，是由纬向丝线显花的纬锦，即根据经向丝线显花的织造原理创造了纬向丝线显花的织锦，并迅速发展，很快就取代了经锦的主导地位。这一技术变革极大地拓展了织锦在生产工艺领域和图案纹样领域，从而不仅使织锦种类更加丰富，尤为重要的是深刻影响了后世的织锦技术发展，如辽、宋、元、明、清织锦的演变与传承。因此，真正意义上的古代纬锦最早应出现于唐代。

纬锦的织物结构形成与经锦有着渊源关系，有平纹型和斜纹型两种组织，基本特征都是以同一种组织结构来表现织锦的地部和花部，这在其他古代织锦为独有。其中平纹纬锦早于斜纹纬锦出现，但呈现的时间不长，很快被斜纹型纬锦所替代。

2.6.2.1　古代平纹型纬锦

平纹型纬锦是指以平纹组织为基础的重纬提花织物，所见实物不多，仅在中国西北地区的新疆吐鲁番、营盘等地出土有这种织锦的残片，如"吉字锦""王字锦"，这种平纹型的纬重结构织锦与平纹型经锦的组织虽然是呈90°的差异，但由于织造方式的改变会使织锦的表面丝线形状有所不同，即经锦因是经线显花，经线张力较大，且有 $2 \sim 3$ 捻/mm 的弱捻，故显花的丝线较为平挺。而纬锦因是纬线显花，纬线在织造时张力很小，且基本无捻，故丝线很蓬松，使之花纹较经锦要饱满一些。

不仅是这一表面特征的不同，在织造工艺上，当经锦纬线转了90°成为纬锦的经线时，仅用一种经线不能完成与纬线的交织，必须用一组经线与表层显花纬线交织成平纹或斜纹，与其余纬线交织成共口平纹或斜纹，并使这部分不显花的纬线共口沉背在织物地部；用另一组经线与纬线仅在纬线根据花纹要求提起时交织，并起固结作用。显然这两组经线在织物中起着不同的作用，习惯上我们将形成基本组织的这组经线称之为接结经（甲经），而起固结作用的这组经线称为地经（乙经）。

2.6.2.2　古代斜纹型纬锦

斜纹型纬重组织是纬锦最典型的基本组织，从出土的众多纬锦组织的结构分析来看，这种组织极为普遍，在新疆吐鲁番、甘肃敦煌、青海都兰、陕西法门寺等地都有大量实物出土，且图案类型和风格极为丰富，尤其是织造技艺上的创新，使唐代盛世的织锦更为绚丽。

这种斜纹型纬锦结构是指由两组或两组以上的纬线与两组经线，以斜纹为基本组织重叠交织而成,其中两组经线在织物中起着不同的作用。即称为接结经(甲经)的一组经线与表层显花纬线交织成斜纹,与其余纬线交织成共口斜纹,并使这部分不显花的纬线共口沉背在织物地部;被称为地经(乙经)的另一组经线与纬线仅在纬线根据花纹要求提起时交织,并起固结作用。而纬向重叠的层次,依据现有出土唐纬锦原件所见,有二重纬锦、三重纬锦、四重纬锦、五重纬锦和六重纬锦,纬向重叠层次越多,色彩越丰富,由于纬密加大,质地越细腻,相应各项工艺难度也就越大(图3-52、3-53)。

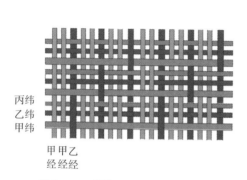

丙纬
乙纬
甲纬

甲甲乙
经经经

图3-52　斜纹型三重纬锦结构图
(甲经与乙经之比2:1)

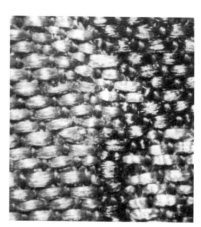

图3-53　唐斜纹纬锦织物

唐斜纹纬锦在经线排列和丝线应用上很有讲究,主要是甲乙两种经线在织物结构中所起的作用不同,丝线规格也完全不一样。甲经作为接结经与表纬交织成斜纹,而乙经作为地经在织物中仅在表纬显花时提起,且夹于表纬与里纬中间,故它一方面起着地部的支撑作用,另一方面在纬线交替显花时起花纹轮廓的作用,所以一般来讲应较甲经要粗些。但古代人为了使织锦表面更为细腻精致,将地经变成2根,甚至3根或4根,但丝线均要求略细于接结经,且各自穿入花综作平行排列,这样既使地经在地部的支撑面扩大,又不增加锦的厚度。从出土的唐纬锦分析所知,甲乙经排列为1:2的规格十分普遍,著名的"花鸟纹锦""花瓣团窠瑞鸟衔绶锦""黄地宝花对鸟锦"等均属这样的排列,这既使纬浮点的长度较适中,能体现纬浮花纹的饱满,又使织纹紧致,也许正因为是最合理的经线配置,故应用十分普遍。

辽代出现的纬锦有多种结构，一种是斜纹纬锦，并有不同的表现形式，即半明经式的斜纹纬锦，其明经不完全露在织物表面，而是既在表层出现，又在底层出现，还在表层和底层之间的夹层出现，如辽耶律羽墓出土的雪花球路团窠云鹤纹锦等。此外还有利用菱形斜纹为基本组织的菱形斜纹纬锦，以及以缎纹为基本组织的纬锦。另一种是浮纹纬锦，即在斜纹或缎纹基本组织之上又添加了一组纬线，在织物表面呈现纬浮花纹，无明经压在上面，在不显花时与其他纬线一起与经线共口交织，如辽耶律羽墓出土的花鸟团窠四鹤纬浮锦。

宋锦，是继古蜀唐锦之后出现的织锦，虽然经向也局部显花，但还是以纬向起花为主，故属纬锦类。根据织物的结构和原料组合及织造工艺的不同，宋锦分为大锦、匣锦和小锦三大类，其中以重组织起花结构的只有大锦，匣锦和小锦仅是由于用途为装裱而被归纳其中，因此，就真正意义上的织锦概念来讲，宋锦即是指大锦。在织物结构上，它由两组经线和两组以上的纬线交织而成，其中甲经线与一种纬线交织成三枚经斜纹地部组织，乙经线与另外几组纬线交织构成三枚纬斜纹花组织，这组经线也称特结经，与甲经的排列为1:3。除此结构外，少数宋锦也有六枚不规则经缎纹为地组织，纬三枚斜纹显花。

宋锦结构的形成和织造技艺上与汉唐织锦有着极为显著的渊源，即双经轴的应用和各组纬线显花的工艺，主要源自唐代纬锦，而双轴中的一组经线既起经斜纹组织，又在花纹图案中起局部经显花的工艺，则主要源自汉锦和唐锦中的经锦。因此，它既继承了蜀锦经向起花的织造技艺，又继承了蜀锦纬向起花的工艺，而经线和纬线同时显花的特点是宋锦结构形态的突出特征。此外，宋锦也有汉唐织锦所没有的特点，就是创造了纬向同一纬线抛梭换色的工艺，使在不增加纬线重叠层次的情况下展现出更多的纬向显花色彩，这种巧妙的、灵活的纬线应用，对之后的云锦及现代织锦产生了深远影响。

宋锦中的大锦有重锦和细锦之分，其中的重锦则是最贵重的宋锦品种，特点体现在纬线除真丝染色彩线外，大量使用捻金线或片金线，并采用长抛梭、短抛梭和局部特抛梭的织造工艺技术，因此质地更为紧密，色彩更为绚丽，然而生产制作工序很多，从缫丝染色到织成产品前后要经过20多道工序。细锦相对而言比较简单，以三组纬线显花为主，质地比较细腻，厚薄适中，因而应用较为普遍。

2.6.2.3　现代重纬织物

现代重纬织物的结构十分丰富，常用物结构有一经一纬、一经二纬、一经多纬和两经一纬、两经两纬、两经三纬、两经五纬及两纬多纬的织物结构。

若按地组织分类，有平纹地重纬织物，如天香绢、蓓花绸、修背提花绡等；斜纹地重纬织物如繁花绢等；缎纹地重纬织物如花软缎、织锦缎等。

按地部各种纬线与经线交织的结构分，有一梭地上纹重纬纹织物，即地部组织由一组纬线构成，其余纬线接结于织物背面，花部由各组纬线分别显花，如天香绢、织锦缎；组合地上纹重纬织物，即地部组织由二组纬线构成，其余纬线接结于织物背面，花部由各组纬线分别显花，如花软缎、古香缎；共口地上纹重纬织物，即地部组织由几组纬线共织于一个梭口，花部由各组纬线分别显花，如丛花绢。

织锦缎为现代纬重织物中比较有代表性的传统产品，属八枚缎纹地重纬纹织物，通过一组经线与三组纬线交织，应用不同色彩的纬线起花。一般的织锦缎为三色彩纬花，但也有多色彩纬花，即当其中二纬为常抛时，另一纬为彩抛，按花形位置需要作分段换色，来增加织物表面的色彩变化。其经线原料采用双根合股的桑蚕丝熟经线，纬线选用有光黏胶人造丝和金银铝皮。因此，根据原料的组合不同，有真丝织锦缎、人丝织锦缎、交织织锦缎和金银织锦缎等品种，其织物特点是质地细腻，缎面光亮，花纹绚丽多彩。

像景织锦是现代织锦中比较有特色的织锦产品，尤以杭州生产的都锦生像景织锦为代表，织物结构属于两经多纬的织物结构，纬重数最多可达十五种以上，织物结构十分复杂。在两组经线中，一组经线为地经，而另一组经线则不参与织物组织的交织，当起花的纬线浮于织物组织之外时，将浮纬线压牢（切短浮长的纬线），使其和地组织接结牢，故称为接结经线。在纬线中，一组纬线为地纬（也可起花），其他纬线为起花纬线，称为花纬，常用的起花纬线有纬三重、纬五重、纬七重和纬十五重，即二经三纬、二经五纬、二线七纬和二经多纬的织物结构。经常使用的经线排列比为：地（甲）经：接结（乙）经 = 3 : 1、4 : 1、6 : 1、8 : 1 或 12 : 1；纬线的排列比则根据起花纬线的多少而定。

2.7　起绒类织物

绒是指织物上除经线和纬线交织外，还有一组起毛绒的经线或纬线采用具有规律的起绒组织交织于一般经纬线之中的，并在织物表面形成毛茸或毛圈的纺织品。凡由纬线起绒的称纬起绒织物，由经线起绒的称经起绒织物，实际上从古至今大部分绒织物为经起绒。

绒的种类有素绒、提花绒，其中素绒泛指织造时为单一结构的绒织物，不提花，如漳绒、建绒、利亚绒等，但经后整理加工后有雕花绒、烂花绒、敷彩绒之类的品种，另外还由于织机及结构的变化有双面绒，也为素绒。而花绒则指织造中应用起绒组织形成花纹的织物，这类品种十分丰富，结构也相应要复杂得多，有纬线起花的纬绒织物、经线起绒的经绒织物，除单色、双色外，还有用彩条排列的彩经绒及多色彩纬起绒的彩纬绒，其中缎地起绒花的漳缎，是由古至今十分典型的提花绒织物，单色漳缎、双色漳缎、多彩漳缎，十分丰富，技术水平也极高。除此而外，绒地缎花、绒地绒花、绒地妆花、锦地绒花等都属于绒类品种中的复杂提花绒织物。但无论组织结构如何变化，起绒组织是该类织物的灵魂，由此使它们具备了不同于一般织物的特征。

2.7.1　素绒织物结构形态

北京明代万历帝的定陵中出土有一件双面绒衣袍，正反两面均有 6.5 ～ 7.0mm 长的绒毛，密集地布满于织物表面。根据分析，其绒织物的完全组织为地经与绒经之比为 2∶1，地经与纬线交织成破四枚经斜纹，绒经与起绒杆交织形成毛圈，以 V 形固结。与该素绒属同一时期的苏州王锡爵墓中，一顶深蓝色官帽也为素绒织物，但结构与之不同，地经与绒经为 1∶1 排列，四枚斜纹为地组织，绒经呈 W 形固结，绒毛长度达 1.5mm。

再以漳绒为例，系表面具有绒毛的全真丝素绒织物，起源于元代，在明代时已有大量生产，于明末清初由漳州传入南京、苏州等地。

漳绒的基本组织为四枚变化斜纹，其经起绒结构由两组经线和三组纬线交织而成。地经与绒经排列比为 2∶1，纬线与起绒杆的排列比为 3∶1，纬线有粗纬、细纬和起绒杆（假纬）之分。地经与纬线交织成地组织，绒经与起绒杆（不锈钢丝）交织，经特殊的割绒工艺，使之形成绒毛。其毛圈绒的固结方法采用"W"形固结,绒毛牢固而不易脱落(图3-54)。漳绒的绒毛细腻,紧密,抗压、柔软,光泽柔和等特点,显示出高贵的气质,常被用作高档服装的面料,也有用作鞋帽、坎肩、褥垫等。

此外,还有一种天鹅绒,由漳绒演变和发展而成。清代时主要产地在南京,后传至苏州,与漳绒一起都有很大的生产规模,为供奉皇室的高贵丝织产品之一。

在织物结构上,天鹅绒与漳绒略有不同,即采用六枚变化斜纹,利用起绒杆在织物表面形成绒圈状。其所用丝线材料、起绒方法和织造方法与漳绒相同,但在后整理工艺上却有很大区别,即在绒圈地上描绘所需的花纹,然后根据花纹轮廓用割绒刀将花纹部分的绒毛割断,使之形成绒毛,再将织入的起绒杆(钢丝)从织物中拨出,这样没有花纹的部分形成致密而整齐的绒圈,而有花纹的部分为耸立的绒毛,由此构成绒毛和绒圈相间形成的花绒织物,其整套工艺全部需手工完成。由于该织物所绘制的图案随意性较大,题材可以是花卉、动物、书法、印章等,构图可以是连续的清地纹样,也可以是具有艺术效果的独立纹样,可以不受织造工艺的限制而变化自如(图3-55)。因此,它是一种极为高档的丝织工艺品,可以制作成匹料、件料、服装、服饰及工艺靠垫、壁挂等。

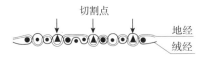

图3-54　漳绒织物起绒结构

图3-55　绒圈与绒毛同时并存的素绒

现代丝织素绒产品中,乔其绒最具代表性,其织物地组织为经重平,绒经为三梭"W"形固结,织造时采用双层分割法形成绒毛(图3-56),经线排列比为,上层地经:下层地经:绒经=2:2:1,地经和绒经分绕在两只经轴上，用1×2梭箱织造，其织物下机后需进行割绒、剪绒、立绒整理或烂花、印花等整理工艺，成品的绒毛耸立而富有光泽，手感柔软，用作礼服、裙服、装饰软装等。按原料分，有真丝乔其绒和交织乔其绒，但地经和地纬均采用强捻桑蚕丝，以改善织物的弹性，仅绒经和纬线会应用有光黏胶人造丝，以降低成本。

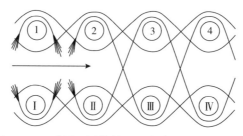

图 3-56　采用双层分割法形成绒毛的结构示意图

2.7.2　提花绒织物结构形态

1）漳缎，是提花绒织物中结构较为复杂的，结构形态是由二组经线和四组纬线交织构成，其中地经起缎纹，绒经起花，缎纹组织有八枚缎、六枚变化缎或四经六纬的经面变化斜纹之分，但以八枚经缎最为常见。用粗、中、细三种不同粗细的纬线和一根假纬织入，"假纬"实为起绒杆，是一根直径为1mm左右的不锈钢丝，古时的起绒杆是用很光滑的细竹竿或铜丝做成的，由于这两种起绒杆的材质比较软，在割线时很容易被刀划得越来越细，影响绒毛质量，所以后来就使用不锈钢丝。由于起绒杆要大大粗于四根纬线，因而此处的绒经所形成的拱圈要明显高出许多，因此当这根起绒杆被拔出的话，就会在缎纹质地的表面出现一个绒圈，但将起绒杆上的绒经线用刀片沿垂直方向割断的话，就变成了绒毛，而这时的绒经线与四根纬线的交织状态就构成了"W"形，与之相应的织物组织称为"起绒组织"。正是由于"W"中间多了一道弯曲，所以绒毛在织物上十分坚牢，一般无法拔动，可见这种起绒结构非常科学合理。地经与绒经的排列比常见为4∶1。漳缎织物质地厚实，缎面光亮，而花纹部分的绒毛浓密高耸，立体感极强。

2）绒圈锦，实物始见于长沙马王堆汉墓，用作衣缘镶边。关于它是否是提花绒的问题，一直以来学者专家探讨不休。有的认为是古代精湛的提花绒织物，是中国起绒织物的源头。据早期纺织专家分析：由纹经1、地经、纹经

2 和绒经四种经线形成一组，按 1∶1∶1∶1 排列，组织为 1 上 3 下的四枚破斜纹，认为织造时已使用了复杂的束综提花机构和双经轴，使地经和绒经能根据不同的用丝量单独控制。然而，在原件中的绒圈有大有小，有高有低，因此有可能并不是用提花机织出的。

但也有学者认为织物中出现的"绒圈"可能是通过挑花工艺直接将挑花杆织入，然后再将挑花杆抽出，当抽出挑花杆时，这部分经线就在织物表面隆起并形成了线圈，而实际上并没有专门用绒经起绒花，也没有相应的绒组织。再从文献记载来看，两汉至明代之间并没有任何文献和实物可以证明绒圈锦与中国后世出现的漳绒、漳缎有直接的因袭关系，因此认为绒圈锦并不是真正的起绒织物。

3）锦地绒花织物，顾名思义这样的织物特征是，既有重组织结构的织锦，又有起绒组织的绒呈现，其中具有重组织的织锦为多彩，而绒为单色。因此对这类织物的设计中，绒与锦的效应是相互映衬的，你中有我，我中有你，外观较为富丽，质地厚实且富有弹性，立体感很强，较多应用于桌椅垫，观赏性与实用性于一体。锦绒织物由二组经线和四种纬线组成，结构为地经与三种色纬交织成纬线起花的重纬组织，另一组经线起绒，由织入假纬形成绒圈，再经割绒工艺使之形成密集高耸的绒毛。

4）绒地妆花，代表性织物为"妆花绒"，属云锦中的一个品种，也是起绒织物中较为复杂的品种，如故宫博物院藏的"黄地缠枝菊花纹妆花漳绒"，原件为乾隆倦勤斋中的炕垫，外观雍容华贵，特别是因有绒毛的缘故，不仅质地厚实，还比一般丝织品具有较好的保暖性，所以在冬季时常是宫廷首选的上等丝绸实用品。据戴健复制时检测的情况是，织物由地经、绒经和特结经和地纬、多色纹纬、起绒杆交织构成，起绒方式与漳缎相同，而地部彩色纬花的织造工艺则采用了云锦中独特的挖花技艺，使织物可根据图案结构在同一梭的纬向取用不同色线来织就，但在织造时为了方便实施"挖花"操作，是反织的，起绒杆也是织入织物的反面，这是与漳缎正织不同的工艺，并且由于反织，无法像漳缎那样边织边割绒，必须下机后实施割绒工艺，因此它比漳缎组织结构复杂，制织工艺也复杂。在纹纬的配置上，有些还增加了金线或银线，使绸面色彩感更加强烈，装饰性也更突显。

5）绒地绒花，是指无论地部还是花部，均为起绒结构，且花纹是通过经起绒组织织造而成，与天鹅绒有本质的区别。故宫博物院藏的"绿地金斜方格小菊花纹漳绒"就属这类产品，为达到花地同步起绒的目的，不仅采取了彩条排列方法，还应用了重叠式绒经起花的工艺，即当一组彩绒起花时，其余的几组彩绒沉背，与地经作用相同。

2.8 绞罗类织物

绞罗织物是一种轻薄透孔的丝织品，其特征是经线相互扭绞，孔眼清晰且结构稳定、牢固，不会滑移。绞罗织物有花素两类，其相应的组织也十分丰富。

素罗，指全部应用罗组织或部分应用罗组织的丝织品，称为素罗。它是通过特殊的绞综装置和穿综方法，使经线按一定规律发生扭绞，与纬线交织后形成清晰而均匀分布孔眼的一种面料。绞经与地经以 1:1 顺绞或对绞的结构称为简单纱罗组织。在简单纱罗组织基础上，变更纱罗组织本身的结构，如绞组的大小、排列、绞孔纬线的织入数等，使织物表面呈现出各种花式纱孔效应的组织，称为复杂组织。常用的织造有二经绞罗、三经绞罗、四经绞罗，在此基础上还派生出二纬一绞、三纬一绞、五纬一绞的横罗，以及顺绞、对绞、复杂绞等多种形式（图 3 - 57 ~ 3 - 61）。我国古代的绞罗织物在战国之前就已经出现，《战国策·齐策》："下宫糅罗纨、曳绮縠，而士不得以为缘。"从安阳殷墟、湖北江陵马山楚墓等处发现的罗织物显示，其结构都为四经绞素罗。

 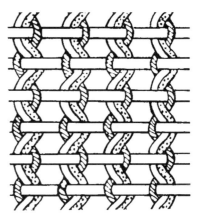

图 3 - 57　二经绞罗织物（放大 50 倍）　　　图 3 - 58　三经绞罗结构图

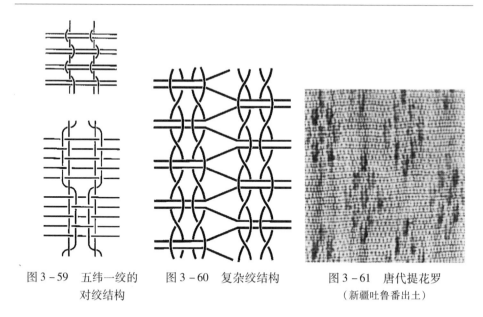

图 3-59　五纬一绞的　　图 3-60　复杂绞结构　　图 3-61　唐代提花罗
　　　　对绞结构　　　　　　　　　　　　　　　　　　（新疆吐鲁番出土）

　　但在清代时出现的罗，是织入 3 根或 3 根以上奇数纬的平纹组织后，绞经与地经才扭绞一次，在织物表面形成横条排列，这种组织的罗织物称为横罗。以杭州地区为主生产的杭罗就属于这类，2006 年列为国家级非遗保护项目。

　　花罗，是罗织物中的名贵品种。古代花罗是指同时应用二经绞罗和四经绞罗两种组织，相互组合，并形成花纹的罗织物。花罗在汉代时就已出现了，是由四经绞罗和二经绞罗互为花地，但一般以四经绞罗为地，二经绞罗为纹，呈现出稀疏的大孔眼与细小孔眼的鲜明差异，长沙马王堆出土的杯纹罗是汉时非常典型的花罗。唐代时的花罗已是流行品种，名称也多，结构上还是以四经绞罗为主，花纹仍为小型几何纹，但到宋代时不仅是相当成熟和广泛应用的品种，在花纹上有极大的变化，如江苏镇江周瑜墓就出土了大量精美的大提花罗服饰，图案有缠枝牡丹纹、折枝花卉纹等。

　　近现代花罗中，实地纱、亮地纱和芝麻纱便是最为经典的提花罗，其中，实地纱是指平纹为地，绞罗或变化罗为花的结构；而平纹地上加有纬浮花，绞罗起主花结构的称为"亮地纱"；芝麻纱是指绞罗或变化罗为地，平纹为花的结构，有些织物中还加入局部的纬浮组织，来增加花纹的层次感。据《玉山随札》载，光绪时，苏州织造专为慈禧、光绪织造的端午时节服用丝织品种就有：明黄实地纱、石青实地纱、二则实地纱、明黄芝麻地纱、石青芝麻地纱、明黄直经纱、石青直经地纱、二则直地纱、二则八丝缎、二则葛纱、各色花春罗等。还有一些提花罗采用了局部挖花或修背的工艺，增强织物的外观质感，如苏州振亚织物公司产品中就有这类织物。民国服饰中典型的马褂，很多面料就用到了花罗，图案以团花形式的福禄寿禧及花卉居多，且大都为元色、藏青色，高贵而含蓄。

2.9　分析鉴别织物的工具和方法

为了生产、创新或仿造产品的需要，必须要对织物进行周到和细致地分析，掌握织物组织结构和织物的上机技术条件等资料，为设计、改造或仿造织物提供资料。文物纺织品的修复工作更需要技术人员对织物进行正确的分析鉴别。

织物分析一般按下列顺序进行。

2.9.1　取样

2.9.1.1　取样位置

织物下机后，在织物中因经纬纱张力的平衡作用，使幅宽和长度都略有变化；另外，染整过程中也会使织物的两端、边部和中部产生变化，为了使测得的数据具有准确性和代表性，一般规定：从整匹织物中取样时，样品到布边的距离不小于 5cm，离两端的距离在棉织物上不小于 1.5～3m；在毛织物上不小于 3m；在丝织物上约 3.5～5m。样品不应带有显著的疵点，并力求其处于原有的自然状态，以保证分析结果的准确性。

2.9.1.2　取样大小

取样面积大小，应随织物种类，组织结构而异。简单组织的织物试样可以取得小些，一般为 15cm×15cm。组织循环较大的色织物可以取 20cm×20cm。色循环大的织物（如床单）最少应取一个色纱循环所占的面积。对于大提花（如被面、地毯）因其经纬纱循环数很大，一般分析部分具有代表性的组织结构即可。因此，一般取为 20cm×20cm，或 25cm×25cm。如样品尺寸小时，只要比 5cm×5cm 稍大即可分析。

由于织物分析是消耗试验，应提倡节约、减少浪费，在保证分析资料正确的前提下，力求减小试样的大小。

2.9.2　确定织物的正反面

对布样进行分析鉴别时，首先应确定织物的正反面。

织物的正反面一般是根据其外观效应加以判断。常用的判断方法有：

1）一般织物正面的花纹，色泽均比反面清晰美观。

2）具有条格外观的植物和配色模纹织物其正面花纹必然是清晰悦目的。

3）凸条及凹凸织物，正面紧密而细腻，具有条状或图案凸纹，而反面较粗糙，有较长的浮长线。

4）起毛织物：单面起毛织物，其起毛绒一面为织物正面。双面起毛绒织物，则以绒毛光洁，整齐的一面为正面。

5）观察织物的布边：如布边光洁，整齐的一面为织物正面。

6）双层、多层及多重织物，如正反面的经纬密度不同时，则一般正面具有较大的密度或正面的原料较佳。

7）纱罗织物：纹路清晰绞经突出的一面为织物正面。

8）毛巾织物：以毛圈密度大的一面为正面。

多数织物其正反面有明显的区别，但也有不少织物的正反面极为近似，两面均可应用。因此对这类织物可不强求区别其正反面。

2.9.3　确定织物的经纬向

在确定了织物的正反面后，就需要判断出织物的经纬向，也就是区分经纱和纬纱，这是进一步分析织物密度、经纬纱特数和织物组织等的前提。区别织物经纬向的主要依据如下：

1）如被分析织物的样品是布边的，则与布边平行的纱线便是经纱，与布边垂直的则是纬纱。

2）含有浆份的是经纱，不含浆份的是纬纱。

3）一般织物密度大的一方为经纱，密度小的一方为纬纱。

4）筘痕明显之织物，则筘痕方向为织物的经向。

5）织物中若干纱线的一组是股线，而另一组是单纱时，则通常股线为经纱，单纱为纬纱。

6）若单纱织物的成纱捻向不同时，则 Z 捻纱为经向，S 捻纱为纬向。

7）若织物成纱的捻度不同时，则捻度大的多数为经向，捻度小的为纬向。

8）如织物的经纬纱特数、捻向都差异不大，则纱线的条干均匀，光泽较好的为经纱。

9）毛巾类织物，其起毛圈的纱线为经纱，不起毛圈的纱线为纬纱。

10）条子织物其条子方向通常是经向。

11）若织物有一个系统的纱线具有多种不同特数时，这个方向则为经向。

12）纱罗织物，有扭绞的纱线为经纱，无扭绞的纱线为纬纱。

13）在不同原料交织中，一般棉毛豁棉麻交织的织物，棉为经纱；毛丝交织物中，丝为经纱；毛丝棉交织物中，则丝，棉为经纱；天然丝与绢丝交织物中，天然丝为经纱；天然丝与人造丝交织物中，则天然丝为经纱。

由于织物用途极广。因而对织物原料和组织结构的要求也是多种多样的，因此在判断时，还要根据织物的具体情况进行确定。

2.9.4 测定织物的经纬纱密度

织物单位长度中排列的经纬纱根数，称为织物的经、纬纱密度，一般指 10cm 内经纬纱排列的根数。

2.9.4.1 直接测数法

直接测数法是凭借照布镜或织物密度分析镜来完成。织物密度分析镜的刻度尺长度为 5cm，在分析镜头下面，一块长条形玻璃片上刻有一条红线，在分析织物密度时，移动镜头，将玻璃片上红线和刻度尺上红线同时对准某两根纱线之间，以此为起点，边移动镜头边数纱线根数，直到 5cm 刻度线为此。数出的纱线根数乘以 2，即为 10cm 织物的密度值。

在点数纱线根数时，要以两根纱线之间的中央为起点，若数到终点时，超过 0.5 根，而不足一根时，应按 0.75 根算；若不足 0.5 根时，则按 0.25 根算。织物密度一般应测得 3~4 个数据，然后取其算术平均值为测定结果。

2.9.4.2 间接测试法

对密度大、纱线特数小的规则组织织物进行分析时，直接测试法有一定的困难，这时候往往采用间接测试法。首先分析织物组织及其组织循环经纱数（组织循环纬纱数），然后乘以 10cm 织物中组织循环个数，所得的乘积即为经（纬）纱密度。

2.9.5 测算经纬纱缩率

织物在织造过程中由于经纬纱的交织，会引起纱线长度的缩短，纱线在织物内的弯曲程度通常用织缩率来表示，即纱线因织造所引起的长度缩短值与织造前纱线长度值之比的百分率。织缩率对纱线的用量、织物的物理机械性能和织物外观等均有较大影响。

在织物样品的不同位置上，量出一定长度，在此距离的两端划一条明显而准确的记号线（记号间距离最好为10cm，样品尺寸小时可适当缩短距离；但不宜小于5cm），拆出若干根经纱，将屈曲的经纱理直（注意避免人为伸长），用尺正确测量两个记号线之间的长度。然后用下式计算：

$$a = (L - L_0/L) \times 100\%$$

a—经纱缩率；L—经纱长度；L_0—织物长度。

在不同位置上测 10 次，取平均值。

同样方法测纬纱缩率。

2.9.6 测算经纬纱特数

纱线是用特数来表示其细度的。纱线特数是 1000m 长的纱线在公定回潮率时的重量克数。计算公式如下：

$$tex = 1000G/L$$

tex 表示经或纬纱特数；G 表示在公定回潮率时的重量（g）；L 表示长度（m）。

纱线特数的测定一般有两种方法。

2.9.6.1 比较测定法

此方法是将纱线放在放大镜下，仔细的与已知特数的纱线进行比较，然后决定经纬纱的特数。此方法简单迅速，但测定的准确程度与试验人员的经验有关。

2.9.6.2 称重法

测定时从 10cm×10cm 织物中，取出 10 根经纱和 10 根纬纱，分别称其重量。测出织物的实际回潮率，在经纬纱缩率已知的条件下，经纬纱特数可用下式求出：

$$tex = G (1 - a) (1 + W\sim) / (1 + W)$$

G 表示 10 根经纱或纬纱实际重量；a 表示经或纬纱缩率；W 表示织物的实际回潮率；W～表示该种纱线的公定回潮率。

以下为各种纱线的公定回潮率（%）：棉 8.5；黏胶 13；精梳毛纱 16；粗梳毛纱 15；腈纶 2；醋酯 7；绢丝 11；涤纶 0.4；锦纶 4.5；维纶 5；丙纶 0。

在测定前必须先检验样品的经纱是否上浆，若经纱是上浆的，则应对式样进行退浆处理。

2.9.7　定经纬纱原料

正确和合理的选配各类织物所用原料，对满足各项用途起着极为重要的作用。因此对布样的经纬纱原料要进行分析。

首先要对织物经纬纱原料的定性分析。鉴别纤维一般采用的步骤是先决定纤维的大类，属天然纤维素纤维，还是属天然蛋白质纤维或是化学纤维；再具体决定是哪一品种。常用的鉴别方法有手感目测法、燃烧法、显微镜法和化学溶解法等，其具体方法与纤维的鉴别方法相同。

其中，燃烧法利用的是不同纺织原料在临燃、燃中、燃后的表现不同而决定的，常见的纺织纤维的燃烧特征如下表 3-7。

表 3-7　常见的纺织纤维的燃烧特征

纤维名称	临近火焰	在火焰中	离开火焰	气味	灰烬特征
棉	立即燃烧，不熔不缩	快速燃烧，火焰为橘黄色，并伴有蓝色烟	续燃较快，有余辉	烧纸味	呈细带状，灰色或黑色，量少而细软，手触成粉末状
麻	同上	有时有爆裂声，其他同上	续燃冒烟，其他同上	同上	同上
羊毛	收缩不熔，继而燃烧	燃烧时有气泡产生，燃烧缓慢并冒烟，橘黄色火焰	难续燃，会自行熄灭	烧毛发、羽毛、指甲的气味	不规则黑色块状，质脆易碎，压碎后颗粒较粗
蚕丝	同上	有嘶嘶声响，其他同上	同上	烧羽毛气味，不如羊毛重	黑褐色圆珠状，质脆，易压碎成粉末
黏胶、富强纤维	立即燃烧，不熔不缩	燃烧速度极快，有嘶嘶声，火焰较亮，呈橘黄色	续燃极快	烧纸或木材并夹杂化学品气味	灰烬很少，呈灰白色，质细

续表

纤维名称	临近火焰	在火焰中	离开火焰	气味	灰烬特征
醋酸纤维	先熔化后燃烧	缓慢燃烧，有火花，边熔边燃	边熔边燃，有深褐色胶状液体滴落，迅速凝固	有刺鼻的醋酸味	黑色有光泽硬块，极易压碎成灰末
涤纶	卷缩，立即熔融	熔融燃烧，冒黑烟，黄白色火焰，较亮	难续燃，会自熄	有特殊的芳香气味，但刺鼻	黑褐色硬质圆珠或不定型块状物，可压碎
锦纶	迅速卷缩熔融	熔融燃烧，一端有小气泡，熔成透明胶状物滴落，拉成细丝，火焰很小，呈蓝色	同上	有特殊氨臭味或芹菜味	褐色硬珠，坚硬，不易压碎
腈纶	先收缩，熔融，继而燃烧	缓慢燃烧，火焰呈白色，有闪光	继续燃烧	煤焦油似的辛酸味或鱼腥味	黑色不定型块状或圆球，脆而易碎
维纶	收缩软化而燃烧	徐徐燃烧，冒浓黑烟，火焰很小，呈红黄色	缓慢停燃	有特殊甜味或刺激味	棕褐色不定型块状物，质硬而脆
丙纶	卷缩熔融	熔化而缓慢燃烧，火焰明亮呈蓝色	继续燃烧，熔融物趁热可拉成丝	石蜡气味	核色透明硬块，可压碎
氯纶	收缩软化，难燃	熔融缓慢燃烧	自行熄灭	刺鼻的氯气味	不规则黑色硬块
氨纶	不收缩，不熔化	熔融而燃烧	继续熔融燃烧	刺激味	黑色，质软而松散

其次是对混纺织物成分的定量分析。这是对织物进行含量的分析，一般采用溶解法，它是选用适当的溶剂，使混纺织物中的一种纤维溶解，称取留

下的纤维重量，从而也知道溶解纤维的重量，然后计算混合百分率。

2.9.8　概算织物重量

织物重量是指织物每平方米的无浆干重克数，是织物的一项重要技术指标。根据织物样品的大小及具体情况，可分两种试验方法。

2.9.8.1　称重法

用此方法测定织物重量时，要使用扭力天平，分析天平等工具。

在测定织物每平方米的重量时，样品的面积一般取 $10cm \times 10cm$。面积愈大，所得结果就愈正确。在称重前，将退浆的织物放在烘箱中烘干，至重量恒定，称其干重，则 $G = g \times 10000 / (L \times b)$。

G—样品每平方米无浆干重（g/m^2）；

g—样品的无浆干重（g）；

L—样品长度（cm）；

b—样品宽度（cm）。

2.9.8.2　计算法

在遇到样品面积很小、用称重法不够准确时，可以根据前面分析所得的经纬纱特数、经纬纱密度、经纬纱缩率进行计算，其公式如下：

$$G = \{10P_j \times Tex_j / [(1 - a_j) \times 1000] + 10P_w \times Tex_w / [(1 - a_w) \times 1000]\} \times [1/(1 + W')]$$

$$= 1/100 \times [P_j \times Tex_j/(1 - a_j) + P_w \times Tex_w/(1 - a_w)] \times [1/(1 + W')]$$

$$= 1/[100 \times (1 + W')] \times [P_j \times Tex_j/(1 - a_j) + P_w \times Tex_w/(1 - a_w)]$$

G—样品每平方米无浆干重（g/m^2）；

P_j、P_w—样品的经纬纱密度（根/10cm）；

a_j、a_w—样品的经纬纱缩率（%）；

W'—样品的经纬纱公定回潮率（%）；

Tex_j、Tex_w—样品的经，纬纱特数。

2.9.9　分析织物的组织及色纱的配合

对布样做了以上各种测定后，最后应对经纬纱在织物中交织规律进行分析，以求得此种织物的组织结构。织物组织分析常用的工具是照布镜、分析针、剪刀及颜色纸等。用颜色纸的目的是为在分析织物时有适当的背景衬托，少费眼力。在分析深色织物时，可用白色纸做衬托，而在分析浅色织物时，可用黑色纸做衬托。

常用的织物组织分析方法有以下几种:

2.9.9.1　拆纱分析法

这种方法对初学者适用。此法应用于起绒织物、毛巾织物、纱罗织物、多层织物和纱特数低、密度大,组织复杂的织物,又可分为分组拆纱法与不分组拆纱法两种。

1)分组拆纱法:对于复杂组织或色纱循环大的组织用分组拆纱法是精确可靠的,现将此法介绍如下。

(1)确定拆纱的系统:在分析织物时,首先应确定拆纱方向,目的是为看清楚经纬纱交织状态。因而宜将密度较大的纱线系统拆开,利用密度小的纱线系统的间隙,清楚地看出经纬纱交织规律。

(2)确定织物的分析表面:究竟分析织物哪一面,一般以看清织物的组织为原则。如若是经面或纬面组织的织物,以分析织物的反面比较方便,若是表面刮绒或缩绒织物,则分析时应先用剪刀或火焰除去织物表面的部分绒毛,然后进行组织分析。

(3)纱缨的分组:在布样的一边先拆除若干根一个系统的纱线,使织物的另一个系统的纱线露出 10mm 的纱缨,然后将纱缨中的纱线每若干根分为一组,并将 1、3、5……等奇数组的纱缨和 2、4、6……等偶数组的纱缨,分别剪成两种不同的长度。这样,当被拆的纱线置于纱缨中时,就可以清楚地看出它与奇数组纱和偶数组纱的交织情况。

填绘组织所用的意匠纸若每一大格其纵横方向均为八个小格,正好与每组纱缨根数相等,则可把每一大格作为一组,亦分成奇、偶数组与纱缨所分奇偶数组对应,这样,被拆开的纱线在纱缨中的交织规律,就可以非常方便的记录在意匠纸的方格上。

2)不分组拆纱法:首先选择好分析面,拆纱方向与分组拆纱相同,此法不需将纱缨分组,只需把拆纱轻轻拨入纱缨中,在意匠纸上把经纱与纬纱交织的规律记下即可。

2.9.9.2　局部分析法

有的织物表面,局部有花纹,地布的组织很简单,此时只需要分别对花纹和地布的局面进行分析;然后根据花纹的经、纬纱根数和地布的组织循环数，就可求出一个花纹循环的经纬纱数，而不必一一画出每一个经、纬组织点，须注意地组织与起花组织起始点的统一问题。

2.9.9.3 直接观察法

有经验的工艺员或织物设计人员，可采用直接观察法，依靠目力或利用照布镜，对织物进行直接的观察，将观察的经纬纱交织规律，逐次填入意匠纸的方格中。分析时可多填写几根经纬纱的交织状况，以便正确的找出织物的完全组织来。这种方法简单易行主要是用来分析单层密度不大、纱特数较大的原组织织物和简单的小花纹组织织物。

在分析织物组织时，除要细致耐心外，还必须注意布样的组织与色纱的配列关系。对于白坯织物，在分析时不存在这问题。但是多数织物其风格效应，不光是由经纬交织规律来体现，往往是将组织与色纱配合而得到其外观效应。因而，在分析这类色纱与组织配合的织物（色织物）时，必须使组织循环和色纱排列循环配合起来，在织物的组织图上，要标注出色纱的配色和循环规律。

2.9.10 机织物分析与鉴别的工具与步骤

2.9.10.1 机织物分析的工具

5 倍织物分析放大镜（照布镜）、意匠纸、大的钢针两枚、打火机或火柴盒、电子式万分天平秤（万分医用分析天平、扭力天平）、捻度测定仪、弹性织物分析布架、小台灯、钢直尺。

2.9.10.2 机织物分析的方法与步骤

1）确定织物的正反面。

2）确定织物的经纬向。

3）经纬向原料的定性。

4）经纬密度的测定。

5）织物组织意匠图绘制与色纱配合规律分析。

2.9.11 针织织物分析与鉴别的工具与步骤

如上所述，针织物的组织有经编组织与纬编组织之分，但都是由成圈、浮线、集圈组成各种各样的针织物组织。纬编织物工艺流程短，尤其适宜于小批量、多品种的要求，能最大限度地满足个性化的需求，因此，以下主要介绍纬编织物的织物组织及分析方法。

2.9.11.1 针织物分析的工具

照布镜、放大镜、分析针、直尺、方格纸、双头笔、涂改笔及颜色纸。

2.9.11.2 针织物分析的方法与步骤

1）确定织物的正反面：指织物的工艺正面和反面。

2）确定编织方向：一般纬编针织物均能逆方向脱散。

3）循着一个线圈横列划一直线于织物上，同时在一线圈纵行划圈，隔10个纵行或20个纵行间隔再划一直线，以此作为拆散织物时数线圈、绘制编织图或意匠图的依据。

4）切割织物，横向切割要与线圈横列平齐，纵向切割要离开左右综向标志5~10cm处，以便于操作。

5）从划有基线的一边，逐根脱散，观察横列断面及每根纱线在每一个纵行（每支针）的编织形式，并在方格纸上或用编织图的方法依次将成圈、含针、浮线按规定记号逐个记录，并且记录的横列数和纵行数要为一个或几个完全组织。

6）当织物中有不同色纱或不同原料的纱进行编织时，注意布样组织与色纱的配合关系，记下纱位。

（1）确定花高花宽，画出意匠图或编织图；

（2）排针；

（3）划出菱角图，并记下纱位。

7）确定机器类型，即单面或双面、上编织。

8）碰到有低弹丝、牵伸丝、短纤类纱线含有氨纶的丝线的针织物，线圈很难脱圈，这样我们可以先用二甲基甲酰胺溶液在100℃的水浴中溶去氨纶丝，然后把它晒干，这样线圈就可以很方便地脱圈。

3 刺绣工艺分析

刺绣，又称丝绣，是中国优秀的民族传统工艺之一。通常指在绸缎、布帛和现代化纤织物等材料上，用丝、绒、棉等各种彩色线，凭借一根细小钢针的上下穿刺运动，构成各种优美图像、花纹或文字的工艺。刺绣也指用针线在织物上绣制的各种装饰图案的总称，它是用针和线把人的设计和制作添加在任何存在的织物上的一种艺术。

3.1　刺绣的发展

刺绣起源很早。《尚书》记载 4000 年前的章服制度，就规定"衣画而裳绣"；另在《诗经》中也有"素衣朱绣"的描绘。刺绣工艺的发展在中国至少有二三千年历史。东周已设官专司其职，至汉已有宫廷刺绣；唐永贞元年（805 年）卢眉娘以法华经七卷，绣于尺绢之上；自汉以来，刺绣逐渐成为闺中绝艺，有名刺绣家在美术史上也占了一席之地。

原始社会，人们用纹身、纹面来进行装饰。自从有了麻布、毛纺织品、丝织品，有了衣服，人们就开始在衣服上刺绣图腾等各式纹样。先秦文献中有用朱砂涂染丝线，在素白的衣服上刺绣朱红的花纹的记载及所谓"素衣朱绣""衮衣绣裳""黻衣绣裳"之说。在当时既有绣画并用，也有先绣纹形后填彩做法。这些绣品在图案的结构上非常严谨，有明确的几何布局，大量运用了花草纹、鸟纹、龙纹、兽纹，并且浪漫地将动植物形象结合在一起，手法上写实与抽象并用，穿插蟠叠，刺绣形象细长清晰，留白较多，体现了春秋战国时期刺绣纹样的重要特征。

目前传世最早的刺绣，为战国时期湖南长沙楚墓中出土的两件绣品。观其针法，完全用辫子股针法（即锁绣）绣成于帛和罗上，针脚整齐，配色清雅，线条流畅，将图案龙游凤舞，猛虎瑞兽，表现得自然生动，活泼有力，充分显示出楚国刺绣艺术之成就。汉代绣品，在敦煌千佛洞、河北五鹿充墓、内蒙古北部地方、新疆的吐鲁番阿斯塔那北古墓中皆有出土，尤其 1972 年在长沙马王堆出土的大批种类繁多而完整的绣品，更有助于了解汉代刺绣风格。从这些绣品看，汉绣图案主题，多为波状之云纹、翱翔之凤鸟、奔驰之神兽，以及汉镜纹饰中常见之带状花纹、几何图案等。刺绣新采用的底本质材，则为当时流行的织品，如织成"延年益寿大宜子孙""长乐光明"等吉祥文字之丝绸锦绢。其技法以锁绣为主，将图案填满，构图紧密，针法整齐，线条极为流畅。

东晋到北朝的丝织物，出土于甘肃敦煌以及新疆和田、巴楚、吐鲁番等地，所见残片绣品无论图案或留白，整幅都用细密的锁绣全部绣出，成为满地施绣的特色。传世及出土的唐代刺绣，与唐代宗教艺术有着密切的关系，其中有不少唐绣佛像，如大英博物馆藏有东方敦煌千佛洞发现之绣帐灵鹫山释迦说经图，日本奈良国立博物馆所藏释迦说法图等，都与当对佛教隆盛的信仰，有直接关联。此时刺绣技法仍沿袭汉代锁绣，但针法已开始转变运用平绣为主，并采用多种不同针法，多种色线。所用绣底质料亦不限于锦帛和平绢。刺绣所用图案，与绘画有密切关系，唐代绘画除了佛像人物，山水花鸟也渐兴盛。因此佛像人物，山水楼阁，花卉禽鸟，也成为刺绣图样，构图活泼，设色明亮。使用微细平绣之绣法，以各种色线和针法之运用，替代颜料描写之绘画形成一门特殊的艺术，也是唐绣独特的风格。至于运用金银线盘绕图案的轮廓，加强实物之立体感，更可视为唐代刺绣的一项创新。

唐以前之绣品，多为实用及装饰之用，刺绣内容与生活上的需要和风俗有关。宋代刺绣之作，除为实用品外，尤致力于绣画。自晋唐以来，文人士大夫嗜爱书法并及于绘画，书画乃当时最高的艺术表现，至宋更及于丝绣，书画风格直接影响到刺绣之作风。历代迄清各时代之绣画与绘画应有不可分离之关系。

宋代刺绣之发达，由于当时朝廷奖励提倡之故。为使作品达到书画之传神意境，绣前需先有计划，绣时需度其形势，乃趋于精巧。构图必须简单化，纹样的取舍留白非常重要，与唐代无论有无图案之满地施绣截然不同，明代董其昌《筠清轩秘录》载："宋人之绣，针线细密，用绒止一二丝，用针如发细者，为之设色精妙光彩射目。山水分远近之趣，楼阁待深邃之体，人物具瞻眺生动之情，花鸟极绰约谗唼之态。佳者较画更胜，望之三趣悉备，十指春风，盖至此乎。"此段描述，大致说明了宋绣之特色。

元代绣品传世极少，台北故宫博物院仅有一幅作品，由作品观之，仍承继宋代遗风。元人用绒稍粗，落针不密，不如宋绣之精工。元代统治者信奉喇嘛教，刺绣除了作一般的服饰点缀外，更多的则带有浓厚的宗教色彩，被用于制作佛像、经卷、幡幢、僧帽，以西藏布达拉宫保存的元代"刺绣密集金刚像"为其代表，具有强烈的装饰风格。山东元代李裕庵墓出土的刺绣，除各种针法外，还发现了贴绫的作法。它是在一条裙带上绣出梅花，花瓣是采用加贴绸料并加以缀绣的做法，富有立体感。

明代刺绣始于嘉靖年间上海顾氏露香园，以绣传家，名媛辈出。至顾名世次孙顾寿潜及其妻韩希孟，深通六法，远绍唐宋发绣之真传。摹绣古今名人书画，劈丝配色，别有秘传，故能点染成文，所绣山水人物花鸟，无不精妙，世称露香园顾氏绣，盖所谓画绣也。此即传世闻名之顾绣。顾绣针法，最主要继承了宋代最完备之已成绣法，更加以变化而运用之，可谓集针法之大成。用线主要仍多数用平线，有时亦用捻线，丝细如发，针脚平整，而所用色线种类之多，则非宋绣所能比拟。同时又使用中间色线，借色与补色，绣绘并用，力求逼真原稿。又视图案所需，可以随意取材，不拘成法，真草、暹罗斗鸡尾毛、薄金、头发均可入绣别创新意，尤其利用发绣完成绘画之制作，于世界染织史上从未一见，即此可知顾绣有极其巧妙精微之刺绣技术。

清代刺绣，多为宫廷御用的刺绣品，大部分均由宫中造办处如意馆的画人绘制花样，经批核后再发送江南织造管辖的三个织绣作坊，照样绣制，绣品极工整精美。除了御用的宫廷刺绣，同时在民间先后出现了许多地方绣，著名的有鲁绣、粤绣、湘绣等、京绣、苏绣、蜀绣等，各具地方特色。苏、蜀、粤、湘四种地方绣，后又称为"四大名绣"，其中苏绣最负盛名。苏绣全盛时期，流派繁衍，名手竞秀，刺绣运用普及于日常生活，造成刺绣针法的多种变化，绣工更为精细，绣线配色更具巧思。所作图案多为喜庆、长寿、吉祥之意，尤其花鸟绣品，深受人们喜爱，享负盛名的刺绣大家相继而出，如丁佩、沈寿等。

清末民初，西学东渐，苏绣出现了创新作品。光绪年间，余觉之妻沈云芝绣技精湛，闻名苏州绣坛。沈氏 30 岁时，逢慈禧太后 70 寿辰，沈氏绣了"八仙庆寿"的八帧作品祝寿，获赐赠"福""寿"两字，因而改名沈寿。沈绣以新意运旧法，显光弄色，参用写实，将西画肖神仿真的特点表现于刺绣之中，新创"仿真绣"，或称"艺术绣"，针法多变，富立体感。

刺绣保存难度较大，正因如此，古代刺绣的价值远超过其他收藏品。清代刺绣保存至今的大多数颜色脱落，变色，或者已经开始腐烂。现存的保存较好的刺绣为甘肃民间藏品"福禄寿"。市面上常见的清代刺绣绣工较粗，构图简单，但是"福禄寿"长 260cm，宽 110cm，至今保存完好，颜色鲜艳，绣工精细，人物栩栩如生，属名家绣品。此藏品曾用于民国总统府过节或寿辰时的中堂。此类绣品极其少见，其价值远超过千万，除了有较高收藏价值，还有很深的文化底蕴，是珍贵的非物质文化遗产。

近代刺绣艺术家沈寿，不但绣艺高超，还分类整理历代刺绣针法，继承顾绣、苏绣传统技艺，并引用西方素描、油画、摄影的表现方法，创造散针、旋针，以表现物体的明暗虚实。她绣制的意大利帝王肖像，在意大利都朗世界博览会中国工艺美术会展出，获世界荣誉最高级之卓越奖。1911 年，她在天津开设自立女工传习所，传授绣艺，组办女子师范学校传习所，培养专业人才。晚年病中写成《雪宧绣谱》，总结中国自唐宋画绣、明代顾绣以及她的美术绣所刺绣针法，为中国刺绣艺术做出了卓越贡献。

3.2　刺绣的基本针法

就刺绣的针法而言，共有 9 大类 43 种，有：齐针、套针、抢针、长短针、打子针、乱针、直针、平针、盘针、散错针、编绣、绕绣、施针、辅助针、变体绣等几十种，丰富多彩，各有特色，采用不同的针法可以生产不同的线条组织和独特的手工刺绣艺术表现效果。在河南发现的商代刺绣实物，是中国最早的刺绣工艺品。这种刺绣花纹为菱形纹和折角波浪纹，在花纹线条的边缘使用加绞捻的丝线，工艺达到了相当高的水平。西周（公元前1100～前771 年）的刺绣印痕发现于陕西省宝鸡茹家庄的西周墓中，采用的是至今仍在使用的辫子绣的针法，运用了双线条，线条舒卷自如，针脚也相当均匀齐整，说明刺绣技巧是很熟练的。

3.2.1　齐针

汉族刺绣基本针法之一。是中国传统针法中最古老的一种针法，这种针法最早见于湖南长沙马王堆西汉墓出土的铺绒绣上。齐针是各种针法的基础，也叫"平针""直针"。以针线平行或斜向地刺绣在织物上，起针和落针均位于纹样边缘，针脚排列紧密，绣面匀称平整，不重叠，不露地。齐针按丝理不同，可分直缠、横缠和斜缠三种。拉线轻重一致，绣时线绒须退松。

3.2.2　套针

1）单套又名平套，其绣法是：第一批从边上起针，边口齐整；第二批在第一批之中落针，第一批需留一线空隙，以容第二批之针；第三批需转入第一批尾一厘许，尔后留第四批针的空隙；第四批又接入第二批尾一厘许……；其后，依此类推。

2）双套针，延续单套针的针法，只是把第四批按入第一批。例如。第三批应当接入第一批二分之一处，第四批应当接入第一批的三分之一处。

3.2.3　抢针

又叫戗针，是用短直针顺着形体的姿势，后针继前针，一批一批地抢上去的针法。抢针是苏绣传统针法之一，根据绣制状序和表现效果不同，可分为正抢、反抢两种。抢针主要用于绣花卉、果实、山水等图案。采用这种针法的绣品较为结实，针迹齐整、层次清晰、色彩浓郁、极富装饰性。

1）正抢针：正抢针针法是用齐针分批，一批一批前后衔接而成，由外向内顺序绣制、不加压线。

2）反抢针：反抢针亦用齐针分批，由内向外层层绣出，除第一批外都要加压线。

3.2.4　长短针

汉族刺绣传统针法，这种针法是长短针参差互用的，后针从前针的中间羼出，边口不齐，有调色和顺的长处，用来绣仿真形象。

3.2.5　打子针

也叫打子，打疙瘩、法国结。在绣地上绕一圈于圈心落针，也可绕针二三圈，与原起针处旁边落针，形成环形疙瘩，此阵法可用于花蕾，也可独立用于花卉等图案。

3.2.6　乱针

乱针绣又名"正则绣""锦纹绣"，是在传统刺绣的基础上，根据西方绘画的笔触、透视等原理，运针纵横交错的乱针绣法。乱针绣一般要绣三层，第一层铺色，按照绣稿轮廓线和色块绣一层底色，绣线线条要求针针交叉，层层交叉，但一根线条与另一根线条不宜呈等垂直交叉或网状交叉状，以避免线条交叉板滞，影响绣面效果；第二层做细，分层施加色线时，要镶色合理、接色和顺，避免接色脱节、生硬及加色僵硬；第三层精细加工，重点绣出线条、光线和色彩的变化。

乱针绣的线条看似自由交叉，杂乱无章，实则纷乱中有章可循，绝不是乱加堆砌。

3.2.7　直针

汉族刺绣针法之一，为一种用垂直线条组成的针法。

绣法：用垂直线条，在纹样的这边，绣到那边。线路朝一个方向平列，施色单纯，同时须注意边口匀整。这一针法与铺针的不同之处是直针比较短密，而且能够独立绣东西；铺针则针路较长，多作底层之用。

3.2.8　平针

汉族刺绣传统针法之一，属于广绣金银线绣针法。是在平排的金银线上，用不同的绒线以短针钉成物象的一种针法。平针是将绣线在纹样内排列均匀整齐，不能重叠，不能露底，拉线轻重一致，达到绣面针脚匀、齐、平、密的艺术效果。为取得更多的变化，金线可与银线相间，并用不同绒线相间钉绣。绣法与苏绣"平金"相同。

3.2.9　盘针

表现弯曲形体的针法。包括切针、接针、滚针、旋针四种。其中切针最早，以后发展到旋针。

1）切针：也叫"刺针"。针与针相连而刺，第二针须接第一针的原眼起针，针迹要细如鱼子，所谓"一芝麻三针"，就在于此。

2）接针：直针线条可以拉长，但因太长线松而会抛起。切针可以延长线条，但会露出针脚。

3）滚针：滚针也叫曲针，针针逼紧而绣。第二针插入第一针中偏前些，紧逼其线，把针脚藏在线下，第三针接第一针针尾偏前些，下面以此类推。

4）旋针：是用接针或者滚针的方法盘旋而绣的一种针法。绣的时候，顺着形体回旋的纹路用短针盘针，匀密而不露针脚。

3.2.10　散错针

它以多种针法变化运用，达到阴阳浓淡适度，力求所绣的形体逼真。

1）散整针：是套针、施针、接针、长短针兼用的混合针法。

2）虚实针：是虚、实并用、以实形虚的针法。

3）乱针：乱针是杨守玉先生在20世纪40年代创造的绣法。这种针法是不规则地用针用线，用长短色线交叉重叠成形，先以混合色线为底，再叉叠其他色线，根据底色来调和，叉叠次数不拘，直到形似为止。

3.2.11　编绣

是一种类似编织的绣法。它包括戳纱、打点、铺绒、网绣、夹锦、十字挑花、绒线绣等。这些针法都适用于绣图案花纹，所以也可将它们称为"图案绣"。

3.2.12　绕绣

是一种针线相绕、扣结成绣的针法。打籽、拉锁子、扣绣、辫子股和鸡毛针，都属于这一类。

3.2.13　施针

是加于他针的针法。这种针法要求疏而不密，歧而不并，活而不滞，参差而不齐。例如用套针绣翎毛和走兽时，就可以施一层在套针上面。精细的则可以先施针为底，而后重复加之四、五、六层。但是第二层与第一层的底线要相让，不可覆沓。四、五、六层也要这样，使之层层不相掩盖。线色由淡而深，绣底色最淡，依次而施深。阳面光强用色淡，阴面光暗用色深底淡上深。这就是留支配阴阳面的次序。阴面色最深的底层可较阳面的底层深一色，在阴阳面衔净的地方用长短针使色彩和顺，不可露出界限痕迹。在转折的地方用短针使它圆活。

3.2.14　辅助针

这类针法不是独立绣形体的针法，而是为了增强所绣景物形似程度和神情的生动性所采用的辅助性针法。归入这一类的针法有：辅针、扎针、刻鳞针等。

3.2.15　变体绣

刺绣中，有一些借助于其他工具、材料和工艺方法，使常规刺绣发生变化的特殊绣法，就是变体绣，其中包括染绣、补画绣、借色绣、高绣、摘绫和剪绒等。

3.3　中国四大名绣

在中国的传统刺绣工艺品当中，最为突出的是湖南的湘绣、四川的蜀绣、广东东部的粤绣（主流：潮绣）及江苏的苏绣，合称为中国"四大名绣"。

3.3.1　湘绣

湘绣是以湖南长沙为中心的带有鲜明湘楚文化特色的湖南刺绣产品的总称，是勤劳智慧的湖南劳动人民在漫长的人类文明历史的发展过程中，精心创造的一种具有湘楚文化特色的民间工艺。湘绣起源于民间刺绣，已有 2000 多年历史。现已发现最早的实物是 1958 年从长沙楚墓中出土的一幅龙凤图。1972 年，马王堆汉墓又出土了 40 件刺绣衣物和一幅铺绒绣锦。这些绣品图案多达 10 余种，绣线有 18 种色相，并运用了多种针法，达到针脚整齐、线条洒脱、绣工纯熟的境界。湘绣擅长以丝绒线绣花，绣品绒面的花型具有真实感，曾有"绣花能生香，绣鸟能听声，绣虎能奔跑，绣人能传神"的美誉（图 3 - 62）。

湘绣既吸收了传统绘画的优点，又充分发挥刺绣工艺的特长，逐渐形成了形象写实，设色鲜明，风格质朴的地方风格。在构图上，主题突出，虚实

图 3 - 62　湘绣作品

结合，大胆利用绣料上的大片空白，既省工，又美观。在造型手法上，则在线描的基础上，适当地有些明暗对比变化，以加强物象的质感和主体感。湘绣的针法除了常用的掺针（又称搀针）外，还有游针、毛针、鬅毛针、齐针、平针、网针、打子针等几十种。

1）齐针：齐针是湘绣的基本针法之一，也是各种针法的基础。主要特点是起落针都要在纹样的边缘，线条排列均匀，且紧不能重叠、稀不能露底，力求齐整。

2）散套：散套是目前欣赏品中运用得最广泛的针法之一。它的主要特点是等长线条，参差排列，皮皮相迭，针针相嵌。丝理转折自如，镶色浑厚和顺，能够细致地表现花草，翎毛等的生动姿态。

3）施针：施针是绣制人像、动物、飞禽等的主要针法。它的特点是用稀针分层逐步加密，便于镶色，丝理转折自然，线条组织灵活。

4）虚实针：由虚虚实实的线条组成，线条等长参差，由粗到细，排列是由稀到密，针脚亦逐步由长到短。

5）乱针：乱针绣粗看似乱，其实乱中有律，它是利用长短参差的直斜、横斜线条交叉掺和而成，能一次、再次地掺色。由于线条组织成交叉形，因而在掺和后，仍能保留多种色线的固有色。色彩掺和的次数不拘，直至光、色、形都符合要求为止。

6）打点：通常以纱为底，按纱格经纬点斜绣，每点一针，聚集而成。

7）戳纱：用以绣人物的服饰，装饰性很强，戳纱以纱为底，用许多小几何形花纹组成图案。

8）接针：短针前后衔接连续进行，后针接前针的末尾连成条形。

9）滚针：两线紧捻，连成条纹，线条转折比较灵活。无论绣直线或曲线都比较恰当。

10）打子：刺绣传统针法之一，即用线条绕成粒状小圈，组成绣面。因为每绣一针见一粒子，所以称为"打子绣"。在欣赏品中多用来绣花心；或单独用来绣静物，如花篮等。

11）掺和针：针法组织与散套大同小异，不同的是散套针线条重叠，掺和针线条平铺。散套针的针迹隐伏于线条间，掺和针的针迹比较显露。掺和针在绣欣赏品上多用来绣树干和石头。

12）集套：集套是绣圆形纹样的针法，以等长参差线条分皮顺序进行，绣时后皮线条嵌入前皮线条中间，丝丝相夹，并衔接着再前一皮线条的末尾。每一针针迹都要对准圆心，在近圆心处要做藏针。

13）正抢：用齐针分皮前后衔接而成，由外向内顺序进行。

14）反抢：用齐针分皮前后衔接而成，由内向外有规则地进行，丝理方向一致，皮头相互衔接。

15）鬅毛绣：鬅毛绣表现力强，主要运用于猫科动物的绣制上，直至光、色、形都符合猫科动物要求为止。

狮、虎是湘绣的传统题材，特别以虎更为著名。为了表现猛虎皮毛的质感，湖南刺绣艺人在毛针的基础上创制了鬅毛针。后来，又由著名匠师余冬姑、余振辉姐妹俩加以不断完善。鬅毛针的绣法是，丝线排列成聚散状撑开，一端粗疏、松散，一端细密，使之如同真毛一样，一端入肉，一端鬅起。经过艺人层层加绣后，所绣制的虎毛，刚劲竖立，力贯毫端，毛色斑斓，生动逼真。

2006 年，湘绣入选第一批国家级非物质文化遗产名录。2010 年，湘绣被国家质检总局确定为地理标志保护产品，并制定了质量技术要求，"沙坪湘绣"也取得"国家地理标志"商标注册。2014 年，湖南省湘绣研究所被文化部列入第二批国家级非物质文化遗产生产性保护示范基地。

3.3.2　蜀绣

蜀绣也称"川绣"，它是以四川成都为中心的刺绣产品的总称。蜀绣的历史最早可能上溯到与中原夏朝文明同时代的古蜀三星堆文明，汉时就已誉满天下，汉朝政府还在成都专门设置了"锦官"进行管理。到了宋代，蜀绣的发展达到鼎盛时期，绣品在工艺、产销量和精美程度上都独步天下。清朝中叶以后，蜀绣逐渐形成行业，当时各县官府均设"劝工局"以鼓励蜀绣生产。当时的生产品种主要是官服、礼品、日用花衣、边花、嫁奁、彩帐和条屏等，可见其制作范围之广。新中国成立后，在四川设立了成都蜀绣厂，使蜀绣工艺的发展进入了一个新阶段，技术上不断进步。新中国成立以来针法绣技又有所创新，如表现动物皮毛质感的"交叉针"，表现人物发髻的"螺旋针"，表现鲤鱼鳞片的"虚实覆盖针"等，大大丰富了蜀绣的表现形式和艺术风格。

蜀绣早在晋代就被称为"蜀中之宝"而闻名于世。针法包括 12 大类共 122 种，常用的针法有晕针、铺针、滚针、截针、掺针、沙针、盖针等。

1）晕针：有规律的长短针，分为全三针、二二针、二三针等。全三针是长短不等的三针；二二针是两长两短的；二三针是两长三短的针。各种针脚都是密接相挨着的，每排的长短不等，但针脚是相连的，交错成水波纹；全三针适用于倾斜运针的绣面，向左倾斜的先由短针到长针；从右倾斜的先由长针到短针。二二针适用于小面积的部位。二三针用处较广，凡正面或稍倾斜的绣面都适用此种针法，绣花、鸟、虫、鱼、人物、走兽不仅易于浸色，而更能表现事物的自然和真实感。

2）掺针：每一层都是一样长的针脚，针与针紧密靠着，另一层接在头一层的针脚上，运针时是从内向外，如绣花瓣能够浸色多。

3）柏木针/E 针：也称缝插针，是有规律的长短针。每层的色不一样，头一层是长短的密针，长的柏木在短针内，第二层柏木在长的内，二层以下是稀针盖在第一层上，第三层的针脚需搭在第一层的线上，这种针法可以浸色，多用于绣花卉翎毛。

4）车凝针：是长短不齐的乱针脚，一针接一针先外绣，每针相接处不盖头，运针时由内向外或由两侧向中间掺拢，这种针法能够随事物的自然形态而体现生动活泼。

5）贯针：是长短不齐的针脚，是在已经绣的绣面上表现其色彩的浓淡及其调和，一般是两针间贯一针，三针贯两针，如绣甲的尖端，碟翅的隐纹都适用于此种针法。

6）闩针：一种很短的针脚，一般用在绣好的绣面上，为了更能体现色彩的调和，按刺绣物象的具体需要，用二二或二三针闩，一般只用两色。深的闪浅色，浅色闪深色。此种针法适用于绣制山水和孔雀羽毛等，以体现其真实和色彩。

7）插针：类似晕针的乱针脚，在运针上是，头一道长短直针，二到长短针插到头一道的针脚内，针脚视绣物的面积大小而增减，一般用来绣雀鸟走兽的羽毛，或先插后载用于绣碟须和羽毛的中干。

8）撒针：稀疏不规则的针法，刺撒上去，以起到隐约的显现色彩、调和色彩和增添色彩的效果，适用于绣制金鱼的尾尖、雀鸟的尾子和脊背花纹等。

9）滚针：长短针，一针靠一针的滚，不露针脚的称叶藏滚；稀疏显现针脚的称亮滚。适于绣蜀葵、芙蓉花叶的叶脉，以及树藤、松针、烟云、人物衣褶等。这种针法能体现绣制物像的自然形态。

10）扣针：针脚齐整，针与针间紧密靠着。一层一个色，层与层间分界有一绊线，头一层须盖上次层的外线，在头一层针脚上搭头。运针时是倒起运，由内到外。其特点能显出绣制物像的凸凹形状。

11）藏针：是长短直线针，由上至下或由下至上，后一针须盖上一针脚，逐渐靠紧，针脚交错做到伏贴平整，适宜绣人物头面能体现肌肉纹理。

12）飞针：长短不一的乱针脚。在运针上有的两针相逗，有的用 E3 针。是一种适用于浸色的补充针法，而能掩藏原针层的埂子。

13）梭针：一种长短不齐，虚针由上而下或由下而上，一行一行绣制的稀疏的针脚。适用于刺绣山水的岩石等。

14）虚针：一种长短不齐，一上一下稀密不均的直线针法。一般用纵横参差的短针，如绣山水，着墨处用密针，不着墨处用虚针。

15）绩针：一针靠一针的直线针脚。一般用于铺地，用长短的细针在绣面上绣花纹，如凤尾上的花纹等。

16）续针：一种直线针脚。须一针按一针，下一针的针脚，必须接到上一针的针口，如锁蝶翅和凤背的边缘等。蜀绣续针绣和广绣的续针类似。

17）拨针：绣制时一排一排的绣，第二排须接到头一排的针足盖头，由窄到宽，针脚可放长，由宽到窄针脚可以增减；从内向外或从外向内运针都可。每排可着两色，适宜绣雀腿和走兽。

蜀绣作品的选材丰富，有花草树木、飞禽走兽、山水鱼虫、人物肖像等，各种针法交错使用，变化多端，或粗细相间，或虚实绳索合，阴阳远近表现无遗。

2006 年 5 月 20 日，蜀绣经国务院批准入选第一批中国国家级非物质文化遗产名录。2012 年 12 月，蜀绣正式被中国国家质检总局批准为地理标志保护产品。

3.3.3　粤绣

粤绣是以广东省潮州市和广州市为生产中心的手工丝线刺绣的总称，包括潮绣和广绣两大分支，是中国四大名绣之一。粤绣之一的广绣最初创始于少数民族——黎族，古时绣工大多是潮州、广州男子，为世所罕见。

据史料记载，唐代的永贞元年，广东南海县一位名叫卢媚娘的少女曾在一块一尺左右的绢面上绣出七卷《法华经》，粤绣从此名扬天下。宋元时期，广州港的繁荣促进了粤绣工艺的飞速发展，粤绣品开始输出国外。明代，广州的刺绣艺人已经能够娴熟地运用各色丝绒线刺绣，并创造性地使用动物的尾羽缠绒作线，使绣品更加自然生动。到清代的乾隆年间，第一个粤绣行业组织"粤绣行"在广州成立，当时从事刺绣的艺人众多，粤绣在工艺和针法上都得以不断发展完善。1915 年后，潮绣作品在巴拿马国际博览会等国际赛会上多次获得大奖。1979～1981 年潮州刺绣艺术品为国家提供出国展礼品达到 250 件（套），其中仅潮绣厂就提供了 198 件，受到了国内外各界的极高赞誉（图 3-63）。

图 3-63　粤绣作品

粤绣在长期的发展过程中，受到各民族民间艺术的影响，在兼收并蓄、融会贯通的基础上，逐渐形成了自身独特的艺术风格。粤绣技艺注意结合材料形质，有真丝绒绣、金银线绣、线绣和珠绣四大类。粤绣针法丰富，有基础针法、辅助针法、象形针法 3 大类，直针、续针、捆咬针、铺针、钉针、勒针、网绣针、打子针等 45 种。绣制时，根据设计意图及物像形状、质感和神态，巧妙地将各种针法互相配合和转换，以求达到良好的艺术效果。

1）真丝绒绣：在各种丝、绸、缎上，以平绣针法用丝绒绣出平的画面；题材多为飞禽、博古，用作画片、挂屏等。是历史最为悠久、技艺传承最为完整的粤绣品种。

2）钉金绣和金绒混合绣：钉金绣，又称金银绣；以金银线为主，绒线为辅的叫金绒混合线。钉金绣针法复杂，有过桥、踏针、捞花瓣、垫地、凹针、累勾绣等 60 多种针法，其中"二针企鳞"针法为其他绣种所无。钉金绣运用垫、绣、贴、拼、缀等技术处理，可产生浮雕式的艺术效果。

3）线绣：纯用丝线平面绣制。

4）珠绣属于粤绣的新品种，最近几十年才由粤绣艺人开发应用。

粤绣题材广泛，其中以龙、凤、牡丹、百鸟朝凤、南国佳果（如荔枝）、孔雀、鹦鹉、博古（仿古器皿）等传统题材为主。图案构图饱满、均齐对称，色彩对比强烈、富丽堂皇。

粤绣是国家级非物质文化遗产，在 2006 年入选第一批国家级非物质文化遗产名录。

3.3.4　苏绣

苏绣是以江苏苏州为中心的刺绣产品的总称。苏州刺绣至今已有 2000 余年的历史，自古便以精细素雅著称于世早。在三国时期就有了关于苏绣制作的记载，此后经过历代的不断发展完善，到明代时，苏绣已成为苏州地区一项普遍的群众性副业产品，形成了"家家养蚕，户户刺绣"的局面。清代的苏绣以"精细雅洁"而闻名，当时的苏州更有了"绣市"的誉称。清代中后期，苏绣在绣制技术上有了进一步发展，新出现了精美的"双面绣"，仅苏州一地专门经营刺绣的商家就有 65 家之多。新中国成立后，苏绣得到进一步的恢复和发展，苏绣的针法由原来的 18 种发展到今天的 40 余种。苏绣具有图案秀丽、构思巧妙、绣工细致、针法活泼、色彩清雅的独特风格，地方特色浓郁（图 3-64）。

图 3 – 64　苏绣作品

苏绣注重运针变化，常用的苏绣针法有：直绣、盘针、套针、擞和针、抢针、平针等。

3.3.4.1　直绣

1）直针：完全用垂直线绣成形体，线路起落针全在边缘，全是平行排比，边口齐整。配色是一个单位一种色线，没有和色。针脚太长的地方就加线钉住，后来就演变成铺针加刻的针法了。

2）缠针：是用斜行的短线条缠绕着形体绣作，有这边起针到那边落针，方向是一致的。

3.3.4.2　盘针

盘针是表现弯曲形体的针法。包括切针、接针、滚针、旋针四种。其中切针最早，以后发展到旋针。

1）切针：也叫"刺针"。针与针相连而刺，第二针须接第一针的原眼起针，针迹要细如鱼子，所谓"一芝麻三针"，就在于此。

2）接针：直针线条可以拉长，但因太长线松而会抛起。切针可以延长线条，但会露出针脚。

3）滚针：滚针也叫曲针，针针逼紧而绣。第二针插入第一针中偏前些，紧逼其线，把针脚藏在线下，第三针接第一针针尾偏前些，下面以此类推。

4）旋针：是用接针或者滚针的方法盘旋而绣的一种针法。绣的时候，顺着形体回旋的纹路用短针盘针，匀密而不露针脚。

3.3.4.3　套针

套针始于唐代，盛行于宋代，至明代的露香园顾绣，清代沈寿时，就进一步发展了。

1）单套：又名平套。第一批从边上起针，边口齐整；第二批在第一批之中落针，第一批需留一线空隙，以容第二批之针；第三批需转入第一批尾一厘许，尔后留第四批针的空隙；第四批又接入第二批尾一厘许……；其后，依此类推。

2）双套：双套的绣法与单套的绣法相同，只是比单套套得深，批数短。它以第四批和第一批相接，即第二批接入第一批四分之三处，第三批接入第一批四分之二处，第四批接入第一批四分之一处。

3）木梳套：其绣法和单套相同，但比单套松稀。它是在第一批出边后，第二批在第一批一半处落针的，每隔一线套一针，第二批接入第一批尾的一厘许，在第二批留下的空隙中夹入。

4）集套：其绣法也如单套，但外口的第一批针多，绣一批少一批针数，批批藏短针。绣到最后，周围的线路全集中在一个眼中，一批一批相覆，犹如单套。

5）偏毛套：是绣鸟毛的套法，也就是绣片毛的套法：根据片毛的纹路进行套绣，套法和双套相同，只是线条略有长短。因此，也有人称它为"长短套"。

6）活毛套：是绣走兽用的针法。其套法有两种：一种是先平绣三针，然后在第三针上加上一针交叉针。第二种是里面紧，外面带有放射形，由外向内绣，第二批套上的线覆在前一批的一半处落针，按照动物的形状转势。也有用两种绣法一起绣的。

3.3.4.4　擞和针

又称长短针。这种针法是长短针参差互用的，后针从前针的中间屚出，边口不齐，有调色和顺的长处，可用来绣仿真形象。

3.3.4.5　抢针

又叫戗针，是用短直针顺着形体的姿势，以后针继前针，一批一批地抢上去的针法。可以说，这种针法是直针的发展。

3.3.4.6　平针

1）平针：是用金银线代替丝线的绣法：先用金线或银线平铺在绣地上面，再以丝线短针扎上，每针距离一分到一分半，依所绣纹样而回旋填满，有二、三排的，也有多排的。扎的线要对花如十字纹，如同扎鞋底花纹。

2）钉线：用一种特制的细色线——棕线代替金线的绣法，也叫包根线。其绣法和平金相仿，因为它的线色多，能绣的物体也比平金广得多。

苏绣作品的主要艺术特点为：山水能分远近之趣，楼阁具现深邃之体，人物能有瞻眺生动之情，花鸟能报绰约亲昵之态。苏绣产品中的仿画绣、写真绣，其逼真的艺术效果名满天下。

2006 年 5 月 20 日，苏绣经国务院批准列入第一批国家级非物质文化遗产名录。2010 年国家质检总局批准对"镇湖苏绣"实施地理标志保护，制定了《地理标志产品——镇湖刺绣》地方标准。2014 年，苏州镇湖刺绣艺术馆被文化部列入第二批国家级非物质文化遗产生产性保护示范基地。

4　纺织染料与颜料

衣食住行，是人类生活的四大要素。自古以来，除了裘皮与树皮以外，几乎所有的衣料都是纺织品。在漫长的历史过程中，中国古代人们独立地发明和发展了纺织生产技术，并创造了丰富灿烂的纺织文化，伴随着纺织技术发展起来的植物染料染色工艺也取得了举世瞩目的成就。《周礼·地官》中记载有"掌染草"之职："掌一春秋敛染草之物，以权量受之，以待时而颁之。"染草就是草木染料。《唐六典》中亦有记载："凡染大抵以草木而成，有以花叶、有以茎实、有以根皮，出有方土，采以时月。"这说明草木染料是我国古代染色的主要内容。由于先人对于染色工艺的熟练掌握，才有了品种丰富、色彩艳丽的服饰。

目前，国内对纺织品保护的研究多集中在织物结构的分析、刺绣技术研究、出土纺织品清洗加固等方面，对纺织品天然植物染料的研究虽然有一些进展，如新疆山普拉墓群出土毛织品上蓝色染料成分鉴定、马王堆一号汉墓出土丝织品的研究等。这些研究多集中于对某一地区出土纺织品的分析，但是对于中国古代纺织品文物中各种天然植物染料的提取、检测分析等方面的研究尚有不足。古代纺织品文物在埋藏过程中由于受到各种因素的影响，其颜色多有脱落。尤其是南方潮湿地区墓葬环境中，地下水位的起伏变化会将纤维表面的各种染料带走，并使水中的各种污染物附着于纺织品纤维上，给染料的提取和鉴定分析造成极大困扰。

4.1　我国出土纺织品概况

我国将植物染料应用于纺织品染色的历史既古且久。史册记载，染色之术始于轩辕氏之时：黄帝制定玄冠黄裳，以草木之汁染成文彩。西周之时，礼制浩繁，有专人负责染色一职，名为"染人"，又称为"染草之官"。汉代时，植物染料曾被视为专门的货物。《史记·货殖列传》中有"千亩栀茜，其人与万户侯等"一说，既说明了种植植物染料获利之厚，又说明了植物染料的需求量大。直至清朝海禁未开以前，植物染料一直在染色用品中占据主要地位。

我国是丝绸文明的发源地和发祥地，因此考古工作中出土的丝织品数量庞大。据不完全统计，从 1961～2015 年期间我国的考古发掘报告中，已发表的有关考古出土纺织品的发掘资料共 210 余篇，出土地点涉及 28 个省。我国考古出土纺织品分布见表 3-8。

表 3-8　我国考古出土纺织品一览表

出土地点	年代	品种及概况	文物形式	出土情况	染料鉴定
浙江吴兴钱山漾	新石器	丝帛	文物实体	—	否
河南安阳武官村殷墟	商代	铜钺表面织物残痕	印痕文物	—	否
大司空村	商代	绢文残痕	印痕文物	—	否
洛阳东郊下瑶村	商代	随葬丝织帐幔	实体文物	—	否
陕西长安	西周	织物残片	实体文物	—	否
山西绛县横水墓地	西周	荒帷印痕	印痕文物	墓葬曾多次进水	颜料

出土地点	年代	品种及概况	文物形式	出土情况	染料鉴定
江西靖安县水乡口东周墓	东周	丝织品	实体文物	潮湿环境	否
陕西秦公一号墓	春秋战国	丝织品	实体文物	—	否
长沙广济桥战国墓	战国	圆形丝带、丝带及织锦	实体文物	潮湿环境	否
长沙左家塘楚墓	战国中期	丝织品，深棕地红黄色菱形纹、褐地红黄矩纹锦等	实体文物	潮湿环境	否
长沙战国墓	战国	褐紫色菱纹绸片等	实体文物	潮湿环境	否
湖北江陵马山砖厂一号墓	春秋战国	丝织品，刺绣、锦、罗、纱、绢等	实体文物	潮湿环境	否
安徽六安战国墓	战国	荒帷	实体文物	潮湿环境	否
蒙古诺言乌兰的匈奴古墓	秦汉	绢、刺绣	实体文物	—	否
湖北荆州谢家桥一号汉墓	汉代	丝织品	实体文物	潮湿环境	否
蒙古的通瓦拉古墓	汉代	丝织品	实体文物	—	否
西汉南越王墓	汉代	丝织品，深棕色绢、纱、罗、锦等	实体文物	—	否
湖南长沙马王堆一号汉墓	汉代	丝织品，凸纹锦、绢、纱、罗、绮、刺绣等	实体文物	潮湿环境	蓝青色、深红色、黄色织物染料已鉴定
新疆的于田和阿斯塔纳	六朝	印染品	实体文物	干燥环境	—

出土地点	年代	品种及概况	文物形式	出土情况	染料鉴定
且末扎滚鲁克墓地、楼兰、尼雅、托库孜萨来、哈喇和卓等遗址和墓地	汉魏	丝绸	实体文物	干燥环境	扎滚鲁克墓地蓝色织物上染料已鉴定
敦煌莫高窟	北魏、唐	丝织品	实体文物	干燥环境	蓝色染料已鉴定
青海省都兰热水吐蕃墓地	唐	丝织品	实体文物	干燥环境	蓝色染料已鉴定
陕西省法门寺地宫	唐	丝织品	实体文物	—	否
福州黄昇墓	宋	丝织品	实体文物	潮湿环境	否
江苏金坛周瑀墓	宋	丝织品	实体文物	潮湿环境	否
浙江方溪宋墓	宋	丝织品	实体文物	潮湿环境	否
苏州瑞光塔	宋	丝织品	实体文物	—	否
江西德安宋墓	宋	丝织品	实体文物	潮湿环境	否
新疆阿拉尔	宋	锦和刺绣	实体文物	干燥环境	否
辽宁法库叶茂台	辽	丝织品	实体文物	潮湿环境	否
北京庆寿寺	元	纳石矢	实体文物	—	否
新疆乌鲁木齐	元	锦	实体文物	干燥环境	否
辽宁大城子	元	锦	实体文物	—	否

出土地点	年代	品种及概况	文物形式	出土情况	染料鉴定
内蒙古集宁市集宁路古城遗址	元	丝织品、刺绣	实体文物	干燥环境	否
北京十三陵的定陵	明	丝织品	实体文物	—	柘黄织物已鉴定
江苏武进横山桥明墓	明	服装	实体文物	潮湿环境	否
江苏泰州明墓	明	丝织品、百余件服装	实体文物	潮湿环境	否
江苏无锡明墓	明	丝织品	实体文物	潮湿环境	否
山东沂南清墓	明	丝织品	实体文物	潮湿环境	否

从上表可以看到，我国考古工作中纺织品出土数量巨大，随着埋藏环境的不同，出土纺织品的保存状况也大不相同。尽管对出土纺织品做了相关保护工作，但是相关纺织品的染料检测鉴定工作却进行的很少。

4.2　我国古代常用植物染料及染色工艺

我国出土纺织品数量巨大，其颜色丰富多彩。但是由于长期埋藏在地下，其色彩变化很大，我们所看到已非原色，是经过老化变色后的颜色。要想了解其原来的色彩，对其所用染料的科学分析和准确无误的鉴定是非常必要的。对纺织品文物染料鉴定工作是建立在对古代染料的种类和染色工艺有一定了解的基础上进行的。

我国地域辽阔，植物种类丰富，可以用来染色的物种也是多种多样。我国古代染料根据来源可分为植物染料、矿物染料和动物染料。植物染料是从植物的根、茎、叶或果实中提取得到的染料；矿物染料是各种无机金属盐和金属氧化物，且一般不溶于水，通常作为颜料使用，少数可以用作染料；动物染料数目较少，主要有五倍子虫、胭脂红虫等。

这些染料中，植物染料是最常见也是应用最多的染料。这些可以提供染料的植物有原产于我国的，如茜草、蓼蓝、栀子、槐花等，也有在历史的发展中被引入中国的，如番红花。

4.2.1　古代植物染料的分类及主要色素

古代植物染料种类繁多，植物的成分复杂各异，上染色素也不同。为了便于纺织品文物的保护修复，由于不同植物染料的成分不同，进行分析和鉴定所用的材料和方法也有很大的差别，因此，对于纺织品植物染料来说，进行正确的分类是很必要的。

染料的分类方法大致有三种，按照来源、所染颜色及分子结构分类，此外还有其他分类方法。

4.2.1.1　按照来源分类

我国古代所用染料均为天然染料，按照来源可以分为矿物染料、植物染料和动物染料。

1）矿物染料

实际是一种颜料，它只能在和胶黏剂合用时才能较牢固地附着于纺织物上，否则容易脱落。古代对矿物染料的纺织物染色，称为"石染"。如赭石、朱砂、石黄、空青、石青、胡粉等均属于矿物染料。从现在的考古资料看，矿物染料可能是人类使用最早的一种染料。

2）植物染料

是植物的花、叶、皮、根、果以及分泌液所得来的染料。如《唐六典》中记载："凡染大抵以草木而成，有以花叶，有以茎实，有以根皮，出有方土，采以明月。"自战国以来的几千年间，应用植物染料不断充实色谱，基本上已达到色相齐全。例如有靛蓝、茜草、红花、苏坊、栀子、紫草、荩草、皂斗、地黄、苕、荔等。

3）动物染料

是由动物的分泌物或尸体等形成的一种染料。如胭脂虫吸附在树叶上以后就不再挪动直到在卵上死去，以前人们误把它们当成从树叶中长出的浆果，因此用它制作的染料被称为"胭脂红"。

4.2.1.2　按照所染颜色分类

根据所染色系可以将植物染料分为蓝色系、红色系、黄色系、紫色系、灰黑色系和绿色系等。

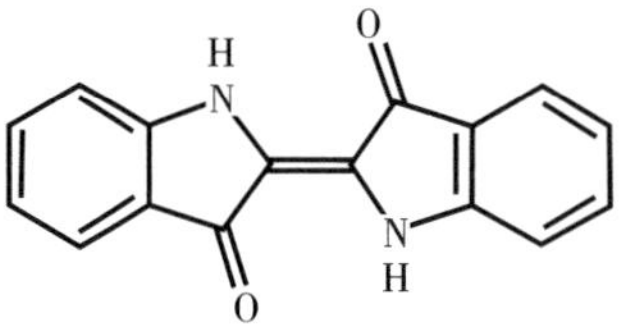

图 3 - 65　靛蓝结构式

1）蓝色系植物染料

我国古代染蓝主要通过提取蓝草类植物中的靛蓝进行的。在诸多植物染料中，蓝草是应用最早的一种。《夏小正》记载我国在夏代已开始种植蓝草，并且已经摸清了它的生长习性。《诗经》《礼记》《齐民要术》《天工开物》等著作中均对蓝草类植物的种植、制靛、染色工艺等有所提及。蓝草类植物中主要染色成分为靛蓝，又称靛青，英文名称 Indigo，分子式 $C_{16}H_{10}O_2N_2$，分子量 262，结构式如图 3 - 65 所示。

靛蓝属于还原染料，不溶于水和酒精，对纤维没有亲和力，不能直接用来染色，必须在碱性溶液中经过还原生成碱性隐色体后才能上染纤维。宋应星在《天工开物》中说："蓝凡五种（即蓼蓝、苋蓝、茶蓝、马蓝和吴蓝），皆可为靛。"在靛蓝染色方面，书中指出："凡靛入缸，必用稻灰水先和，每日手执竹棍搅到不可计数。其最佳者曰标缸。"在染液发酵过程中，补充适量碱液是完全必要的。

2）红色系植物染料

红色也是我国古代常见的颜色。古代可染红的无机矿物颜料有很多，如朱砂、铁红等，可染红色的有机染料种类也较为丰富，如动物染料的胭脂虫，植物染料主要有茜草、苏枋、红花等。

（1）茜草：多年生攀缘草木，根红黄色，其主要色素为茜草和茜紫素，为媒染性染料，在商周时其染色方法已相当普及。虽然茜草的种植早，但由于需要量大，在汉代仍很昂贵，《史记·货殖列传》中有"千亩卮茜，其人与万户侯等"的说法。东汉京城洛阳，有朝廷经营的栀茜园，专门种植栀子、茜草，为生产黄、红色染料提供原料。直到唐代，茜草仍为重要的红色染料，《新修本草》记载茜根"可以染绛"。宋代以后，红花染红技术得到改进，所染红色更为鲜艳，南方也广为种植，因此取代了茜草染红的重要地位。

（2）红花：又称红蓝草，为菊科植物，花朵内含红花素，以红花甙形式存在，用于多种纺织纤维的直接染色，可染出色光鲜明的红色。红花原产非洲，作为一种黄色染料传到埃及和中亚。据传为张骞通西域时将红花种子带回并种植于长安，此后红花的种植区域不断向南扩展。红花含红花黄色素和红花红色素。前者溶于水，染黄；后者溶于碱性水溶液，染红。很长一段时间内，人们并不知道这一特性，只知红花用来染红或黄。唐代红花已用于染红，宋代则完全掌握了红花的染红技术。直到清代红花仍用于染红丝、棉、毛、麻等纺织品。

（3）苏木：又称苏枋，豆科高大乔木，内含苏木红素，用铬媒染剂可染得绛红至紫色，用铝媒染剂可染得橙，用铜媒染剂可染得红棕色，用铁媒染剂可染得褐色，用锡媒染剂得浅红至深红色。苏木原产东南亚及我国岭南地区，大约在魏唐之际引入中原地区，并大量应用于染织业，至明代以后，苏木的染织价值逐渐被药用价值取代。

3）黄色系植物染料

黄色是我国古代应用最广、数量最多的染料。杜燕孙所编著《国产植物染料》中提及的可以染黄的染料就包括栀子、黄栌、黄柏、槐花、姜黄、地黄、林檎、青茅、荩草、银杏、番红花、芒、海州常山（臭梧桐）等十余种植物。

（1）栀子：又称鲜支或支子，栀子为常绿灌木，茜草科栀子属。栀子为中国最早使用也是最好用的染料之一。《汉官仪》中有记载"染园出卮茜，供染御黄"，说明当时栀子所染黄色可以作为最高级的黄色。栀子花为栀子染色的主要部位，花中含有两种主要色素，栀子素和藏红花酸，前者为媒染染料，后者为直接染料。栀子直接染为鲜黄色，铜盐媒染为嫩黄色，铁盐媒染为暗黄色。也可以用铝盐明矾等媒染剂媒染。

（2）黄栌：又名栌木，漆树科黄栌属，为可染黄色的染料植物，木材可用于染色。唐代陈藏器在《本草拾遗》中说："黄栌生商洛山谷，四川界甚有之，叶圆木黄，可染黄色。"《天工开物·彰施》说："金黄色（芦木煎水染，复用麻稿灰淋，碱水漂）。"黄栌中主要染黄色素为硫磺菊素，为媒染染料。

（3）黄柏：旧称黄檗，檗木，是一种芸香科落叶乔木，树干和树皮均可染黄。东汉《周易参同契》中说："若檗染为黄兮，似蓝成绿组。"《天工开物·彰施》也曾反复提及黄柏染色，如鹅黄色、豆绿色、蛋清色等。黄柏经煎煮后，可直接染丝帛和纸。黄柏中染黄主要色素为小柏碱，为直接染料，且色泽及鲜艳度极好。

（4）槐花：又称槐黄，未开花时又称槐米，豆科植物。槐花和槐米均可用于染色。槐花染色出现在唐代以后，元代已用其染色。方以智《物理小识》中有"花涩，和灰蒸之供染"的说法。槐花中染色成分为芸香苷，又称芦丁，为媒染染料，用锡媒染剂得艳黄色，铝媒染剂得草黄色，铬媒染剂得灰绿色。《天工开物·彰施》中有用槐花和明矾、青矾染大红官绿色、油绿色的记载。

其他黄色染料如姜黄、荩草、银杏等均为常见的可以染黄的植物染料，虽然其上染色素不同、染色方法不同，但是均可以染成鲜艳的各种黄色。

4）紫色系植物染料

我国古代直接染紫的植物种类不多，记载最多的是使用紫草。紫草为多年生草本植物，紫草根可以染色，主要上染色素为乙酰紫草素，为媒染染料。紫草和椿木灰、明矾媒染可使织物得紫红色。一说紫草在春秋战国时就已经用于染紫，《尔雅·释草》中就有"一名紫荍……根可以染紫"的说法。此外还有一些使用野苋、瑞木、黑豆、紫檀等植物进行染色的。

在国外古代紫色染料中，有一种古代地中海腓尼基沿岸出产的一种骨螺，以提取其紫液进行染色。由于紫贝非常稀少贵重，罗马帝国只用于皇帝服装，又称"帝王紫"。近来的研究表明，地中海沿岸的骨螺染成的帝王紫也可能曾在春秋战国期间出现。《荀子·王制》篇说："东海则有紫蚨鱼盐焉，然而中国得而衣食之。"据著名学者王㐨考证，紫蚨可能就是用于染色的一种骨螺，这种红或橘红色的骨螺其大小如拳，壳表往往长满寄居的"藤壶"科软体动物，外套膜腺体呈粉黄绿色，是染紫的绝佳材料。根据史料记载，战国时齐国的染紫最为著名，又称"齐紫"。《韩非子·外储说左上》曾有"五素不得一紫"之说，《史记·苏秦列传》也有"齐紫，败素也，而贾十倍"的记载。由于齐桓公好服紫，"齐紫"一时名噪天下。后来齐桓公想改变这种举国好紫的风气，便采用了管仲的主意，自己带头不穿紫服，而且当近臣着紫服晋见时，便说讨厌这种紫色的味道。这里的"紫臭"恰恰是骨螺所染紫色的特点。

5）灰黑色系植物染料

在我国古代植物染料中，黑灰色染料也占有极其重要的位置，在所有可以染黑的植物中，又以皂斗历史最为悠久。

皂斗是古代主要的染黑色的植物染料。它是栎属树木的果实。栎（即今麻栎）亦名栩，杼、柞栎等。其果实曰皂、皂斗、橡子等。孔颖达《正义》引陆机疏："今柞栎也。徐州人谓栎为杼，或谓之栩。其子为皂，或言皂斗，其壳为汁，可以染皂。"皂斗主要上色成分为鞣质。栎树木壳斗及树皮部都含有鞣质。

隋唐以来，黑色植物染料品种继续扩大。在文献记载中出现了狼把草、鼠尾草、乌桕叶和五倍子等，其中又以五倍子最为著名。五倍子为棓蚜科昆虫，寄生于盐肤木等植物所形成的虫瘿。五倍子来源丰富，采集方便，其中主要上色成分也为鞣质，且鞣质含量较高，可达 60%～70%。

鞣质是结构复杂的有机物，有 1 分子葡萄糖和 6～8 分子鞣酸（没食子酸）合成而得的酯类化合物。鞣质中由于含有较多的亲水集团，因此易溶于水，能上染丝、棉纤维，若直接染丝棉织物，则得到淡黄色，而用青矾等铁盐媒染则得黑色。

6）绿色系植物染料

绿色系植物染料较少，最常见的为鼠李。实际应用中，由于鼠李的来源限制，古人更多选用黄色和蓝色套染的方法进行染绿。

鼠李又名红皮绿树，鼠李科，多年生落叶小乔木或灌木，又名山李子、绿子、冻绿、大绿，国外称为"中国绿"，是优良的天然染料。染料色素成分存在于嫩果实和叶、茎之中，其主要染色成分为大黄素、大黄酚、芦荟大黄素等，是古代为数不多的天然绿色染料之一，在我国东北、西北和南方各省都有分布。利用鼠李作染料，时间较晚，可能在宋元以后。

4.2.1.3 按照分子结构分类

这一分类方法便于了解染料的分子结构，对于了解染料的性能也有帮助。按照染料分子结构分类主要有以下几类。

1）蒽醌染料

蒽醌类染料都含有蒽醌结构或多环酮结构，涵盖还原、分散、酸性、阳离子等染料。蒽醌染料涵盖红色、紫色、蓝色和绿色色谱。常见的茜素、红紫素、大黄素等均属于蒽醌染料。

图 3-66 为蒽醌染料的结构式，其结构式中的 R 代表不同的官能团，R 不同所对应的物质不同，见表 3-9。

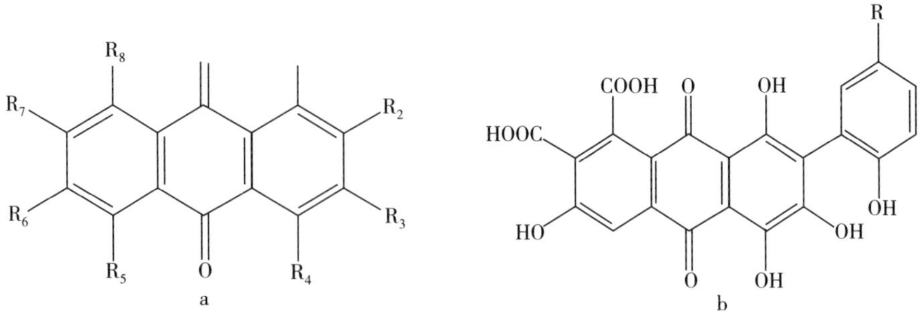

图 3-66　蒽醌类染料结构式

表 3-9　蒽醌类染料化合物结构式中 R 不同时所对应的化合物

化合物名称（结构式 a）	R_1	R_2	R_3	R_4	R_5	R_6	R_7	R_8
茜素	OH	OH	H	H	H	H	H	H
异茜草素	OH	H	OH	H	H	H	H	H
蒽棓酚	OH	OH	OH	H	H	H	H	H
茜根定	OH	CH_3	OH	H	H	H	H	H
桑酮	OH	CH_3	H	H	OH	OH	H	H
茜草酸	OH	COOH	OH	H	H	H	H	H
红紫素	OH	OH	H	OH	H	H	H	H
假红紫素	OH	OH	COOH	OH	H	H	H	H
大黄素	OH	H	OH	H	H	CH_3	H	OH
黄胭脂酮酸	CH_3	COOH	OH	H	H	OH	H	OH
胭脂酮酸	CH_3	COOH	OH	H	OH	OH	H	OH
胭脂红酸	OH	葡萄糖基	OH	OH	H	OH	COOH	CH_3
化合物名称（结构式 b）	R							
虫胶酸 A	$CH_2CH_2NHCOCH_3$							
虫胶酸 B	CH_2CH_2OH							
虫胶酸 C	$CH_2CH（NH_2）COOH$							
虫胶酸 E	$CH_2CH_2NH_2$							

2）靛族染料

　　含靛类结构的两种较主要的天然染料是靛蓝和泰尔红紫，靛蓝在植物中以配糖体的形式存在，一般是从蓼蓝中提取的，将这种植物的茎叶浸泡在水中，经过发酵、水解、氧化而得到靛蓝（indigotin），其中所发生的化学反应过程见图 3 - 67。

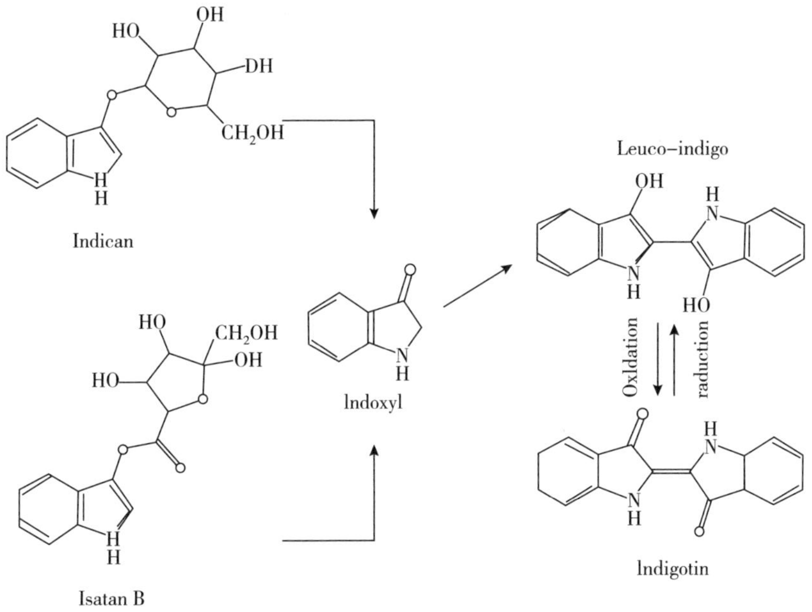

图 3 - 67　蓼蓝经发酵、水解、氧化得到靛蓝（indigotin）的化学反应过程

3）黄酮类染料

天然黄色染料大多是黄酮或黄酮醇的羟基或甲氧基取代物，图 3 - 68 列出了两类重要的黄酮类化合物的分子结构。黄酮类化合物可以直接用于棉、毛、丝的染色，得到鲜艳的黄色，也可用铜盐（蓝矾）媒染，得到绿色。该类化合物非常不稳定，在光照下其显色成分的化学结构发生变化（表 3 - 10）。

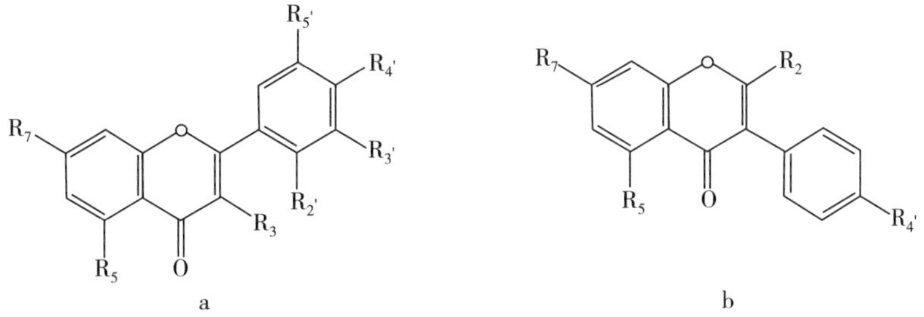

图 3 - 68　黄酮类染料结构式

表3-10　黄酮类染料化合物结构式中 R 不同时所对应的化合物

黄酮类化合物（a）	R_3	R_5	R_7	$R_{2'}$	$R_{3'}$	$R_{4'}$	$R_{5'}$
木犀草素	H	OH	OH	H	OH	OH	H
芹菜素	H	OH	OH	H	H	OH	H
漆黄素	OH	H	OH	H	H	OH	OH
杨梅素	OH	H	OH	H	OH	OH	OH
槲皮素	OH	OH	OH	H	OH	OH	H
鼠李素	OH	OH	OCH_3	H	OH	OH	H
异鼠李素	OH	OH	OH	H	OH	OCH_3	H
鼠李秦素	OH	OH	OCH_3	H	OCH_3	OH	H
山柰酚	OH	OH	OH	H	H	OH	H
鼠李柠檬素	OH	OH	OCH_3	H	H	OH	H
芦丁	芸香糖	OH	OH	H	OH	OH	H
桑色素	H	OH	OH	OH	H	OH	H
金圣草酚	H	OH	OH	H	OCH_3	OH	H
异黄酮类化合物	R_2	R_5	R_7	$R_{2'}$	$R_{3'}$	$R_{4'}$	$R_{5'}$
染料木素	H	OH	OH	H	H	OH	H

4.2.2　古代植物染料的染色工艺

我国古代劳动人民在不断的摸索中总结了适用于不同植物染料的染色工艺，根据染色过程中是否添加媒染剂及所用染料种类可以将古代染色工艺总结为直接染色工艺、媒染染色工艺和复色染工艺。

4.2.2.1　直接染色工艺

直接染色工艺是指以热水提取植物染料色素后将染料色素成分直接附着于纤维上，如红花、靛蓝、姜黄等。人类早期的染色方法主要为直接染色。在采用直接染色工艺时，植物性染料虽可与丝麻纤维发生染色反应，但毕竟亲和力较低，因此可按照纺织品的颜色深浅要求对纺织品进行多次染色。

《墨子·所染第三》载："子墨子言，见染丝者而叹曰：'染于苍则苍，染于黄则黄，所入者变，其色亦变，五入必，而已必为五色矣，'"这便提到了织物颜色与染料颜色和放染次数间的关系。《尔雅·释器》云："一染谓之鰍，再染谓之祯，三染谓之纁。"此"缥"为黄赤色，"赪"是浅红色，"纁"

为绛色。由一染到三染，颜色逐渐加深，来说明早期直接染色工艺中多次上染是存在且比较常见的。类似的多次染色至今仍在使用。

4.2.2.2 媒染染色工艺

媒染工艺是在染色过程中，通过加入媒染剂，酸、蛋白质、单宁或金属离子等物质，使植物染料起到发色、固色作用，并增强色牢度较差的色素分子的色牢度的染色工艺。

1）媒染剂

媒染工艺中必然会涉及媒染剂，从性质上分可以分为碱性媒染剂、酸性媒染剂、蛋白质媒染剂和金属离子媒染剂等。

（1）碱性媒染剂：将媒染剂溶于水中，生成碱性媒染液的媒染剂称为碱性媒染剂，一般指草灰、木灰、石灰等物质。碱性媒染剂的作用主要是通过后媒染法使色素分子沉积固着于织物纤维上。草灰、木灰一般是指燃烧草本、木本植物得到的灰烬，使用时将草木灰溶于热水中并不断搅拌，静置至草木灰完全沉淀后取上层清液使用。草灰、木灰、石灰中由于含有钾离子、铝离子、钙离子等金属化合物，媒染过程中同时可以起到金属离子媒染的作用。

石灰分为生石灰与熟石灰，其媒染效果与使用方法与草木灰相同。

（2）酸性媒染剂：使媒染液呈酸性的媒染剂称之为酸性媒染剂，主要包括食醋、梅汁等天然媒染剂。《天工开物·彰施》篇中在介绍红花染色时就提到了"大红色（其质红花饼一味），用乌梅水煎出，又用碱水澄数次。或稻稿灰代碱，功用亦同。澄得多次，色则鲜甚……"。这里的乌梅水就是将青梅直接烧焦碳化成乌梅后溶于水所得。在传统染色工艺中，酸性媒染剂可以增加色素上染效果，起到固色作用，还可以用来中和碱性媒染剂。

（3）蛋白质媒染剂：蛋白质是复杂的有机化合物，可分为牛乳、蛋清等动物蛋白和豆类等植物蛋白两大类。由于植物色素易于上染丝、毛等动物纤维，不易于上染棉、麻等植物纤维，因而在上染棉、麻等植物纤维时，需用牛乳、豆浆等对其上染前进行打底处理，让蛋白质渗入植物纤维使之具有蛋白质的性质，进而更易于植物染料的上染。

（4）金属离子媒染剂：是金属盐溶于水后形成的溶液。金属离子媒染剂种类繁多，按照金属阳离子的不同，可以分为铝媒染剂、铜媒染剂、铁媒染剂、钛媒染剂、锡媒染剂、铬媒染剂等。金属离子媒染剂在上染过程中作为媒介物质，使上染色素分子与织物纤维形成复杂结合，从而改变色调产生发色效果，同时增强上染色素离子的自身稳定性，可以达到固色的效果。

我们古代常用的媒染剂基本上可以分为铁剂和铝剂两大类。铁剂中最常用的有绿矾（$FeSO_4 \cdot 7H_2O$），又因其能用于染黑，故又称皂矾。铝剂中较常用的为明矾 $[KAl(SO_4)_2 \cdot 12H_2O]$，但是其应用较晚，中原地区较早使用草木灰作为媒染剂。

《考工记》云，钟氏染羽，"三入为纁，五入为緅，七入为缁"。"緅"，黑中带赤者，全文原意是：染三次为绛色、五次为红黑色，七次为黑色，一般反复浸染是很难把绛色染成黑色的，因此古人在染羽时加入了媒染剂。《淮南子·俶真训》云："今以涅染缁，则黑于涅。"高诱注："涅，矾石也。"矾的种类较多，在此当指皂矾，此物本身并不太黑，但它可与许多植物媒染染料形成黑色沉淀，从而使织物染黑。所以"钟氏染羽"实际上是以红色（纁）为地色，以矾石为媒染剂染成黑色（缁）的。

2）媒染工艺

媒染法可以充分发挥植物染料的特性，媒染过程中，根据媒染剂与染料上染顺序不同，媒染工艺又可以分为同媒法、预媒法、后媒法和多媒法。

（1）同媒法是将染料和媒染剂置于同一染缸中，完成上染和络合的染色方法。这是最为简便的媒染方法，早期应用较多，其特点是染色与媒染同时进行。但是由于金属离子与染液中的上染色素结合易产生沉淀，且易造成染色不均等现象而逐渐被淘汰。其典型代表是《齐民要术》中记载的"河东染御黄"法：碓捣地黄根令熟，灰汁和之，搅令匀，搦取汁，别器盛。更捣滓，使极熟，又以灰汁和之，如薄粥。泻入不渝釜中，煮生绢。数回转使匀，举看有盛水袋子，便是绢熟。抒出。著盆中，寻绎舒张，少时掠出，净振去滓。晒极干，以别绢滤白淳汁，和热抒出，更就盆染之，急舒展令匀。汁冷掠出，曝干，则成矣。这一段详细描述了将地黄根与植物灰置于同一染缸内完成染"御黄"的方法。

同媒法的染色顺序为：染色＋媒染→水洗。

（2）预媒法是将纺织品先在媒染剂溶液中处理，使染料色素分子更易与织物纤维结合，之后再放入染缸中进行染色的方法。预媒法多适用于染制棉、麻等植物纤维，采用的媒染剂一般为蛋白类媒染剂，草木灰等金属离子媒染剂有时也用于预媒法。另外，胭脂虫等动物性染料也多使用预媒法进行染色，因为胭脂虫色素遇氧气会迅速氧化变黑，因此极易在染色过程中变黑，且这种变黑在之后的媒染过程中无法消除。

预媒法的染色顺序为：媒染→水洗→染色→水洗。

（3）后媒法与预媒法步骤相反，是先将纺织品在植物染料的染缸中染色，上染完全后再用金属盐离子进行络合，使之产生色调变化和增强固色效果。纤维材料和媒染材料的种类决定这色调变化及色彩的牢固程度。《天工开物》和《多能鄙事》中对此有较多记载。如"紫色，苏木为地，青矾尚之"；"金黄色，芦木煎水染，复用麻稿灰淋，碱水漂"；"茶褐色，莲子壳煎水染，复用青矾水盖"；"油绿色，槐花薄染，青矾盖"；"染包头青色，此黑不出蓝靛，用栗壳或莲子壳煎煮一日，漉起，然后入铁砂、皂矾锅内，再煮一宵即成深色"。

后媒法的染色顺序为：染色→水洗→媒染→水洗。

（4）多媒法是在染色中使用了多种媒染剂的染色工艺。在染色过程中，为了染出浓重的色调，经常使用多次染色、媒染的方法即为多媒法。这一媒染工艺在《多能鄙事》中记载较多，如染枣褐、荆褐时，均先用明矾预媒、然后染色，再用青矾后媒的媒染工艺。多媒染可以反复使用同一种媒染剂，也可以使用不同的媒染剂。与同媒法、预媒法、后媒法相比，多媒法染色工艺更为合理。

多媒法的染色顺序为：染色→水洗→媒染→水洗→染色→水洗→媒染→水洗。

4.2.2.3　复色染工艺

复色染工艺又叫套染工艺，是指由两种或两种以上的染料拼色而染的工艺。这种工艺在先秦就已出现，古代文献中也有很多关于复色染工艺的记载。《周礼·考工记》《天工开物》《物理小识》《本草拾遗》等书中均有关于复色染的记载，如纺织物用靛蓝染过之后再使用黄色染料复染可得绿色，黄色染料和红色染料复染可得橙色等。

复色染有两大特点，一是由浅到深，既可以节约染料，又可以丰满色光。《多能鄙事》中记载的染小红方法如下："以练帛十两为率，用苏木四两、黄丹一两，槐花二两，明矾一两。先将槐花炒令香，碾碎，以净水二升煎一升之上，滤去渣，下白矾末些少，搅匀，下入绢帛。却以沸汤一碗化开解余矾，入黄绢浸半时许。将苏木以水二碗煎一碗之上，滤去渣，为头汁顿起。再将渣入水一碗半，煎至一半，仍滤别器贮。将渣又水二碗煎一碗，又去渣，与第二汁和，入黄丹在内，搅极匀，下入矾了黄绢，提转令匀，浸片时扭起，将头汁温热，下染出绢帛，急手提转，浸半时许。可提转六、七次，扭起，吹于风头令干，勿令日晒，其色鲜明甚妙。"

　　整个工艺可分为四个步骤，一是打底，用槐花白矾媒染，属同媒法；二是对苏木用白矾预媒；三是初染，用苏木与黄丹同染；四是后染，用较浓的苏木汁液染色。这四步精心安排，是古代复色染工艺成就的表现。复色染的第二个特点是拼色，尤其以绿色、褐色为多。中国古代对色彩命名时，正色和间色的概念或许正反映了早期人们对复色染拼色的认识。明代杨慎《丹铅总录》说："绿者，青黄之杂也。"王逵《蠡海集》说："青依于黄而绿矣。"《天工开物》更详细记载了黄和青拼色所得一系列由浅至深的色彩："鹅黄色，黄蘗煎水染，靛水盖上"，"豆绿色，黄蘗水染，靛水盖，今用小叶苋蓝煎水盖者，名草豆绿，色甚鲜"，"蛋青色，黄蘗水染，然后入靛缸"。褐色在唐代陈藏器《本草拾遗》中记载由鼠曲草与榉皮杂用染成，到元明时期褐色种类增多，其一浴常用红或黄色染料用明矾预媒染成，其二浴多用黑色植物染料绿矾后媒染。如《天工开物》载染藕褐色："苏木水薄染，入莲子壳，青矾水薄盖"，就是一例。此外，《天工开物》还记载了用苏木和靛蓝复色染得天青和葡萄青等色彩的方法。

4.3　天然植物染料分析前处理——提取方法

　　对纺织品文物进行分析鉴定可以为我们提供一系列有价值的信息，对纺织品上植物染料的提取是进行纺织品分析鉴定的第一步。由于植物染料种类繁多，结构各异，因此对于不同植物染料应采取不同方法进行提取。

4.3.1　传统盐酸法

　　盐酸法是植物染料提取时应用最广的方法之一。取纺织品样品约 0.2mg 置于 37% 盐酸：甲醇：水 =2:1:1（v/v/v）的溶液中，将溶液置于 100℃ 热水中水浴加热 10 分钟，将溶液冷却至室温后用氮吹仪（或置于浓缩旋转仪中）将试剂中液体吹干，干燥后将剩余物加入甲醇：水 =1:1（v/v）的溶液中，离心后取上层清液进行下一步分析检测。

很多纺织品在染色过程中添加了金属离子媒染剂而通常含有 Fe^{3+}、Al^{3+}，由于盐酸的酸性太强，在选用盐酸法对染料进行提取时，会造成纺织品纤维分解及金属螯合物的分解。盐酸提取法对于特定的染料，如红色蒽醌类染料有较好的效果，但是并不适合于黄色染料的提取，尤其是含有黄酮类的植物染料的提取。由于黄酮类染料含有苷类结构，强酸会使其分解从而造成检测信息缺失，甚至影响染料的鉴定。基于这些原因，更多使用弱酸的较为温和的提取方法逐渐被人们发掘。

4.3.2　甲酸提取法

甲酸提取法是在盐酸提取方法的基础上发展而来的。甲酸法是将样品加入甲酸∶甲醇 = 5∶95（v/v）的溶液中，将试管置于 40℃温水中水浴 30 分钟，后将试管冷却至室温后用氮吹仪将试剂中液体吹干，干燥后将剩余物加入甲醇∶水 = 1∶1（v/v）的试剂中，离心后取上层清液进行下一步分析检测。

由于甲酸酸性较弱，在提取温度控制在 40℃时，不会对苷类进行分解，在经过检测器检测后，能准确鉴定黄色植物染料。

4.3.3　乙二胺四乙酸（EDTA）提取法

乙二胺四乙酸（EDTA）提取法与甲酸提取法相似，是将样品加入 0.001MH_2EDTA∶乙腈∶甲醇 = 2∶10∶88（v/v/v）的溶液中，将试管置于 60℃温水中水浴加热 30 分钟，冷却至室温后，将试管内液体用氮吹仪干燥，取剩余物加入甲醇∶水 = 1∶1（v/v）溶液中，离心后取上层清液进行下一步检测。

EDTA 提取法相较于盐酸提取法，对于黄色植物染料有较好的提取效果，不会对黄色染料中的苷类进行水解。从提取结果来看，EDTA 提取法明显优于盐酸提取法，与甲酸提取法效果相当。而对于蒽醌类染料来说甲酸提取法提取效果要好于 EDTA 提取法。

4.3.4　草酸提取法

草酸提取法是将样品加入草酸∶甲醇∶丙酮∶水 = 0.1∶3∶3∶4（v/v/v/v）的溶液中，试管密闭后置于 60℃温水中水浴 30 分钟，将试管打开冷却至室温后用氮吹仪对溶液进行干燥，取剩余物加入甲醇∶水 = 1∶1（v/v）溶液中，离心后取上层清液进行下一步检测。

草酸属于比较温和的酸，不会造成黄酮类染料的水解，对于各种植物染料都有一定提取效果。

4.3.5　三氟乙酸（TFA）提取法

三氟乙酸提取法是今年来发展的一种较为温和的染料提取方法。其提取方法简单易行。将染色后的样品置于 2mol/L 的 TFA 溶液中，10 分钟将样品瓶盖打开，用氮吹仪干燥后取剩余物加入甲醇：水 = 1∶1（v/v）溶液中，离心后取上层清液进行下一步检测。

三氟乙酸溶解性较强，酸性也较强，对于各种染料都有较强的提取效果，且不会对织物纤维结构造成破坏。因此 TFA 用作纺织品天然植物染料提取液具有较好的发展前景。

4.3.6　二甲基甲酰胺（DMF）提取法

二甲基甲酰胺（N，N - 二甲基甲酰胺，DMF）是一种化学反应的常用熔剂，也可以用来作为植物染料的提取试剂，其提取方法与草酸提取法相同。DMF 提取法则主要针对蓝色和绿色染料效果较好。

对于纺织品上的植物染料的提取，在实现对染料提取的前提下，要求既不能破坏植物染料的结构，又要尽可能减小对纺织品纤维的溶解。近些年常用的植物染料提取方法中，较为常见的就是以上列举的几种。在这几种方法中，盐酸法是最早应用于植物染料提取的，对于红色蒽醌类染料有较好的提取效果，但是由于其酸性太强，会造成纺织品文物纤维的水解，现在已经不常用于纺织品文物植物染料提取中。其他提取方法都较为温和，对于各种类型植物染料都有较好的提取效果。相比于其他提取方法，甲酸和 EDTA 在控制好实验条件时对黄酮类染料有较好的提取效果，草酸对于姜黄素类染料提取效果略差，三氟乙酸对于各种类型植物染料都有较好的提取效果，二甲基甲酰胺对于蓝色和绿色染料提取效果较好。

4.4　植物染料分析方法

根据测试原理和测试手段的不同，植物染料分析方法可分为化学分析和仪器分析两类。

化学分析是以物质的化学反应为基础的分析方法。化学分析历史悠久，是分析化学的基础，又称为经典分析法，具有仪器简单、操作方便、结果准确、应用范围最广泛等特点，是分析化学中最基础、最基本的方法。但化学分析法存在着对低含量物质的分析不够灵敏，分析速度较慢等局限性。

仪器分析是以特殊的仪器测定物质的物理或物理化学性质的分析方法

（利用仪器鉴定被测物质的某一物理或物理化学特性来达到分析目的）。这些性质有光学性质（如吸光度、发射光谱强度、旋光度、折光率等）、电学性质（如电流、电势、电导、电容等）、热学性质、磁学性质等。由于仪器分析要用到物质的物理或物理化学性质，故仪器分析法又称为物理分析法或物理化学分析法。

植物染料研究的对象是纺织品实物，研究目标是获取纺织品纤维上残留的植物染料信息，最终目的是将研究结果应用于纺织品文物保护工作中。目前国内外用于植物染料研究的分析方法主要有化学分析法、光谱法、色谱法、质谱法以及综合运用各种方法进行植物染料研究的综合法。染料研究方法的选择需要根据所研究对象的具体情况来决定。若样品需要做无损检测分析，则优先选择光谱分析法；若样品可进行取样，则可对样品做化学分析和色谱、质谱分析。染料分析中通常选择多种分析方法相互印证以获得更为准确的分析结果。

4.4.1 化学分析法

化学分析法是以物质的化学反应为基础，根据分析化学反应的现象和特征来鉴定物质化学成分的方法。在现代精密仪器快速发展并应用于纺织品染料分析之前，主要是采用化学分析法对纺织品染料进行鉴定。表 3 – 11 为上海纺织研究院曾采用化学方法对姜黄、槐米和栀子进行实验后得出的结果。

表 3 – 11　若干植物染料的化学反应测试

试剂	各种染料在纤维上的反应		
	栀子	槐米	姜黄
浓硫酸	纤维变为灰色，加水冲淡后黄色	溶液微黄，纤维棕色，加水冲淡复色	纤维及溶液均呈棕色，加水稀释纤维淡黄色，溶液无色
浓盐酸	无变化	呈黄色	纤维呈红棕色，稀释后呈鲜明之黄色
浓硝酸	完全脱色，作用迅速	纤维之色略深	先呈红色，然后变黄色
乙醇（沸）	少量脱色	不脱色	脱色溶液黄色，有绿色荧光

试剂	各种染料在纤维上的反应		
	栀子	槐米	姜黄
NH₃2% （沸）	—	无变化	大量脱色染物变红复变黄
醚	—	—	脱色有绿色荧光，溶液黄色
蚁酸（沸）	脱色	—	—

　　化学分析法由于所需样品量较大，检测准确性低，目前很少用于纺织品文物保护。

4.4.2　光谱法

　　光谱法是测定物质与电磁辐射相互作用时所产生的发射、吸收辐射的波长和强度进行定性、定量好结构分析的方法。常见的应用于植物染料分析检测的光谱分析法有紫外—可见光谱法、红外光谱法、分子荧光光谱法和拉曼光谱法等。

4.4.2.1　紫外—可见光谱法（ultraviolet‑visible spectrophotometry，UV‑Vis）

　　紫外—可见光谱法是利用物质的分子或离子吸收紫外—可见波段范围（200~800nm）单色辐射对物质进行定性、定量或结构分析的一种方法。紫外—可见光谱法是以紫外光或可见单色光照射吸光物质的溶液，用仪器测量入射光被吸收的程度，记录吸光度随波长变化的曲线。这一曲线就称为吸收光谱，它描述了不同物质对不同波长光的吸收能力。当有机物的分子结构中有某些能够吸收紫外光或可见光而引起电子跃迁的发色基团时，紫外—吸收光谱法就能用于其定性的测试。具有相同生色集团的有机物会有相同的吸收峰值，因此在相同条件下比较未知染料和已知染料紫外—可见吸收光谱可以帮助鉴定染料种类。但是，由于紫外—可见光谱反应的是有机物生色集团的特性，不能反映整个色素分子的特征。此外，在染料提取时使用不同的有机溶剂会造成染料成分谱带的位移，影响分析结果的准确性。

　　随着光纤技术的发展，紫外—可见光谱法开始向无损分析发展。借助光纤技术，光谱仪可以完成对纺织品上待检测部分的原位无损分析。虽然光谱技术的发展使纺织品上植物染料的无损分析有了很大的发展空间，但是这一研究方法主要针对的是保存较好、颜色鲜艳的纺织品的染料分析。并且由于紫外—可见光谱法的工作原理导致相同分子的紫外吸收光谱一样，但是具有相同吸收光谱的不一定为相同物质。因此，在用 UV – Vis 对纺织品染料进行分析的时候，还要借助于其他分析方法获得可靠的结论。

4.4.2.2　红外光谱法（infrared spectrometry，IR）

红外光谱法是利用红外辐射与物质分子振动或转动的相互作用，通过记录试样的红外吸收光谱进行定性、定量和结构分析的方法。被测物质的分子在红外线照射下，只吸收与其分子振动、转动频率相一致的红外光谱。对红外光谱进行剖析，可对物质进行定性分析。化合物分子中存在着许多原子团，各原子团被激发后，都会产生特征振动，其振动频率也必然反映在红外吸收光谱上。据此可鉴定化合物中各种原子团，也可进行定量分析。

测定红外吸收光谱曲线的设备叫作红外光谱仪，目前主要有两类红外光谱仪，即色散型红外光谱仪和傅立叶变换红外光谱仪（Fourier transform infrared spectrometer，FT – IR）。

色散型红外光谱仪的主要部件与紫外可见分光光度计相似，也是有由光源、吸收池、单色器、检测器以及记录显示装置等部分组成。但是由于两种仪器的工作波长范围不同，因此每一个部件的结构、所用的材料以及性能等与紫外—可见光度计不同。色散型红外光谱仪采用了狭缝，能量受到严格的控制。尤其在远红外区能量很弱，它扫描速度很慢，一次全扫描约需几分钟，使得一些动态研究以及与其他仪器联用发生困难，加之它的灵敏度比较低、分辨率和准确度也较低，使它在许多地方不能完全满足要求。

20 世纪 70 年代出现了一种新的红外光谱测量技术和仪器，它就是基于干涉调频分光的傅立叶变换红外光谱：这种仪器不用狭缝。因而消除了狭缝对于通过它的光能的限制，可以同时获得光谱所有频率的全部信息。

理论上可以通过红外光谱图中特征官能团的吸收波长来推测样品的分子结构，但在一般操作中更多的是采用与天然染料的标准红外谱图进行比较来确定位置样品的染料种类。傅立叶变换红外光谱仪（FT – IR）是根据光的相干性原理设计的，因此是一种干涉型光谱仪：它主要由光源、干涉仪、检测器、计算机和记录系统组成。大多数傅立叶变换红外光谱仪使用了迈克尔逊（Michelson）干涉仪，因此，实验测量的原始光谱图是光源的干涉图，然后通过计算机对干涉图进行快速傅立叶变换计算，从而得到以波长或波数为函数的光谱图。

虽然傅立叶变换红外光谱仪大大提高了红外光谱检测的灵敏度和分辨率，但红外光谱法分析染料成分时一般只适用于样品上只出现同种染料的类型。复杂成分的染料其红外光谱图比较复杂，分析起来难度较大，因此该方法不适合广泛应用于植物染料的分析。

4.4.2.3　荧光光谱法

荧光光谱法分为分子荧光光谱法和原子荧光光谱法。用于天然植物染料检测的是分子荧光光谱法（molecular fluorescence analysis，MFA）。当紫外线照射某些物质时，这些物质会发射出各种颜色和不同强度的可见光，而当紫外线停止照射时，所发射的光也随之很快地消失，这种光被称为分子荧光。根据物质的荧光强度，可进行物质的定量分析；根据其荧光的波长和荧光强度的增强或减弱，可进行物质的结构及定性分析。

三维荧光光谱是近二十年中发展起来的新的荧光分析技术，反映了发光强度随着激发波长变化的情况，比常规荧光光谱提供更完整的光谱信息。荧光光谱法具有很高的灵敏度，样品中含有 $1 \sim 100 \mu g/g$ 的生色团即可产生足够强的检测信号。

三维荧光光谱法可以实现对植物染料的无损快速鉴定，但是，并不是所有的植物染料都有较强的荧光，且荧光光谱反应的是物质的结构特征，很多植物染料成分主体结构都为苯环，很难只通过三维荧光光谱进行准确区分。

4.4.2.4　拉曼光谱法

拉曼光谱（Raman spectroscopy）和红外光谱一样，都是由分子的振动和转动引起的，但红外光谱是吸收光谱，拉曼光谱则是散射光谱。

光照射到物质上发生弹性散射和非弹性散射，统称为拉曼效应。拉曼光谱分析技术是以拉曼效应为基础建立起来的分子结构表征技术，其信号来源于分子的振动和能量的传导。由于不同的物质具有不同的特征光谱，因此可以通过分析特征光谱定性来分析特定的物质。与荧光光谱比较，拉曼光谱对化学物和生物化学物的种类表现出更高的选择性和特异性，但是敏感性稍差。

由于拉曼光谱易受到荧光干扰，而很多植物染料分子具有荧光性，因此阻碍了拉曼光谱法在植物染料鉴定分析方面的应用。随着表面增强拉曼散射

（Surface Enhancedraman Scattering，SERS）效应的发展，拉曼散射信号的检测强度也随之增强了，在 SERS 中荧光的干扰可有效得到抑制，这增强了拉曼光谱在植物染料鉴定分析方面的应用。表面增强拉曼光谱法的原理是：吸附在极微小金属颗粒表面或其附近的化合物（或离子）的拉曼散射要比该化合物的正常拉曼散射增强 103 ~ 106 倍。这种表面增强拉曼散射在银表面上最强，在金或铜的表面上也可观察到。表面增强拉曼散射现象主要由金属表面基质受激而使局部电磁场增强所引起。效应的强弱取决于与光波长相对应的表面粗糙度大小，以及和波长相关的复杂的金属电介质作用的程度。从少数分子获得大量结构信息的可能性使得 SERS 可用于解决高灵敏度化学分析的许多问题。

4.4.3　色谱法

色谱法是用来分离混合物中各种组分的方法它是由俄国物理学家茨维特（Tswett）在 1906 年创立的。色谱系统包括固定相和流动相。当流动相流过加有样品的固定相时，由于各组分在两相之间的浓度比例不同，利用待测物质在两相中具有不同的分配系数，当两相做相对运动时，各组分在两相中进行多次分配，使分配系数只有微小差异的组分得到分离，将这种分离方法与检测器结合就是色谱法。

色谱法按照流动相不同可以分为气相色谱、液相色谱、超临界流体色谱；按照固定相不同可以分为柱色谱，纸色谱（paper chromatography，PC），薄层色谱（thin layer chromatography；TLC）等；按照物理化学分离原理可以分为吸附色谱（adsorption chromatography），分配色谱（partition chromatography），离子交换色谱（ion exchange chromatography，IEC），排阻色谱（size exclusion chromatography，SEC）等。

色谱法由于其高适应性，高分离度等优点，已成为植物染料鉴定中最有效的分离技术。目前常用于植物染料鉴定的有薄层色谱法、气相色谱法、高效液相色谱法等。

4.4.3.1　薄层色谱法（thin layer chromatography，TLC）

薄层色谱法（thin layer chromatography，TLC）是将适当粒度的吸附剂涂布在平板上制成均一的薄层，然后把试样点涂布在平板的另一端，再用溶剂展开。不同组分在平板的不同位置以斑点形式显现，经显色或用薄层扫描仪扫描进行试样的定性和定量分析。此法最早有 Ismailov 和 Shraiber 于 1938 年提出，后经 Helmut Schweppe 介绍用于染料测试之中，被称为 Schweppe 法，是较早应用于植物染料鉴定的一种简单方法。

薄层色谱法是以适宜的固定相均匀涂布于平面载体上，点样并以合适的溶剂展开，达到分离、鉴定和定量的目的。常用的薄层色谱包括吸附色谱和分配色谱两类，其原理是：吸附剂（固定相）对混合物中各组分的吸附能力不同，当展开剂（流动相）流经吸附剂时，发生多次吸附和解吸过程，吸附作用较弱的组分随流动相迅速前移，而吸附作用较强的组分滞留在后，最终导致不同组分具有不同的移动速率而得以分离。薄层色谱法是较早使用的鉴定文物纺织品染料的方法之一。但是需要的样品量大于 1mg，现在已不常用于纺织品文物染料鉴定中了。

4.4.3.2 气相色谱法（gas chromatography，GC）

气相色谱也是色谱法中的一种，是 20 世纪 50 年代发展起来的一种分离、分析技术。气相色谱法是以惰性气体（N_2、He、Ar、H_2 等）为流动相的柱色谱分离技术，其应用于化学分析领域，并与适当的检测手段相结合，就构成了气相色谱分析法。气相色谱主要用于气体和挥发性较强的液体混合物的分离和分析，在有机化学实验中，也可用来对合成产物进行分离及定性和定量分析。尤其是适用于多组分混合物的分离，具有快速、高效、高选择性和高灵敏度的优点。

由于气相色谱法使用与具有挥发性成分的分析，适用范围过窄，较少应用于天然植物染料的鉴定分析中。

4.4.3.3 高效液相色谱法（high performance liquid chromatography，HPLC）

高效液相色谱法是 20 世纪 60 年代末在经典液相柱色谱法的基础上引入了气相色谱的理论和技术，采用高压泵、高效固定相以及高灵敏度检测器发展而成的分离分析方法。

高效液相色谱技术由流动相输送系统、进样系统、色谱分离系统、检测记录数据处理系统组成。

在液相色谱中，流动相可以从有机溶剂到水溶液，既能用纯溶剂，也可用二元或多元混合溶剂。流动相溶剂的性质和组成对色谱柱效、分离选择性和组分影响很大。改变流动相的性质和组成，是提高色谱系统分离度和分析速度的重要手段。流动相选择的一般要求：化学惰性好；选用的溶剂性能应与所使用的检测器相互匹配；溶剂对样品有足够的溶解能力，以提高测定的灵敏度，同时避免在柱头产生沉淀；选择的溶剂应具有低的黏度和适当低的沸点；应尽量避免使用具有显著毒性的溶剂，以保证操作人员的安全。

液相色谱的进样系统一般使用自动进样器，采用微处理机控制进样阀采样（通过阀针）、进样和清洗等操作。操作者只需把装好样品的小瓶按一定次序放入样品架上（有转盘式、排式），然后输入程序（如进样次数、分析周期等），启动，设备将自行运转。

为保护分析柱挡住来源于样品和进样阀垫圈的微粒，常在进样器与分析柱之间装上保护柱。保护柱是一种消耗性柱，一般只有 5cm 左右长，在分析 50～100 个比较脏的样品之后需要换新的保护柱芯。保护柱用分析柱的同种填料填装，但粒径要大得多，便于装填。色谱柱是高效液相色谱的心脏，其中的固定相（stationary phase 或称为填充剂、填料），是保证色谱柱高柱效和高分离度的关键。色谱柱是由柱管和固定相组成，每根柱端都有一块多孔性（孔径 $1\mu m$ 左右）的金属烧结隔膜片（或多孔聚四氟乙烯片），用以阻止填充物逸出或注射口带入颗粒杂质。

柱温是液相色谱的重要参数，精确控制柱温可提高保留时间的重现性。一般情况下较高柱温能增加样品在流动相的溶解度，缩短分析时间，通常柱温升高 6℃，组分保留时间减少约 30%；升高柱温能增加柱效，提高分离效率；分析高分子化合物或黏度大的样品，柱温必须高于室温；对一些具有生物活性的生物分子分析时柱温应低于室温。液相色谱常用柱温范围为室温至 65℃。

理想的检测器应具有灵敏度高、响应快、重现性好、线性范围宽、使用范围广、死体积小、对流动相流量和温度波动不敏感等特性。

紫外检测器是 HPLC 应用最普遍的检测器，也是高效液相色谱仪配置最多的检测器。主要用于具有 $\pi-\pi$ 或者是 $p-\pi$ 共轭结构的化合物。具有灵敏度高、精密度及线性范围较好、不破坏样品、对温度及流动相流速波动不敏感、可用于梯度洗脱、结构简单等特点，属浓度型检测器。缺点是不适用于对紫外光无吸收的样品，流动相选择有限制（流动相的截止波长必须小于检测波长），目前的仪器常用的有可变波长型及二极管阵列检测器。表 3 - 12 为常见天然植物染料分子式、相对分子量以及紫外吸收峰（部分）。

表 3 - 12　天然植物染料分子式、相对分子量以及紫外吸收峰（部分）

名称	分子式	分子量	紫外吸收峰
五倍子酸	$C_7H_6O_5$	170	220. 272
异茜草素	$C_{14}H_8O_4$	240	244. 282. 412
茜素	$C_{14}H_8O_4$	240	249. 280. 429
红紫素	$C_{14}H_8O_5$	256	255. 294. 480
靛蓝	$C_{16}H_{10}N_2O_2$	262	242. 284. 330. 610
芹黄素	$C_{15}H_{10}O_5$	270	267. 338
茜草酸	$C_{15}H_8O_6$	284	248. 290. 420
氧化巴西木素	$C_{16}H_{12}O_5$	284	
大叶茜草素	$C_{17}H_{16}O_4$	284	
木犀草素	$C_{15}H_{10}O_6$	286	254. 348
山奈酚	$C_{15}H_{10}O_6$	286	264. 366
巴西木素	$C_{16}H_{14}O_5$	286	
二氢山奈酚	$C_{15}H_{12}O_6$	288	
伪红紫素	$C_{15}H_8O_7$	300	203. 260. 490
金圣草黄素	$C_{16}H_{12}O_6$	300	267. 347
氧化苏木红	$C_{16}H_{12}O_6$	300	
鞣花酸	$C_{14}H_6O_8$	302	
槲皮素	$C_{15}H_{10}O_7$	302	
姜黄素 - 3	$C_{19}H_{16}O_4$	308	417
虫漆酸	$C_{16}H_{10}O_7$	314	284. 430
杨梅素	$C_{15}H_{10}O_8$	318	
藏红花酸	$C_{20}H_{24}O_4$	328	
胭脂酮酸	$C_{16}H_{10}O_8$	330	274. 308. 489
小檗碱	$C_{20}H_{17}O_4N$	335	
去甲氧基姜黄素	$C_{20}H_{18}O_5$	338	424
黄柏碱	$C_{20}H_{23}NO_4$	341	

名称	分子式	分子量	紫外吸收峰
姜黄素	$C_{21}H_{20}O_6$	368	426
栀子酮苷	$C_{16}H_{22}O_{10}$	374	
栀子苷	$C_{17}H_{24}O_{10}$	388	
山栀子苷	$C_{16}H_{24}O_{11}$	392	
槲皮苷	$C_{21}H_{20}O_{11}$	448	
胭脂红酸	$C_{22}H_{20}O_{13}$	492	275.309.493
虫胶酸 E	$C_{24}H_{17}NO_{11}$	495	285.491
虫胶酸 B	$C_{24}H_{16}O_{12}$	496	285.491
虫胶酸 A	$C_{26}H_{19}NO_{12}$	537	285.491
虫胶酸 C	$C_{25}H_{17}NO_{13}$	539	285.491
芦丁（芸香苷）	$C_{27}H_{30}O_{16}$	610	
红花黄	$C_{43}H_{42}O_{22}$	910	372.520
藏红花素	$C_{44}H_{64}O_{24}$	976	

HPLC 具有分离效能高、分析速度快及应用范围广等特点，是近年来在植物染料鉴定分析中应用最多的分析方法。液相色谱仪常与光谱或质谱仪连用，用来有效地进行复杂样品的分析、鉴定。

4.4.4　质谱法

质谱法（mass spectrometry，MS）是通过将样品转化为运动的气态离子并按质荷比（m/z）大小进行分离和测定的方法。样品通过导入系统进入离子源，被电离成离子和碎片离子，由质量分析器分离并按质荷比（m/z）大小依次进入检测器，信号经过放大、记录得到质谱图。

近年来，学者们利用质谱技术对纺织品上的染料进行了各种分析检测。如 Olga Nakamine de Wong 利用质谱技术分别检测了模拟染色织物上的靛蓝类（靛蓝）、蒽醌类染料（茜草素、羟基茜草素、伪羟基茜草素、胭脂红酸）、黄酮类染料（槲皮黄酮、桑色素、山奈酚、非瑟酮、樱花亭），并将该方法应用于 pre-Columbian 纺织品的染料分析。与其他技术相比，质谱作为检测器提供了更好的选择性、灵敏度以及结构信息。近年来，MS 检测器发展飞速，在灵敏度、扫描速度、准确性和分辨率方面不断推陈出新。通过高分辨质谱获得的准确质量数，以及杂化多功能质谱获得的多级质谱数据，可用于复杂基质中的微量化合物的分析和鉴定，避免色谱过度分离的需要，高灵敏、高选择性地对植物染料的成分进行快速分析和鉴定。

超高效液相色谱—四级杆飞行时间质谱联用分析（UPLC – Q – TOF – MS）的方法是通过超高效液相色谱系统与优质高分辨质谱结合，实现了对样品更快速、更灵敏及分离度更高的质谱分离，可精确测定分子量，准确推测分子组成，从而可准确测定成分极其复杂的染料样品。

5 纺织品文物的病害分析

5.1 纺织品文物的常见病害及种类

5.1.1 古代纺织品使用的材料

纺织品是由纤维经过加工织造而成，古代纺织品所用的纤维，从化学、物理属性以及外形上可分为两大类：即植物纤维和动物纤维。用植物纤维织造而成的纺织品有棉纺织物和麻纺织物，而通过动物纤维织造而成的纺织品有毛纺织物和丝织物。植物纤维包括棉纤维和麻纤维，棉纤维是棉花种子上覆盖的纤维，成熟的棉纤维是长在棉籽上的种子毛，经采集轧制加工而成。一根棉纤维是一个植物单细胞，由胚珠的表皮细胞伸长、加厚而成。棉纤维是一根扁带形中空的管状物体，其横截面为不规则的腰圆形，外层是细胞壁，称为出生层，中间是成形层，称为次生层，其形状随成熟度的不同而不同，棉纤维的长度比宽度大 1250 倍。由于纤维细长，强度较大，又具备良好的交缠力，所以一直是古代纺织品重要的原料之一。棉纤维的耐光性较差，如果长时间置于日光环境中纤维强度会降低，并发硬变脆。耐热性好但导热性能较差，所以多用来做保暖层的填充物。由于属于天然素纤维，它的耐无机酸的能力较弱，并且易受到霉菌等微生物的侵害，纤维素大分子水解，纤维表面会产生黑斑。古代棉纺织品如果在温度较高湿度较大的环境下就容易产生霉菌等微生物病害。麻纤维来自于各种麻类植物，包括韧皮纤维和叶纤维，是最早被人类使用的纺织纤维原料，同棉纤维一样同属纤维素纤维，具备一定的耐光性，耐热性和导热性良好，故多以用在夏天的服用面料，可以迅速将身体散发的热气导出。这种纤维耐碱不耐酸，抗霉和防蛀性能较好。在博物馆储藏的麻纺织品文物出现霉菌和虫蛀的现象比丝织品、毛织物和棉织物相对较少。

　　动物纤维是指天然蛋白质纤维，包括羊毛、驼毛、蚕丝等，由多种 α -
氨基酸缩聚而成。羊毛分子排列较稀疏，结晶度较小，取向度不高，因此强
度不高，但延伸性较好，羊毛优良的弹性也使其分子中含有硫元素有关，硫元
素含量的多少决定了羊毛的硬度、弹性、稳定性等性能。一般含硫多的羊毛，
弹性、耐晒性、硬度等较好。羊毛有许多细胞聚集构成，结构复杂，在显微镜
下从径向观察，可分成三个组成部分：包覆在毛干外部的鳞片层；组成羊毛实
体主要部分的皮脂层；由毛干中心不透明的毛遂组成的髓质层。髓质层只存
在于较粗的纤维中，细毛无髓质层，如一些羊绒制品，纤维在显微镜下观察
不到髓质层。羊毛纤维的强力低，拉伸变形能力很强，潮湿状态下羊毛纤维
强力会下降，在高温下最终会被溶解。羊毛耐酸不耐碱，碱对羊毛有腐蚀作
用。由于羊毛的基本成分是蛋白质，又具有良好的吸湿性，因此会受到虫蛀，
也易产生霉变，在博物馆中的毛纺织品文物以虫蛀现象最为突出。蚕丝是由
多链状的蛋白质分子聚集而成的一根单丝，两根基本平行的单丝组成一根茧
丝，中心是丝素，外围是丝胶，丝胶能溶于热水，丝素不溶于水并被丝胶包
裹，所以，蚕丝纤维吸湿性较强、透水性较差，组成丝素的蛋白质基本不溶
于水，水对蚕丝纤维强力的影响不大。从蚕茧中抽出的蚕丝未经精炼过的丝
称为生丝，生丝经过精炼脱胶以后称熟丝，生丝硬、熟丝软。耐热性比棉纤
维和亚麻纤维差，但比羊毛纤维好。耐光性差，耐酸不耐碱。蚕丝中的氨基
酸吸收日光中的紫外线会降低分子间的结合力，导致蚕丝脆化、泛黄、强度
下降。所以光和紫外线的照射对于丝织品文物的伤害较大，在博物馆原状陈
列的丝织品文物发生光老化、褪色甚至糟朽的病害是较为常见的。

　　基于纺织品文物的材质特征并结合工作中遇到的诸多问题，材料的自然
老化和光老化造成的纺织品褪色、糟朽、脏污、微生物病害和动物病害等是
有机质地文物面临的普遍问题。

5.1.2　纺织品文物的病害种类

　　纺织品文物可分为出土纺织品文物和馆藏传世纺织品文物两大类。出土
纺织品文物是指墓葬埋藏的纺织品，这部分纺织品文物污染物的种类和墓葬
地理位置和环境、陪葬物品、墓葬形制和陪葬方位等有一定的关系。馆藏传
世纺织品文物大多被收藏在博物馆内，也有部分被民间收藏。这部分文物大

多为宫廷或民间遗存下来的纺织品，包括家居陈设用品、服饰、手工艺品等等。这部分纺织品文物所面临的是自然环境中的一些因素对它们的影响。

1）光和紫外线：光和紫外线会对一切有机质地文物造成无法挽回的影响，这些有机质地文物可以包括，棉、麻材料，木材，纸张、皮革、丝绸、羊毛、羽毛、毛发、天然或合成染料等。不仅会导致这类材质文物的颜色改变而且会使强度降低、脆变和颜料介质的损坏。故宫博物院是收藏明清两代宫廷传世纺织品文物最多的博物馆，同时也是以明清两代宫廷遗留文物作为原状陈设的博物馆。原状陈设纺织品文物相比在恒温恒湿库房内储存的纺织品文物更容易出现病害及损伤。如由于宫廷原状的各个大殿内，都有窗户和高耸直立的大门。从窗户和门格之间透过的光和紫外线对文物的影响及伤害是最为严重的。光可以直接损伤它所照射的物体表面，而表面恰恰是许多展品的最基础部分，也是观众最直观看到的部分，尤其是纺织品类文物。光的直射是对所有有机材质文物的伤害都是最为严重的。通过对于宫廷原状文物的现场调研发现，即便是使用现代染料进行染色后的纺织品面料（仿制品）也无法避免光和紫外线对其带来的伤害。现代合成染料的色牢度优于古代使用的天然染料，殿内靠近窗边的纺织品材料（仿制品）在光的长期照射下出现了严重的褪色及糟朽现象，而背对光线的纺织品（仿制品）在颜色和糟朽程度上都相对较好。所以，常年暴露在光和紫外线下的物体都会不同程度地出现褪色、老化甚至糟朽等现象。

2）温度和湿度：根据各个地区自然环境的差异，温度和湿度起伏变化，季节交替的不稳定性等，纺织品文物所处地域的自然环境差异也会造成不同类型的病害及损伤。如西北地区由于气候比较干燥、湿度较小，纺织品文物褪色及脆化现象比较严重，个别毛织物上有生虫生蛾的情况发生。西南和华中地区由于气候变化较大，夏天温度较高，雨季湿度很大，温度和湿度的起伏差距致使那些没有恒温恒湿系统的收藏单位出现霉斑和残存污染物的现象。广东、广西、福建等海洋性气候的地区，常年温度较高，湿度较大，所以病害多以霉变、虫害居多。在一些不具备恒温恒湿系统的博物馆库房内，四季交替致使温度和湿度急剧变化，这种不稳定性造成纺织品文物的纤维在重复性的进行膨胀和收缩、时而饱水时而干燥，机械性的运动致使纤维强度下降、久而久之开始老化糟朽。馆藏内存放的传世纺织品文物既有自然环境（大环境）的因素也有博物馆储存环境（小环境）的合理控制问题。有些博物馆的条件相对较好，可以控制文物储存小环境的温度、湿度，达到一个恒温恒湿的稳定标准。但有些博物馆由于条件所限无法做到恒温恒湿，导致一些纺织品文物受到环境的不良影响。

3）空气污染物：大气中污染物的组成很复杂，对文物材料有害的污染物主要是具有酸性或氧化性的有害气体和微粒，如硫化物、氮氧化物、卤化物、粉尘及某些有机化合物。二氧化硫气体对于蛋白质类文物有侵蚀作用，侵蚀严重的文物材料手触即成粉末状。颗粒污染物是在大气中的固体或液体颗粒状物质，又称灰尘。是自然污染源、人工污染源直接进入大气中的颗粒物；或者是大气中某些有害气体相互之间或与大气中的正常组分之间通过催化或光化学反应转化而来的，按照颗粒物直径由大到小可分为尘粒、粉尘、亚微粒尘、炱、雾尘和烟。颗粒污染物的组成复杂而多变，含有硫酸盐、硝酸盐、氯化物和十几种元素以及有机物等成分。有的颗粒污染物还含有酵母菌、细菌、病毒等生物。

按照纺织品文物病害的具体分类如下：污染、褪色（搭串色）、破裂、老化、微生物损害、动物损害、糟朽、残缺、褶皱、晕色、表面涂附物脱落、不当修复、饱水、炭化、泥土污染、粘连、有机物污染、无机物污染。

1）污染：残留在纺织品文物上的污迹种类可以分为颗粒性污迹、分子性污迹和高聚性污迹等。颗粒性污迹所指灰尘、泥土、沙粒、结晶体等，这类污迹一般是松散地吸附在纺织品纤维之间，可以通过物理除尘或清洗的方式去除。灰尘主要来自于空气中的颗粒物，这与城市和工业息息相关。在位于城镇的博物馆中，空气中的悬浮尘粒是明显的问题。其中一些微粒靠自身重力就足以在静止的空气中降尘，但我们主要关注的是那些太小而始终无法降尘的微粒，它们因而可以进入建筑物中最偏僻的角落。当博物馆藏品（尤其是丝织品）上的灰尘逐渐积累，不仅影响外观，而且迟早必须进行有风险的清洗作业。目前有两个可以表示空气中固体悬浮粒子的词：颗粒物（particulate）和浮尘（aerosol）。能在静止的空气中降尘的粒子可以称作粉尘（dust）。有时也称作沙尘。这些颗粒物大部分源于发电站的燃料燃烧、工厂排放的废气、车辆尾气等。它们含有很多炭黑色的焦油物质，这些焦油物质也通常会因为吸附二氧化硫而呈酸性，并含有可以催化劣化作用的微量金属"铁"。同颗粒物一样，气体污染物也同样来源于电厂、工厂、住宅区和汽车的燃料燃烧而成，酸性气体污染和氧化型污染是大气污染的两种主要类型。固态污染物是具酸碱性的化学微粒、金属粉尘、微生物孢子、植物纤维、动物皮毛、昆虫排泄物及虫卵等。灰尘中的化学微粒，可能会与纺织品材料发生化学反应，造成文物受损。灰尘积落在纺织品上，不仅会改变藏品的外观色彩形成污迹，还会造成机械性损坏。微生物孢子飘落在纺织品上，环境适宜时就会开始繁殖，灰尘中的弱酸性物质是霉菌生长的培养基，可加速霉菌的滋生蔓延。虫卵在适宜环境下开始孵化，这些虫害会蛀蚀有机质地藏品，造成不可逆转的危害。分子性污迹包括纺织品纤维自身降解产物和动物体分解排泄物如皮脂、汗、血迹等；食物残渣（如淀粉）、水迹、染料痕迹、油漆、墨水等。高聚性污迹包括油脂、蛋白质、多聚糖、合成胶黏剂等。

2）褪色（搭串色）：褪色多指馆藏丝织品出现色度降低的现象，纺织品文物的染料由于其化学结构的特点，属于有机化合物的范围，光对有机材料引起光化学反映的过程就是光辐射对染料的褪色过程。染料的光褪色是各种因素共同作用的结果，主要决定于染料的化学结构、物理状态和染着基质的性质。在非蛋白质纤维上纤维基质对染料光褪色的影响表现为染料吸收光辐射能量成激发态后，将能量转移给染料周围的水和氧，能量较高的水和氧再与染料作用，最后使染料光氧化褪色。在蛋白质纤维上的褪色被认为是还原作用，以蛋白质上的某些氨基酸作为还原剂，在蛋白质纤维上染料的光褪色中基质参与了化学反应；而在非蛋白质基质染料的光褪色的整个过程中，基质不参与反应。因此，在非蛋白质纤维上染料分子基团的吸电子性越强，染料耐光牢度越高，而在蛋白质纤维上则相反，染料越易被还原而褪色。搭串色多指两件或多件纺织品叠加，经过长时间后相互间的颜色串搭或是浸染的病害。

3）破裂：由于人为损伤或是经线或纬线的糟朽、缺失形成撕裂、破口或破洞的现象。纺织品破损原因多样化，有的是在原来的使用过程中造成的损伤，有的是在保管过程中造成的破损，还有的是在经历长时间的储存过程中纤维老化、劣变形成的缺失或损伤。

4）老化：纺织品文物在长期储存过程中，由于受到热、氧、水、光、微生物、化学介质等环境因素的综合作用，材料的化学组成和结构会发生一系列变化，物理性能也会相应变坏，如发硬、发黏、变脆、变色、失去强度等，这些变化和现象称为老化，老化的本质是其物理结构或化学结构的改变。

5）微生物损害：按照生物五界学说，原核生物界、原生生物界、真菌界、植物界和动物界共同组成了生物圈，对文物能够造成危害的生物，通常指微生物。微生物是一类形体微小、构造简单、单细胞或无细胞结构的低等生物的总称。它的种类繁多，分布广泛、代谢能力和适应能力强、易变异、生长繁殖快。对纺织品文物有害的微生物主要是细菌、霉菌和变色菌等，细类有纤维杆菌、棒状杆菌、绿色木霉、烟曲霉、土曲霉、球毛壳霉、淡黄青霉、木霉、黑曲霉、黄曲霉、普通变形杆菌、产碱杆菌、变色曲霉、红曲霉、金黄色葡萄球菌等。纺织品文物在高温高湿环境下材料发霉变质的过程，通常可分为初期霉变、生霉、霉烂三个阶段，初期霉变是微生物与文物材料建立腐生关系的过程，表现为轻微异味、材料发潮等状态。生霉阶段是微生物大量繁殖过程，在此阶段为生物迅速达到稳定的生长期，受损部位开始形成毛状或绒状菌落。颜色逐渐由白色变成灰绿色。霉烂阶段是文物材料被严重腐解过程，使其力学强度下降，甚至彻底变质。有害微生物之所以对纺织品类文物有所危害主要因为它们能以文物材料为培养基，分解或液化其物质材料，比如博物馆内储存的纺织品绘画由于含有纤维素、淀粉、明胶等材料，所以微生物可以与其建立腐生关系使其霉烂，它们能分泌出分解这些文物材料的酶，如纤维素酶、淀粉酶、蛋白酶、果胶酶等。还有就是蛋白质文物材料，如丝绸、毛质材料、皮革等，这类材料受到有害微生物侵蚀后引起的霉变可以使纺织品文物表面产生各种颜色的霉斑。同时代白质纤维在微生物分泌的蛋白酶作用下，发生水解生成氨基酸等物质，最终导致腐败。博物馆储存的丝绸类文物在经历霉菌的侵蚀之后留下的印迹很难进行去除，不但腐蚀了本体材料而且还对外观有不可挽回的影响。所以，对于环境的有效控制，温度和湿度的适当调节会在一定程度上避免微生物对文物的侵害。

6）动物损害：昆虫、鼠类等动物活动对纺织品文物造成不同程度的污染或损害，受到损害的纺织品文物或是在表面留下脏污的印迹，或是出现孔洞、残缺、甚至化为碎屑、粉末。有害昆虫是有机质文物过早损坏的另一个重要生物因素。纺织品文物的主要虫害分为皮蠹和衣蛾两大类。在博物馆中的皮蠹种类有小圆皮蠹、家具皮蠹、黑皮度、标本皮蠹、红绿皮蠹、花斑皮蠹、百怪皮蠹等，以多年工作中所见，尤其是装裱类纺织品文物，发生皮蠹蛀蚀现象屡见不鲜，并且也存留了一些文物上发现的活虫样本，它们都以蛀蚀各类有机质地材料为生。衣蛾以毛毡衣蛾、负袋衣蛾、织网衣蛾最为常见，主要危害皮毛及其丝织物等。鼠类、蝙蝠等动物损害表现在其粪便对纺织品文物的影响，以及鼠类动物对蛋白质纤维材料克食造成的损伤等。

7）糟朽：在长期保存过程中，纺织品纤维的化学结构发生严重降解，导致结构疏松、力学强度大幅度降低的现象。

8）残缺：纺织品文物在长期储存的过程中出现缺失，无法恢复完整的现象。

9）褶皱：纺织品文物表面的不平整，包括可调整和不可调整的变形，影响纺织品文物外观的现象。

10）晕色：纺织品经染色后呈现各种不同的色彩，当他们遭遇潮湿或水的作用时，颜色较深部位的呈色物质向浅色部位扩散或粘染色现象，就是我们所称的晕色。

11）表面涂附物脱落：古代纺织品文物上经常会采用彩绘、印金、捻金线等装饰手段，用颜料或金箔进行粘贴，从而形成图案或是缠绕成线作为纺织品的附属装饰。但由于各种原因的损伤或墓葬出土等原因造成胶黏剂失效，表面涂附物发生脱落的现象。

12）不当修复：在不当理念指导下采用不当材料、不当方法进行的修复。

13）饱水：纺织品组织结构内饱含水分的现象。

14）炭化：是一种极端的老化状态，主要特征是颜色变黑、纤维糟朽、弹性尽失。

15）泥土污染：出土纺织品上最常见的污染之一，是由棺椁内外的多种物质所形成，如风化的木材、服饰的粉末和泥土混合在一起，它们或镶嵌或覆盖在纺织品上。

16）粘连：多指墓葬出土多层丝织品相互粘结在一起难以分离的状态，结晶盐会把多层织物板结在一起。

17）有机物污染：出现在纺织品文物上的有机类污染物主要包括尸体分解物、血迹和微生物霉斑。血迹是指尸体身上流出的鲜血所形成的，沾染到丝织品上比较浓厚，轮廓清晰，年久的纺织品常会沾染血迹，部分因为脆化而沿边缘脱落。尸体分解物是指实体在腐败过程中分泌的蛋白质脂肪等混合形成，在湿润状态下呈蜡状态，常见于南方墓葬的出土纺织品中。这类污染物的主要特点是附着性强，并且呈现持续活性，如果环境条件适宜，有机类污染物会发展蔓延。

18）无机物污染：出现在纺织品文物上的无机类污染物主要包括结晶盐和金属锈斑。结晶盐是指棺椁四周的填充物青膏泥，经过地下水的渗透与纺织品结合，生成结晶盐后镶嵌在织物纤维中，为各个时期墓葬常见的污染物。金属锈斑是指金属类埋藏物或是金属类文物与纺织品叠压或接触过程中而形成的金属斑痕。无机物污染物的共同特点就是难溶于水，与织物纤维结合紧密。

5.2　纺织品文物劣化的主要原因

纺织品文物的原材料皆为天然纤维，即自然界存在和生长的具有纺织价值的纤维，这些纤维都有一定的强度和韧性，可以作为古代的生产资料和生活资料，满足人们的生活需要。天然纤维分为植物纤维和动物纤维。植物纤维的主要化学成分是纤维素，还有果胶、蛋白质、蜡质、脂肪等物质。这些纤维素伴生物的含量，也决定着植物纤维的物理和化学性质的差异。古代纺织品使用的植物纤维主要是麻纤维和棉纤维。麻纤维属韧皮纤维，双子叶植物大麻、苎麻、亚麻、黄麻的草本茎秆。棉纤维属种子，是棉花胚珠上表皮的细胞伸长的部分，为棉铃开裂后，成为银白色的细长绒毛。动物纤维属蛋白质纤维，蛋白质是含氮的有机高分子化合物，而组成蛋白质的基本单位是氨基酸。古代纺织品使用的动物纤维主要是毛纤维和蚕丝纤维。毛纤维的组成为角朊蛋白质，蚕丝纤维的组成为丝朊蛋白质。

纺织品的另一主要材料是染料。对纺织品进行染色加工处理，在中国已有悠久历史。染色是将纺织品材料用染浴处理，使染料和纤维发生化学或物理化学结合，或在纤维上生成不溶性有色物质的工艺过程。染料在纺织品上应有一定的染色牢度，即具有耐水洗、摩擦、日晒等性能。常用的植物染料有：栀子、藤黄、蓝靛、槐花、橡实、红花、茶叶、茜草。

纺织品文物劣化变质是指纺织品文物与周围环境发生化学、物理等反应而导致文物性能下降不能复原的变化。纺织品文物的劣化变质主要是纤维材料发生的老化降解，表现为腐烂、酥脆、断裂、炭化以及染料的分解等现象。

纺织品文物劣化变质的主要影响因素有纺织品文物自身材质、环境温湿度、光辐射、空气污染、微生物、虫害等。

5.2.1 纺织品文物自身材质的影响

纺织品文物由各种不同的纤维组成，这些纤维的性能各不相同，因此与环境反应的过程也不相同。纤维的特点之一是具有吸水性，吸水后使纤维膨胀。膨胀的纤维有时当水分蒸发干燥后，又会恢复原状，但当超过某一膨胀限度时，会破坏纤维的组织结构，则不能再恢复原状。由于吸水率较低，毛和丝在长期膨胀之后，一般不会破坏纤维的组织结构，还可以恢复以前的状态。而植物纤维能大量吸收水分，膨胀也更严重，会造成纤维的组织结构破坏，所以不一定能恢复原状。在出土的古代纺织品中以丝织品的劣化程度最为严重，这是因为丝素极易被环境破坏。丝纤维的原料蚕丝的主要成分是丝素和丝胶，均为蛋白质。加工后的丝织品，已除去大量丝胶，丝素则为丝织品的主要成分，所以丝素决定着丝织品的性能，其劣化变质的原因也与此密不可分。

5.2.2 环境温湿度的影响

空气的冷热程度，即空气温度，简称气温。空气温度可用温度计来测量。计量温度的标准为温标，我国采用摄氏温标。空气湿度就是空气的潮湿程度，以空气中水汽含量的多少来表示。空气中含水汽量多，空气湿度就大；反之，空气湿度就小。湿度的概念有绝对湿度和相对湿度两种，通常用相对湿度。研究表明，温度和湿度有着密不可分的关系，纺织品文物并不单纯受温度或是湿度的影响，而是两者综合作用的结果。因而，在一定的温度条件下，空气的湿度也要保持相对的稳定。也正是因此，温湿度一体的说法相应出现。

对于纺织品文物来说，温湿度最好为一恒定值或变化范围很小，一般来说，纺织品文物合适的温度为 16～24℃，相对湿度为 50%～60%，温度日变化不超过 2℃，相对湿度日变化不超过 5%。如果低于或高于此温湿度，会导致纤维性能降低速度加快，从而加速了纺织品文物的劣化。如丝素纤维具有吸湿性，当环境相对湿度较高时，丝素非常容易吸收水分，吸湿后水分进入纤维内部，使丝素纤维结构中键的结合力减弱，强度降低，导致纤维体积膨胀，重量增加。当丝织品保存在相对湿度大于 60% 的环境中时，其机械性能随 pH 升高而迅速下降。伴随温度和湿度的升高，还加速丝织品变黄，霉烂变质。

对纺织品文物来说，最重要的是温湿度的稳定性，如果温湿度变化频繁，使纤维组织结构经常发生变化，会导致文物的劣化加速进行。反之，如果文物处于稳定的温湿度环境中，即使温湿度不在合适的范围内，也不会对文物有致命损害，这就是为什么稳定的上千年的墓葬中还能有纺织品文物保存下来的原因。温湿度的剧烈变化，还可以导致纤维的热胀冷缩产生相互摩擦而降低强度。

温湿度除了会直接破坏纤维组织外，还会加速其他的裂化反应。如高温高湿引起的生物劣化使纺织品霉变和虫蛀。故潮湿对纺织品具有强大的破坏力，导致纺织品损毁。温度也会对纺织品造成伤害，因温度高时会引起纤维的水解，更会加速纤维中有害物质的活化作用。环境温度过高，易使纤维材料中原有的水分蒸发，造成干脆断裂。

5.2.3　光辐射的影响

一般按辐射波长及人眼的生理视觉效应将光辐射分成三部分：紫外辐射、可见光和红外辐射。一般紫外光波段波长为 100 ~ 400nm、可见光波段波长为 400 ~ 760nm、红外光波段波长为 770nm ~ 1mm 之间。近年来的光生物学研究表明，光辐射与文物的寿命息息相关，不管是紫外光、可见光、红外光，对纺织品文物都有一定的影响。首先，光辐射会导致纺织品文物发热，从而加速文物的裂化反应；然后，低波段的光线会使纤维中的氢键发生裂解反应，加速纤维的氧化，从而导致高分子链的断裂；最后，光线会导致染料发生光氧化作用，加速染料的褪色和变色；最终导致纺织品文物的裂化变质。如丝素纤维是光敏性物质，对光辐射的作用很敏感，耐光性最差，在光线作用下丝素会分裂，纤维结构中的氢键裂解，并促进光氧化作用。日光中的紫外线在氧和水蒸气存在的条件下，导致出现丝素纤维强度降低、酥脆断裂、色泽变黄等劣化现象。

一般来说，波长较短的紫外光对纺织品文物的损害最大，这是因为紫外光的穿透能力很强，可以破坏分子间的作用力，加速光氧化反应，从而使大分子裂解为小分子，失去纤维的性能，因此纺织品库房和陈列室的光源必须使用无紫外线光源。可见光和红外光也对纺织品文物有一定损害，因此文物应防止光线直射，减少曝光时间和降低光照度，使用光源的照度不要超过 50 勒克司。

5.2.4　空气污染的影响

空气污染通常是指由于人类活动或自然过程引起某些物质进入大气中，呈现出足够的浓度，达到足够的时间，并因此危害了人类的舒适、健康和福利或环境的现象。大气中的污染物种类繁多，有烟尘、硫的氧化物、氮的氧化物、有机化合物、卤化物、碳化合物等。我国大气污染的程度已相当严重，南方是继欧洲、北美之后的世界第三大酸雨区，面积由 1985 年的 175 万 km² 增至 1993 年的 280 万 km²，已达国土面积的 34.3%。煤炭是我国主要能源，酸雨猖獗，臭氧层破坏，都与利用煤炭而排放的 SO_2、CO_2、CH_4 等直接有关，SO_2、NO_x 是酸雨的元凶。1995 年我国 SO_2 排放量达 2370 万吨，1997 年 CO_2 排放量为 2346 吨。我国高硫煤约占总储量的 20%，其中，西南地区占 60%。大气污染源还有汽车废气排放、工厂企业污物排放等。空气污染不仅对生态环境和人体健康的危害日益严重，也对博物馆的纺织品类文物起了破坏作用。

博物馆建筑物内的空气污染物，除室外空气污染物二氧化硫、氮氧化物、碳氧化物、碳氢化物和灰尘外，因建筑材料、装修材料、藏品贮存设备材料、陈列辅助材料等含有挥发性有害物质，导致博物馆室内空间空气污染加剧的现象已引起博物馆界的重视。陈列柜、文物柜内使用化学织维材料、胶合板材及装铜涂料所挥发的有害气体，在库内、柜内的微环境中浓集，直接危害藏品。

大气中的污染物一般呈酸性、碱性或氧化性，纺织品文物中的纤维和染料会与酸、碱发生水解、裂解等化学作用，与甲醛、臭氧的发生氧化作用，灰尘中的重金属会作为催化剂加速纺织品文物的劣化变质。大气污染对纺织品文物的危害作用是非常复杂的，很难用一个公式或者一种机理来解释，但危害性非常大。如酸碱均会使丝素纤维造成损坏，丝素纤维对碱的抵抗力小于对酸的抵抗力，丝素纤维对酸的抵抗力还大于植物纤维。蚕丝纤维完全不能耐碱，若将毛织物放在碱性水溶液中煮沸，毛织物将变成浓稠的糊状物。丝素对氧化剂的作用也极为敏感，经氧化破坏后丝素纤维的性能会降低。

5.2.5　微生物的影响

微生物是个体难以用肉眼观察的一切微小生物之统称。微生物包括细菌、病毒、真菌和少数藻类等。这些微生物通过生物作用将纺织品纤维降解为碳水化合物，再将碳水化合物作为能量，在纺织品文物上生长、繁殖，如果不及时进行消毒杀菌，会加速纺织品文物的劣化变质，因此微生物对纺织品文物的危害很大。微生物中对纺织品文物危害最大的是霉菌，霉菌滋生繁殖能使有机质地藏品的纤维素破坏，造成纺织品文物的强度降低，糟朽霉烂。凡遭霉菌感染的纺织品文物，因霉菌分泌的色素不同，呈现霉斑的颜色也不相同。菌群发育可使纺织品文物胶结、粘连，成为砖块状。纺织品文物腐败变质，一般都是霉菌作用的结果。阴暗、潮湿、通风不良、气温偏高是霉菌滋生繁殖的适宜环境。

5.2.6　虫害的影响

虫害是指有害昆虫对纺织品文物的伤害。害虫对纺织品文物的破坏主要是对纺织品纤维的蛀食。害虫可以将一件纺织品文物蛀食得千疮百孔，以至完全毁损。纺织品文物害虫多为节肢动物。头部是感觉和取食中心，口器为蛀食藏品的主要利器，胸部为运动中心，腹部为繁殖中心。在胸部和腹部的各环节上，几乎都生有气孔并与体内气管相连，气管借肌肉的膨胀与收缩而开闭，因此可采用气体或液体药剂杀灭害虫。

昆虫一生中要经过几个不同发育阶段，出现多次变态，在这几个阶段中，不仅躯体大小及结构不同，形状也要发生变化。其发育有完全变态与不完全变态。文物害虫中的毛衣鱼、白蚁、蜚蠊等即为不完全变态的昆虫，它们不经蛹期，从卵孵化出的幼虫，经脱皮后进入成虫阶段。文物害虫的繁殖力与其种类所处环境之不同而异，文物害虫一般具有喜温畏寒、喜湿畏干、喜暗畏光的生活习性，若破坏它适宜的生活环境，则可有效地抑制害虫的生长。

昆虫是自身没有固定体温的变温动物，一定的体温是文物害虫生长繁殖不可缺少的条件。温度适宜时，害虫则发育快，繁殖多；温度不适时，其生长繁殖则受到抑制甚至死亡。按研究观察，一般认为：文物害虫适宜温区为 $22 \sim 32 \, ℃$，有效高温区为 $32 \sim 40 \, ℃$，有效低温区为 $8 \sim 22 \, ℃$，致死高温区为 $50 \, ℃$ 以上，致死低温区为 $-4 \, ℃$ 以下。上述数据是各种害虫的温度范围，对于每种害虫都有自己的温区范围，有的差别较大。

环境潮湿是害虫生长繁殖的优越条件，水分是害虫生活中不可缺少的物质，虫体失去水分或水分过低，会使害虫的代谢活动发生障碍。一般害虫体内的水分为其体重的 $46\% \sim 92\%$。藏品害虫所需的水分主要从食物中摄取，藏品储存的湿度过低，藏品含水量随之减少，不能满足害虫的需要。环境干燥，虫体内的水分要向外蒸发，使害虫失水导致死亡，一般认为害虫的适宜湿区，其相对湿度为 $70\% \sim 90\%$；有效低湿区其相对湿度为 $40\% \sim 70\%$；致死低湿区其相对湿度为 30% 以下。

5.2.7　纺织品文物微生物及病虫害的采集

1）对环境的要求，采样环境安静，避免嘈杂人员往来流动大，工作环境相对整洁无外界不良因素干扰。

2）工作人员要求，原则上工作人员穿工作服、佩戴工作帽，口罩和手套，不人为引入和造成新的劣化因素。

3）采样过程将采集样品所需的用具灭菌（如枪头、药匙、50ml 离心管、培养皿、棉签、纯净水、镊子等）。在纺织品展开的第一时间采集样品，若采取表面的微生物，用无菌棉签轻轻擦拭表面，将棉签放入含有水的无菌离心管或培养皿中，标明编号、地点、采集时间，同时对采集的每一个点有图像记载等，带回实验室供分离用。若采集对象是虫害，借用工具将捕虫放入适合的容器中，采样过程中尽可能减少污染，采回样品 4℃保藏，保存时间不宜过长，以防变异。

5.3　造成纺织品劣化主要因素的检测方法

5.3.1　温度的测量

温度测量就是选择某种物质（称为测温物质）的某一随温度变化属性（称为测温属性）来标志温度。当温度改变时，物质的许多物理属性都会变化，例如一定容积气体的压强、一定压强气体的体积、金属导体的电阻、两种金属导体组成的热电偶的电动势等等，都会发生变化。通常，任一物质的任一物理属性，只要它随温度的改变是线性的、显著变化的，都可用以标志温度，即制作温度计。

5.3.1.1　玻璃液体温度计

玻璃液体温度计是一种常用的测温仪器。它具有结构简单、使用方便、成本低廉等优点，因此被广泛应用于石油、化工、气候等工农业生产和科学研究的各个领域。

5.3.1.2　电阻温度计

电阻温度计是利用物质的电阻随温度变化的特性制成的温度测量仪器。任何物体的电阻都与温度有关，因此都可以用来测量，但实际能满足测温要求的并不多，在实用上，不仅要求有较高的灵敏度，而且还要求有较高的稳定性和重复性。铂电阻温度计是使用比较普遍的一种，常用的有杆式和囊式两种，杆式可用于 $-180 \sim 630\ ℃$ 和 $0 \sim 1100\ ℃$ 的温度测量，分别称为中温铂电阻温度计和高温铂电阻温度计；囊式的下限温度低，可用于 $-263 \sim 200℃$ 的温度测量，称为低温铂电阻温度计。此外，还有铜电阻温度计、热敏电阻温度计、铑铁温度计、碳温度计等。

5.3.1.3　热电偶温度计

温差热电偶可以用来测定温度。原理是通过温差电动势的量度，来确定两接触点处的温度差，如果其中一个接触点的温度为已知，另一接触点的温度，亦即待测的温度就可算出。

5.3.1.4　双金属自记温度计

双金属自记温度计能自动记录气温的连续变化。从记录上可以获得任何时间的气温情况，极端值（最高值和最小值）及其出现时间。双金属自记温度计分日记和周记两种，是文物保护研究中最常使用的一种价格低廉、操作简便的温度计。

5.3.2　湿度的测量

测量相对湿度的仪器有两种类型：一类是不要求刻度的仪器，仪器本身不能直接给出相对湿度读数，而是要通过计算或查表求得相对湿度数值；另一种是要求刻度的仪器，仪器在刻度盘上能直接指示相对湿度值。

5.3.2.1　不要求刻度的测湿仪器

由于干湿球法的应用广泛，精密的阿斯曼表长期以来作为各种湿度计的工作标准。我们主要介绍这两种测量仪器的原理和误差来源。

5.3.2.2　要求刻度的测湿仪器

有些材料的物理特性（如长度、直径、电阻、电容、电导等）随空气中相对湿度的变化而变化，因此它们可以作为相对湿度的敏感元件而测量相对湿度。敏感元件的变化特性是通过指针或电信号直接显示出来，从而构成了可直接读出相对湿度的测温仪器。在这类仪器中最常使用的是毛发湿度计和自记式毛发湿度计。

5.3.3　光的测量

5.3.3.1　可见光的测量

可见光辐射常用照度计来进行测量。所谓照度是指物体表面得到的光通量与被照射面积之比。它是光度学中的一个基本物理量。即

$$E = \Phi / S$$

5.3.3.2　紫外线的测量

应用于其他光辐射测定领域的照度计，称为辐射照度计，简称辐射计。它与光照度计的主要区别在于光谱响应度不同，在结构上表现为选用的探测器和滤光片不同。常见的辐射照度计有热辐射计、日光辐照计、蓝光辐照计、紫外辐照计等，辐照计的定标单位为 W/m^2 或 mW/cm^2。由于紫外线对文物的破坏作用十分明显，测量紫外线密度（单位面积所受的紫外线辐射量）以及光源的紫外线辐射比例（紫外辐射与总辐射的比值），对文物保护中的防光具有现实的指导意义（表 3-13）。

表 3-13　不同光源的紫外线密度

光源	紫外线密度/$\mu W \cdot cm^{-2}$
晴天时阳光下	1600
多云时阳光下	800
阳光直射下	400
荧光灯	40~250
一般钨丝灯	60~80

文物照射最大允许紫外线比例为 $75\mu W/lm$，超过此值的任何光源都要过滤。紫外辐照计与可见光照度计配合使用可以评价文物保存环境中的光辐射是否符合标准，是否需要采取防护措施。

5.3.4　几种对文物材料有侵蚀作用的空气污染物的测定

5.3.4.1　二氧化硫

1）氯化钡比浊法：二氧化硫被氯酸钾氧化成硫酸，硫酸与氯化钡作用形成硫酸钡混浊，根据混浊度比浊测定二氧化硫的含量。

2）胶体二氧化锰法，其优点是不需任何特殊设备，价格便宜，技术简单。该方法的测定结果是几个月的污染总量，这对我们研究 SO_2 对文物材料的影响比较合适，但只能进行定性分析。

3）副玫瑰苯胺比色法：此方法的主要优点是灵敏、准确、简便、可靠，是许多国家测定大气中 SO_2 的标准方法。

4）SO_2 荧光分析仪：此法是目前测定大气污染物中最灵敏的一种技术，精度可达 2×10^{-9}。

5.3.4.2　硫化氢

硝酸银比色法：硫化氢气体与硝酸银作用生成黄褐色硫化银胶体溶液。

$$H_2S + 2AgNO_3 \rightarrow Ag_2S + 2HNO_3$$

根据溶液颜色深浅比色测定硫化氢含量。

5.3.4.3　氮的化合物测定

1）二氧化氮

用氢氧化钠溶液吸收 NO_2、N_2O_4，生成等量的亚硝酸盐及硝酸盐，然后和磺胺起重氮化反应，再与盐酸萘乙二胺偶合呈色，根据红色深浅，比色定量。

2）NO、NO_2 的分别测定

二氧化氮溶于水后形成亚硝酸，与对氨基泵磺酸起重氮化反应，再与盐酸苯乙二胺偶合呈色，根据红色深浅，比色定量。

3）氯化氢

硝酸银比浊法：氯化氢与硝酸银作用生成氯化银混浊，可比浊测定。

5.3.5　真菌和细菌的检测

5.3.5.1　真菌的检测

1）霉菌的分离、纯化和保存　在无菌条件下，取少量采集到的水样、泥样放入 50ml 灭菌三角瓶中，用无菌水稀释，取稀释液 0.2ml 涂布于分离纯化培养基上，28℃培养 7 天。挑取优势生长菌株接种于分离纯化培养基上进行纯化培养。纯化 5～6 次后将菌株接种于试管斜面保藏培养基上，4℃保藏。

2）霉菌的形态观察采用载片培养法，用接种环刮取少量已纯化菌株移入到查氏液体培养基中，其中放有玻璃珠将霉菌打散，28℃180r/分钟振荡培养得到均匀菌液。取 20μl 菌液接种于放有查氏培养基的载玻片上，盖上载玻片，28℃黑暗条件培养，记录菌落形态、菌丝状况。为更好地观察真菌的生长繁殖过程，在培养不同时间取出样品，用显微镜观察、测微、拍照。

3）生长温度范围和生长速率的测定分别设置 5、10、15、20、25、30、35 和 40℃等 8 个温度梯度，将已活化好的菌株接种于装有 150ml 查氏液体培养基的三角瓶中，放有玻璃珠将霉菌打散，在不同温度 180r/分钟黑暗条件下振荡培养 6 天后，用四层纱布过滤菌丝，45℃烘干称重，计算菌落净重量，确定最低、最适、最高生长温度，每处理 3 次重复；日生长速率以 30℃黑暗条件下菌丝干重除以天数的值来表示（g/d）。

4）PCR 扩增核糖体 DNA‑ITS 霉菌 DNA 提取：用接种环刮取少量已纯化好的霉菌移入到查氏液体培养基中，其中放有玻璃珠，28℃180r/分钟振荡培养。2 天后用 50W 超声波预处理霉菌培养液 5 分钟，25℃9000rpm 离心 5 分钟。取菌丝体约 0.2g，转入 1.5ml Ep 管中，室温 9000rpm 离心 5 分钟，弃上清液；收集沉淀，加入 400μl 提取液（100mmol/L Tris‑HCl，40mmol/LEDTA，pH8.0）和 80μl 10%（W/V）SDS 溶液，240μl 氯化苄溶液，在小型匀浆剂上摇匀；65℃水浴 1 小时，间隔 10 分钟轻柔摇匀一次；加入 240μl 3mol/l 醋酸钠溶液，冰浴 15 分钟，4℃，12000rpm，离心 10 分钟；取上清液加入 400μl 水饱和酚，轻柔倒匀，4℃，12000rpm，离心 10 分钟，取上清液重复上一步骤，直至界面处无白色沉淀；取上清液加入等体积的异丙醇，轻柔倒匀，12000rpm，4℃，离心 10 分钟，得沉淀，加入 30~40μl TE 缓冲液。

ITS 基因片段的 PCR 扩增及测序：在 0.8% 琼脂糖凝胶电泳上检测提取到的 DNA 纯度。

PCR 反应体系（50μl）：ITS1 1μl，ITS4 1μl，Ex taq 酶 1μl，10xbuffer 5μl，dNTP 1μl，DNA 模板 2μl，ddH$_2$O 39μl。

PCR 循环过程：（1）95℃预变性 3 分钟；（2）95℃变性 45 秒；（3）56℃退火 45 秒；（4）72℃延伸 45 秒；（5）重复步骤（2）~（4）共 33 个循环；（6）72℃延伸 10 分钟。

PCR 扩增产物的检测：取 2μl 产物加 6xloading buffer，于含 EB 的 0.8% 琼脂糖凝胶电泳上 100V 电泳 20 分钟，在紫外灯下观察结果。所得的 PCR 产物送测序公司进行测序，并对已经测好的结果在 NCBI 网站上进行比对。

β‑tubulin 基因片段的 PCR 扩增及测序，引物换作 β‑tubulin 的引物对 2S，2F。

5）DNA‑ITS 序列同源性比较和聚类分析：将待测菌株的 ITS 序列提交至 Genbank 核苷酸数据库中霉菌 ITS 序列进行同源性比较，采用 DNAMAN 6.0 软件对所测菌株与 Genbank 中的同源性最高的 ITS 序列进行对比，采用 Mega 4 软件构建同源树。

ITS 序列及 β‑tubulin 序列同源性比较和聚类分析同上。

5.3.5.2 真菌鉴定结果讨论

1）筛选分离纯化结果

在室内分离和培养条件一致的情况下，从所采集的水样和泥样中分离纯化到 30 株霉菌，对其中 7 株优势菌株进一步分析。

2）霉菌的培养性状及形态特征描述

1 号菌株在查氏培养基上培养 4 天，可肉眼看到菌落中心有脐状突起，放射状皱纹少或者多，质地呈茸状或粉末状，有絮状物产生；分生孢子结构大量产生，灰绿或蓝绿色，分生孢子面近于深橄榄色；菌丝体白色。

2 号菌株在查氏培养基上培养 4 天，可肉眼看到菌落有大量的放射短纹，边缘呈现瓣状，质地呈显著茸状，有絮状物产生；分生孢子结构大量产生，分生孢子面黄绿色或暗灰绿色；菌丝体淡黄色至灰黄色；分生孢子梗发生于基质，发生于气生菌丝者少，壁平滑；扫状双轮生，少量三轮生，彼此稍岔开；分生孢子椭圆形，壁刺状粗糙；分生孢子链疏松。

3 号菌株样品在查氏培养基上培养 4 天，可肉眼看到菌落有大量放射状皱纹，质地疏松，呈显著茸状或絮状；分生孢子结构大量产生，分生孢子面暗绿色或浅蓝绿色；菌丝体白色；分生孢子梗发生于基质，部分发生于气生菌丝，壁平滑；扫状单轮生；分生孢子近球形，壁刺状；分生孢子链呈现短而疏松的圆柱状。

4 号和 7 号菌株样品在查氏培养基上培养 4 天，可肉眼看到菌落有大量放射状皱纹或沟纹，质地呈显著茸状，有絮状物产生；分生孢子结构大量产生，分生孢子面黄绿色或蓝绿色；菌丝体白色或浅黄色；分生孢子梗发生于基质，壁平滑；扫状三轮生，少量两轮生，彼此稍岔开；分生孢子椭圆形或近球形，壁平滑；分生孢子链呈现岔开的圆柱状或不规则的圆柱状。

5 号和 6 号菌株样品在查氏培养基上培养 4 天，可肉眼看到菌落有少量放射状皱纹或近于平坦，质地呈茸状或粉状，有絮状物产生；分生孢子结构大量产生，分生孢子面灰绿色或灰蓝绿色；菌丝体白色至灰白色；有黄色渗出液。

图 3-69 为部分菌株生长在不同阶段的显微照片。

3）分子生物学鉴定结果

用 ITS1 和 ITS4 为测序引物，PCR 产物直接送公司进行双向测序并将得到的单向序列进行拼接，获得了 500~600bp 的 ITS 序列。将得到的 ITS 序列分别提交至 NCBI 上进行比对，1 号菌与 Penicillium polonicum strain C6

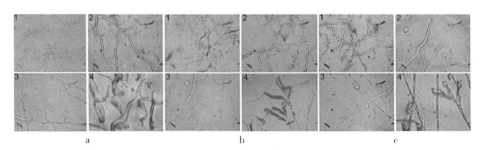

图 3 - 69　部分分离出菌株的显微形态特征

a. 1 号菌　b. 3 号菌　c. 5 号菌（其中 1、2 为菌丝，3 为藏卵器，4 为卵孢子）

（GU566221. 1）同源性达到 100%。2 号菌与 Penicillium rugulosum strain D4
（GU566230）同源性为 100%。3 号菌与 Penicillium sp. 196F（AB468053）同
源性为 100%。4 号菌与 Penicillium chrysogenum（AY373902）同源性为 99%。
5 号菌和 6 号菌与 Penicillium dipodomyicola strain wxm127（HM037978）同源
性分别达到 99% 和 100%。7 号菌与 Penicillium chrysogenum strain EN24S
（GU985086）同源性达到 100%。结合形态特征、培养性状，确定分离出的这
7 个菌株皆为青霉属，具体如下：1 号为青霉属 Penicillium polonicum，2 号为
青霉属 Penicillium rugulosum，3 号为青霉属 Penicillium sp.，4 号为青霉属 Pen-
icillium chrysogenum，5 号和 6 号为青霉属 Penicillium dipodomyicola，7 号为青
霉属 Penicillium chrysogenum。4 号与 7 号虽然同为 Penicillium chrysogenum，但
是得到的 ITS - DNA 序列二者有差异，可以认为是不同的小种。

　　4）序列的同源性比较和聚类分析

　　通过 ITS 检测及比对、聚类分析，可以确定这 7 个样品菌株都属于青霉
属，并且有相对应的同源小种。在此基础上，又进行了 β - tubulin 检测。通
过同源性聚树，可以看出，这些样品菌株应该介于 Penicillium chrysogenum
Wisconsin、Penicillium aurantiogriseum、Penicillium polonicum 之间。2、3、4 接
近于 Penicillium chrysogenum Wisconsin；1、5、6、7 接近于 Penicillium auran-
tiogriseum、Penicillium polonicum。具体的聚树结果见图 3 - 70、3 - 71。

　　5）生长温度范围和生长速率的测定

　　大部分菌株在 10 ~ 40℃ 的温度范围内均能生长，其中最低生长温度 10℃，
适宜生长温度范围为 20 ~ 35℃，最高生长温度 40℃，最低和最高生长温度时生
长缓慢。1、3、4 号菌温度生长曲线的走势一致，出现一个最适生长温度（1 号

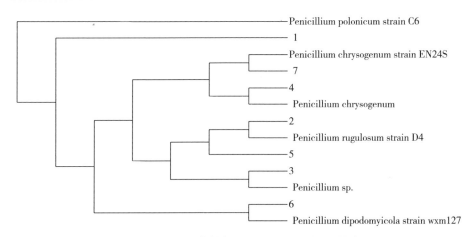

图 3 - 70　3、7 株菌株与 Genbank 中的同源性较高的
rDNA - ITS 序列的聚类分析树状图

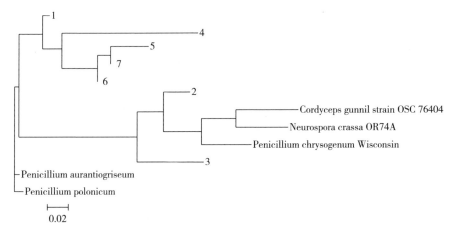

图 3 - 71　4、7 株菌株与 Genbank 中的同源性较高的
β - tubulin 序列的聚类分析树状图

菌在 30℃ 附近，3、4 号菌在 25℃ 附近）。2、5、6、7 号菌的温度生长曲线接近，分别出现一个小峰（20℃ 附近）、一个大峰（30℃ 附近）和一个波谷（25℃ 附近）。由此值可知，如果有这几种真菌出现时，在条件允许下可以把室内温度调节在 10℃，能相对控制真菌的生长速度，此方法简单、宽松，方便采纳。

5.3.5.3　细菌分析

1）细菌分离培养及菌种保存

将采集到的空气微生物样本进行统计分析后，挑取具有明显细菌形态特征的样本进行分离纯化，培养 24～48 小时后，将其转入液体培养基中，在 28℃下，200 转/分钟条件下振荡培养 18～24 小时，菌种加入 15% 甘油，放入 -20℃ 冰箱中保存。

2）形态学鉴定

将分离出的 28 株优势细菌分别接种于蛋白胨牛肉汤液体培养基中，28℃下，200 转/分钟振荡培养 18～24 小时后，革兰氏染色后在显微镜下观察细菌的形状、大小、排列方式等特征。

3）生理生化鉴定

（1）氧化酶测定：在干净的培养皿内放一张滤纸片，滴加氧化酶试剂使滤纸浸湿，取菌液涂在滤纸上，氧化酶使细胞色素 C 氧化，10 秒内出现红色者为阳性，10～60 秒内出现红色的为延迟反应，60 秒后出现红色的为阴性。

（2）过氧化氢酶测定：取干净的载玻片，滴一滴过氧化氢酶试剂，将室温培养菌液涂抹在试剂上，若有气泡产生，则过氧化氢试验为阳性，无气泡者为阴性。

（3）葡萄糖利用实验：取测试菌接种到培养皿内，28℃培养 1～14 天后观察，当该菌利用葡萄糖产酸时，会使培养基呈黄色，为阳性。反之培养基仍为蓝绿色，为阴性。

（4）M. R 实验：将待测菌液中加入一滴甲基红试剂，细菌在分解葡萄糖过程中产生大量酸性产物，如乳酸、琥珀酸、醋酸和甲酸等，液体变为红色为阳性反应，变为黄色为阴性反应。

（5）V. P. 实验：将待测菌液和 40% 氢氧化钠等量混合。细菌能使葡萄糖产生丙酮酸，缩合后在强碱作用下被空气氧化为二乙酰，加少许肌酸，两者反应 10 分钟如培养液出现红色，即为 V. P. 试验为阳性反应，否则为阴性。

（6）淀粉水解实验：培养基倒平板，取 18～24 小时的测试菌点种，28℃培养 2～4 天后，加入碘液，菌落周围如有不变色透明圈，表示淀粉水解呈阳性，说明细菌产生淀粉酶将淀粉水解为糖。反之则为蓝黑色表示淀粉水解呈阴性。

（7）纤维素水解实验：将纤维素水解培养基分装试管，以新华一号滤纸作为纤维素（碳源），加入试管中，一半在液内，一半露在液面外，将待鉴定的菌株接种在液面外的一段滤纸条上，三个重复，置 28℃培养 1～2 天后观察。若该菌能将滤纸分解成一团松散纤维或使之折断，碎裂成粉状者为阳性，说明该菌株产生纤维素酶使之水解。反之，滤纸条无变化者为阴性，说明细菌不产生纤维素酶。

（8）硝酸盐还原实验：取 1ml 待测菌液，滴加 Griess 试剂 A 液和 B 液各一滴，溶液变为粉红色、玫瑰红色、橙色或棕色等表示硝酸盐还原呈阳性，说明细菌可将硝酸盐还原为亚硝酸盐、氨或氨气等，细菌有强的氧化性。如无红色出现，加 1～2 滴二苯胺试剂，如呈蓝色，则为阴性。

（9）吲哚实验：在震荡摇起的待测菌液中，沿管壁缓缓加入 3～5mm 高的试剂于培养液表面，在液层界面产生红色为阳性反应，说明细菌能分解蛋白胨中的色氨酸生成吲哚。否则为阴性。

（10）厌氧性测定：将测试菌穿刺接种于培养基中，分别在 3、7 天观察结果，仅在琼脂表面生长为厌氧生长阴性，如果能在琼脂表面上和表面以下的穿刺线上生长为厌氧生长阳性。

4）分子生物学方法鉴定

（1）细菌总 DNA 的提取：将菌株分别接种于 5ml 牛肉膏液体培养基中，在 28℃ 恒温摇床中 160rpm 培养 24 小时。取 1.4ml 菌悬液加入 1.5ml EP 管中，10000rpm 离心 5 分钟。弃上清液，收集菌体。向菌体中加入 1ml 的生理盐水洗两次，10000rpm 离心 5 分钟。475μl TE 缓冲液（pH8.0）重悬菌体，加入 25μl 10% SDS，100μl 蛋白酶 K（0.5mg/ml），混匀于 55℃ 恒温水浴锅中 1 小时。加入等体积（600μl）饱和酚，混匀，静置 2 分钟。10000rpm 冷冻离心 5 分钟，蛋白质沉于界面。取上层清液，加等体积氯仿，混匀，12000rpm 离心 10 分钟，蛋白质沉于界面。重复上述过程一次。最后取上层清液，加 1/10 体积的 3M 乙酸钠（pH5.2），2.5 倍体积无水乙醇混匀后置 -20℃ 冰箱过夜。次日取出 10000rpm 离心 15 分钟，弃上清，用 70% 乙醇洗两次，干燥约 30 分钟至管底 DNA 内无酒精残留。取 40～50μl 无菌蒸馏水溶解，置 -20℃ 冰箱保存。

（2）16SrDNA 的 PCR 扩增：本试验所用引物为通用引物，正向引物为 27f（对应于 E·coli 8－27 位碱基）：5′－AGAGTTGATCCTGGCTCAG－3，反向引物为 1492r（对应于 E·coli 1492－1514 位碱基）：5′－TACGGCTACCTT-GTTACGACCTT－3。

（3）序列分析：将获得的 DNA 序列输入 Genbank，用 BLAST 方式将测定的序列与 GenBank 中的序列比较，获得和试验菌株序列相近种、属的 16SrDNA 序列，确认样品细菌的种属。

5.3.5.4　细菌鉴定结果讨论

1）样品采集及形态学鉴定

对博物馆内空气细菌采样并分离培养。选出优势细菌 28 株观察其形态。用牛肉膏蛋白胨做培养基观察到的形态可知，对细菌在不同培养时间的单菌落直径做了统计，细菌产生的色素各不相同，颜色由白色到橘红。菌落的透明度、厚度和湿润程度相对单一。显微形态包括细菌的形状、排列方式及大小，形状主要分球菌和杆菌，球菌比例高于杆菌，约占 2/3。球菌的排列方式有双球、联球和葡萄球状等，大部分直径在 1～2μm 之间；杆菌排列方式简单，有单杆和双杆两种，长约 4μm，宽约 1.5μm。革兰氏染色，可以将细菌分为阴性和阳性两大类，鉴定出来的细菌种类革兰氏阳性菌明显多于革兰阴性菌，阳性菌约占 89%，阴性菌约占 11%。形态特征统计结果见表 3－14。

2）生理生化鉴定

由于各种细菌具有不同的酶系统，致使它们能利用不同的底物，或虽然可以利用相同的底物，却产生不同的代谢产物，而且细菌很多生理生化特征是比较稳定的，因此利用各种生理生化反应来鉴别细菌已成为细菌分类鉴定中的重要依据之一。每种细菌的生理生化指标不相同，其结果一方面可作为细菌的鉴定依据，另一方面为文物保护提供参考。本实验结合文物特点测定了细菌的 10 项生理生化指标。生理生化结果见表 3－15。

3）分子生物学方法鉴定分离菌株

从采集的样品中挑选分离培养 28 株细菌，提取全细菌基因组，应用 16SrDNA 通用引物进行 PCR 扩增，扩增产物在 0.8% 琼脂糖凝胶电泳上检测提取到的 DNA 纯度。获得的产物经过测序后，进行序列同源性分析。对 28 株活性细菌的 16SrDNA 序列与 Genbank 中已知序列对比，依据比对结果，得到菌种的属种范围如表 3－16。鉴定出的细菌以杆菌和微球菌为主，其中微球菌类 10 株、杆菌和芽孢杆菌共 10 株、考克氏菌 5 株、假单胞菌 3 株，这与形态和生理生化鉴定结果相符合。鉴定出所有菌与已知菌的同源性均在 99% 以上，且大多为条件致病菌，未检测到未知菌，这些菌在正常条件下不能够导致传染类疾病的发生，对观众和工作人员安全。

表 3 - 14　分离菌株的形态学鉴定结果

编号	固体培养特征							显微形态				革兰氏染色
	菌落大小（mm）/生长时间（h）	颜色	透明度	边缘	高度	形状	湿润	形状	排列方式	长（μm）	宽（μm）	
1	2.0/58	白	透明	不齐	平	不规则	湿润	杆状	单杆	4.23	1.58	+
2	1.8/58	白	透明	不齐	平	不规则	湿润	杆状	单杆	4.56	1.43	+
3	1.7/48	白	透明	不齐	平	不规则	湿润	杆状	单杆	4.06	1.26	+
4	1.1/48	浅棕	不透明	不齐	隆起	圆	湿润	杆状	单杆	5.21	1.62	+
5	0.7/88	乳黄	不透明	齐	隆起	圆	湿润	球状	四联球状	1.34		+
6	0.8/48	乳黄	不透明	齐	平	圆	湿润	球状	四联球状	1.25		+
7	2.9～1.5/41	乳白	不透明	不齐	隆起	圆	湿润	杆状	单杆	4.12	1.34	+
8	4.5/41	淡黄	不透明	不齐	隆起	圆	湿润	球状	双杆成链	3.64	2.04	+
9	5.2/41	淡黄	不透明	齐	隆起	圆	湿润	球状	链球状	1.85		+
10	3.3/41	浅棕	不透明	不齐	隆起	圆	湿润	杆状	单杆	4.21	1.50	+
11	0.5/88	白	不透明	齐	隆起	圆	湿润	杆状	单杆或双杆	8.7	1.69	+
12	1.3/88	白	不透明	齐	隆起	圆	湿润	球状	四联球状	1.52		+
13	1.1/58	淡黄	不透明	齐	隆起	圆	湿润	球状	链球状	1.66		+
14	1.0/88	白	不透明	齐	隆起	圆	湿润	球状	双球	1.47		+
15	1.0/88	肉色	不透明	齐	隆起	圆	湿润	球状	双球球	2.34		+

续表

编号	宽（μm）菌落大小（mm）/生长时间（h）	固体培养特征						显微形态				革兰氏染色
		颜色	透明度	边缘	高度	形状	湿润	形状	排列方式	长（μm）		
16	2~0.54/48	桔红	不透明	齐	隆起	圆	湿润	球状	链球状	2.24		+
17	3.5/41	淡黄	不透明	齐	平	圆	湿润	杆状	单杆或双杆	8.14	1.64	+
18	1.1/58	黄	不透明	齐	隆起	圆	湿润	球状	链球状	1.45		+
19	3.8/41	肉色	不透明	齐	隆起	圆	湿润	球状	链球状	1.72		+
20	3.9/58	乳黄	不透明	齐	平	圆	湿润	球状	四联球状	1.49		+
21	1.0/58	桔红	不透明	齐	隆起	圆	湿润	球状	四联或链状	1.89		+
22	0.9~1.5/48	黄	不透明	齐	隆起	圆	湿润	球状	双球	1.39		+
23	1.3/88	白	透明	齐	隆起	圆	湿润	球状	葡萄状	1.21		+
24	3.9/41	浅棕	不透明	不齐	隆起	不规则	湿润	球状	链球状	2.57	1.64	+
25	1.0/88	白	透明	齐	平	圆	湿润	球状	葡萄状	1.56		－
26	0.8/88	白	透明	不齐	平	不规则	湿润	球状	四联球球菌	4.24		－
27	0.7/88	白	透明	不齐	平	不规则	湿润	杆状	单杆	4.58	1.64	－
28	0.6/88	白	透明	不齐	平	圆	湿润	球状	双球	2.08		+

注：＋为阳性；－为阴性。

表 3 - 15　分离菌株生理生化鉴定结果

编号	氧化酶	过氧化氢酶	葡萄糖	M. R.	V. P.	淀粉水解	纤维素水解	硝酸盐还原	吲哚	厌氧性
1	+	+	+	−	−	−	−	+	−	−
2	+	+	+	−	−	−	−	−	−	−
3	−	−	−	−	−	−	−	+	−	−
4	−	−	−	−	−	−	−	+	−	−
5	+	+	−	−	−	−	−	+	−	−
6	−	+	−	−	−	−	−	−	−	−
7	+	+	−	−	−	−	−	+	−	−
8	+	+	−	−	−	+	+	+	−	−
9	−	+	−	−	−	+	+	−	−	−
10	+	+	−	−	−	−	−	+	+	−
11	−	+	+	−	+	−	−	−	−	−
12	−	−	−	−	−	−	−	+	−	−
13	−	+	−	−	−	−	−	−	−	−
14	−	+	−	−	+	−	−	+	−	−
15	−	+	−	+	−	−	−	+	−	−
16	−	+	−	+	−	+	−	+	−	−
17	−	+	−	−	−	+	−	+	−	−
18	−	+	−	−	−	−	−	−	−	−
19	−	+	−	−	−	+	+	−	−	−
20	−	+	−	−	−	−	−	−	−	−
21	−	+	−	−	+	+	−	+	−	−
22	−	+	+	−	−	−	−	−	−	−
23	−	+	−	−	+	−	−	+	+	−
24	+	−	+	−	−	+	+	−	−	−
25	−	−	−	−	−	−	−	−	−	−
26	−	−	+	−	−	−	−	−	−	−
27	−	−	−	−	−	−	−	−	−	−
28	−	−	+	−	−	−	−	−	−	−

注：生理生化实验（阳性为 + ，阴性为 − ）

表 3 - 16　菌株分子生物学鉴定结果

样品编号	种属	同源菌株	同源性%
1	微球菌	Micrococcus sp. MH54	99%
2	南极微球菌	Micrococcus antarcticus strain LY076	99%
3	萎缩芽孢杆菌	Bacillus atrophaeus strain K01 - 03	100%
4	巨大芽孢杆菌	Bacillus megaterium strain EWF56	99%
5	芽孢杆菌	Bacillus sp. Ca7 - 3M04	99%
	短杆菌	Brevibacterium sp. 210 - 12	99%
6	芽孢杆菌	Bacillus sp. B1408	99%
7	考克氏菌	Kocuria sp. E7	99%
8	藤黄微球菌	Micrococcus luteus strain ZFJ - 12	99%
9	考克氏菌	Kocuria sp. ZS2 - 6	99%
10	芽孢乳杆菌	Planomicrobium chinense partial	99%
11	考克氏菌	Kocuria sp. ZS2 - 6	99%
12	芽孢杆菌	Bacillus sp. Z9	99%
13	微球菌	Micrococcaceae bacterium BQN1R - 02d	99%
14	巨大芽孢杆菌	Bacillus megaterium strain LNL6	99%
15	考克氏菌属	Kocuriarosea strain CV1	99%
16	考克氏菌属	Kocuria sp. CTDE1	99%
17	微球菌	Micrococcus sp. 0946011	99%
18	微球菌	Micrococcus sp. CTDB2	99%
19	简单纯芽孢杆菌	Bacillus simplex strainrEG129	99%
20	藤黄微球菌	Micrococcus luteus NCTC 2665	99%
21	微球菌	Micrococcus antarcticus strain LY076	99%
22	微球菌	Micrococcus sp. MH54	100%
23	藤黄色微球菌	Micrococcus luteus NCTC 2665	100%
24	浅黄假单胞菌	Pseudomonas luteola strain Marseille	99%
25	栖稻假单胞菌	Pseudomonas oryzihabitans strain LMG 7040	99%
26	浅黄假单胞菌	Pseudomonas luteola strain Marseille	99%
28	枯草芽孢杆菌	Bacillus subtilis strain LXA10	99%

4）细菌鉴定在文物保护中的应用

国内外学者在不同环境中的研究结果表明：不同功能区空气细菌的类型是革兰氏阳性菌多于阴性菌，球菌多于杆菌，这与我们的研究结果是一致的。首都博物馆内环境是一个相对密闭的系统，但是每天人员的进出也能够带来大量的微生物种类，微球菌属、芽孢杆菌属、假单胞菌属，它们大多为条件致病菌，这些菌株在正常条件下不会引起传染类疾病的发生。另外首都博物馆有其自身的特点，馆内文物种类较多，弥足珍贵，其中有机质文物主要以书画和丝织品为主，细菌的代谢产物会对这些文物造成难以弥补的损害。空气中悬浮的细菌只要在温湿度符合、通风差、并有营养源条件下就会沉积到文物表面生长繁殖，根据形态学鉴定，多数细菌生长繁殖后表现为不同颜色，会产生色素，影响文物外观并很难彻底清除。另外细菌的透明度及厚度对文物尤其是有机质类或表面带有纹饰的金属类都有不同程度的影响，会影响到这些文物的科学、历史和艺术价值。湿润程度会提供微生物更适宜的生长条件及营养源，文物叠放后受潮会发热，增加有机质文物发生病变的几率；还会使金属类文物的电解液增多，更易发生锈蚀。生理生化实验在佐证细菌种类的同时，可说明细菌的生理生化特点，根据这些特点可明确哪些细菌对文物存在危害。本文针对文物特点做了 10 项生理生化实验。其中细菌对氧化酶和过氧化氢酶类反应为阳性者，说明细菌能产生氧化性物质。对葡萄糖利用、M. R.、V. P. 三种实验结果为阳性者，表明细菌在分解葡萄糖的过程中产生各种酸，这些酸对文物将存在潜在危害，如酸使金属文物氧化，使有机纤维分解，颜料降解等，纸张酸化。淀粉和纤维素水解实验主要针对有机质文物进行，有些细菌能产生淀粉酶，使装裱书画和纺织品的传统黏结剂糨糊分解，黏性下降、瓦患、翘曲、中空、起皮、不平整等；产生纤维素酶的细菌能使纸张、纺织品等有机质中含有的纤维降解、将纤维素大分子分解成小分子并作为营养源吸收利用，分解吸收过程就是对文物进行破坏的过程，加速文物老化。厌氧性试验则为抑杀菌进行了方法试探，细菌若为厌氧，文物则可在开放流通的环境中保存，否则可采用密封绝氧来杀灭细菌保存文物。实验结果证明 28 株菌为好氧菌，在新陈代谢过程中释放出能量，一部分维持细菌的生命活动，另一部分以热的形式散发出来，使有机质特别是通风不好的夹层发潮发热，温湿度上升、微生物的生长繁殖增快，形成恶性循环，对文物的破坏也加速。这些损害是除了温度、光照、水火等物理损害外影响文物的主要因素。对 28 株细菌做的 10 项生理生化结果不一，根据鉴定出细菌的生理生化特点可以采取相应的保护措施和手段。

第 4 章　纺织品文物的保护与修复

1　纺织品文物保护修复理论

　　纺织品文物保护修复理论与一般文物保护修复的理论整体上没有区别，纺织品文物保护修复理论是文物保护修复理念在纺织品文物保护修复领域的具体实践，因此从大的理论及原则来讲，两者基本一致。文物保护常规理论所强调的一些原则或标准也同样适用于纺织品文物保护。若从保护修复理论的基础谈起，将涉及基础概念如保护、修复、保存、预防性保护、信息性保存、干预性保护等，从保护原则的角度则涉及可持续性保护原则、最小干预原则、不改变原状原则、可识别原则以及利益最大化原则还有仍常被提及却存在很大问题的可逆性原则等等。保护、修复、保存、预防性保护、信息性保存、干预性保护这些概念之间从所采用的技术手段类型，对文物的干预程度与形式，对文物的影响效果等等方面都存在差别却又存在相互联系。而可持续性保护、最小干预、不改变原状、可识别、可逆以及利益最大化原则之间，也存在相互关联与影响。理念与原则是开展实际工作的指导思想，从不同层次上影响着纺织品文物保护领域的各个方面。受篇幅所限，本节仅对以上理论做简要论述，并同时简要论述纺织品文物保护实际工作中涉及的文物保护理念与技术方案筛选以及不同技术方案对文物影响的问题。

1.1　文物保护修复基础理论

　　在谈到保护理论时，有两位重要的保护理论家是一定要提到的，那就是约翰·拉斯金（John Ruskin）与维奥莱特·勒·杜克（Viollet-le-Duc），这两位可能是最早的保护理论家了。约翰·拉斯金是一位有广泛影响的英国画家和艺术作家，1849 年他出版了著名的《建筑七灯》（The Seven Lamps of Architecture），随后出版了《威尼斯之石》（The stones of Venice）。在这些著作中，约翰·拉斯金极力推崇古建筑的美与价值，他认为今天的任何举措都不应扰动历史遗存，认为重建已经破坏建筑的人是真正破坏遗产的人。与约翰·拉斯金的观点相反，彼时哥特复兴运动正如火如荼地进行着，对大量哥特建筑遗产的修复与重建在当时是法国的一项国家政策，在《建筑七灯》出版以前，维孜莱教堂、巴黎圣母院和亚眠教堂等建筑已在维奥莱特·勒·杜克的主持下修复完成。维奥莱特·勒·杜克是哥特文化的爱好者和著名建筑师，他认为将已经破坏的建筑修复完形非常重要，建筑能够也应当尽可能被恢复到良好的原初的状态。在其 1866 年出版的《建筑词典》中，他总结到："修复"（restoration）这个词本身及其所指都是现代的。修复建筑指的既不是去维护建筑，也不是去维修或重建它，而是重现其完好的状态，即便这种状态在历史上从未存在过。然而，在约翰·拉斯金看来任何"修复"都是"作伪"，他认为历史痕迹是文物最具价值的特征之一，是文物的自身组成部分，如果失去了这些历史痕迹，文物也就失去了其原真性（true nature）。相反，在维奥莱特·勒·杜克看来，文物应该保持的最佳状态是其"原初"（original state）的状态，各种破损和遮盖改变了文物的原初状态，保护修复人员的职责就是把文物从历史痕迹破坏下的文物解放出来。对建筑而言，维奥莱特·勒·杜克甚至认为，建筑遗产的原初状态并非其建成时的状态，而是其被构思时的状态，也就是建筑师原初的想法，而非建筑的物质形态。

截然不同的观点，也让约翰·拉斯金与维奥莱特·勒·杜克成为保护理论发展史上的重要代表人物，两者分别为保守和激进观点的极端代表人物。后来，不断有新的原则和保护理论观点提出，但却都是在这两个极端之间徘徊，寻找折中的平衡点。约翰·拉斯金与维奥莱特·勒·杜克的观点是难以调和的，既要回归文物的原初状体，又要保留历史痕迹与信息绝非易事，这也是后世保护理论家们试图解决的困境。意大利建筑师卡米略·博伊拖（Camillo Boito）确立了一些今天我们仍在使用的原则，例如文物与恢复部分的可识别原则，再到后来提出的可逆性和最小干预原则等均对减弱保护修复措施对被保护对象的影响有很大的作用。后来，一些由保护修复专家组成的国际组织相继颁布了一些"宪章"（规范性文件），其中第一个宪章是在 1931 年颁布的《雅典宪章》（Athens Charter），后来又相继颁布了很多不同的宪章，宪章成为传达表述不同阶段共识性的保护修复理论观点的主要载体。除了宪章之外，有一项重要的保护理论不是由团体组织形成的，而是有个人单独完成的，他就是切萨雷·布兰迪的文物保护理论。切萨雷·布兰迪是一名历史学家，曾在 1939～1961 年间主持罗马中央修复学院的工作，1963 年发布了《修复理论》（Teoria del Restauro），强调了在做出保护决策时应重视保护对象的艺术价值的观点。1972 年的《意大利修复宪章》包含了被雷纳托·博内利（Renato Boneli）和其他学者以布兰迪的观点为基础发展延伸出的大多数新观点。

不同时期，提出的各类保护理论观点名目较多，各理论之间相互关联又各有差异，在此无法一一列举并进行详细评论。根据目前国内纺织品文物保护领域对保护修复理论或原则的理解和应用实际情况，在本节中仅选择对可逆性、最小干预、可识别、可持续和利益最大化原则进行讨论。在具体讨论之前，还有必要对保护、修复、保存、预防性保护、干预性保护、信息性保护几个简单常见却不见得已被广泛准确理解的概念进行了解。

1.2　保护、保存、修复基础概念

保护是一项综合活动，为达到保护文物的目标，需要多学科、多专业、多领域的人共同参与。文物保护专业不能涵盖所有的保护工作，而文物保护技术人员所从事的保护工作并不等同于广义上对文物的保护。保护职业技术的特点是能够近距离接近保护对象，直接以文物为工作对象且具有很强的专业性，除保护技术人员外，在文物保护领域内还有其他各类型的工作人员。

关于保护，丹尼尔·麦吉尔夫雷在 1988 年曾指出，我们针对一项历史文化遗产其实只有三种处理方式：保持现状、改变它或破坏它（如果说复原是第四种方式，其实是破坏历史文化遗产之后的再创作）。在麦吉尔夫雷看来，狭义的保护是相对于修复而言的保持性的活动，保持性的活动与预防性保护有相关联之处。当今，现实中的保护内涵则更为广泛，既包括狭义的保护、修复，也包括其他相关活动在内的所有行为的总和。在意大利语、法语、西班牙语等拉丁语系中，"修复"一词常用来指"广义上的保护"，可见在欧洲各语言中，"保护""修复"也存在概念不一致的现象。为了避免这一问题，欧洲文物保护组织常用"保护—修复"（Conservation and Restoration）来专指作"广义保护"的专业术语，这也是我们在汉语中常把"保护修复"连在一起使用的原因。而美国保护学会则使用"稳定"（stabilization）来专指狭义的保护。在本书中，保护修复指的是狭义的保护。保护的目的首先是为了保存，在保存的基础上进行延伸的保护和保存收益的适度综合利用。

关于保存（Preservation），文物保护领域的保存应指防止文物发生变化或病害的措施。在文物保护中所采取的一项措施或技术操作，是否属于"保存"范畴，不应是看其技术措施应用以后的效果，而应是以其设定目标为判断依据。丹尼斯·吉耶马尔将保存定义为意图延续文化遗产寿命的行为，美国保护学会将保存定义为意图保持文化资产完整性，让破坏最小化的举措。从现实意义讲，在实际文物保存工作中，也常有出于好的目的对文物采取了一些保存措施，却对文物造成了破坏的情况发生。从工作目标的角度来讲，这一部分工作也属于文物保存工作的范畴。大部分的预防性保护措施是出于保存目的而实施的，出于保存目的也经常对文物进行干预性保护处理，这两类也都属于保存的范畴。

关于修复，从字面来理解，修复包括"修"与"复"，"修"比较容易理解，"复"则意味着让文物恢复到之前的某种状态。1801 年版的《牛津简明词典》，对修复的定义为"将某物恢复到未被破坏或完好状态的措施或过程"。1824 年版的《牛津简明词典》对修复定义改为"意图将对象恢复到类似其原初形式的措施"。这里要特别注意"形式"二字，其修复的呈现目标为形式，而非文物的内在结构、原有材料或功能。从这些定义，包括我们单从汉字"复"的字面来理解，都明显能看到修复对恢复文物"原初"状态的要求。而实际上，这大部分情况下是做不到的。首先面临的难点是"原初"状态的确定，为此更多的学者将修复的目标降低设定在了恢复到文物"之前的状态"。例如，博物馆与美术馆委员会将修复定义为"任何将文化资产的现存材料和结构恢复到一个已知的较早状态的行为"。在现实的纺织品文物修复工作中，我们也需要明确我们将文物恢复到的是哪一个时段的状态，对这个状态的真实性是否有确信的证据，当然还需要评估是否需要将文物恢复到某一状态，权衡修复工作对文物影响的利与弊。另外，从"可察性"的角度，也可以判断修复和保存的区别，一般情况下，保存对文物的外观是不造成变化的，而修复则会产生明显可见或可识别的修复效果。

预防性保护或预防性保存，与为达到文物材质和信息的长久存在而采取的保存措施有一定差别。预防性保存曾被定义为"针对未发生的破坏所采取的预防性措施"，这一概念并不准确，因为即使普通的保存处理技术也会关注到提升文物未来稳定性的问题。例如对文物进行熏蒸杀虫灭菌处理，不仅仅是对当下微生物病害的控制，也控制了微生物对文物未来的破坏。也就是说，几乎所有的普通文物保存行为都具有预防性的倾向，不存在非预防性的保存。其实，实际工作中，对预防性文物保护的一般界定，是从保存所采取的方法上来判别的，预防性保护所作用的对象是文物所存在的外围环境，例如通过更换稳定的包装、存放固定形式、光、温湿度环境、无氧环境、减少人为触摸等仅对文物本体以外的因素进行控制的技术，因此有人将预防性文物保存称为环境性保存。普通保存技术则会作用与文物本体，例如对文物进行的脱盐、脱酸、熏蒸、渗透加固等技术处理，其目的是为了文物的稳定长久保存。另外，从所用技术手段的作用时间长短的角度，预防性保存与普通保存也有差别，普通保存常在某一时段内发生并结束，而预防性保存技术则是无限期持续发生的。

除此之外，还有一种保存技术称为信息性保存，指通过数字化技术对文物表面、结构、功能信息进行展示或利用复制品替代文物在展陈中使用，避免文物本体在展览使用环境中的暴露和潜在的危害。信息性保存技术只是对文物展示使用方式的替代，对文物本体保存没有实际作用，对文物本体的保存仍需要采用具体的保存技术。

1.3　重要理论和原则的理解与应用

在文物保护修复中，在对以上基础概念理解和把握的前提下，还应对目前正在应用的一些文物保护理论或原则进行了解。绝大部分文物保护修复理论和原则来自于西方，了解其产生的背景、制订这一理论原则的组织或个人的出发点及其定义的真实内容十分重要，而不能仅仅简单地从翻译过来的字面意思去理解应用，只有真正理解这些理论原则的优缺点和局限性，才能在实际工作中避免照搬滥用、机械遵从。文物保护修复人员不能仅仅关注保护修复技术本身，而忽略了对保护修复理论原则的学习，文物保护修复理论和原则是我们开展工作的方向性指导原则，尤其在形成保护修复方案决策，具体技术应用必要性筛选和可行性评估工作中具有重要意义。

保护的目的在于维持或揭示文物的原真性或完整性，虽然确定原真性和完整性存在很大的难度，但这却是当代经典保护理论所追求的。这些理论一般强调的文物完整性包括物质层面、美学层面和历史层面三方面的内容。唯美主义美学理论以美学完整性为核心，认为美学完整性是任何艺术品的基本特点，应该尽量保存和修复，并同时保留艺术品上的历史印记，然而在完全尊重文物或艺术品历史的同时保护修复其艺术风格几乎是难以实现的。为此，布兰迪和巴尔迪尼等唯美主义保护理论家们提出了让文物原残留物上的加建物易于辨识的要求，其目的在于避免保护修复技术人员在恢复文物美学完整性的同时"伪造历史"。这一观点与我们现在常用的可识别原则有一定联系。

1.3.1　可识别原则

"可识别"提出于 1964 年通过的《保护文物建筑及历史地段的国际宪章》，简称《威尼斯宪章》，其第九条中提到了"任何一点不可避免的增添部分都必须跟原来的建筑外观明显地区别开来，并且要看得出是当代的东西"，这一表述后来被凝练为"可识别"的原则。在第十二条，又强调"补足缺失的部分，必须保持整体的和谐一致，但在同时，又必须使补足的部分跟原来部分明显地区别，防止补足部分使原有的艺术和历史见证失去真实性"。这条可看作是对"可识别"原则的补充和完善。自"可识别"原则提出之后，便逐渐被广泛接纳、遵守和应用。从最初的追求天衣无缝，甚至以假乱真，到现在大多都有意识地做到可识别，从某种角度来讲，应当说是对文物保护修复理念利用的一个发展。文物保护修复不是一个简单的学科和技术问题，它与社会类型、文化、历史、传统和大众的艺术美学观等很多因素都有直接或间接的关系。与文物保护修复的其他理念相似，"可识别原则"也同样是一个存在争议，需要深入探讨，科学实践，不断发展，才有望愈辩愈明的一个论题。对"可识别"原则的理解和利用不能仅仅停留在"为了可识别而可识别"的字面上，还应当对与其相关的其他各个方面的内容加深思考，以更好地利用可识别原则为文物保护修复服务。

可识别原则对文物保护修复的指导作用和重要意义是毋庸置疑的。"可识别"原则在不同类别的文物保护修复领域内的应用状况也有所不同，比如在古建筑修缮、土遗址、大型石刻、馆藏或考古出土器物等不同类型文物的修复应用中都有一定差异，在不同文物所属单位（个人）和文物的不同使用方向等不同的情况下，可识别原则的运用情况以及所做"可识别"的程度也有所不同。要解决好这些问题，关键还是充分理解"不可避免的添加"，和"缺失部分的修补"的真正含义，且忌把"缺失部分的修补"当成"不可避免的添加"来处理，而不去追求新旧部分的"与整体保持和谐"，反而刻意加大它们之间的反差。《威尼斯宪章》以及后续的其他纲领性文件均未对"可识别"原则做出准确的定义和运用标准，也未对"可识别"的对立面"不可识别"做出思考，更没有对"可识别"原则应用的环境条件和所采用的技术条件，以及所对应的人群和应用的时效等问题做出解释和规定。而这些方面，恰恰是应用好可识别原则的关键。

再精巧的保护修复，对于经验丰富的保护专业人员来讲，借助相应的仪器设备，是能够揭示文物保护修复痕迹的，保护修复痕迹和所添加部分的"绝对不可识别"是几乎不可能做到的。《威尼斯宪章》要求"可识别"，而现实中又无法做到"不可识别"的矛盾，看似是一个两难问题，更恰当地说应当是《威尼斯宪章》未能准确解释和界定的一个问题。另外，《威尼斯宪章》对"可识别"原则的"可识别"程度的描述词汇，采用的是"明显的区别开来"，"明显的"作为描述程度的一个词语，并没有明确的界定标准和量化指标，其实是一个很具弹性的模糊词汇。这些正反映了《威尼斯宪章》的局限性。因此，实际工作中，绝不能机械照搬可识别原则，而应综合考虑相关因素，权衡利弊，从可持续和科学发展的思路出发，寻找到一个当前相对合理的平衡点，确定"可识别"原则的应用范围和"可识别"的识别难易程度，要做好这一工作就需要深入了解"可识别"具有"相对性"的特点。

1）"可识别"原则存在相对人群差异性的问题。不同的人群对差别的辨识能力是不同的。文物保护修复人员由于熟知文物修复的技艺和材料，在他们眼中所看到的文物修复的可识别痕迹与普通观众是不一样的。同样作为普通观众，由于知识背景、年龄、经验、对文物的熟悉程度和兴趣不同，所能觉察到的可识别范围和程度也是不同的。因此，可识别原则在运用当中，存在一个相对人群差异性的问题。

2）"可识别"原则存在相对识别环境条件的差异性问题。经过保护修复的文物由于使用方向不同，在展览、摆放或使用时的位置是不同的，在空间上与参观或研究人员的距离是不同的，视线中间是否有玻璃等隔挡是不同的，所存在环境的光线强弱、温湿度条件等环境条件是不同的，其可识别的难易程度和结果也是不同的。因此，"可识别"原则的选用以及可识别的难易程度还因识别环境的不同而具有相对性。在实际工作中，考虑到这些影响因素，对"可识别"原则的选用和可识别程度的把握也应当是不同的。

3）可识别原则存在所采用识别技术手段的差异性问题。《威尼斯宪章》对可识别原则的描述，采用了"明显的区别"的字句，但并没有对采用什么样的技术手段来揭示"明显的区别"做出限定。是指采用肉眼，还是放大镜甚至更复杂的设备来进行观察之后，能够分辨出明显的差别就好，还是指通过触摸、称重、特殊光线照射等手段，能达到区分差别的目的即算满足了可识别的原则。一件经过表面做色的陶器文物，肉眼可能难以分辨做旧部分色彩的差异性，但通过色度计、特殊光线照射或采用高倍显微镜观察着色材料的组成结构和施色工艺，或借助其他分析仪器设备应该能很容易发现新旧着色的不同，也具备"明显的区别"，这是不是也满足了"可识别"的要求呢？瓷器缺损修补能做到以假乱真，肉眼几乎看不出差异，但即使所采用的修补材料与文物本体再接近，通过X光透视片还是很容易能够看出修补位置的边缘结合处的裂纹，甚至看出修补片与文物本体因材质疏密程度的不同而在X光片上呈现的深浅色差。这样的修复部分与文物本体也是有"明显的区别"的，是否也符合可识别原则呢？由此可见，是否具备"明显的区别"的"可识别"性，因所采用的技术手段不同，而具有很大的相对性。

4）可识别还存在时效性的问题。文物修复中做出的可识别部分，随着时间的延长，可识别程度可能会发生变化，可能会增加也可能会降低。文物修复之后，除文物本体之外，保护修复添加的东西在使用过程中受温湿度、紫外线、空气中有害气体的影响，也会发生强度韧性降低、表面色彩褪色变色等劣化现象，进而对可识别程度造成影响。另外，由于保护修复所用材料与文物本体的差异性，其老化进程和老化机理可能不同，从而产生不同的劣化外观，可能会使修复完毕之初的可识别外观变得越来越难识别，或者原来不太可识别的位置变得越来越具有"更明显的区别"，从而直接影响到可识别的性质和难易程度，与预期的可识别控制大相径庭。因此，可识别还有一个时效性的问题，我们在保护修复中所采取的"可识别"处理效果到底能够保持多少年，失效期过后应该如何应对，这都是我们需要考虑的问题。时效性，也是可识别原则具备相对性的一个方面。

由于"可识别"原则本身具有相对性或不确定性，在实际工作中应当保持灵活性，根据文物的具体情况和所处的环境具体分析，综合考虑相关影响因素，来确定"可识别"原则的应用程度。

1）应该清楚文物保护修复后的使用方向。文物修复后可能用于博物馆展览、用于库房存放、用于文物和考古学研究或进入文物市场，文物的不同使用方向会对"可识别"程度提出不同的要求。

2）要考虑文物预期受众群体的不同。文物修复后，所面对的参观人群或研究利用文物人群的年龄、教育背景、知识基础和对文物的熟知程度是不同的，他们对文物的敏感程度和辨识能力是不同的。因人群水平不同，特定人群所能掌握和应用的识别手段的高低与复杂程度也是不同的。因而，保护修复时对可识别程度的把握也应该根据文物受众人群特性的变化，而做适当调整。如果文物所面对的人群在比较长的时期内，能够比较明确且相对稳定，就可以将这组或几组人群对文物敏感程度和辨识能力水平作为参考因素，针对性地把握文物修复的可识别程度。

3）要紧密结合文物的使用环境条件。也就是在把握文物保护修复可识别应用程度时，需要对文物预期的短期和长期预防性保护条件以及展览应用的光线、设施、空间位置与距离等因素进行考虑。由于文物修复中所添加材料与文物本体材质的差异性，文物经修复后，在展览、存放和使用环境中，受温湿度、光线、有害气体、灰尘等条件的影响，会发生不同程度的劣化现象，有可能导致修复位置和其他位置的不协调不统一，进而直接影响到可识别的效果和难易程度。因此，在确定文物修复可识别程度的过程中，应该考虑文物使用环境的现有条件以及未来的预期条件，结合这些环境因素，针对性地确定文物修复的可识别程度。

4）还要结合文物修复档案记录的水平、档案永久保存的能力和对未来行业人员公开利用的程度。可识别的目的除了避免材质和外观混淆之外，很重要的一个目的是为了让后代能够分辨出修复添加的位置，这其中包括后代的普通文物利用者，也包括后代的保护修复人员。除了在文物本体上进行外观、结构、密度、色度、标识的差别性处理等直接的可识别操作之外，还应重视文物修复档案记录工作，例如病害图、文字描述、处理图示、测量数据等方式对记录、展示、保存和传递文物可识别信息的重要作用。在某些情况下，如果文物保护修复档案能够详尽准确的记录修复添加位置，档案记录能够以业内人士便于理解的形式对外公布和利用，加上档案能够长久保存并代代相传，那么在文物上采取的直接性可识别处理操作就可以适当降低。因此，保护修复过程中修复档案记录的质量水平以及未来档案的长久保存和公开利用的情况，也是把握文物保护修复可识别程度时需要考虑的因素。

　　"可识别"原则在文物的使用人群、识别环境条件、识别技术手段、识别时效性四个方面存在着明显的相对性。这些是"可识别"原则自身的特性，也是《威尼斯宪章》未曾阐释的内容，而这恰恰是在文物保护修复实际工作中用好"可识别"原则的关键。在应用"可识别"原则和把握可识别程度时，需要考虑文物保护修复后的使用方向、文物预期受众群体、文物的使用环境条件以及文物修复档案记录的水平、档案永久保存的能力和对未来行业人员公开利用的程度等因素。通过对把握可识别程度时需要考虑因素的思考，突出了做好文物保护修复档案，使用规范的档案记录标准，将档案长久保存，并使档案信息对后代工作者开放的重要性。文物保护修复档案是最好的可识别方法。也同时强调了文物保护修复后预防性保护工作的重要性，预防性保护工作对文物修复可识别状态的保持也具有十分重要的意义。可识别原则与文物保护理论如"最小干预原则""文物原真性保护""可再处理性"等都有相互关联。

1.3.2　对可逆性原则的批判

　　保护的目的是为了后人延续文化遗产的载体和价值，因此在现实中应避免过度保护，增强保护的可持续性，加之保护人员对保护修复技术风险的担忧，因此对保护修复技术提出了"可逆性"的原则要求。可逆性指"能够在未来将文物恢复到采取某种保护措施之前的状态"，也就是说所有后加到文物上的物质都能够完全除去，使文物恢复到保护修复之前的状态。可逆性原则提出后，对于降低明确不可逆材料的使用量起到了重要作用。但也同时带来了一种倾向，那就是文物保护人员在文物上过度的使用某一技术，此时可逆性却成了过度保护修复的挡箭牌。

　　但无论从科学角度还是保护角度，完全的可逆性是几乎不可能完全实现的。物理定律已经证明了事物回到之前状态是一件根本不可能的事情。从纺织品文物保护的实践来看，所有的清洗都是不可逆的，污染物一旦从织物表面或内部被清洗掉，将再无法被恢复到织物上；由于毛细作用和吸附现象，纺织品纤维上被施加的所有化学生物加固材料都是不可能被彻底清除掉的，因此微生物、丝蛋白加固以及所有的化学类加固技术都是不可逆的；另外，所有其他被施加到纺织品文物上的外加物，随着时间的推移，其溶解度将逐渐衰退，在特定环境下将变的不可溶解，增加了被清除的难度，采用强力手段进行清除反而会对文物造成损害，这种带有损伤的可逆显然不是理想化的可逆。针线法修复技术通常被认为是可逆性保护修复技术在纺织品文物保护修复中大量使用，但针线法绝非真正的可逆性技术。针孔在织物上穿插而过的孔洞，虽然理论上应该均是利用经纬线之间的缝隙，但仍会因缝线拉力造成针孔位置的空隙尺寸加大，强度过大的缝线会对糟朽老化织物造成切割破坏，缝线因染色后与织物颜色一致，被缝上织物后隐蔽性很好，若要拆除这些缝线难度很大，即使缝线被拆除掉，缝线及针孔对织物造成的破坏也无法实现可逆恢复到原来的状态。"可逆性"原则，在早期应用阶段被视为基本原则和要求，随着越来越多的人认识到真正的可逆性永不可能实现，一些替代性概念逐渐被提出，如"可去除性"和"可再处置性"。

1.3.3　最小干预原则

"可去除性"与"可再处置性"概念的提出都说明了可逆性永远无法实现，由于可逆性原则的失败，最小干预原则逐渐被广泛提出。最小干预与可逆性刚好处于两个相对的位置，如果真的能够实现可逆，就没有必要考虑最小干预的问题了，同样，如果能够做到最小干预，或者说压根不采取任何保护措施，也就不需要考虑可逆性问题了。最小干预原则里面的"最小"是一个相对概念，问题是这一概念并没有设定保护目标，如果需要达到一定的保护效果和目标，所需的保护措施就不可能"最小"。因此，对最小干预原则的解释应该是"保护措施应在达到保护目标的前提下，对保护对象的干预降到最低程度"。这一原则的提出，有助于警示保护修复人员时刻思考保护的目标是什么，即将采取的保护措施是否属于过度保护，有没有可能继续降低对文物的干预程度。

在这里，还需要讨论一个问题，那就是保护目标应该如何设定并由谁来设定的问题，是应授权保护修复人员单独决定，还是由保护修复团队，文物收藏机构负责人或是通过专家咨询会还是文物行政管理部门来确定呢？这些不同的人与机构，又应以怎样的标准或依据来确定保护目标？他们是不是真的有权利来确定保护修复目标，谁又来评估和监督他们来行使权利呢？这些问题就是涉及文物保护修复的长远目标以及文物保护修复权益相关人群的问题，在此不展开论述，仅提出来供文物保护修复人员思考。

1.3.4　可持续性保护与利益最大化原则

经典保护理论所追求的保持文物真实性已经不是文物保护所追求的终极目标。保护是为了满足人的需求，或者是为了满足特定人群的特定需求，让文物更好的传递其真实的历史、科学、艺术价值功能与意义。最好的保护措施是能够让最多的人达到最大程度的满意。保护修复人员因教育和专业背景，比常人对文物的理解要深刻，但也使其对待文物保护技术方案的决策和选择不具备广泛的代表性，因而应该在保护方案决策过程中，听取更多权益相关者的观点，只有这样才能使保护修复的效果满足文物服务对象的稳定可持续需求，做到文化遗产保护的利益最大化或在某一阶段可获取的利益最大化。

可持续性保护的概念，将未来文物使用者的权益作为重要的考虑因素，当前的每一个保护技术操作对文物都会造成影响并随附文物直到文物消亡。我们在实际工作中，应该考虑所选技术方案是否有利于文物的可持续性保护。与可逆性与最小干预原则相比，可持续性概念更加完整，它明确指出了需要将未来的文物使用和使用者纳入考虑范围。要求当前的保护修复要从长计议，防止因当前的特定需求而制定不利于文物可持续保护的技术方案。

文物保护修复理论的探讨是一个不断发展的课题，对各类原则的利用和程度把握也是一个复杂的具有弹性的问题，应该以慎重和辩证的态度对待文物保护原则。任何理论和原则都是不断发展变化的，努力做到文物保护修复和文物利用的可持续性科学发展，为未来留足空间，结合自身需要和实践应用效果进行逐步调整，使文物保护理论更好地服务于现实工作才是当前对文物保护理念研究和应用的基本思路。

1.4　纺织品文物保护修复技术方案决策

本书中有专门章节讨论如何制定保护修复方案，在此仅对方案制定过程中，对于比较棘手的选择如何决策的问题进行简要探讨。具体技术选择与决策离不开对上面所讨论的文物保护、修复、保存、预防性保护这些基础概念的准确把握，离不开对可识别、可再处置、最小干预、可持续性与利益最大化的灵活合理运用，更离不开对文物保护的宗旨和终极目标的准确定位。在这些大的原则背景的支撑下，才有可能做出相对合理的技术筛选和方案决策。在整个过程当中，文物保护修复人员是最重要的参与者，对文物保护修复技术人员的要求，除了对于物理、化学、生物、环境、材料以及保护修复操作技术技能的掌握外，还应具有艺术与历史修养，具备良好的沟通和辩证思考能力，了解当前社会公众对文化遗产的需求与感受，还要能够预想后人对我们当下保护修复过的文物的态度、接受程度和感受。

　　在制定保护修复技术方案时，首要的是尽最大可能做好预防性保护工作，在此前提下，尽最大可能采用对文物最低干预的技术方案达到文物材质信息的长久保存与展示，并做到文物的综合可持续保护。预防性保护条件对文物保护技术方案的选择有直接影响。例如，带有重要信息的纺织品表面的污染物的去除问题，如果在非常恶劣的保存环境下，这些污染物可能在环境因素的作用下发生病害影响到文物的安全性，如果在稳定环境控制或无氧封存的条件下，这些污染物就可以保留，污染物所揭示的历史信息也可以保留。纺织品或服饰上的血渍以及军装上的枪子弹灰等污染物均属于此类。有些单位对织物进行了环氧乙烷熏蒸以控制霉菌和虫害，如果对环境加以控制，霉害和虫害是完全可以杜绝的，也就没有必要采用具有潜在危害的环氧乙烷等熏蒸处理技术。同样，对于纺织品文物采用各类型加固剂进行加固处理的必要性，均值得讨论。

　　对于纺织品文物附带信息的保存是保护技术方案筛选决策中需要关注的重要问题。在很多情况下，保存文物原真信息和保护文物本体材质之间是存在矛盾的。例如，在决定一件二战时期军装的保护修复和展示利用方案时，考虑到这件衣服因穿着产生了很多折叠扭曲和褶皱，表面有泥土以及血渍污染历史信息。为了保存褶皱、泥土和血渍这些能够生动讲述军装和它的穿着者所经历的战争等重要历史信息，这件衣服在展览前几乎未经过任何处理，但与衣服同时展出的还有一件穿在模特身上的复制品，以展示这件衣服的形制。这种做法保存了文物的原真信息，也通过复制品展示了衣服的形制，但却使衣物本体长期饱受泥土和血渍所带来的病害隐患，这对衣物材质的长期保存不利。这是一个典型的保存文物原真信息和保护文物本体材质之间存在矛盾的案例，而且很难界定所选方案的对与错。应该说，在现实工作中，所选方案只具备在特定环境中的相对有限合理性。但无论如何，进行这样的探讨和思考是十分必要的，只有这样才有可能做到文物信息揭示、保存和展示利用与文物本体材质长久保存的双赢。在这一过程中，预防性保护的重要性也再次凸显，预防性保护有助于带有病害隐患的污染物或病害痕迹的保留展示。

在方案制定和技术选择阶段，保护修复人员结合自身的专业知识和技能水平，在全面考察和了解文物的组成、保存条件以及历史信息等相关外部环境因素的前提下，多方咨询参考包括博物馆或收藏机构的领导或私人文物所有者、文物艺术历史学家、博物馆展览设计人员、文物包装制作人员、其他材质文物保护修复专家、甚至包括单位其他部门同事的观点是十分有意义的，这有利于减少因文物保护修复技术人员的个人知识、思想和技术的局限性和不合理性，而导致的保护修复操作对文物的不合理影响。当然，因工作性质、年龄及文化教育背景等情况的不同，所参考咨询人群倾向于提出的观点也不同，应对相关人员所提出的建议进行科学排查，慎重、合理和科学地采纳恰当的建议。

保护修复技术方案的决策是一个综合评估的过程，涉及文物自身的情况、文物的使用方向、保护修复的目的以及保护修复技术条件等等，图4-1展示了影响文物保护修复技术方案决策的内外因素。另外，有些纺织品文物保护

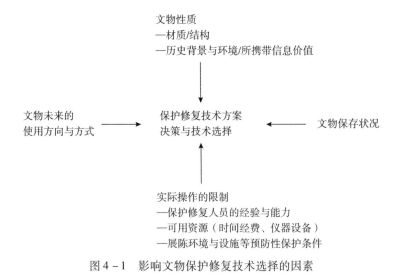

图4-1 影响文物保护修复技术选择的因素

机构，根据自身性质、收藏纺织品的类型、展览以及研究的需要，针对性的制定了保护修复技术方案制定时需要考虑的问题清单。例如，英国维多利亚与阿尔伯特博物馆在 2004 年曾公布了自己的保护修复技术方案筛选时的问题排查和评估清单，具有一定的借鉴意义，介绍如下：

1）有什么理由支持对文物采取保护修复技术处理？

2）是否已经查询过有关此文物的相关记录？

3）是否已经咨询过相关专家？

4）是否已经考虑和评估了对文物的功能、价值有意义的相关要素？

5）在保证保护目标完成的前提下，有没有其他最小干预性的保护技术选择？

6）拟采取的保护修复技术对文物的功能、价值和意义存在怎样的影响？

7）是否拥有足够的信息与技术来实施选定的技术操作并评估操作效果？

8）保护修复过程中各技术环节给文物带来的利处和风险是什么，如何评估？

9）对文物使用方式的调整以及通过环境的调节，是否能够避免对文物进行干预性的操作？

10）拟选技术方案是否建立在对现有信息技术资源的全面把握的基础上，是否具有可持续性？

11）拟定的技术方案，是否需要进一步细化或筛选新的技术？

12）拟定的技术操作，对未来的后续操作有什么影响？

13）是否考虑到了文物未来的用途和使用地点，是否做出了针对性的建议？

14）拟采取的技术操作有没有完整的记录，所做档案记录是否易于理解并在一定范围内可供公开查用？

15）有无继续监控评估保护修复效果的预案？

上面介绍的阿多利亚与阿尔伯特博物馆的保护修复技术方案筛选问题清单只是一个例子，其合理性和实用性不一定适用于所有的文物收藏单位。根据收藏单位性质不同、纺织收藏品的类型和保存状况不同以及保护修复目的不同，可以针对性地制定保护修复技术方案决策流程和评估方法。

2 纺织品文物保护方案的制定

方案是进行工作的具体计划或对某一问题制定的规划，方案的制定需要进行全面细致的部署，并把各种复杂琐碎的工作加以总结。方案可以是下级或具体责任人为落实和实施某项具体工作而形成的文件，然后报上级或主管领导批准实施。也可以是受委托方具体实施项目工作而形成的文件，然后上报委托方和上级直属主管单位批准实施。文物保护修复方案是在对一件文物进行修复保护前所做的整体规划，是文物保护修复的基础内容也是最重要的工作内容之一。通常情况下，修复保护人员在对一件纺织品类文物进行保护修复前都要对文物的基本情况进行调查分析，根据文物现状呈现不同程度的残损情况、工艺材质、历史背景、是否存在不良修复的行为等进行分类、排列，有针对性地对每件文物制定科学规范的保护修复方案。纺织品文物保护修复方案的撰写有特定的编写文本内容和格式，也会相应的对保护修复工作中的一些基本术语进行定义，为保护修复方案的编写确立一定的标准，有了完整细致的规划方案则可以在很大程度上降低文物因不当修复造成的损伤，从而使文物修复保护工作比以前更加科学，更加有利于纺织品文物的修复安全及长期的保护与保存。

纺织品文物保护修复方案一般选用 A4 规格纸张进行编写，封面格式可以参照，文本字体正文部分可以使用宋体小四号字，名称使用宋体三号字。方案开始撰写的第一部分为编制基本信息表，对委托单位、方案编制单位、参与单位、方案编制负责人、审核人、其他参与编制方案人员的基本简历、主要目标、技术路线概述、方案计划进度、预算、风险分析等以表格的形式进行填写，作为一目了然的基本信息概述。其次，以目录的形式作为检索各个章节的工具，按照一定的次序编排而成，指导方案的阅读。在编制方案中指导思想、主要目标、工作重点、实施步骤、政策措施、具体要求等项目是方案的核心和重点。保护修复方案的撰写具体可以分为如下几部分。

2.1 前言

撰写这部分时应写明任务来源何处，也就是文物的出处在哪里；为何确立此次保护修复项目的原因及前期调研过程，对其保护修复的目的意义何在，最终要达到什么样的目标等内容。

2.2　基本信息与文物价值

对进行保护修复的纺织品文物基本信息的采集可以以表格的形式进行逐一填写,包括藏品名称、种类、文物编号、等级、年代、来源、出土时间、质地、尺寸;藏品所在的收藏单位及收藏时间;公开发表的有关藏品资料的书名、期刊号等。文物价值是指从文物的历史、艺术、科学等角度说明藏品的价值以及在其收藏单位中的地位和本地区历史研究中的作用,也可同时说明在同类别藏品或在同时代文物考古研究中的重要性。

2.3　保存现状的调查与评估

做好有关基础资料与数据的收集。

2.3.1　保存环境状况调查

保存环境包括文物所处地点的自然环境状况,也就是外部环境和文物所处的内部环境两方面,外部环境是指一年四季的温度湿度以及气候特点、空气质量、光照强度等;内部环境是指文物储存的室内环境,如库房环境、修复工作室环境、展陈环境等,除此之外还有文物放置储存空间的微环境和放置状态等的调研。

2.3.2　主要病害类型的调查与分类

要明确纺织品文物上的每一处病害种类进行记录归纳,推测造成病害的原因;目前,纺织品文物病害的类型有破裂、缺损、饰件缺失、缝线脱落、褪色、搭色、串色、褶皱、粘连、糟朽、虫蛀、历史不良修复等;可以参照相应的标准进行病害图的绘制。

2.3.3　病害现状的总体评估

按完好、微损、中度、严重、濒危五个级别进行评估。

2.3.4　保护修复史

已做过保护修复的藏品,应调查原来的保护修复资料,判断这种历史修复对其的影响,如果属于不良修复,应去除。

2.3.5　藏品病害现状的记录

记录方式包括文字、照相和绘图;在绘图时可依照标准中制定的图形来对应病害图片及文字描述(表 4-1)。

表4-1 列举几种病害类型的记录形式

病害名称	病害说明	病害照片或图示
1. 缺损（或缺失）	解释：纺织品文物及配饰在传承过程中出现缺失、不完整的状况 图示：	
2. 糟朽（或脆弱）	解释：在长期保存过程中由于受到温湿度、光辐射、粉尘等因素的影响，纺织品纤维自身出现化学降解而导致结构疏松，强度下降、酥脆、老化等现象 图示：	
3. 褪色（或退色）	解释：纺织品文物整体或局部出现色度降低的现象 图示：	
4. 配件或其他材质病害情况：片金线或捻金线金箔层脱落	解释：由于黏合剂失效而导致金箔或其他印绘材料脱落的现象 图示：	片金脱落 捻金脱落

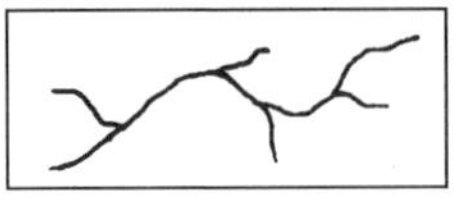

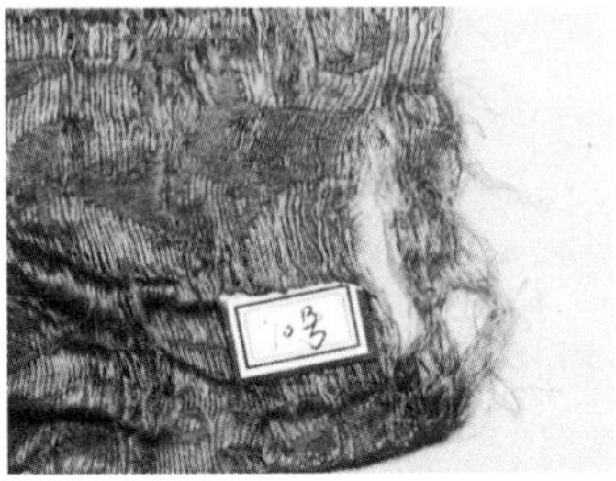

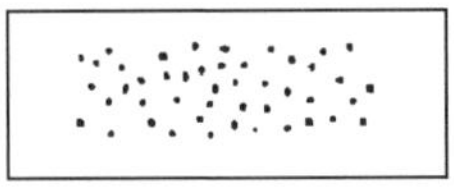

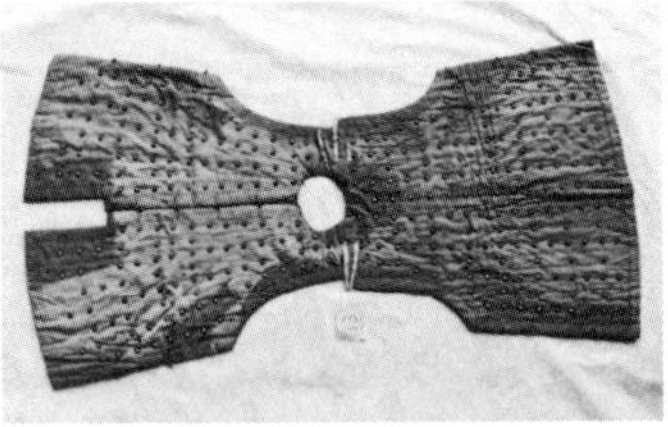

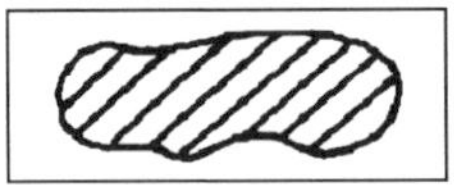

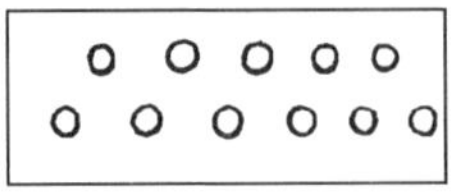

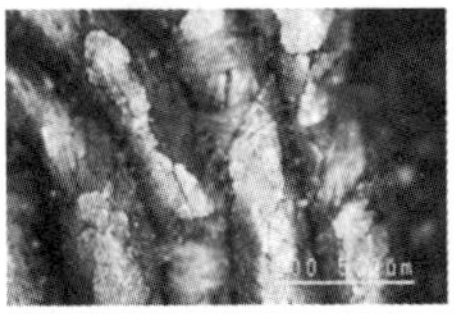

2.3.6　病害成因分析

可分为内因和外因两方面，内因是由于文物自身的原因导致的病害；外因是由于人为因素和环境因素造成的病害。

2.3.7　检测分析

为了让保护修复的实施更具有科学依据，根据现有条件对每一件进行修复保护的文物进行一定的检测分析；未能做检测的，需说明原因，并编列于保护修复方案中。需要采样的，应该按照相关程序申报。一般，纺织品文物的检测包括：1）织物纤维检测：用以判断纺织品文物的材质，纤维属于丝、棉、麻、毛或其他材质等。2）织物组织结构分析：用相应的设备进行观察分析，判断组织结构类型，并绘制组织结构图。3）染料/颜料的检测：仪器检测文物使用的染料或颜料成分。4）颜色的记录：使用色差仪记录颜色及在保护修复前后的色彩变化等。5）污染物分析：用相应的仪器设备对纺织品文物上的各类污染部位进行无损检测分析，如有条件可以进行取样分析。6）微生物分析：如果在纺织品文物上有出现生物病害，需要进行仪器检测，并且提取相应的样品进行实验室检测分析。在遇到虫害情况下，需要进行采集虫害样本到实验室进行检测以判断属于何种虫害。在这部分除了要编写录入各种检测结果，还需要把检测设备加以标注和说明。

2.3.8　历次修复资料

对于已知的保护修复历史，应提供历次保护修复的有关资料。如：1）历次保护修复的起止时间、技术方法、主要材料、修复方案编写人员以及保护修复操作人员。2）保护修复效果，是否有利于文物的长期保存及安全。对于已见的历史修复而不能明确修复时间及人员等信息的，要在修复方案中录入一切可见信息，再对历史修复对文物的利弊做相应分析，对是否去除、如何去除不良修复做出计划。

2.3.9　图示

保存现状调查与评估应配以相应的图示，包括现状图、病害图和效果图。图示能够清晰的反映藏品现状、存在的病害以及纺织品文物的形貌和图案特点等，可以附件的形式或穿插在正文之中。在对文物进行拍照时，应在藏品边放置色卡，绘制线图时应标注文物尺寸、文物上出现的图案也应一并绘制。1）绘制现状图：包括绘制修复保护对象的完整形貌图和主要病害分布区域图。2）绘制病害图：用图形的方式标示出藏品的病害种类。病害图的绘制可以参照中华人民共和国国家文物局颁布实施的 WW/T XXXX – 200X 标准。3）绘制效果图：针对藏品现状，绘制出保护修复后的效果图，也就是预期达到的修复保护目标。

2.4　保护修复工作目标

首先要明确本次保护修复的文物数量，其次，要明确保护修复的技术指标，从对保护修复对象的信息和历史资料的真实、完整性到保护修复过程中消毒、除尘清洗、整形、修复、保护修复后的感官效果，如在颜色、柔软度、完整性、稳定性等方面确定考核本次保护修复工作的技术指标。还包括保护修复工作过程中可能形成的保护修复推广应用技术、基地或专业实验室目标等。

2.5　保护修复技术路线及操作步骤

技术路线是在对文物现状、预期工作目标、以往保护修复实操经验、纺织品文物保护修复原则和国内外纺织品文物保护修复方法充分研究的基础上而提出的。主要包括保护修复的方法、材料和工艺。根据上述的修复技术路线来制定保护修复技术步骤，主要包括对修复对象的检测、消毒、揭展、清洗、加固、修复、包装、保管等步骤的撰写。需异地保护修复的，应说明运输措施、运期等对藏品的影响。应注明每件藏品保护修复的基本操作程序，程序相同者可一并列举。

2.5.1　消毒

是用物理或化学方法消除纺织品文物上的虫害，杀灭有害的微生物。需进行消毒处理的纺织品文物，应列出主要消毒方法，说明消毒过程对文物可能的影响。

2.5.2　揭展

使用物理或化学方法分离粘连糟朽的纺织品文物。接展过程中使用的试剂、工具等一并列出，并且有根据的简述揭展过程对文物可能的影响。

2.5.3　清洗

使用物理或化学方法清除纺织品文物上的污染物。纺织品文物清洗过程中使用的清洗试剂、清洗材料及工具一并列出，并且简述清洗过程对文物可能的影响。

2.5.4　加固

对于糟朽、破损严重的纺织品文物，在保持原状的前提下，使用物理方法或化学方法来有效提高文物整体强度。加固过程中使用的材料和加固试剂应一并列出，并简述加固过程对文物可能的影响。

2.5.5　修复

需进行修复的纺织品文物，要简介修复方法及过程，修复过程中使用的修复材料一并列出，简述修复过程对文物可能的影响。对于原来已进行过修复的文物，在不影响后续修复的前提下，如果全部或部分保留原修复部分的，应简述现用修复材料与原用修复材料的相容性。如果两次修复过程不相容，则应说明清除原修复部分的材料和方法，并说明清除过程对藏品可能的影响。

2.5.6　包装

在纺织品文物保护修复过程结束后，需对文物进行包装后再进行运输或储存，方案中应说明包装材料、形式、过程中的注意事项，并简述包装过程对藏品可能的影响。

保护修复过程中，应提出操作环境、温度、湿度和光照等的合理要求，以及对修复保护对象的影响和应对措施。

2.6　可能的技术难题及应对措施

应说明在检测、消毒、揭展、清洗、加固、修复、包装、保管等保护修复过程中的各个环节，可能遇到技术上的难题，并制定应对该问题的具体措施。

2.7　风险评估

应说明可能的技术风险及应对措施。保护修复技术路线中涉及的知识产权问题，应附录有关协议。

2.8　工作量与进度安排

要对保护修复项目的各环节工作量做整体规划，根据拟保护修复的文物数量、种类及其难度，来确定项目所需工作量、工作时间和参与人员数量。若存在不可预测的因素影响工作进度，应做相应说明。

2.9　保护修复后的保存条件建议

在修复保护全部结束后，应对文物后期的储存环境、包装和放置方式、展陈环境及条件、运输要求等提出相应的建议。并说明在保护修复工作完成后的保存期内，在符合藏品保存环境的条件下，藏品可能出现的变化及解决该问题的具体措施。

2.10 安全措施

在对纺织品文物进行修复保护过程中会使用化学及生物材料，要说明这些过程对人体及环境可能造成的危害以及应对措施。如有害气体的排放，应尽量避免使用产生有害气体的化学材料；保护修复工作场所的空气质量应符合现行国家标准 GB/T 18883 - 2002 的有关规定。排放液的处理，应尽量避免使用产生有害排放液的化学及生物材料，尽量减少污水的产生，或使用相应的废液收集方式处理被排放的化学液体；保护修复操作过程中排放的污水应符合现行国家标准 GB 8978 - 1996 的有关规定。

2.11 经费预算与管理

纺织品文物保护修复经费预算是指严格遵循国家文物局相关专项经费管理办法进行编制，在项目组织实施过程中与保护修复活动直接相关的各项费用。根据纺织品文物保护修复的合理需要，坚持目标相关性、政策相符性和经济合理性原则，按照国家有关文物保护修复专项经费管理办法编制预算。经费预算一般包括：方案设计费用、试验费用、材料费用、设备管理费用、人工费用、聘请专家费用、异地保护费用和管理费用及各项税费等。经费管理，属于国家专款或单位自有资金的，应按国家有关规定制定使用规则；属于社会捐赠的，制定使用原则时应特别考虑到捐赠单位或个人的有关要求。

2.12 各方签章

在纺织品文物保护修复方案结尾处应有方案委托单位及负责人、方案编制单位及负责人、方案编制负责人、方案编制参与单位及负责人、方案审核人的签章及加盖公章。方案结尾处附件《方案编制委托书》。

在修复保护方案的编写过程中切忌凭空想象，主观臆断。要对纺织品文物的材料、成分、结构、污染物等进行检测分析，根据分析结果确定病害情况和部位。在对文物保存现状调查与评估、文物保护修复目标的基础上提出修复的技术路线，制定修复技术步骤。把传统修复技艺与现代科学技术相结合，重视现代科学分析仪器在文物保护修复工作中的应用，提高修复技术的水平，更好地保护人类珍贵的文化遗产。

3　纺织品文物保护修复技术

3.1　灭菌杀虫

纺织品文物一般为蛋白类或纤维素类纤维材质，保存不当极易受霉菌、害虫危害。这些虫霉危害如不彻底去除，不仅可能在修复后继续对文物造成破坏，而且在修复过程中可能与其他文物交叉感染甚至威胁修复人员的健康。因此，纺织品文物修复前，首先应对文物虫霉问题进行妥善的处理。目前市场上化学和物理的虫霉防治技术种类繁多，但并非所有的技术都适用于文物保护。一般文物杀虫灭菌方法必须满足以下基本要求：1）处理过程中不能对文物造成损伤；2）灭治效果好，能够杀灭霉菌、孢子、害虫活体和虫卵；3）处理完成后不能存在长期药物残留。目前文物虫霉灭治技术主要包括熏蒸、气调和冷冻。每种方法都有其优点和不足，没有一种方法可以解决所有的文物虫霉问题，需要根据实际情况选择合适的方法。

3.1.1　熏蒸

熏蒸是采用气体化学药剂在密闭空间内、一定的温度和湿度条件下杀灭害虫、霉菌等有害生物的技术，是一种快捷高效的杀虫灭菌方法。但是由于熏蒸药剂一般具有毒性，如果操作不当，可能对文物、人员或环境产生危害。

熏蒸药剂一般要求在常温下为气体状态，且容易扩散不易吸附，能够渗透到被熏蒸物中，并在熏蒸后通过通风散气去除药剂残留。常见熏蒸药剂包括环氧乙烷、硫酰氟、溴甲烷、磷化氢等。其中环氧乙烷、硫酰氟是目前最常用的熏蒸药剂，具有良好的熏蒸效果和文物安全性。溴甲烷具有穿透性好、扩散迅速、对昆虫毒性高等特性，是一种性能优秀的熏蒸剂。但是溴甲烷是一种消耗臭氧层的物质，根据《蒙特利尔议定书哥本哈根修正案》，发达国家于 2005 年淘汰，发展中国家也于 2015 年淘汰。磷化氢在粮食虫害防治中应用广泛，但是磷化氢对铜、金和银等金属具有一定的腐蚀性，一般不用于文物杀虫。此外，我国文物保护研究学者还将蒜素、中草药等用于文物熏蒸，开发出了新型文物熏蒸技术。以下仅对国际上广泛认可与使用的环氧乙烷与硫酰氟熏蒸技术进行详述。

3.1.1.1　环氧乙烷熏蒸

环氧乙烷（Ethylene Oxide）化学式 C_2H_4O，低温下为无色透明液体，在常温下为无色带有醚刺激性气味的气体。环氧乙烷可杀灭细菌、霉菌、真菌、孢子、害虫、虫卵等；不会造成文物的腐蚀或劣化；不易吸附，散气后无残留气味；气体蒸汽压高（30℃时可达141kPa），熏蒸消毒时有较强的穿透力，是目前杀虫灭菌效果都很理想的常温熏蒸药剂。

同时这种熏蒸技术也存在一些不足。主要因为环氧乙烷是一种有毒致癌、易燃易爆的气体，有一定危险性，不能直接在简易密封空间内使用，需要使用专门的熏蒸设备，并严格遵守科学的操作规程。环氧乙烷熏蒸设备一般包括熏蒸柜（存放文物的压力容器）和控制系统两部分。控制系统主要实现熏蒸柜内温湿度控制和抽空、进药、排气置换等熏蒸流程控制。

为了保证文物安全，熏蒸过程中柜内温度一般保持在25℃左右。冬季温度较低时，需要通过水浴循环加热系统，将循环水在外置水箱中加热到与设定的柜内温度一致，然后在熏蒸柜外层水套内循环，达到平稳升温的效果，避免温度波动造成的文物损伤。

环氧乙烷是一种易燃易爆气体。纯环氧乙烷一旦操作不慎与空气接触，很容易发生爆炸造成严重的安全事故。一般加入二氧化碳稀释环氧乙烷至爆炸浓度以下，制成混合安全气体（环氧乙烷：二氧化碳 = 2：8 或 3：7），将熏蒸柜抽真空后通入混合安全气体。为保证熏蒸效果，进药量需达到环氧乙烷 $0.5 \sim 0.6 kg/m^3$，25℃，保持24小时。可随文物放入环氧乙烷熏蒸指示贴纸，熏蒸完成后通过变色检验熏蒸效果。

环氧乙烷沸点10.7℃，与室温比较接近，从钢瓶内流出后汽化较慢。为防止液体环氧乙烷接触污染文物必须采取可靠的安全措施：首先熏蒸设备进气部分需要配备加热汽化辅助装置；其次由于进药口一般在熏蒸柜上部，还需要用塑料薄膜覆盖文物防止未完全汽化的环氧乙烷接触文物，文物放在架空透气的篾子上，以便熏蒸气体从下部渗透进入文物。

熏蒸完成后利用设备置换功能，将环氧乙烷抽出并与水充分融合生成乙二醇，随水排走，随后通入空气。此过程需循环三次以上，以便尽量排出残余的环氧乙烷。打开熏蒸柜取出文物后，还需将文物在通风空间内存放一段时间，使吸附在文物上的环氧乙烷挥发排净。

3.1.1.2 硫酰氟熏蒸

硫酰氟（Sulfuryl Fluoride），化学式 F_2O_2S，沸点 -55℃，在常温常压下

为无色有刺激性气体。硫酰氟具有易于汽化、不燃不爆、不腐蚀金属、毒性较低、扩散渗透性强、广谱杀虫、残留量低、杀虫速度快、散气时间短、常温使用方便等优点，广泛应用于仓库、货船、集装箱和建筑物、农业等的虫害防治，也非常适合文物库房、不可移动文物等的现场熏蒸杀虫。但是硫酰氟对霉菌的杀灭效果有限，无法完全替代环氧乙烷熏蒸。

硫酰氟熏蒸主要流程如下：

1）做好密封。如库房整体熏蒸，可将门窗及其他漏气孔洞粘贴塑料薄膜密封，或用帐幕将整个建筑苫盖密封；如文物单独熏蒸，可将被熏蒸文物用塑料薄膜包裹，接缝处用胶带粘接或用特制的夹条密封。

2）通过管路将硫酰氟钢瓶与密闭空间连接，或直接将钢瓶直接放入密闭空间，打开钢瓶阀门释放硫酰氟气体。气体用量为 15℃ 以上 $80g/m^3$，$0 \sim 15℃$ 时 $100g/m^3$。需要注意，钢瓶阀门应尽量开小，出气方向不能正对文物，以免污染文物；钢瓶下应垫一个接水盘，以免冷凝水污染地面。熏蒸时间需要 $48 \sim 72$ 小时。

3）熏蒸过程中，可使用硫酰氟检测器，检验密闭空间内硫酰氟浓度是否符合要求，如发生严重泄漏，应及时修补并补充硫酰氟气体。熏蒸场所附近应避免人员活动，以免发生中毒意外。

4）熏蒸结束后，应做好通风散气，用硫酰氟检测器检测，无残余硫酰氟后整个工作结束。

3.1.2　气调

气调是指通过改变储藏环境中的气体成分（主要是减少氧气和腐蚀气体含量）以达到防治害虫、霉菌和延缓品质劣变的技术。气调方法对文物安全可靠、对人体无毒无害，对环境没有污染、设备简单、操作方便，既可以用于文物的长期保存也可以用于已发现害虫的杀灭，是一种较为理想的文物害虫物理防治方法。但气调技术无法杀灭霉菌及其孢子。

关于气调技术杀灭虫害的可行性及具体参数，美国盖蒂文物保护研究中心做了详细的论证和实验工作。该实验将气调方法用于衣蛾、小圆皮蠹、家衣鱼、红斑皮蠹、火腿皮蠹、烟草甲虫、杂拟谷盗、多种蟑螂、欧洲竹粉蠹、西方干木白蚁等多种害虫，并研究了不同温湿度和气氛条件下的杀虫效果。实验表明，在温度约 26℃，相对湿度约 55%，氧气浓度低于 0.1% 的条件下，

72 小时可有效地杀灭大多数害虫，杀灭虫卵需要 8 ~ 10 天。在文物允许的情况下升高温度或降低相对湿度能够有效地提高杀虫效率。目前常用的气调方法主要包括除氧剂和充氮。

3.1.2.1　除氧剂

除氧剂是一类既可以与氧气发生反应又对文物无毒无害的材料。除氧剂在国外于 20 世纪 20 年代中期开始研究，50 年代大量用于食品工业，我国 60 年代开始研究，现已用于博物馆藏品的长期保存。除氧剂一般与文物密封包装袋配合使用，去除包装袋内的氧气、控制湿度达到文物虫害防治和长期保存的目的。

日本是最早研制除氧剂的国家，三菱气体化学公司开发了多种不同用途的除氧剂产品，其中 RP 系统是一套文物专用除氧剂保存系统。该系统由专用密封袋、除氧剂和氧指示剂组成。密封袋一般使用阻气性非常好的 ESCAL 透明材料。ESCAL 是一种连续的卷筒状密闭性封装薄膜，其保存周期比一般方法的保存周期（几年）要长得多。薄膜的密封可以使用热封口机，也可以使用专用的密封夹子。除氧剂有两种：A-Type 和 K-Type。均可使氧气浓度降低并保持在 0.1% 以下。A-Type 可以同时吸收氧气和水，使环境湿度几乎为零，适合金属物品的保存；而 K-Type 只吸收氧气不会改变环境湿度，适合书画、纺织品等有机质地的文物。一般将氧指示剂与除氧剂同时封入袋中。氧指示剂制成药片形状，颜色随环境氧浓度的改变而变化。当发现它由红变蓝时，就应当更换除氧剂或检查整个容器是否漏气。

日本三菱气体化学公司 Ageless 和意大利 FREI 公司生产的 ATCO 产品是针对食品保鲜开发的除氧剂，具有无毒无污染的特点，也有一些机构将其用于文物的除氧保存。这种除氧剂的主要成分是铁粉，要求环境湿度大于 55% 才能达到最佳除氧效果。每袋 Ageless Z2000 除氧剂可以吸收 2000ml 氧气和 7.5g 水，可以将包装内的氧气含量降至 0.1% 以下。新型的 ATCO FTM 2000 - S 除氧剂采用无硫配方，不会产生含硫的腐蚀气体，能够用于银器及其他金属器物。需要注意的是除氧剂在除氧反应过程中温度会有所升高，因此除氧剂不能直接接触对温度变化敏感的物品。Ageless-eye 是 Ageless 系列产品的氧指示剂，当氧气浓度低于 0.1% 时，Ageless-eye 为粉红色；当高于 0.5% 时，Ageless-eye 为蓝色。通过观察指示剂的变化可以了解包装是否漏气。

目前国产除氧剂中，并没有为文物专门开发的产品。但是很多食品用除氧剂同样可以用于文物的虫害防治，且价格比进口产品更为低廉。但是选择纺织品文物使用的食品除氧剂时必须注意，其除氧能力必须能够达到 0.1% 以下，且不能大幅降低密闭空间的湿度或释放对文物有害的气体。此外，不同包装薄膜材料的密封性能也不相同，铝箔的透气性最低，几乎可以完全隔绝氧气和水汽，能够长时间保持气调环境。但是铝箔是不透明的，不便于随时观察其中的物体。EVOH、PDVC、PA、PE 等聚合物材料虽然透明，但是对氧气和水汽的隔绝能力一般。ESCAL 是三菱气体化学公司开发的密封薄膜材料，它是一种聚合物和陶瓷的复合薄膜，其密封性能与铝箔相当，但是透光性能非常好，可以观察袋内的情况。

3.1.2.2　充氮

充氮方法是将文物至于密闭空间，通过制氮机（氮气发生器）产生高纯氮气，通过循环进气或抽真空置换的方法将密闭空间内的氧气排出，达到杀虫的作用。

充氮所用的密封容器不仅可以使用柔性密封袋，还可以根据实际情况选择如盒、柜等硬质密封容器，甚至可以对整个库房进行充氮处理。密封保存袋简单实用、成本低廉、操作方便、适用范围较为广泛，可用于异型文物。密封保存盒、保存柜可以根据需要制作成不同的尺寸，便于观察、展示。同时可以在密闭容器中放置检测调节装置，控制温度、湿度。

如使用密封袋、密封盒等简易密封容器，一般采用循环进气的置换方式。容器设计有进气口、出气口，进气口连接制氮机出气口，源源不断送入高纯氮气，同时由于内部压力上升，容器内原来的气体由出气口排出达到置换的目的。还可以将容器出气口与制氮机的进气口连接，进一步提高置换效率。如使用专门的氮气杀虫柜，则可用真空泵抽出容器内的空气，然后充入适宜的氮气，经过反复抽充使容器氧气含量降低到需要的指标。

制氮机的选择对于充氮杀虫的效果和效率都至关重要。首先制氮机产生的氮气纯度必须高于 99.9%。有些制氮机可以达到 99.999% 氮气纯度。其次制氮机的产气速度决定了充氮置换的效率，应在条件允许的情况下选择产气量较大的机型。

此外还必须注意，制氮机产生的氮气湿度几乎为零，不利于纺织品文物的保存，必须进行加湿处理。比较简单的方法是在密封容器内设置湿度调节装置，通入干燥氮气的同时进行湿度调节。但受到湿度调节速度、气体扩散速度等制约，容易造成湿度波动，可能对文物产生不良影响。比较理想的方法是将实时湿度控制装置与制氮机串联，将氮气湿度在输送过程中控制在合适的范围，然后再通入存有文物的密闭空间，使文物环境湿度始终保持恒定。

3.1.3 低温冷冻

低温冷冻是物理杀虫法之一。它是根据害虫的生活习性，将其置于致死低温条件下予以杀灭的方法。该方法具有杀虫效果好，不污染环境，操作简便，安全可靠等优点。与气调方法相比低温冷冻方法杀虫周期更短。1976 年，美国耶鲁大学贝尼克图书馆的科技人员，首先使用低温冷冻杀虫技术杀灭该馆的图书害虫，处理图书 37000 余册，收到了理想的效果。目前该技术在我国的图书、档案领域得到了较为广泛的应用。一般来说，纺织类、纸类、木材类、皮革类、毛皮类、羽毛类制品均可采用低温冷冻法进行杀虫处理。但是应该注意，采用低温冷冻法杀虫时，温度和湿度变化很快，有可能在不同材质间或同一种材质内产生过大的内应力，造成文物的损伤。所以对于复合材料制成的工艺品、表面有涂膜的物品、带有厚重色彩的物品、纤细、脆弱的物品、类似于出土木材的含水率高的物品，以及所有可能引起变形、开裂、剥落的物品，应慎用这一方法。

害虫对低温的耐受力主要表现为两个方面。其一是体液的过冷却现象，即由于害虫体液内含有大量的化学物质，糖和脂肪等，而体内原生质又形成一定的有机结构，从而使其体液能忍受 0℃ 以下的低温而不结冰。有资料介绍，当温度界于 −5 ～ −10℃ 时，害虫细胞会产生甘油和糖，使体液的冰点降低，避免了脱水和冰结。不同种类的昆虫和昆虫的不同虫态，过冷却点（即昆虫体液过冷却与结冰导致死亡之间的临界温度）是不同的。有研究表明，在常见文物害虫中花斑皮蠹和黑毛皮蠹对低温耐受力最强，其次是烟草甲和档案窃蠹，最不耐低温的是毛衣鱼等。

另一方面，害虫在越冬期，由于降低了体内代谢水平，提高了低温代谢的调节能力，积累了充分的营养物质，从而表现出很强的低温耐受能力。而在晚春至初秋，天气变暖，因代谢的需要，害虫御寒机制便会停止。这时如遇到低温环境，害虫只能在短时间内靠排出体内的水分和排泄物来适应。一般情况下可以适应到 -15℃的低温。因此，通常认为 -15℃是冷冻杀虫的临界温度。

需要指出的是，冷冻温度不是越低越好。因为冷冻温度越低，对被处理材质的影响就越大，因此在使用低温冷冻杀虫时，要针对害虫种类和种群密度选择适宜的冷冻温度，尽可能降低对文物质地的负面影响。此外，实际工作中还应注意下述问题：仓库害虫多表现为负趋光性，通常栖息在阴暗角落、纸张缝隙或器物内部，低温作用于虫体要经过热传递过程。若器物自身材质为热的不良导体，则在设定低温冷冻时间时，必须包括低温对器物的渗透时间。综合多方面试验研究和实际应用的结果，低温冷冻杀虫所需温度和时间的参考数据如下： -15℃冷冻 5~7 天； -20℃冷冻 3~4 天； -25℃冷冻 2~3 天； -32℃冷冻 1~2 天。

低温冷冻杀虫需注意的问题：

1）处理对象最好是单一质地的；如果是复合材质，则不同材质间的热膨胀系数应比较接近。否则，由于热胀冷缩原因，有可能在不同材质间产生过大的内应力，从而造成文物的损伤。

2）冷冻结束后要缓慢升温，待冷库内温度升至与库外相等或接近时再取出被处理文物，以免由于库内外温差过大而在文物表面产生结露。

3）如果被处理文物的材质对湿度相当敏感，为了防止由于文物含水量改变而可能造成的负面影响，最好用棉纸包一下，再用具有隔水性能的薄膜袋，如聚乙烯薄膜袋封起来，并将袋内的空气尽可能挤出。

4）鉴于文物害虫通常寄居在器物内部，冷库内一般应配备空气循环系统；一次处理的文物数量不宜过多；文物码放的密集度不宜过大。

3.2　病害图及裁剪图的绘制

3.2.1　纺织品文物保护绘图

文物保护修复绘图是一门具体的把制图学应用于文物保护修复中，用制图学的理论和技术来说明文物保护修复的基础技术。绘图工作也是记录文物信息的基本方法之一，它可以弥补文字描述不足之处给人以更为直观的视觉效果。纺织品文物相关的信息采集及研究也不例外。目前纺织品文物绘图一般采用手工绘制及计算机辅助绘图相结合的方式。

3.2.1.1　绘制内容

纺织品文物的绘制内容主要包括：病害图、纹样图、织造结构图、复原图、尺寸图、服饰裁剪缝纫图、服饰面料组成图、服饰缝纫刺绣针法图以及特殊服饰的型制图等。下面介绍几种纺织品文物保护研究中常用的绘图内容：

1）病害图

纺织品病害图是指以图形为主要特征记录表示丝织品文物病害类型的绘图形式。纺织品文物病害图主要绘制内容为：由于自然或人为等因素而导致纺织品文物在物质成分、结构构造、外貌形态上所发生的一系列不利于藏品安全或有损于藏品外貌的变化，包括动物损害、微生物损害、残缺、裂隙、糟朽、污染、粘连、皱褶、晕色、褪色、水迹、印染脱落、不当修复、饱水等病害类型。

2）纹样图

纺织品文物的纹样图是将印染、织造、编织、刺绣及手工染绘等手法呈现于纺织品文物上的图案纹样按一定比例绘制的绘图形式。针对纺织品文物中织造、编织等技法制造的面料首要绘制出单位纹样图（图4-2）。

图4-2　元代鸽子洞洞藏蓝绿底黄龟背朵花绫对襟袄面及其单位纹样图、龟背朵花纹面料图

3）织造结构图

由于纺织品文物的特有属性还要绘制其面料的织造结构，此类图主要是表明织物的纺织构造。主要分为织造图和结构图两类：织造图又叫上机图、意匠图。它由组织图，穿筘图、穿综图和提综图组成；结构图是指为了形象的表示出织物中经纬线的交织状态绘制的图样。一般以组织图和结构图为常用（图4-3）。

图4-3　河北鸽子洞洞藏棕色马尾编面罩（局部）罗纹绮面料及其组织结构示意图

4）服饰裁剪缝纫图

裁剪图即用曲、直、斜、弧线等特殊图线及符号将服饰款式造型分解展开成平面裁剪方法的图。在纺织品文物保护和研究过程中绘制的裁剪图主要是指服饰裁剪制作的结构线（图4-4）。

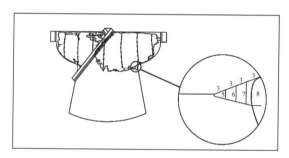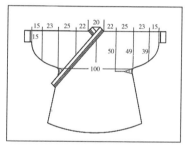

图4-4　河北省沽源县出土元代鹰纹织金锦大袖袍腋下裁剪图、缝纫裁剪图

5）复原图

纺织品文物复原图是指现存的纺织品文物，由于各种人为或自然等因素已使其性状发生改变，为了还原其最初状态而绘制的彩色或黑白图。因此，复原图带有较强的科学性和技术性，它必须具有充分的依据，建立在一定的研究基础上（图4-5）。

3.2.1.2　绘图形式

1）描图

描图是指用记号笔将文物的相关信息拓在硫酸纸或透明的聚酯薄膜上，用不同的记号线表达不同的文物状况，多用于平面类纺织品的描绘。图与实物的比例是1：1。

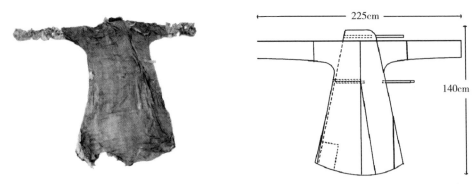

图4-5 青海出土唐代红绮大领织锦绣长袍及其裁剪尺寸复原图

2）画图

画图是指将文物的病害图、结构图、裁剪图等按一定的比例绘制于图纸上，同样是记录文物信息的一个重要方面。对于绘图来说为了达到所绘的文物与线图比例、尺寸等达到基本吻合，一般采用坐标纸，又称米格纸来绘制。

3）计算机绘图

由于计算机绘图具有出图精度高、图形文件便于管理、修改等特点，因此在考古及文保工作中得以应用并日趋成熟。计算机绘图软件大致可分为两大类，一类是位图图像软件，以 Photoshop 和 Painter 等为代表，它们在技术上被称为栅格图像，最基本的单位是像素；另一类是矢量图形软件，以 Corel-DRAW、AutoCAD、FreeHand 和 Adobe Illustrator 等为代表。目前国内使用较多的是 AutoCAD 和 Photoshop。这两类软件各有优势，可根据图像文件的需要和操作人员的个人能力选择用之。位图软件优势是图像细腻平滑、清晰度高；矢量图软件具备任意缩放不影响图形的清晰度和光滑性的特点，并占用的存储空间较小，在出版中具有专业优势。

3.2.1.3 绘图工具

分为传统绘制工具与计算机辅助绘图工具及软件。

1）传统绘图工具

传统绘图也就是手工绘图，工具一般采用比例尺、综合绘图尺、扫描仪、绘图工作台、坐标纸、硫酸纸或透明的聚酯薄膜、油性笔、铅笔、墨线笔等。

在此值得一提的是，聚酯薄膜坚韧耐久，强度高，有较高的透明度和尺寸稳定性，经加工处理后可以得到无光泽表面的绘图薄膜和感光薄膜。聚酯绘图薄膜对墨和铅笔有很好的接受能力，并且有可以控制的透明度；聚酯感光薄膜用于文物保护修复绘图中，具有许多优越。

2）计算机绘图工具及软件

（1）硬件：性能良好的计算机、扫描仪、打印设备、绘图板等。随着科技的迅猛发展，硬件设备不断更新，可选择性价比高也简单易上手的计算机及相关设备。

（2）软件：计算机图形处理软件 Photoshop、Illustrator、CorelDRAW、AutoCAD 等。每个软件各有优势，可结合实际需要，多个软件结合使用。

3.2.2　古代服饰的主要类型特征及定名

古代的服装，依穿着场合，主要可分为：礼服、朝服、常服三类，每类又可分几种，原则是地位愈高的人，得以穿的种类愈多，可以用的颜色愈多。在过去数千年的历史里，各朝各代都有独特的服饰特征及色彩。

3.2.2.1　商周服饰

1）商周贵族服饰

这个时期的织物颜色，以暖色为多，尤其以黄红为主，间有棕色和褐色。以朱砂和石黄制成的红黄二色，比其他颜色更鲜艳，渗透力也较强，所以经久不变并一直保存至今。商周时期的染织方法往往染绘并用，尤其是红、黄等正色，常在织物织好之后，再用画笔添绘。

2）东周男子服饰

这个时期还没有纽扣，一般在腰间系带，有的在带上挂玉制饰物。当时的腰带主要有两种：一种以丝织物制成，叫"大带"或"绅带"；另一种以皮革制成，叫"革带"。周代服饰大致沿袭商代服制，只是略有变化，衣服的样式比商代略宽松，衣袖有大小两式，领子通用矩领。

3）战国妇女服饰

楚墓出土的战国中期服饰实物，有绢、罗、锦、纱、绦等各种衣着十余件。锦袍前身、后身及两袖各为一片，每片宽度与衣料本身的幅度大体相等。右衽、交领、直裾。衣身、袖子及下摆等部位均平直。领、袖、襟、裾均有一道缘边，袖端缘边较为奇特，通常用两种颜色的彩条纹锦镶沿。

曲裾深衣除了上衣下裳相连这一特点之外，还有一明显的不同之处，叫"续衽钩边"。"衽"就是衣襟。"续衽"就是将衣襟接长。"钩边"就是形容衣襟的样式。它改变了过去服装多在下摆开衩的裁制方法，将左边衣襟的前后片缝合，并将后片衣襟加长，加长后的衣襟形成三角，穿时绕至背后，再用腰带系扎。

3.2.2.2 秦汉服饰

1）秦汉皇帝服饰

冕冠，是古代帝王参加祭祀典礼时所戴礼冠。用作皇帝、公侯等所穿的祭服。冕冠的顶部，有一块前圆后方的长方形冕板，冕板前后垂有"冕旒"。冕旒依数量及质料的不同，是区分贵贱尊卑的重要标志。汉代规定，皇帝冕冠为十二旒（即十二排），为玉制。冕冠的颜色，以黑为主。按规定，凡戴冕冠者，都要穿冕服。冕服以玄上衣、朱色下裳，上下绘有章纹。此外还有蔽膝、佩绶、赤舄等。组成一套完整的服饰。这种服制始于周代，历经汉、唐、宋、元诸代，一直延续到清代，绵延两千多年（图4-6）。

图4-6　秦汉皇帝服饰

2）秦汉时期男子服饰

秦汉时期的男子服装，以袍为贵。袍服一直被当作礼服，它们基本样式，以大袖为多，袖口有明显的收敛，领、袖都饰有花边。袍服的领子以袒领为主，大多裁成鸡心式，穿时露出内衣。袍服下摆，常打一排密裥，有的还裁制成月牙弯曲状。服装样式大致分为曲裾、直裾两种，曲裾，即为战国时期流行的深衣（图4-7）。到东汉，男子穿深衣者已经少见，一般多为直裾之衣，但并不能作为正式礼服。

图 4 - 7　汉代男子的曲裾深衣

3）秦汉妇女服饰

曲裾深衣是秦汉女服中最为常见的一种服式。这种服装通身紧窄，长可曳地，下摆一般呈喇叭状，行不露足。衣袖有宽窄两式，袖口大多镶边。衣领部分很有特色，通常用交领，领口很低，以便露出里衣。如穿几件衣服，每层领子必露于外，最多的达三层以上，时称"三重衣"。

汉代宽袖绕襟深衣，衣服几经转折，绕至臀部，然后用绸带系束，衣上还绘有精美华丽的纹样。

汉代的直裾男女均可穿着。这种服饰早在西汉时就已出现，但不能作为正式的礼服。原因是古代裤子皆无裤裆，仅有两条裤腿套到膝部，用带子系于腰间。这种无裆的裤子穿在里面，如果不用外衣掩住，裤子就会外露，这在当时被认为是不恭不敬的事情。所以外要穿着曲裾深衣。以后，随着服饰的日益完备，裤子的形式也得到改进，出现有裆的裤子。由于内衣的改进，曲裾绕襟深衣已属多余，所以至东汉以后，直裾逐渐普及，并替代了深衣。

襦裙是中国妇女服装中最主要的形式之一。自战国直至清代，前后两千多年，尽管长短宽窄时有变化，但基本形制始终保持着最初的样式。到了汉代，由于深衣的普遍流行，穿这种服式的妇女逐渐减少。这个时期的襦裙样式，一般上襦极短，而裙子很长。

3.2.2.3 魏晋南北朝时期

1）魏晋南北朝时期的男子服饰

魏晋南北朝时期的男子服饰，有两种形式：一为汉族服式，承袭秦汉遗制；一为少数民族服饰，袭北方习俗。汉族男子的服饰，主要有衫。衫和袍在样式上有明显的区别，照汉代习俗，凡称为袍的，袖端应当收敛，并装有袪口。而衫子却不需施袪，袖口宽敞。衫由于不受衣袪等部约束，魏晋服装日趋宽博，成为风俗，并一直影响到南北朝服饰，上自王公名士，下及黎庶百姓，都以宽衫大袖，褒衣博带为尚。从传世绘画作品及出土的人物图像中，都可以看出这种情况。除衫子以外，男子服装还有袍襦，下裳多穿裤裙。

裤褶是北方游牧民族的传统服装，基本款式为上身穿齐膝大袖衣，下身穿肥管裤。面料常用较粗厚的毛布来制作。穿裤和短上襦，合称襦裤，但贵族必须在襦裤外加穿袍裳，只有骑马者、厮徒等从事劳动的人才直接把裤露在外面。南北朝的裤有大口裤和小口裤，以大口裤为时髦，穿大口裤行动不便，故用锦带将裤管缚住，又称缚裤。

2）魏晋南北朝时期的妇女服饰

魏晋南北朝时期，深衣已不被男子采用，但在妇女中却仍有人穿着。这种服装与汉代相比，已有较大的差异。比较典型的，是在服装上饰以"纤髾"。所谓"纤"，是指一种固定在衣服下摆部位的饰物。通常以丝织物制成，其特点是上宽下尖形如三角，并层层相叠。所谓"髾"，指的是从围裳中伸出来的飘带。由于飘带拖得比较长，走起路来，如燕飞舞。到南北朝时，这种服饰又有了变化，去掉了曳地的飘带，而将尖角的"燕尾"加长，使两者合为一体。

魏晋南北朝时期妇女的衫裙都以宽博为主，其特点为：对襟，束腰，衣袖宽大，并在袖口、衣襟、下摆缀有不同色的缘饰，下着条纹间色裙，腰间用一块帛带系扎。当时妇女的下裳，除穿间色裙外，还有其他裙饰，有绛纱复裙、丹碧纱纹双裙、丹纱杯文罗裙等名色。可见女裙的制作已很精致，质料颜色也各不相同。

3.2.2.4 隋唐五代服饰

1）襦裙和披帛

襦裙是隋唐妇女的主要服式。在隋代及初唐时期，妇女的短襦都用小袖，下着紧身长裙，裙腰高系，一般都在腰部以上，有的甚至系在腋下，并以丝带系扎，给人一种俏丽修长的感觉。披帛，又称"画帛"，通常一轻薄的纱罗制成，上面印画图纹。长度一般为 2m 以上，用时将它披搭在肩上，并盘绕于两臂之间。走起路来，不时飘舞，十分美观。

2）隋唐半臂

半臂，又称"半袖"，是一种从短襦中脱胎出来的服式。一般为短袖、对襟，衣长与腰齐，并在胸前结带。样式还有"套衫"式的，穿时由头套穿。半臂下摆，可显现在外，也可以像短襦那样束在里面。从传世的壁画、陶俑来看，穿着这种服装，里面一定要穿内衣（如半臂），而不能单独使用（图4-8、4-9）。

图 4-8　隋唐襦裙、半臂穿戴展示图　　图 4-9　袒领套衫半臂及襦裙（唐代壁画）

3）中唐女服

基本样式大致未变。

4）晚唐女服

盛唐以后，女服的样式日趋宽大。到了晚唐，一般妇女服装，袖宽往往四尺以上。宽袖对襟衫、长裙、披帛是中晚唐之际的贵族礼服，一般多在重要场合穿着，如朝参、礼见及出嫁等。穿着这种礼服，发上还簪有金翠花钿，所以又称"钿钗礼衣"。

5）回鹘装

回鹘是西北地区的少数民族，即现在的维吾尔族的前身。回鹘装在中晚唐贵族妇女及宫廷妇女中广为流行。

回鹘装的基本特点略似男子的长袍，翻领，袖子窄小而衣身宽大，下长曳地。颜色以暖色调为主，尤喜用红色。材料大多用质地厚实的织锦，领、袖均镶有较宽阔的织金锦花边。穿着这种服装，通常都将头发挽成椎状的髻式，称"回鹘髻"。髻上另戴一顶缀满珠玉的桃形金冠，上缀凤鸟。两鬓一般还插有簪钗，耳边及颈项各佩许多精美的首饰。足穿翘头软锦鞋。

3.2.2.5　宋朝服饰

宋朝历史以平民化为主要趋势，服装也质朴平实，反映时代倾向。宋代的服装，其服色、服式多承袭唐代，只是与传统的融合做得更好、更自然，给人的感觉是恢复中国的风格。

1）宋朝官服

宋朝官服与前代相仿：分为朝服、祭服、公服、戎服、丧服和时服。朝服：朝服是红衣红裳，内穿白色罗质中单，外系罗料大带，并有绯色罗料蔽膝，身挂锦绶、玉钏，下着白绫袜黑皮履。

2）宋朝的男装

男装大体上沿袭唐代样式，一般百姓多穿交领或圆领的长袍，做事的时候就把衣服往上塞在腰带上，衣服是黑白两种颜色。当时退休的官员、士大夫多穿一种叫作"直掇"的对襟长衫，袖子大大的，袖口、领口、衫角都镶有黑边，头上再戴一顶方桶形的帽子，叫作"东坡巾"。

3）宋朝的女装

宋代女子服装分三种：一为自皇后、贵妃至各级命妇所用的公服，一为平民百姓所用的吉凶服称礼服；一为日常所用的常服。继承唐装，女服仍以衫、襦、袄、背子、裙、袍、褂、深衣为主。绝大部分是直领对襟式，无带无扣，颈部外缘缝制着护领。服式采用衣袖相连的裁剪方式。

3.2.2.6　辽金元服饰

1）辽代北班服饰

辽代服装以长袍为主，男女皆然，上下同制。一般都是左衽、圆领、窄袖。袍上有疙瘩式纽襻，袍带于胸前系结，然后下垂至膝。长袍的颜色比较灰暗，有灰绿、灰蓝、赭黄、黑绿等几种，纹样也比较朴素。贵族阶层的长袍，大多比较精致，通体平锈花纹。

2）金代贵族服饰

金代的装饰图案喜用禽兽，尤喜用鹿。

3）元代服饰

（1）元代贵族便服

元代贵族袭汉族制度，在服装上广织龙纹。元代蒙古族男子，戴一种用藤篾做的"瓦楞帽"，有方圆两种样式，顶中装饰有珠宝。

（2）元代贵族织金服饰

元代服装大量用金，超过以往历代。织物加金，早在秦代以前就已出现。至于汉族服饰上得到运用，时间大约在东汉或东汉以后，而且主要在宫廷中使用。直到魏晋南北朝以后，服饰织金的风气才在全国范围内普及。宋代贵族服饰用金，在技术上已发展到了十八种之多。辽、金统治地区织金技术也有很大进步，尤以回鹘族地区最为流行，所织衣料最为精美。元代继辽、金之后，在织物上用金更胜于前代。

3.2.2.7　明朝服饰

1）皇帝与皇后的服饰

（1）明代皇帝常服

常服样式为盘领、窄袖、前后及两肩绣有金盘龙纹样，玉带皮靴。服装以黄色的绫罗上绣龙、翟纹及十二章纹。明代的龙，形象更加完善，它集中了各种动物的局部特征，头如牛头、身如蛇身、角如鹿角、眼如虾眼、鼻如狮鼻、嘴如驴嘴、耳如猫耳、爪如鹰爪、尾如鱼尾等等。除传统的行龙、云龙之外，还有团龙、正龙、坐龙、升龙、降龙等名目（图 4 - 10）。

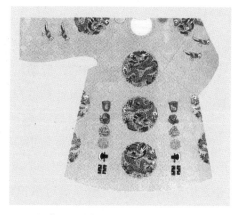

图 4 - 10　服装上所绣的团龙中，就有升龙、降龙两种

（2）皇后大袖衣、霞帔

皇后常服为戴龙凤珠翠冠、穿红色大袖衣，衣上加霞帔，红罗长裙，红褙子，首服特髻上加龙凤饰，衣绣有织金龙凤纹。

霞帔是一种帔子，它的形状像两条彩练，绕过头颈，披挂在胸前，下垂一颗金玉坠子。霞帔早在南北朝时期就已出现，隋唐以后，人们常赞美这种服饰美如彩霞，所以有了霞帔的名称。到了宋代，已正式将它用作礼服，并随着品级的高低在刺绣纹样而有所不同。

2）明代妇女服饰

明代妇女的服饰，主要有衫、袄、霞帔、背子、比甲及裙子等。衣服的基本样式，大多仿自唐宋，一般都为右衽，恢复了汉族的习俗。

背子，有宽袖背子、窄袖背子。窄袖背子，则袖口及领子都有装饰花边，领子花边仅到胸部。宽袖背子只在衣襟上以花边作装饰，并且领子一直通到下摆。

比甲，为对襟、无袖，左右两侧开衩。明代比甲大多为年轻妇女所穿。到了清代，这种服装更加流行，并不断有所变革，后来的马甲就是在此基础上经过加工改制而成的。

图4-11　襦裙及腰裙

明代襦裙，上襦下裙的服装形式在明代妇女服饰中仍占一定比例。上襦为交领、长袖短衣。裙子有纹饰但并不明显，至崇祯初年，裙子多为素白，即使刺绣纹样，也仅在裙幅下边一、二寸部位缀以一条花边，作为压脚。裙幅初为六幅，即所谓"裙拖六幅湘江水"；后用八幅，腰间有很多细褶，行动辄如水纹。到了明末，裙子的装饰日益讲究，裙幅也增至十幅，腰间的褶裥越来越密，每褶都有一种颜色，微风吹来，色如月华，故称"月华裙"。腰带上往往挂上一根以丝带编成的"宫绦"，一般在中间打几个环结，然后下垂至地，有的还在中间串上一块玉佩，借以压裙幅，使其不至散开影响美观。明代襦裙与唐宋襦裙没有什么差别，只是在年轻妇女中常加一条短小的腰裙以便活动，有些侍女丫鬟也喜欢这种装束（图4-11）。

3.2.2.8　清代服饰

1）清代皇帝服饰

清代皇帝服饰有朝服、吉服、常服、行服等。皇帝朝服及所戴的冠，分冬夏二式。冬夏朝服区别主要在衣服的边缘，春夏用缎，秋冬用珍贵皮毛为缘饰之。朝服的颜色以黄色为主，以明黄为贵，只有在祭祀天时用蓝色，朝日时用红色，夕月时用白色。朝服的纹样主要为龙纹及十二章纹样。一般在正前、背后及两臂绣正龙各一条；腰帷绣行龙五条襞积（折裥处）前后各绣团龙九条；裳绣正龙两条、行龙四条；披肩绣行龙两条；袖端绣正龙各一条。十二章纹样为日、月、星辰、山、龙、华虫、黼、黻八章在衣上；其余四种藻、火、宗彝、米粉在裳上，并配用五色云纹。

2）清代后妃服饰

皇后的朝服由朝冠、朝袍、朝褂、朝裙及朝珠等组成。朝袍以明黄色缎子制成，分冬夏两类，冬季另加貂缘。朝袍的基本款式是由披领、护肩与袍身组成。披领也绣龙纹。穿朝袍时必须与朝褂配套，朝褂是穿在朝袍之外的服饰，其样式为对襟、无领、无袖，形似背心。上面也绣有龙云及八宝平水等纹样（图 4 - 12）。

皇后常服样式为圆领、大襟，衣领、衣袖及衣襟边缘，都饰有宽花边，只是图案有所不同。本图展示的服装纹样为凤穿牡丹，整件服装在鲜艳的蓝色缎地上，绣八只彩凤，彩凤中间，穿插数朵牡丹（图 4 - 13）。

图 4 - 12　清代乾隆皇后所穿的明黄
　　　　　　缎绣五彩云金龙朝袍

图 4 - 13　皇后常服

清代宫廷妇女氅衣与衬衣款式大同小异。衬衣为圆领、右衽、捻襟、直身、平袖、无开气的长衣。氅衣则左右开衩开至腋下，开衩的顶端必饰有云头，且氅衣的纹样也更加华丽，边饰的镶滚更为讲究。纹样品种繁多，并有各自的含义。

3）清代男子服饰

清代男子服装主要有袍服、褂、袄、衫、裤等。袍褂是最主要的礼服。其中有一种行褂，长不过腰，袖仅掩肘，短衣短袖便于骑马，所以叫"马褂"。马褂的形制为对襟、大襟和缺襟（琵琶襟）之别。对襟马褂多当礼服。大襟马褂多当作常服，一般穿袍服外面。缺襟（琵琶襟）马褂多作为行装。马褂多为短袖，袖子宽大平直。颜色除黄色外，一般多一天青色或元青色作为礼服。其他深红、浅绿、酱紫、深蓝、深灰等都可作常服。

4）清代其他妇女服饰

（1）清代命妇礼服

霞帔是宋代以来妇女的命服，随品级的高低而不同。清代命妇礼服，承袭明朝制度，以凤冠、霞帔为之。清代霞帔演变为阔如背心，霞帔下施彩色旒苏，是诰命夫人专用的服饰。中间缀以补子，补子所绣样案图纹，一般都根据其丈夫或儿子的品级而定，唯独武官的母、妻不用兽纹而用鸟纹（图4-14）。

云肩为妇女披在肩上的装饰物，五代时已有，为四合如意形，明代的妇女作为礼服上的装饰，清代妇女在婚礼服上也用。清末江南妇女梳低垂的发髻，恐怕衣服肩部被发髻油腻沾污，故多在肩部戴云肩。贵族妇女所用云肩，制作精美，有的剪裁为莲花形，或结线为璎珞形，周围垂有排须（图4-15）。

图4-14 霞帔

图4-15 晚清云肩实物

（2）清代汉族妇女服饰

清代汉族妇女服饰变化较男服为少。后妃命妇，仍承明俗，以凤冠、霞帔作为礼服。普通妇女则穿披风、袄裙。

披风是清代妇女的外套，其制为对襟、大袖、下长及膝。披风之上，装有低领，点缀着各式珠宝。披风的里面，还有大襟、大袄小袄，小袄是妇女的贴身内衣，颜色大多用红、桃红、水红之类。妇女的下裳，多为裙子，颜色以红为贵。裙子的样式，初期尚保存着明代习俗，有凤尾裙及月华裙等。清末，在普通妇女中间，还流行穿裤。裤子的样式也有变化，初为大裤管，后逐渐改为小裤管，裤口镶有花边。从光绪年间起，由于裤子的流行，妇女穿裙的逐渐少见。

清代汉族妇女服饰中，裙子除朝裙外，一般妇女的裙子没有什么规定。清初崇尚"百裥裙"。在康熙、乾隆年间又流行"凤尾裙"。到咸丰、同治年间又出现一种叫"鱼鳞百裥裙"。到中期以后，有用西洋印花布为裙，此外还有"凤凰裙""百蝶裙"等。在汉族妇女中，红裙仍为喜庆时所穿着。婚嫁、节日庆典都可穿用。

（3）清代满族妇女服饰

清代满族妇女所穿的旗装长袍外面常加罩一件马甲，或叫"背心""坎肩"或"半臂"。这是满族妇女十分喜爱的装束。这种马甲与男式马甲一样，也有大襟、一字襟、对襟及琵琶襟等形制，长度多到腰际，并缀有花边（图4－16）。

3.2.3　古代服饰的部位名称及特点

1）战国时期的妇女曲裾深衣（图4－17）

2）秦汉时期女性服饰（图4－18）

3）魏晋南北朝时期的妇女衫裙（图4－19）

4）隋唐时期女性服饰（图4－20）

5）宋朝时期女性服饰（图4－21）

6）元朝时期女性服饰（图4－22）

7）明朝时期女性服饰（图4－23）

图4－16　琵琶襟马甲
（传世实物）

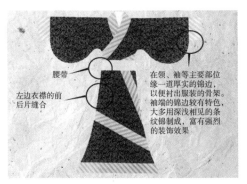

腰带

左边衣襟的前后片缝合

在领、袖等主要部位缘一道厚实的锦边，以便衬出服装的骨架。袖端的锦边较有特色，大多用深浅相见的条纹锦制成，富有强烈的装饰效果

图 4 – 17　战国时期妇女曲裾深衣特点

通常用交领、领口很低，以便露出里衣

腰带

衣体通身紧窄

衣袖有宽窄两式，袖口大多镶边

衣服长可曳地，下摆一般呈喇叭状，行不露足

图 4 – 18　秦汉时期女性服饰特点

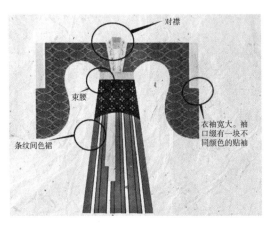

对襟

束腰

条纹间色裙

衣袖宽大。袖口缀有一块不同颜色的贴袖

图 4 – 19　魏晋南北朝时期妇女衫裙特点

窄袖衫

套半臂

下身着长裙

肩加披帛

图 4 – 20　隋唐时期女性服饰特点

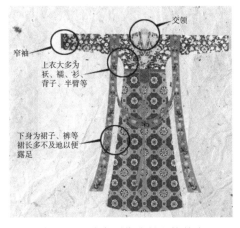

窄袖

上衣大多为袄、襦、衫、背子、半臂等

下身为裙子、裤等裙长多不及地以便露足

交领

图 4 – 21　宋朝时期女性服饰特点

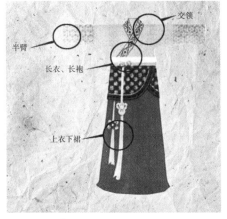

半臂

长衣、长袍

上衣下裙

交领

图 4 – 22　元朝时期女性服饰特点

3.2.4　裁剪工具及服饰测量

3.2.4.1　裁剪缝制工具

1）尺子：皮尺用于测量人体尺寸，直尺用于绘制裁剪图，单位为厘米。

2）剪刀：裁剪面料选用专用裁剪剪刀，纱线剪用于缝制服饰时使用。

3）手针：根据面料的薄厚选用不同的针号。

4）线：常用种类有棉线、丝线、涤纶线。

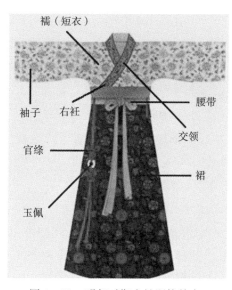

图 4 - 23　明朝时期女性服饰特点

3.2.4.2　服饰测量

测量前注意事项：将服饰的衣片各部位摆平整，前后肩袖缝呈水平状，前衣襟摆正并左右对称，根据样式采集部位数据（图 4 - 24）。

1）衣长（125cm）：肩侧脖根处垂直量至衣摆的长度。

2）胸围（100cm）：腋下水平围量一周的宽度。

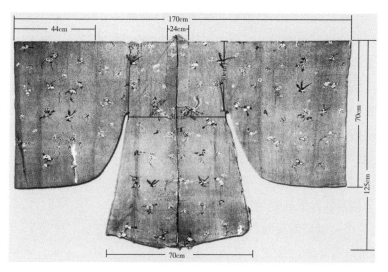

图 4 - 24　服饰测量

3）出手（170cm）：右袖口水平量至左袖口的宽度。

4）袖根宽（30cm）：肩侧脖根处垂直量至腋下的长度。

5）领口宽（24cm）：右领口水平量至左领口的宽度。

6）下摆围（140cm）：右下摆水平量至左下摆的宽度。

7）拼袖缝（44cm）：袖口边水平量至袖缝的宽度。

8）袖口（70cm）：前后肩连缝呈水平状沿袖口边垂直向下量至袖口的长度。

3.2.5　裁剪图绘制方法

3.2.5.1　中衣的绘制方法

上衣的形制基本相同，此图可做任何中衣、外衣。根据式样的要求在袖长、袖型、衣长上略有变化。中衣可做得贴身，袖长量至指尖，袖型为箭袖。上衣衣身为宽松状，袖型为直袖、袖长过手10cm左右。

参考成衣尺寸：衣长68cm，胸围92cm，肩袖长78cm，领口宽8cm，袖口14cm。

制图步骤：

1）下平线：根据衣长尺寸画上下平线，上平线为连折线。

2）前中线：画垂直于上平线的垂直线。

3）袖窿深线：胸围/6 + 7cm，上平线向下画22.5cm。

4）胸围线：胸围/4，由前中心线向右画23cm。

5）领宽：根据领宽尺寸，由上平线与前中线的交点处向右画8cm。

6）前右衿：前中线向左襟胸围/4，再缩进2~6cm。

7）后领口向下凹2cm，依次画出领部及前门襟的曲线。

8）根据袖口宽度及袖根部形状，依次画出袖子和衣身的曲线。

9）肩袖长：根据肩袖长尺寸由前中线向右画78cm。

10）袖口：根据袖口尺寸由上平线向下画14cm。

11）前后袖片形状完全一致，可将纸样沿上平线折叠（注意将前后中心线对齐），依照前片形状复制出后片。

12）领子：测量前后领口弧线总长，作为领子的长度。领宽5~7cm，领子的轮廓可以有轻微的弧度，是领子更贴合颈部，如想要领子有不贴合颈部的感觉，直接采用矩形领即可（图4-25）。

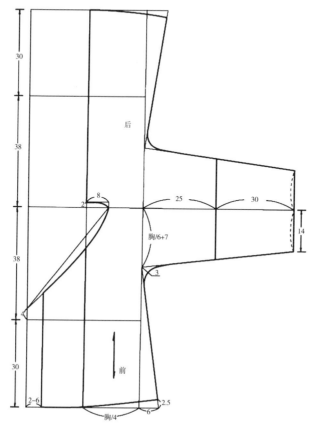

图 4 - 25　上衣裁剪图

3. 2. 5. 2　大袖衫的绘制方法

参考成衣规格：衣长：64cm，胸围：100cm，肩袖长：72cm，袖窿深：22cm，袖口：64cm，领宽：9cm，后领深：1cm。

制图步骤：

1）下平线：根据衣长 64cm 尺寸画上下平线，上平线为连折线。

2）前中线：画垂直于上平线的垂直线。

3）袖窿深线：胸围/4 减 2～3cm，上平线向下画 22cm。

4）胸围线：胸围/4，由前中心线向右画 25cm。

5）领宽：根据领宽尺寸，由上平线与前中线的交点处向右画 9cm。

6）前门襟：前中线向右 4～5cm。

7）后领口向下凹 1～2cm，依次画出领部及前门襟的曲线。

8）根据袖口宽度及袖根部形状，依次画出袖子和衣身的曲线。

9）前后袖片形状完全一致，可将纸样沿上平线折叠（注意将前后中心线对齐），依照前片形状复制出后片。

10）领子：测量前后领口弧线总长，作为领子的长度。领宽5~7cm，领子的轮廓可以有轻微的弧度，是领子更贴合颈部，如想要领子有不贴合颈部的感觉，直接采用矩形领即可。

11）袖口：根据袖口尺寸由上平线向下画64cm（图4－26）。

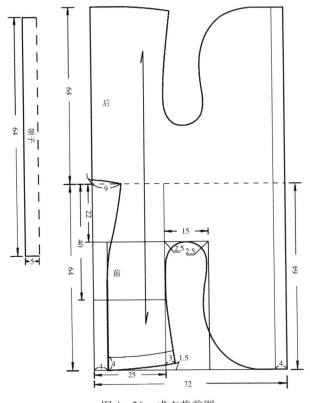

图4－26　成衣裁剪图

3.2.5.3　曲裾服的绘制方法

根据款式要求测量人体各部位尺寸：

1）腰长：肩侧脖根处量至腰间最细处。

2）腋下胸围：水平围量腋下胸围丰满处一周略加放松量。

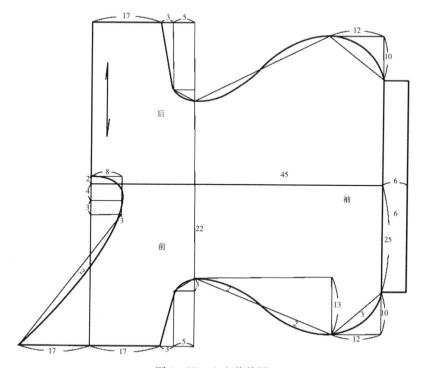

图 4 - 27 上衣裁剪图

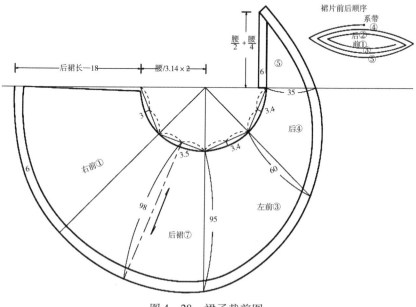

图 4 - 28 裙子裁剪图

3）腰围：水平围量至腰围最细处一周略加放松量。

4）裙长：腰间最细处量至地面。

5）肩袖长：第七颈椎沿肩量至指尖长。

6）袖口：围量至手围一周加放松量。

7）领口宽：左右肩侧脖根处的宽度。

参考成衣尺寸：腰长：38cm，腋下胸围：80cm，腰围：68cm，裙长：98cm，肩袖长：76cm，袖口：25cm，领口宽：8cm。

制图步骤：

1）上平线：上平线为水平线。

2）前中线：画垂直于上平线的垂直线。

3）腰长：根据腰长尺寸由上平线向下画38cm。

4）袖窿深线：4/1胸围+2cm，上平线向下画22cm。

5）胸围线：胸围4/1由前中心线向右画20cm。

6）领宽：根据领宽尺寸，由上平线与前中线的交点处向右画8cm。

7）前右衿：前中心线向左画17cm。

8）后领口：水平线向后下凹2cm，依次画出领部及前门襟的曲线。

9）肩袖长：根据肩袖长尺寸由前中线向右画76cm。

10）袖缘：宽6cm，长25cm。

11）根据袖口宽度及袖根部形状，依次画出袖子和衣身的曲线。

12）前后袖片形状完全一致，可将纸样沿上平线折叠（注意将前后中心线对齐），依照前片形状复制出后片（图4-27）。

13）裙子制图可参照图示（图4-28）。

3.3 纺织品文物形变恢复与揭展

在纺织品文物保护修复中，常见到织物存在扭曲、褶皱、折叠等类型的形变甚至织物层层紧密粘连的病害，织物形变处的纤维长期处于扭曲形变状态，织物纤维在形变位置所承受的压力很大，纤维长期处于这种疲劳状态将导致纤维强度降低、断裂、酥粉等病害，所产生的形变若不及时处理将最终形成不能自行恢复的形变。因而，形变织物矫正以及粘连织物揭展对织物的稳定保存具有十分重要的意义。纺织品文物常见粘连等各类型形变病害。在考古出土纺织品上，这些形变有的与埋藏时折叠存放有关，有的与出土后保存或展览使用不规范有关，另外还有一部分形变与织物本身的功用结构有关，不属于织物因受外界扰动而产生的形变病害，对这一类形变的去除要慎重对待。

以下将主要介绍纺织品尤其是丝绸文物的形变及其恢复技术相关内容，主要涉及织物形变的产生类型、织物形变机理、织物形变恢复机理、形变恢复技术、粘连织物揭展技术、形变恢复技术选用评估方法以及形变恢复技术的应用规范等。

3.3.1　纺织品文物形变及形变恢复机理

丝绸文物所呈现的形变是众多丝绸纤维形变的综合体现，其形变规律也遵从丝绸纤维形变的机理。常见的丝绸文物形变包括织物折叠、褶皱、卷曲、扭曲、粘连、挤压和拉伸变形等。丝绸文物在墓葬埋藏时，可能经折叠存放，出土时织物已长期处于不可自行恢复的折叠型塑性形变状态。例如，法门寺地宫出土的丝绸衣物，经折叠后层层摞放，存放在箱箧内，出土时折叠粘连现象较为普遍，折叠处纤维老化严重，强度和韧性较差。另外，有些墓葬曾遭盗扰，织物碎片经扰动后，随意折叠卷曲，散落在墓葬内，出土时织物的折叠、扭曲、卷曲现象较多。丝绸文物在出土后的保存过程中，受保存空间或保存方式的影响，出现折叠扭曲的现象也较多，由于丝绸文物的老化导致纤维的回弹能力显著下降，这类织物形变也不可能自行恢复。织物和服饰在展览过程中，由于包装、支撑和固定手段不规范，展品长期不更换，导致织物纤维长期处于疲劳状态，不断给敏感部位施加负荷，最终导致织物出现不可自行恢复的塑性形变。有些织物受外力拉扯或挤压，导致纤维在拉扯方向伸长，直至断裂，或在挤压方向尺寸紧缩，经纬线紧密靠拢，此类形变的出现除了导致织物的形状尺寸变化外，还有可能导致其纹样图案发生扭曲和形变，影响到织物的外观呈现。

3.3.1.1　织物形变机理

绝大部分的织物形变是由于织物纤维形变引起的，少数形变是由于织物纤维以外的其他附属材质或结构影响所致，例如金属线的扭曲变形导致的织物形变，织物刺绣及表面贴饰变形导致的织物整体形变等等。了解织物纤维形变机理是解决织物形变问题的核心，其他非常规类的形变应该探寻针对性的方案分类解决。

　　根据纤维科学理论可知，丝绸纤维属于线性高分子链，在无定形区中，高分子链的构象变化是不自由的，分子链段的变形受到相邻分子链间次价键力的作用，纤维受外力影响后的形变主要发生在无定形区。在取向性和结晶度高的区域，纤维的强度大，形变能力小，纤维受外力后的形变在这些区域发生的比较少。纤维具有在外力负荷作用下产生形变，并在负荷去除后全部或部分恢复到原来尺寸和形状的能力，这种性能称为回弹性。可恢复的弹性变形是拉伸分子内或分子间结合键的作用，不可恢复的塑性变形是由于结合键在外力作用下断裂，后又在新位置上形成新的结合键，新形成的次价键对纤维回弹有一定阻滞作用，因而导致纤维无法恢复到原来的状态（图4－29）。从弹性恢复时间的角度，可以将纤维的形变分为急弹性形变、缓弹性形变和塑性形变三种类型。

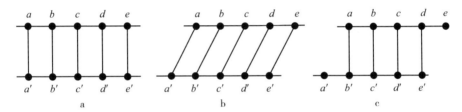

图4－29　弹性和塑性形变的分子机理示意图
a. 初始构型　b. 弹性变形　c. 在新位置形成连接键的塑性变形

　　在外力作用下，组成纤维的大分子单基间平均距离将会增大，即分子内主价键或分子间的次价键发生距离和角度变化，在此过程中外力所做的功以形变能存储在纤维内部。当外力去除后，形变能可以使纤维分子中各个原子间的距离恢复到原来的平衡位置，纤维的形变全部消失，这一过程会在外力去除后5秒或30秒之内发生，对纤维的外形影响很小，这类形变称为急弹性形变。老化严重的丝绸纤维的急弹性形变能力一般较差。

　　非结晶区的大分子链，在外力作用下，将会发生从弯曲至伸展，并沿外力场方向进行配置的变化。在这一过程中，需要克服分子间和分子内的远程和近程的次价力，因而过程相对缓慢。在外力去除后，大分子链通过链节的热运动而重新取得卷曲构象，分子链的链段也同样需要克服各种远程和近程的次价力，这一过程也同样缓慢。若部分伸展的分子链之间形成了新的次价力，在外力消除后形变恢复的过程中，需要切断这部分作用力，其形变恢复的过程会更长。这一类的形变可称为缓弹性形变。在 30 秒到 2 分钟之内，能够恢复的纤维形变，可称为缓弹性形变。

当外力强度过大或作用时间足够长时，丝绸纤维大分子链之间就会形成不可逆的位移，分子间的原有氢键大部分断裂，新的氢键在新位置上形成，在新位置上形成的氢键其结合力大于因链节的热运动而卷曲的回缩力，这时就会在大分子间形成不可恢复的形变，可称为塑性形变。在 2 分钟或 30 分钟或更长时间内都不能自行恢复的形变，可称为塑性形变。褶皱、扭曲等形变都是丝绸文物上常见的塑性形变类型，纤维老化越严重，其发生塑性形变后恢复难度愈大。

3.3.1.2 影响丝绸纤维形变的因素

影响纤维形变恢复能力的因素有很多，其中纤维结构是主要因素，温度和湿度对此也有复杂影响。例如，羊毛纤维大分子链呈 α 螺旋结构并有二硫键的作用使分子链间组成交联网络，不易发生塑性流动，因而弹性较好。在现实中也会发现毛织物的褶皱粘连现象要远远少于丝织物，而且其形变经回潮处理也比较容易恢复。蚕丝纤维在相对湿度 60% 条件下，弹性恢复率随伸长度的增加而降低的速率不像棉纤维那样显著，而且在相对湿度提高到 90% 时，在同样的伸长率条件下，其弹性恢复率要比相对湿度 60% 时显著提高。从这一点，也说明了蚕丝纤维可以通过提高环境湿度条件，而增加纤维的弹性恢复能力，即塑性恢复能力。在纺织领域，常用纤维弹性恢复率来表述纤维的形变恢复能力。弹性恢复率 = 纤维形变中可恢复的部分/纤维的总形变 × 100% 。纤维在环境温度变化时，其弹性恢复率的变化没有一致性规律可循，过程和机理较为复杂。

丝绸纤维在受到外力作用时，所发生的形变不是单一的而是综合包含了急弹性形变、缓弹性形变和塑性形变。因而，在总形变中，各类形变所占的比例将决定纤维的弹性恢复能力大小。根据现代纺织科学领域测试的结果，可以知道纺织文物常见天然纤维在外力作用下，弹性恢复率的变化情况（图 4 - 30、4 - 31）。有学者在相对湿度 65% 、温度 21.1℃ 的环境下，采用长度为 12.7cm 的试样、设定实验条件为：拉伸速度 12.7cm/分钟，达到一定伸长或负荷值后立即卸荷使试样夹头回复、停顿 5 分钟后进行第二次拉伸。测得不同应力条件下，几种纤维急弹性、缓弹性和塑性形变的百分比（表 4 - 2）。

这一结果，对了解纺织品文物上常见纤维尤其是蚕丝纤维在受外力条件下，所发生各类型形变尤其是塑性形变的比率及其在外力影响下的变化关系有重要参考价值。

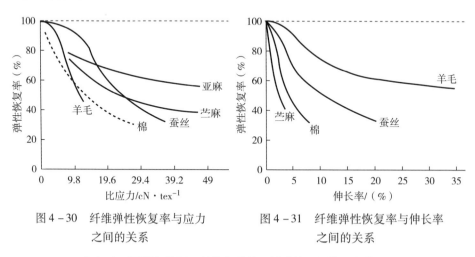

图4-30　纤维弹性恢复率与应力　　　　图4-31　纤维弹性恢复率与伸长率
　　　　　之间的关系　　　　　　　　　　　　　之间的关系

表4-2　不同条件下，纤维急弹性、缓弹性、塑性形变的比例

纤维种类	在5%应变时			在10%应变时			50%断裂强度			50%断裂伸长			在断裂点时		
	急%	缓%	塑%	急%	缓%	塑%	急%	缓%	塑%	急%	缓%	塑%	急%	缓%	塑%
蚕丝	41	41	18	25	33	42	47	42	11	25	33	42	16	20	64
羊毛	56	44	0	40	48	12	64	34	2	28	50	22	16	44	50
棉	52	40	8	—	—	—	34	44	22	36	46	18	26	30	44

　　从图4-30可知，蚕丝纤维弹性回复率的变化规律在麻、毛、棉等天然纤维中属于中间水平。在同样的比应力作用下，蚕丝纤维的弹性回复率下降幅度要比亚麻、苎麻大得多，可见丝绸文物所受外力挤压，或多层织物叠压对蚕丝纤维弹性回复率的影响比较大，也就意味着丝绸织物长期处于这类型的外力负荷下，会产生较多的不可自行回复的塑性形变。表4-2的数据也印证了这一点，在10%应变时，蚕丝纤维所产生的形变中有42%属于塑性形

变。图 4 - 31 则反映出，在同样伸长率条件下，蚕丝纤维的弹性回复率下降速度比羊毛纤维快，但稍慢于棉麻类纤维。蚕丝纤维在 0 ~ 5% 伸长率外力条件下，弹性回复率下降速度最快，体现出蚕丝纤维在初受外力牵扯拉伸阶段时所发生的形变破坏。在 12% ~ 13% 伸长率条件下，蚕丝纤维的弹性恢复率已经下降接近 50% 。表 4 - 2 则显示在 50% 断裂伸长率条件下，产生的形变中有 42% 属于不可自行回复的塑性形变。可见牵拉等拉伸力对丝绸文物纤维形变的影响也非常大，一些通过悬挂或简单支撑方式展览和保存的丝绸文物，在丝绸文物的受力固定点、织物的下垂和横向方向上都会因为织物自重而承受一定的拉伸力，若丝绸文物长期处于这类固定和支撑状态，将导致这些区域的纤维长期处于拉伸负荷累积阶段，最终将导致纤维疲劳，产生更大比例的塑性形变，直至产生脆性和韧性断裂等更为严重的劣化现象。

3.3.1.3　丝绸纤维塑性形变恢复机理

在丝绸纤维的三类形变中，急弹性和缓弹性形变会自行恢复，只有塑性形变不能自行恢复，塑性形变是造成织物各类形变病害的源头。在纺织品文物保护中，若要对织物形变进行去除，就需要采用技术手段恢复纤维的塑性形变。根据蚕丝纤维的回弹性与相对湿度的关系，可以知道在相对湿度从 60% 升高到 90% 的过程中，蚕丝纤维的弹性恢复率明显提高。这也就证明可以通过提升蚕丝纤维外部环境的相对湿度，提升蚕丝纤维的含湿量，进而增加纤维的回弹性即塑性形变恢复能力。当然，不排除还有其他技术对织物纤维的塑性形变恢复同样有效，但考虑到在纺织品文物上应用的技术安全性，通过回潮增加纤维湿度的塑性形变恢复技术是目前普遍认为较为理想的技术选择。

在通过技术手段增加了丝绸纤维含水量后，水分子进入纤维无定形区，阻止纤维分子链的紧密结合，加大无定形区的自由区域，从而使纤维在一定程度的吸湿回潮后柔韧性增加，纤维通过吸收水分而达到黏弹性物态，在这种状态下纤维内部分子链可以滑动，重新排列组合并形成稳定结构。这种纤维分子链间的滑动，需要借助外力才能实现，即借助外力将本属不可恢复的塑性形变，如褶皱、扭曲、卷曲等形变抚平消除。在塑性形变暂时消除后，丝绸文物纤维仍处于相对湿度较高状态，需要持续借助适当外力负荷使纤维维持在塑性形变消除后的状态。在此过程中，纤维内部所吸收的水分逐渐释放出来，直到与外界环境的相对湿度相互平衡，在此过程中会形成新的次级化学键，并阻止纤维重新回到原来的褶皱扭曲状态，因而将塑性形变消除后的状态保留下来，这就使得织物的塑性形变得以消除。从而使原本因纤维糟朽、干燥脆弱而不能开展的工作如皱褶抚平、折叠展开、粘连剥离、印痕去除及扭曲变形校正等操作成为可能。纤维回潮后会发生一定的性能变化，但这些变化都是发生在纤维内部而且随着纤维含水量的改变这些变化都是可逆的。

　　纤维的老化程度越严重，纤维塑性形变恢复的难度就越大。此类形变，若不及时去除，会导致形变位置的纤维长期处于高负荷疲劳状态，最终导致纤维强度降低，韧性降低，脆性增加，更容易发生粉化和断裂等劣化。形变去除后，织物的经纬线处于相对宽松和舒适的位置，相互之间的挤压、拉扯和扭曲外力会大大降低，纤维所受外界应力会基本消除，这有利于降低纤维的劣化速度，提升织物的安全保存条件。另外，还会对织物的外形改善，纹样、织物组织工艺、服饰研究以及提升展览效果等有很大帮助。开展织物塑性形变恢复技术应用，需要对丝绸纤维塑性形变的恢复机理进行研究，对其具体恢复工艺技术进行试验。

3.3.2　纺织品文物形变恢复技术

　　纺织品文物形变恢复技术包括所有改善或恢复纺织品文物纤维形变的技术，其中应用最多的是回潮及去湿技术。除此之外，在湿洗、干洗等其他与液体接触的保护技术操作过程中，也可以同时实现对织物形变的恢复操作，但这些技术并非单纯的织物形变恢复技术，主体的织物形变恢复技术仍然是回潮与去湿，即织物纤维的湿度调节技术，其中又以回潮技术应用最多。

　　纺织文物湿度调节技术，指对织物纤维含水量进行调节的技术，从技术方向上分为增加纤维的回潮技术以及减少纤维含水量的去湿技术。纺织品文物纤维的含水量直接影响文物的劣化速度和保存安全。纺织品文物纤维含水量的高低受很多因素制约，与其出土条件、保存环境的湿度条件以及文物纤维本身的吸水能力等均有关系。含水量过低，将导致纤维干燥脆弱，引起纤维的断裂破坏，纺织品文物的附带材质在干燥条件下也会发生进一步的劣化。纺织品文物在含水量过高、潮湿甚至饱水的情况下，会加速织物纤维的水解速度，也会对织物上的染色、金属线、黏合剂等附属材质的稳定性造成损害。

造成湿度过高的情况一般分为，出土环境为高湿或被水浸泡、经湿洗或意外湿水和保存环境湿度过高三种类型。无论是织物纤维的含水量过高还是过低，对纺织品文物的材质保存都不利，都需要对纤维进行湿度调节，以使其含水量处于适宜的范围。在织物形变恢复技术领域，最常用的是回潮技术，通过回潮技术增加纺织品文物纤维的含水量，借助纤维含水量变化引起的性能变化，实现对织物形变的恢复操作。

3.3.2.1　纺织品文物回潮操作机理

回潮法是纺织品文物保护修复中常用的方法之一，尤其适用于抚平皱褶、展开折叠、剥离粘连、去除印痕及校正扭曲变形等操作。回潮法具体可定义为，通过间接或直接的方式，借助一定的技术手段，以可觉察的湿气而非潮湿或饱和湿气为物态，来增加纺织品纤维含水量的技术操作。以下主要论述纤维的回潮机理、影响回潮的环境因素、影响纤维回潮速率的因素以及回潮对纤维性能的影响，这些机理是理解和应用好纺织品文物回潮技术的基础。

1）纤维回潮的机理

关于纤维材料的回潮（吸湿）机理研究，从 20 世纪 20 年代末至今已有 80 多年的历史，学者们从不同角度对纤维吸湿的机理提出了许多不同的看法。纤维的吸湿是个复杂的物理化学现象。纤维大分子中，亲水基团的多少和基团极性的强弱对纤维的吸湿性有很大的影响。如羟基（—OH）、酰胺基（—CONH）、氨基（—NH_2）、羧基（—COOH）等都是较强的亲水基团，它们与水分子的亲和力很大，能与水分子形成化学结合水，或称直接吸收水。蚕丝纤维因含有较多这类基团，所以具有一定的吸湿能力；纤维吸水的位置具有一定的规律。在纤维的结晶区内，纤维大分子排列紧密有序，亲水的活性基在分子间形成交键，水分子一般不能进入结晶区。在无定形区，纤维大分子排列不规则，水分子可以进入，所以纤维结晶度越低，吸湿能力越强；另外，纤维和其他固体一样，在固气表面也具有吸附某种物质以降低表面能的倾向即固体表面的吸附作用。纤维的比表面积越大，表面能也越多，表面吸附能力也越强，则纤维的吸湿性越好。根据水分与纤维结合方式的不同，分为直接吸收水、间接吸收水和毛细水。纤维具有吸湿性的特质是纺织品文物回潮处理的根本前提，纤维吸湿能力除与自身的结构组成有关外，其效果还受周围环境条件的影响。

2）影响纤维回潮效果的环境因素

纤维本身的吸湿能力与纤维的结构有关，是纤维吸湿回潮的本质因素，周围空气环境条件、吸湿放湿过程以及平衡时间长短等外界因素对纤维吸湿性能的影响也很大。空气环境条件主要有大气压力、温度和相对湿度三个方面。由于地表大气压力变化不大，所以温度和相对湿度是主要的讨论对象。

在一定温度条件下，相对湿度越高，空气中的水汽分压力越大，单位体积空气中的水分子数目越多，纤维的吸湿机会也较多。温度对纤维平衡回潮率的影响比相对湿度要小，一般规律是温度越高，平衡回潮率越低。原因在于，在相对湿度相同的条件下，空气温度越低，水分子活动能量越小，水分子与纤维亲水基团结合后不易再分离。空气温度高时，水分子活动能量大，纤维大分子热振动能随之增大，削弱水分子与纤维亲水基团的大分子结合力，从而使水分子容易从纤维内部逸出。

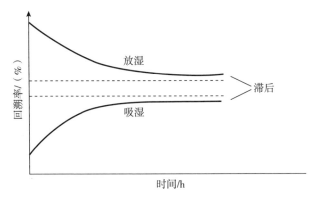

图4-32　纤维吸湿、放湿的回潮率与时间之间的关系

另外，纤维材料需要一定时间才能与周围环境达到吸湿平衡，纤维或纺织品的吸湿速率除了受大气中的温度和相对湿度影响外，还受风速、材料的厚度、密度等因素的影响。图4-32即显示了纤维吸湿、放湿的回潮率与时间之间的关系。另外，纤维的回潮率除随大气条件变化外，还与纤维以前经历的吸湿放湿过程有关，也就是说与纤维的湿度变化历史有关，其最终回潮率有可能是吸湿等温线和放湿等温线间任何一个位置的回潮率。该过程较为复杂，纺织品文物所经历的吸湿放湿过程对再次回潮效果有怎样的影响，还有待于更多研究工作的开展。

3）影响纤维回潮平衡速率的因素

纤维回潮速率关系到纺织品文物回潮时间的长短。在纺织品文物纤维获得一定量的水分并具备一定的塑形能力的前提下，回潮时间不宜过长。纺织品纤维在一定大气条件下会吸收或放出水分。在纤维吸收水分时，纤维分子和水分子相互吸引并结合，在此过程中，水分子的动能降低从而转化成热能，产生热量。随着时间的推移这一过程会达到一种平衡状态。这时，单位时间内从纤维中放出或蒸发出来的水分等于它从大气中吸收的水分，达到一种动态的吸湿和放湿的平衡状态。在此状态下，纤维材料中所含水分的质量占其干燥质量的百分率称为平衡回潮率。纤维回潮平衡速率除受扩散系数影响外，纤维吸湿后放出的热量是否容易驱散和环境的相对湿度是影响纤维集合体即纺织品文物回潮平衡速率的重要因素。图 4 - 33 显示了纤维在吸湿平衡过程中的回潮率、温度和蒸汽压的变化。在回潮过程的开始阶段，大气中的蒸汽

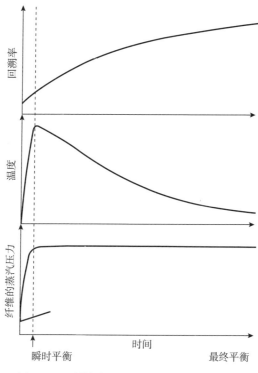

图 4 - 33 纤维在吸湿平衡过程中的回潮率、
温度和蒸汽压的变化

压力较高，水分子进入纤维的回潮率增加，在此过程中放出热量，温度上升。此时，纤维中由于吸收了较多的水分，加之温度上升，使其内部获得了较高的蒸汽压，逐渐达到了和大气环境的蒸汽压相同的瞬间，即瞬态平衡。此时，如果纤维吸湿热不能及时排除，则纤维很难继续吸收水分。如果吸湿热能及时除去，纤维的温度降低，会进一步吸湿，回潮率继续增加，但纤维中的蒸汽压力会保持与大气蒸汽压近似持平，这一过程会在纤维中的温度与蒸汽压与大气完全相同时中止，从而达到最终的吸湿平衡。

达到吸湿平衡的速率与纤维种类、面积大小、形状、织物存放方式、温度和回潮率的大小都有关系。织物体积大，热传递的距离就大，调湿速度就慢。表面积增加，热传递速率就加快。吸湿平衡速率与织物密度成正比，密度大，吸湿平衡所需时间就长，反之则短。在纤维处于较低和较高回潮率时，水分子的扩散系数低，吸湿平衡较慢。温度高时，热量转移较快，平衡也较快，温度低时，则平衡较慢。另外，织物周围通风好有利于热量的驱散，平衡时间也会较短。

在一定的温度条件下，纤维材料因吸湿达到平衡回潮率和大气相对湿度间的关系曲线，称为纤维的吸湿等温线。不同的纺织品文物纤维吸湿性能不同，但其吸湿机理本质上是一致的。相对湿度较小时，纤维中极性基团直接吸收水。当相对湿度在15% ~70%左右范围内时，纤维内表面已被水分子所覆盖，再进入纤维的水分子活动性大，在动态平衡下吸着比较困难，此时水分子进入纤维速度减慢。当相对湿度很大时，水分子进入纤维内部较大的空隙，形成毛细水，特别是由于纤维本身的膨胀，使纤维内部空隙增加，会进一步增加回潮率上升的速度。

依据这些理论，在纺织品文物保护中，可以通过控制环境温度和相对湿度，主要是通过控制相对湿度，对纺织品文物进行回潮处理。近而在此基础上开展后续工作，例如抚平皱褶、展开折叠、剥离粘连、去除印痕及校正扭曲变形等操作。在此，有必要了解为什么纤维吸湿回潮后便具备了开展上述操作的能力，即吸湿回潮后对纤维性能的影响。

4）回潮对纤维性能影响

纤维吸湿后会在质量、体积、密度和物理机械性质等方面产生许多变化。纤维吸湿后质量增加、体积增大。纤维在纵向和横向均要发生膨胀，其中横向膨胀量大而纵向膨胀量小。纤维吸湿膨胀具有显著的各项异性，是由于纤维中长链大分子的取向决定的。水分子进入无定形区后，打开了长链分子间的联结点，使长链分子间距离增加，进而使纤维横向变粗。而在纤维长度方向，由于大分子的不完全取向，并存在有卷曲构向。水分子进入大分子之间后导致构向改变，使纤维长度方向有一定程度增加，但其膨胀率远小于横向膨胀率。因此，吸湿后的纤维会因直径变粗而使织物产生挤压收缩，使柔软织物变的粗硬。纤维吸收少量水时，其体积变化不大，水分子吸附在纤维大分子之间的孔隙，单位纤维体积和质量随吸湿量的增加而增加，使纤维密度增加。大多数纤维在回潮率为 4% ~ 6% 时的密度最大。待水分子充满孔隙后再吸湿，纤维体积会显著膨胀，纤维密度反而降低。绝大多数纤维随回潮率的增加，纤维强力会下降，但棉、麻等天然纤维素纤维的强力会随回潮率的增加而增加。随着回潮率的增加，纤维的塑性变形能力会普遍提高，这一变化可以理解为因水分子进入纤维，尤其是进入纤维无定形区和长链分子间空隙后，加大了无定形区的自由区域，打开了长链分子间的联结点，使长链分子间的距离增加，进而改变了纤维内部分子的排列和结合状态，使其更易在外力影响下发生滑动、弯曲等形变。这一塑性形变能力的变化，在纺织品文物上的体现就是褶皱、扭曲、粘连等织物形变可以借助外力进行矫正和恢复。纤维回潮后塑性变形能力的增加是纺织品文物回潮操作的关键。

5）纺织品文物回潮技术原理

可以说，织物能吸湿回潮，回潮后柔韧性加大是司空见惯的生活常识，在纺织品文物保护中的应用也较为普遍。但只有真正掌握文中所涉及的纤维回潮吸湿的机理、回潮效果的影响因素以及回潮对纤维性能的影响等知识，才能真正理解纤维在回潮后的性能变化以及这种变化给纺织品文物保护操作带来的可行性，科学地对其进行工艺改进和技术控制，使其更好地满足纺织品文物回潮处理的条件限制和特殊要求。

吸湿回潮是纺织品文物纤维的特质，是回潮操作应用的根本前提。回潮效果除了受纤维本身结构组成不同的影响而不同外，还受环境大气压、温度和相对湿度的影响，纺织品文物保护中的回潮操作也正是利用最便于控制的环境相对湿度调节来实现对纺织品文物纤维内部含水量的调节，从而达到使纤维获得一定性能进而实现其他操作的目的。纺织品文物回潮是通过一些特殊的方法将水分施加到纤维内部的，这项操作具有一定的专业性，随着纺织品文物保护技术的发展，众多的回潮方法不断被开发出来，这些方法都各自具有一定的适用范围及使用规范。

纤维回潮后会发生一定的性能变化，但这些变化都是发生在纤维内部而且随着纤维湿度的改变这些变化都是可逆的。在纤维回潮后的几种性能变化里面，纺织品文物回潮处理所利用的正是纤维塑性变形能力的增加这一特性，这一变化的原因在于水分子进入纤维无定形区后，阻止纤维分子链的紧密结合，加大无定形区的自由区域，从而使纤维在一定程度的回潮后柔韧性增加，这使得原本因纤维糟朽、干燥脆弱而不能开展的工作如抚平皱褶、展开折叠、剥离粘连、去除印痕及校正扭曲变形等操作成为可能。这一过程中纤维通过吸收水分而达到黏弹性物态，在这种状态下，纤维内部分子链可以滑动、重新排列组合并形成稳定结构，以上这些操作需要借助一定的外力协助实现。在这些操作之后也就是纤维内部分子链的排列方式被重新排列之后，纤维内部因回潮操作暂时吸收的水分会逐渐释放出来，直到与外界保存环境保持平衡，在纤维内部水分逸出的过程中所形成新的次级化学键将起到阻止纤维重新回到原来褶皱扭曲状态的作用，这就使得纤维回潮处理后的效果得以保存，这就是纺织品文物回潮操作的基本机理。

3.3.2.2　纺织品文物回潮方法

回潮法是纺织品文物保护修复中常用的方法之一，尤其适用于抚平皱褶、展开折叠、剥离粘连、去除印痕及校正扭曲变形等操作。纺织品文物回潮操作可以通过多种方法来实现将水分施加到纺织品文物纤维内部的目的。纺织品文物的不同材质及附带的其他材质、工艺、保存状况和保护目的是选择回潮方法的根本，另外回潮方法的选择还受工作条件等因素的限制。回潮方法可分为密闭式回潮与开放式回潮两大类。

1）密闭式回潮模式

密闭式的回潮方法是利用一个封闭的空间来进行回潮的。这个空间可大可小，根据文物的尺寸以及处理区域的大小来决定。此空间可以是一个密闭的箱体或简易帐棚，例如从最简单的支架和聚乙烯塑料薄膜支撑起的帐篷，到由有机玻璃或玻璃密封组成的回潮箱，以及更高级的低压吸力操作台等。

除了箱体和帐篷外，还可以通过半透膜等透水汽材料直接或间接接触被处理纺织品文物表面以达到回潮的目的。

（1）简易帐篷式回潮间

帐篷式的空间是最简单易行的回潮方法，适用于工作条件较差、临时性处理、文物保存状况较好且不附带其他脆弱不稳定材质的纺织品文物的简单回潮处理。支架可以就地选用一些中性稳定材料，通过胶带粘连或捆绑等手段固定形成框架，外面加聚乙烯塑料薄膜来建成。在此过程中所选用的支架和捆绑固定等材料要保证清洁且不应在回潮期间发生锈蚀或霉变等危害纺织品文物安全的问题。同样是简单的帐篷式的空间，可以采用不同的加湿手段，具体可分为容器水挥发法、饱和盐溶液法、硅胶法、水含体释放法和超声波加湿器法。

容器水挥发法是最简单的方法。将纺织品文物安全摆放在帐篷内的底部平面，也可以根据需要在帐篷内设置多层框架以放置多层纺织品文物从而达到一次回潮更多纺织品文物的目的，但这种做法在现实中并不常用，因为纺织品文物回潮到恰当程度时，需要及时处理，大量文物难以在同时进行快速处理。将盛有去离子水或蒸馏水的敞口容器放置在帐篷底部的一角或其他安全位置，通过水的挥发提高环境相对湿度和纤维内部水分。同时，在帐篷内放置一湿度计以便查看帐篷内的相对湿度。此方法操作简单易于实现，但环境相对湿度不便控制，回潮速度慢，需要经常查看。而且，一般不容易满足文物局部回潮处理的要求，需将文物整体放入环境内全部回潮。

相对于容器水挥发法，饱和盐溶液法更具可控制性。其原理是通过某种盐和水的静电吸引力实现某些特定的相对湿度值，饱和盐溶液具有维持其周围微环境相对湿度稳定的特性，当环境相对湿度低时，饱和盐溶液法中的水会挥发出来到环境相对湿度到达特定值，同样，当环境相对湿度高时，饱和盐溶液法会吸收环境中的水分以维持其特定相对湿度值。此方法需要根据回潮空间的大小计算饱和盐溶液的表面积，以保证帐篷式回潮空间内的相对湿度能够达到指定数值（表4-3）。其他更多饱和盐溶液在不同温度下的相对湿度值可以通过化学手册查询。在此过程中，只有水分在盐溶液与回潮空间和纤维之间进行交换，盐溶液的盐分不会转移到纺织品中。

表 4 - 3　在不同温度下，不同饱和盐溶液周围微环境的相对湿度值

温度 ℃	相对湿度（%）					
	一水氯化锂	六水氯化镁	二水铬酸钠	六水硝酸镁	氯化钠	四水硝酸钙
10	13.3	34.2	57.9	57.8	75.2	
15	12.8	33.9	56.6	56.3	75.3	
20	12.4	33.6	55.2	54.9	75.5	55.0
25	12.0	33.2	53.8	53.4	75.8	55.1
30	11.8	32.8	52.2	52.0	75.6	

硅胶是一种高活性吸附材料，属非晶态物质，其化学分子式为 $mSiO_2 \cdot nH_2O$。不溶于水和任何溶剂，无毒无味，吸附性能高、化学性质稳定，可以反复吸收和释放水分。吸附水分后，可以用曝晒、烧焙、风干等方法再生。因此，可以利用硅胶这一性质，在回潮空间内缓慢释放水分。另外，硅胶种类繁多，各有不同的工作湿度范围，可以根据需要选择。但硅胶法因回潮速度慢且硅胶用量大成本高，在实际工作中应用不多。资料显示，控制一个一般的密闭帐篷式的回潮空间的相对湿度在 35% ~65% 之间，需要大概 20kg 硅胶/m^3。

水含体可以理解为某些可以含纳水分且可以将其挥发到空间的材料，比如麻布、棉布、滤纸等。首先将这些材料用去离子水或蒸馏水浸泡湿润作为水汽来源，然后将其平放在桌面上，在这层含水体之上覆盖一层水汽隔膜，在隔膜之上放置纺织品文物。这层隔膜的尺寸要比含水体尺寸小但比纺织品文物的尺寸要大，以保证水汽可以从未覆盖的区域挥发出来但又不至弄湿纺织品文物。此操作可以在帐篷式回潮间内进行，也可以通过塑料膜密封的方法进行，在纺织品文物之上放置一层滤纸，然后用大的塑料薄膜全部密封以避免水分挥发到空间，滤纸的作用是防止塑料薄膜上凝结形成的水滴落到纺织品文物上。这一方法的缺点在于其不可预见性，在操作过程中不便随时测量微环境的相对湿度，而且回潮效果受水质、水含体材质、水含体未被覆盖区域的大小和回潮时间长短等因素的影响。但此方法也有简单易行，适于在工作条件较差的情况下使用的优点。

超声波加湿器的工作原理是通过超声波振动将水转化成均匀的水雾，水雾被排到帐篷式的回潮空间内，从而升高空间内的相对湿度，水雾落到纺织

品文物表面进而达到纺织品文物回潮的目的。超声波加湿器提升回潮空间相对湿度的速度快且循环均匀。此操作对水质同样有要求，应为去离子水。因为一般水质中的钙镁离子会被转移到纺织品文物上造成潜在破坏，另外，超声波加湿器也容易因水质太差而发生故障。因为超声波加湿速度快，所以回潮间内相对湿度会很快达到饱和点从而产生凝结水，因而需要经常查看以避免冷凝水滴落到纺织品文物上。超声波加湿器还可以和其他加热设备如回潮笔一同使用，将超声波制造排出的水汽加热到一定温度，用于某些纺织品文物的特殊操作，但温度需要严格控制。

（2）湿度自动控制回潮箱

自制湿度自动控制回潮箱比以上所有帐篷式的回潮法都好控制，效果更好，更安全。自动控制回潮箱主要由密封回潮箱体、自动湿度控制器和空气循环风扇组成。回潮箱部分由玻璃密封组成，内设空气循环风扇以加强箱内空气流动，使空间内湿度更加均匀，回潮效果更快更好。自动湿度控制器由伸入回潮空间的相对湿度感应器和加湿器控制组组成。在加湿器上设定相对湿度值后，控制器会自动控制加湿器的工作时间，维持回潮空间相对湿度在设定值。这种设备的优点在于可以长时间维持设定的相对湿度，并可以设定相对湿度升高或降低的梯度，使纺织品回潮更加量化。因玻璃箱体固定安装，所能处理的文物大小受箱体大小的影响。

例如，利用湿度自动控制回潮箱在处理一件西安明代秦王墓出土丝绸文物残块时得到了很好的处理效果。该残块面积不大且由多层织物叠压而成，织物之间粘连紧密，水气短时间难以进入织物残块内部，因而需要按照梯度缓慢升高湿度。利用湿度自动控制回潮箱湿度可设定的特点，将湿度首先设定在与织物原保存环境湿度相同的数值，然后按照每半小时升高3%的梯度，逐渐升高到75%，在此过程中不断检查残块外表及侧面织物断层处的纤维柔韧性，尝试分离揭展，发现在达到75%半小时之后，织物基本具备了揭展分离的可操作性。

（3）低压吸力操作台

相对于自制湿度自动控制回潮箱，低压吸力操作台是更加复杂先进的回潮综合设备。它具备密封罩（相当于回潮空间）、湿度自动控制系统、低压吸力装置、水回收装置以及霉菌、灰尘和有害气体过滤吸收装置。该装置具有多种功能，用于回潮是其中之一，设备体积大可以处理体量大的纺织品文物，湿度自动控制，回潮空间的空气可以被循环过滤清洁，避免霉菌发生。不同种类的低压吸力操作台在设计上稍有不同，但原理一样。有的设备密封罩上有操作孔，可以边回潮边操作。缺点在于价格昂贵，不易推广。

（4）半透膜回潮

半透膜回潮指的是通过某些特殊的可以使水汽通过但不透水的材料，将水汽施加到纺织品文物纤维内部的方法。目前，用于纺织品文物回潮的半透膜材料主要有 Gor–Tex、Sympatex 和 Mipotex 等类似材料，这些材料在工业和生活中主要用于制造服装鞋帽等户外运动用品，用于纺织品文物回潮的这些材料被做成一种非常薄的薄膜。一般使用方法是，在平整的桌面上铺上一层塑料薄膜，然后放置吸水的过滤纸作为水含体（水汽来源），然后放置半透膜材料，之后放置纺织品文物，最后用塑料膜覆盖密封（图4–34）。半透膜的尺寸可以根据要回潮文物的大小或区域的大小决定，但吸水滤纸的尺寸要小于半透膜的尺寸。同样的操作也可以在文物正面进行，即先将纺织品文物平放于桌面，然后在回潮区域放置半透膜材料，吸水滤纸和塑料膜密封。也可以采取不直接接触的方式，即将半透膜悬起固定，使其和文物表面之间保持一定的空间，再将整个区域密封，这样可以达到不同的处理效果。半透膜的优点在于回潮速度快，灵活简便，而且可以局部回潮，因而对于文物表面情况复杂如色牢度不好、有捻金银纤、彩绘以及带有其他综合材质的情况比较适合。

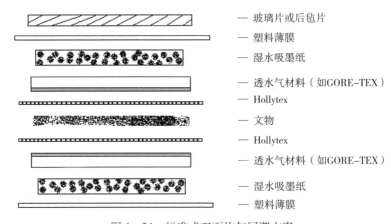

　　　　　　　　　　　　　　　　— 玻璃片或后毡片
　　　　　　　　　　　　　　　　— 塑料薄膜
　　　　　　　　　　　　　　　　— 湿水吸墨纸
　　　　　　　　　　　　　　　　— 透水气材料（如GORE–TEX）
　　　　　　　　　　　　　　　　— Hollytex
　　　　　　　　　　　　　　　　— 文物
　　　　　　　　　　　　　　　　— Hollytex
　　　　　　　　　　　　　　　　— 透水气材料（如GORE–TEX）
　　　　　　　　　　　　　　　　— 湿水吸墨纸
　　　　　　　　　　　　　　　　— 塑料薄膜

图4–34　标准式双面均匀回潮方案

该方法也在上面提到的明代织物的处理中得到应用。在织物揭展开之后，织物表面的小褶皱区域被覆盖在半透膜回潮组合层之下，由于织物的吸湿回潮速率较快，经过 3 分钟左右，揭开检查发现织物纤维已具备一定的柔韧性，利用手指和小型工具进行抚平后用载玻片平整压在褶皱区，自然干燥后褶皱基本被除去，效果良好。

2）开放式回潮模式

与密闭式的回潮方法相比，开放式的回潮方法相对较少，且因在实际工作中难以控制回潮程度或对纺织品文物纤维存在较多的潜在危害而应用不多。主要有房间环境控制法、冷膏状含水体法、蒸汽法、加湿器法和化学试剂法等。房间环境控制法就是将要回潮处理的文物放置在湿度较高的房间，测量环境湿度，采取一定措施调节环境湿度如利用空调、去湿加湿机等设备，从而使纺织品文物获得一定回潮度；冷膏状含水体法是通过直接接触法实现回潮的，此方法因存在较大隐患基本很少使用；蒸汽法是比较常见的方法，无论在家庭和实验室都可使用，但存在热蒸汽对纺织品文物的伤害问题，如过多过快的纤维膨胀，可能激活文物表面水溶性的污斑和破坏彩绘文物的黏合剂等；化学试剂法主要用于处理植物性纤维。除了水之外，一些化学试剂如乙醇、脂肪族石油分馏物等可以用来整理植物性纤维，它们起到塑化水所不能塑化的那部分纤维组分的作用。对于某些糟朽严重，不能承受水分带来的过多纤维膨胀的纺织品文物，有机溶剂有一定适用范围，但应慎重使用。

另外，超声波加湿器直接回潮法是开放式回潮模式中应用最多的一种，即在普通房间内直接使用超声波加湿器将水雾喷射到文物表面上方空间，让水雾缓慢降落到文物表面以达到回潮的目的。该方法在上面提到的明代织物的回潮操作中也有应用。当残块在湿度自动控制回潮箱内回潮到可揭展的程度之后，将其取出放置在工作台上进行接展，为了保持在揭展过程中纤维的含水量不降低从而保持纤维的柔韧性，利用超声波加湿器在织物周边进行加湿以维持织物工作区间的湿度水平，通过放置在织物附近的电子湿度仪来监测周边湿度值控制在 75% 左右和调节超声波加湿器的送湿量。此操作保持了操作过程中织物的湿度水平，使揭展过程顺利完成。

3.3.2.3　回潮的可操作性评估

在决定对纺织品文物进行回潮与否前，需要对文物进行综合评估。不经评估便贸然使用回潮操作会给文物带来损伤。只要有精细专业的评估，就可以将回潮操作的优越性为纺织品文物保护所用且降损伤降到最低限度。综合评估包括很多方面，主要有：纺织品及其附带材料的不同湿敏感性、回潮中的发霉问题、织物表面污物与水汽的有害反应、织物外观的变化和文物信息丢失等问题。

1）纺织品及其附属材料的湿敏感各异性问题

纺织品纤维吸收水分后会膨胀，且在纤维长度和横向的膨胀量不同，在此过程中会产生纤维间机械压迫力，造成某些部位受损。特别糟朽脆弱的纺织品纤维可能经不起这种机械压迫力，所以如果贸然进行回潮，可能会破坏纤维本身的稳定性；如果纺织品纤维表面有泥土等水溶性污迹，在回潮过程中，泥土可能会部分溶解迁移到纤维内部更深处，给以后的去除工作带来不利影响；如果仅仅对纺织品文物的局部进行回潮处理，则仅有被处理区的纤维膨胀，而其周围区域的纤维则不膨胀，纤维间的不同膨胀效果也会产生相应的机械压迫力从而造成挤压，产生褶皱或凸起等变化从而破坏文物表面的平整效果；某些有多种纤维组成的纺织品文物在回潮时会因不同纤维吸湿膨胀率不同而导致纺织品文物内部相互挤压，造成压力机械损伤和表面平整效果破坏；曾被回潮处理过的纺织品文物局部在再次被回潮时会较没有被回潮处理过的区域容易吸湿回潮，导致吸湿回潮速率和效果不同，从而引起不同的膨胀导致不必要的损伤。

纺织纤维尤其是桑蚕丝丝绸纤维在回潮后，虽然塑性变形能力增加，但纤维强度其实会下降。加之，纤维吸湿后重量增加，因此在这种情况下，对纤维进行处理操作需要格外小心，在技术不够娴熟，或纤维强度很低的情况下，不应贸然采取回潮处理操作。

纺织品文物内部的不同组成结构也会引起它们之间的相互挤压。实际工作中常见的情况包括：织物本身存在几种不同的组织结构，纬线密度不同或密度变化频繁、妆花或厚重的刺绣部分、捻金（银）线和其他各类存在内线芯和外包箔的组合线，甚至包括衣物上的与衣物本身材质不同的缝线在回潮时都存在不同的膨胀率，从而导致相互间的机械压力进而导致文物损伤或外形变化。

纺织品文物附带的其他材质如属水敏感性材料，则需要格外谨慎。例如，某些色牢度不高的染色纺织品，在回潮时可能会有掉色现象；纺织品文物上的附带金属等其他材质器件，在湿度较大的回潮空间内可能会存在锈蚀或进一步腐蚀的危险；织物上使用的黏合剂或黏结材料在湿度较大时可能会进一步溶解从而渗透到纤维深处，或进一步劣化导致被黏结物与纺织品表面之间联合力降低，因而对彩绘纺织品等文物回潮时需要格外慎重。另外，长时间处于高湿环境，也有可能导致部分黏结材料生霉。这些都是需要考察评估的内容。

2）回潮中的发霉问题

在相对湿度高于 64%～65% 之间时，霉菌孢子或霉菌比较容易生长。回潮过程中的湿度一般较高，如不加控制比较容易发生霉害。霉菌的生长除了需要一定的湿度外，还需要营养源和霉菌孢子源等条件，因此在实际工作中需要尽量控制这些霉菌的发生条件以降低回潮过程中霉害发生的几率。对于那些表面污染严重极易引发霉菌的纺织品文物，在选择回潮时要特别慎重且尽量缩短回潮时间或进行前期适当处理。

3）织物表面污物与水气的有害反应问题

有些纺织品文物表面含有酸性污染物或灰尘，这些物质在水气的作用下形成有害于纺织品纤维、染料及其他附带材质的物质，加剧织物劣化速度，使表面污物渗透到纤维深处，进而影响纺织品表面外观和整体效果。对于这类纺织品文物选择回潮时要特别慎重，应判定表面污物的酸碱性，必要时可对表面污物进行适当处理。

4）织物的外观变化问题

在回潮过程中所需要使用的外力协助如载玻片或玻璃片等可能会在织物表面留下压痕或在操作临界块处形成边痕。有些织物因生产处理方法不同，可能会导致纤维回潮处理后变硬。如果织物特别容易形成此类痕迹、变硬或带有不平整的配饰，则需慎重选用回潮。

5）织物的信息丢失问题

回潮操作可以去除折痕、皱褶、针孔和织物扭曲变形，而这些恰恰是织物很重要的历史信息，这些信息有助于说明文物的使用历史、使用方法和制作方法。一旦这些折痕、褶皱、扭曲等痕迹被回潮处理抚平消除，这些重要信息将会丢失。但完全保留这些折痕、皱褶痕迹以及扭曲变形等痕迹也存在弊端，因为在纤维褶皱扭曲处的强度压力较大，长时间处于这种疲劳状态会最终导致纤维脆硬断裂。在实际工作中，应根据具体情况权衡利弊，评估痕迹的信息价值，慎重选择是否采取回潮处理。

3.3.2.4　回潮方法选择

在决定对纺织品文物进行回潮处理之后，就面临如何选择具体的回潮方法的问题。恰当的回潮方法是有效回潮处理操作的前提，也是将回潮可能引起的纤维损伤降低到最低限度的保障。回潮方法的选择受很多因素的制约和影响，具体包括：文物的大小或需处理区域的大小、纤维的强度及回潮能力、附带材质的稳定性以及回潮时间长短等因素，应根据具体情况灵活选择某种或几种回潮方法组合使用。

1）文物的大小或需处理区域的大小

例如简易帐篷式回潮间可以根据文物尺寸的大小搭建，但此法仅适用于文物整体全部回潮处理的情况。帐篷式回潮间内的湿度可以通过超声波加湿器、水含体释放法、饱和盐溶液法和容器水挥发等方法得到提高。湿度自动控制回潮箱以及低压吸力操作台可处理文物的大小受设备本身大小的限制，也是基本上用于整体处理的情况较多。对于局部处理的方法包括半透膜回潮法、超声波加湿器法以及水含体释放法等。

2）纤维强度及回潮能力

如果纤维强度好、吸湿能力强，可以选择回潮速度较快的超声波加湿器、低压吸力操作台或半透膜回潮法以缩短回潮时间；如果纤维强度低、吸湿回潮能力差，则不宜采取上述方法以免引起织物表面凝结水现象。可以采取较为缓和的水含体释放法、饱和盐溶液法、容器水挥发法或湿度自动控制回潮箱以控制回潮的强度和速度，以避免过于激烈的纤维膨胀发生，但使用这类方法将使纤维回潮时间延长。

3）附带材质的稳定性

部分织物的染色和彩绘色牢度不好或带有易腐蚀金属或其他材质，回潮时需要格外注意，可以采取仅对需要处理的且色牢度好的局部区域进行处理，例如采用半透膜回潮法或回潮笔，也可以采取保护措施将不稳定区域隔离后再进行回潮；部分丝绸文物或其附带材料容易产生回潮水气斑点，对于这种文物一般不宜采用超声波加湿器或低压吸力操作台；部分纺织品文物带有较厚的织物组织结构或本身为三维结构，不易回潮操作，可以采用低压吸力操作台。

4）回潮时间

回潮方法的选择也受回潮时间长短的影响。纺织品文物需要回潮时间的长短受很多因素影响，例如纤维类型、老化程度、褶皱扭曲程度及处理区域吸湿空间大小、纺织文物厚度结构以及环境空气循环速度和温度等。应该综合考虑这些因素，评估回潮时间的长短，然后选择恰当的回潮方法。在达到一定纤维塑形变形能力的前提下，尽量缩短回潮时间。

作为纺织品文物保护中的重要操作之一，回潮的应用范围广泛，可以解决很多纺织品文物的常见问题，例如抚平褶皱，打开折叠，揭展粘连，校正扭曲变形等；以及调节织物保存湿度，作为湿洗或其他操作的前处理，以及松软剔除不必要的黏合剂或污物等其他用途。但不恰当的回潮操作却会给文物造成一定的损伤，因而，根据文物的实际保存状况、存在的问题、染色彩绘以及其他附属材质的强度和稳定性，特别是在遇水情况下的膨胀反应变化等内在因素，根据现实的工作条件和环境，选择恰当的回潮方法才是保证回潮操作效果且降低回潮可能给纤维带来的危害的根本，也是回潮操作规范的主要内容。具体的操作规范包括两部分：决定是否应该选用回潮操作方法和选择具体的回潮方法。在作回潮决定之前，应考率纺织品及其附带材料的湿敏感性、回潮中的发霉问题、织物表面污物与水气的有害反应、织物外观变化和文物信息丢失等问题。选择回潮方法时需考虑的因素包括文物的大小结构、纤维强度及回潮能力、附带材质的稳定性以及回潮时间等问题。除了做好以上两部分准备工作之外，还应注意尽量采用专业、安全和稳定的设备，以及优质的回潮用水例如去离子水或蒸馏水，在回潮过程中注意监测纤维回潮程度，在纤维塑形能力恢复到一定程度且经得起操作的情况下，细心操作，及时处理并保存处理效果。

3.3.2.5　回潮操作的具体应用

回潮操作的第一步是通过间接或直接的多种方式来调节纤维内部的含水量，具体的对织物纤维进行回潮加湿的方法已在上节文字中介绍。第二步是借助多种多样的外力协助手段来调整和保持被处理纤维的外观形态效果，具体可采用均匀压力法和单个重物法来实现。均匀压力法指的是通过低压吸力操作台或其他类似手段给织物回潮处理区域施加外力的方法。单个重物法指的是通过重物来压在织物表面的方法，种类繁多，一般可采用内包砂粒的小布袋、内装重物条的布条袋、玻璃板、有机玻璃板、载玻片等物品作为重物在纺织品文物需处理区域使用。用于制作布袋、布条的布必须是清洁密实的，保证内装砂粒或重物不会流漏，且不会划伤或破坏文物表面。所用玻璃板、载玻片必须是棱角经过打磨的，以避免划破织物表面。无论是选择使用均匀压力法还是单个重物法，都需要考虑文物的强度和表面具体情况，灵活选择恰当的方法，否则容易造成织物表面破坏。

在织物纤维的皱褶、折叠、粘连、压痕或扭曲变形被处理之后，所使用的均匀压力或单个重物可以在织物表面上保持一段时间，待纤维内部的含水量与周围环境相对湿度重新达到平衡之后再除去。在此过程中纤维内部会形成新的次级化学键，这些化学键将使纤维保持在均匀压力或单个重物外力控制下的状态，并阻止纤维内部已被重排的分子链重新恢复到回潮前的状态，这就使得纺织品文物回潮后的处理效果得以保存。

回潮操作应用范围广泛，可以用于糟朽、干燥脆弱纺织品文物的皱褶抚平、折叠展开、粘连剥离、压痕去除、扭曲变形校正以及湿洗前含水量平衡预处理等操作。根据其应用性质的不同，可大体分为三部分：处理织物扰动、湿洗预处理和揭展粘连。

1）处理织物扰动

考古出土的纺织品文物，大都不平整，褶皱、折叠、扭曲变形等是常见的织物扰动类型。褶皱、折叠和扭曲状态下的织物除了影响织物的整体完整效果外，还因这些区域的纤维长期处于紧张疲劳状态而容易断裂。因此，处理此类织物扰动也是纺织品保护中的主要工作之一。通过回潮控制织物纤维的柔韧度，借助外力协助对这些褶皱、折叠和扭曲区域进行抚平处理，并在此过程中使用均匀外力或单个重物来保持织物在回潮过程中及回潮后的处理效果，纤维将会保持在平整的状态（图4－35、4－36）。

图4－35　折叠扭曲的明代织物　　　　图4－36　明代织物展平
　　　　　（回潮处理前）　　　　　　　　　　　（回潮处理后）

但并非所有的织物扰动都需要除去，处理之前有必要对织物扰动的性质进行判断。大部分的褶皱、折叠和扭曲都是在埋藏环境内被挤压扰动，或在出土现场以及后期保存过程中形成的，这类织物扰动一般可以除去。但也有部分褶皱是因穿着、使用、折叠存放或其他原因形成，这些织物扰动痕迹遗存是非常重要的文物历史信息，有助于说明织物的使用方法和历史等一系列问题，一般应尽量保留，如需去除则应格外谨慎。

2）湿洗预处理

湿洗是纺织品文物保护中常用的操作之一，湿洗前对纺织品的预处理十分重要。预处理包括很多方面，纤维含水量调节是其中一项。在普通环境中保存的纺织品文物，若不经纤维含水量调节而直接放入湿洗溶液进行清洗，则会引起纤维内含水量急剧增加，纤维在径向和长度方向快速膨胀，从而对脆弱纺织品文物的强度、稳定性和外观形状造成破坏。因而，在湿洗前需要通过回潮操作将纺织品文物纤维的含水量逐步提升到一定程度，然后在放入湿洗溶液进行湿洗操作。此类回潮一般需要在密闭环境内将文物整体回潮，所使用的方法主要有简易帐篷式回潮间、湿度自动控制回潮箱和低压吸力操作台等。

3）揭展粘连

部分考古出土的纺织品文物存在多层织物紧密粘连的现象，在织物纤维糟朽的情况下，此类织物很难被揭展分离。因粘连原因的不同，粘连的种类也不同，在了解粘连机理的情况下，采用相应的手法，对织物的含水量进行调节，使其获得一定的韧性和强度，进而可开展多层粘连的糟朽纺织品文物的揭展。

有些纺织传世品和纺织品文物在以前的修复过程中曾经使用过某些黏合剂用于裱糊托护或丝网加固，在这类文物的重新保护修复过程中，有时需要将这些裱糊材料或丝网去除，回潮法也适用于此类情况的处理。部分黏合剂可以通过普通的回潮操作来软化，回潮的同时也改善了纺织品纤维的柔韧性，从而可以实现将黏合层分离的操作。对于那些对水没有反应的黏合剂，也可以采用类似方法，但所用的回潮水应该改成相应的化学试剂，此类方法主要通过半透膜等方法来实现。应用此法，需要综合考察纺织品及其附属材质的保存状况和具体情况，慎重选用合适的化学试剂，避免化学试剂对文物的可能损坏。纺织品文物揭展与织物纤维形变恢复技术有一定联系，但也存在一定的区别，下面将详细讲解织物揭展技术。

3.3.3 粘连织物揭展

纺织品文物尤其是粘连糟朽纺织品文物的揭展，是纺织品文物保护修复操作中的难题之一。绝大部分的织物粘连是由于纺织品文物在埋藏环境中的存放方式引起的，很多纺织品文物尤其是服饰和匹料在地下埋藏时，处于折叠、层压、摞放状态，织物长期处于这种状态下，造成织物层层紧密贴合、粘连、板结成块。加之保存环境内温湿度、有害气体、水浸、霉菌、污染物等劣化和病害的综合影响，导致粘连织物揭展的难度加大。因而，粘连织物的揭展也就成为纺织品文物保护中常见的一类难题。

粘连织物揭展技术引起国内文物保护技术人员关注的时间并不长，但其技术应用的时间应当较早。大概从 2000 年左右起，学者们开始关注粘连丝绸文物的揭展问题，陆续开展了相关实验研究。从目前已知的揭展技术来看，有的技术明确定位为揭展技术，有的则是在湿洗、加固、除霉等操作过程中间，同时实现部分揭展操作目的。已知的揭展技术类型的原理和操作方法差别很大，各技术的优缺点也都十分明显。总体来讲，目前已有的揭展技术仍不能满足揭展糟朽粘连织物的需要，很多粘连织物仍然无法安全揭展，或者说虽然能够勉强揭展，但揭展过程所造成的织物材质损失和文物信息丢失比较严重。

在正式论述纺织品文物揭展技术之前，有必要再次明确"揭展"的具体含义及其适用范围。"揭展"技术从字面可分为两部分内容，首先是"揭"，其次是"展"，"揭"指将多层粘连的织物分离，"展"指将层层粘连的织物分离后继续进行展平与矫正操作。若织物没有层层粘连，仅存在折叠、褶皱、扭曲形变，则对其进行的形变恢复技术操作并不属于揭展技术的应用范畴。以下论述重点为与"揭"相关的技术内容，而非与"展"相关的操作，在"展"的技术操作过程中，常用到前及阐述的织物形变恢复操作技术，可作为参考。

3.3.3.1 织物粘连的产生原因

目前，对于织物层层粘连的机理尚未有针对性的研究展开，有学者进行了初步的原因分析，将织物粘连的原因或机理大概分为以下几种类型：丝胶的粘接作用、染色时用的动物胶或植物胶的粘接作用、细菌的排泄物及尸体分解物等的粘接作用、其他有机质及无机质的粘接作用以及物理机械嵌合和物理吸附作用等。认为织物之间的粘接作用力主要以分子间的范德华力和氢键作用力为主，也可能有分子间的离子电作用力，但不大可能形成新的化学键。有研究人员利用 SEM/EDS、红外光谱、X 射线衍射分析技术对某一组出土纺织品的粘连固结物进行了分析，分析显示造成此组纺织品层层粘连的固结物主要成分为蒙脱土类黏土、硫化铅、结晶态长链烷烃化合物以及饱和脂肪酸盐（可能为钙盐）等。

对织物粘连因素和机理类型进行研究是研究揭展技术的基础，但在实际案例中，造成纺织品文物层层粘连的原因经常是多种类型粘连因素的综合效果。因而，通过科学分析手段，了解织物粘连的主要类型，然后针对性地选择揭展方法进行揭展，目前还仅处于理论阶段。更多的实际操作案例，并没有对粘连原因进行分析，或者是在没有真正确定粘连因素的情况下，选用了某类揭展技术对粘连织物进行了揭展。总体而言，目前经公开发表的织物揭展案例数量非常少，在已发表的案例中，真正属于叠压粘连严重的织物案例少之又少，有的研究虽然定位为织物揭展，其工作对象其实并非真正属于需要揭展的病害类型。因而，以目前的发展状况，还不足以对揭展技术进行深入的介绍和评价。以下对已知的与揭展间接和直接相关的技术进行介绍，对其操作工艺进行分析，对其适用范围和技术优缺点进行评价。

3.3.3.2 织物粘连的揭展技术

能够有效揭展粘连纺织品文物，且对纺织品文物及操作人员安全的技术均可称为粘连纺织品文物揭展技术。随着新技术不断经过验证引入纺织品文物保护领域，揭展技术的种类将不断增加。目前已经公布的揭展技术从大的类别上可以分为两类：一类是借助水及化学试剂的混合溶液对粘连织物进行处理，溶解或破坏织物之间的黏合力，或对织物进行临时性加固，进而对织物进行揭展；另一类，则是借助湿度调节的方式对纤维性能进行调节，影响织物之间的粘接物进行降低其黏结力，在此基础上对织物粘连进行揭展处理。

1）化学揭展剂类揭展技术

陕西省文物保护研究院（原西安文物保护修复中心）研究人员曾配制揭展剂，利用润湿剂、渗透剂来破坏丝绸之间粘结的范德华力和氢键作用力，对陕西白水出土宋代丝绸进行了实验揭展。研究报告显示，其揭展剂为无色透明液体，pH 值为 5～7，成分以高效柔软剂、渗透剂、润湿剂为主，但未公布揭展剂的具体组成物质。其操作方法为，将揭展剂用注射器滴加到丝绸表面，保湿放置 15~20 分钟，然后应用自制的竹板、竹签将积压层剥离并缓慢展开，然后根据其断裂确实的相互关系进行拼对成型，对拼对成型的织物用丝网使用点溶法进行临时性裂缝固定，然后需用蒸馏水反复对织物表面进行喷雾淋洗，用卫生纸吸去下渗的污水。其研究报告指出，揭展剂对丝绸颜料无不良影响，但并未公布颜料在揭展剂浸泡前后的变化数据。揭展剂的揭展效果，除了与揭展剂本身的效能有关外，与织物的粘连固结状态有很大关系，该试验中所揭展的宋代丝绸的粘连折叠状态相对属于比较轻度的形变，与真正的多层紧密叠压粘连的病害类型还有一点差距。

浙江大学、中国丝绸博物馆等曾开展出土丝织品固结成分分析以及揭展剂模拟保护研究。其揭展剂由柠檬酸 1 份、乙二胺四乙酸 3 份、丁基萘磺酸钠 1 份、十二烷基苯磺酸钠 1 份混合均匀放入烧杯，再分别加入乙醇 10 份、亲水性氨基硅油 3 份，用玻璃棒搅拌均匀，最后加入去离子水 81 份，配制而成，外观呈透明溶液状。将此揭展剂点滴在固结老化样品上，于温度 30℃、相对湿度 70% 的条件下放置 10 分钟后揭展，展平后用去离子水冲洗，阴干后对固结老化样品进行性能与结构测试，测试结果表明揭展操作对测试样丝织品的断裂强力、断裂伸长率无明显变化，色差在允许的范围内可以不被肉眼分辨出来，由热重分析、氨基酸分析结果可知，揭展前后丝织品氨基酸的种类及含量不发生变化，热稳定性较揭展前有所改善，研究结果认为此揭展剂可应用于固结丝织品的揭展。

以上两种揭展剂均以液态形式滴加到织物需要揭展的位置，在此过程中织物经过 15 分钟左右的浸泡过程，揭展后需要进行多次漂洗以去除揭展剂。对于有些极为糟朽脆弱，或织物表面具有不稳定的彩绘、染色以及金属线装饰的织物，此类操作技术具有一定的局限性。有学者曾尝试利用有机溶剂对一件经多次折叠紧密粘连的唐代唐卡进行了揭展，为减缓有机溶液对织物的影响，利用 Gore-tex 表面微孔对透过物质的选择性功能，使有机溶剂以气态而非液态的形式与织物粘连部位缓慢接触，对经油烟浸渍的唐卡包块的揭展取得了较好的效果。因部分有机溶剂可能会溶解松动彩绘的粘结材料或对部分不牢染色造成损害，因此在彩绘或染色文物上使用此类技术时，需要进行所选有机溶剂的安全性测试，在保证所选溶剂对彩绘粘结材料和其他文物附带材质均不会造成损害的前提下方可使用。

除了利用各类试剂对粘连位置进行软化、溶解、破坏丝绸之间粘结的范德华力和氢键作用力外，通过对织物进行临时性加固，降低织物在揭展过程中遭受机械破坏的风险，也是目前学者以及尝试实验的技术思路之一。纤维素、壳聚糖、聚乙二醇10000 的混合物曾作为临时加固剂对现代丝绸人工老化试样进行临时加固实验。在实验过程中，临时加固剂被喷洒到试样表面，自然阴干后的人工老化试样同对比组试样同在蒸馏水中浸泡 1 分钟，临时加固过的人工老化试样用2% 的烷基多苷浸泡 15 分钟，然后用蒸馏水漂洗 2~3 次，以清除临时加固材料。在实验过程中采用抗拉强度测试仪以及色度仪对测试样的性能进行监测对比其变化。实验结果表明，试样经临时加固及漂洗前后的色度没有明显变化，临时加固剂有效提高了试样的强度，研究认为加固剂对提高揭展效果起到了基础性作用。在本试验中，未将临时加固剂全部漂洗清除干净。

2）湿度调节类揭展技术

利用水汽对粘连织物进行揭展是揭展技术的另一主要类型。该技术在织物及绢本经卷揭展中的最早应用时间无从查起，1985 年浙江西泠印社曾利用蒸汽法揭取北宋纸质经卷。在早期考古现场织物揭取操作中，有技术人员采用蒸馏水将消过毒的滤纸加湿，覆盖在丝织物表面，保持半小时后揭走滤纸，织物的干湿程度和抗拉强度有所提升，为揭取织物创造了条件。除此之外，也有利用喷雾器在干燥织物表面喷水，并覆盖塑料薄膜进行回潮，待织物干湿度合适时，对安徽南陵县北宋墓出土丝织品进行室内揭展。除以上案例外，在其他纺织品文物的保护中也常用到湿度调节技术，但真正属于解决严重织物粘连问题的案例较少，法门寺地宫出土唐代糟朽粘连丝绸揭展属于其中比较典型的案例。

1987 年，在重修因地震及暴雨侵袭而半壁倒塌的法门寺明代真身宝塔时，发现了唐代法门寺塔地宫，在地宫中出土了大量保存状况极差的唐代丝绸文物。曾主持过多项国内早期纺织考古发掘工作的王亘曾指出，法门寺丝绸与其他出土纺织品文物相比，在湿态和干态下的强度和耐折度均处于最差水平。法门寺丝绸最典型的病害是织物糟朽且多层织物紧密粘连，这与法门寺织物在地宫内存放的方式有关，法门寺丝绸大部分经折叠后盛放在箱或包袱内置于地宫封存，少部分丝绸为其他器物的外包装。因此，法门寺丝绸的叠压粘连状态不同于其他粘连织物，法门寺织物多层粘连后形成厚度超过 10cm 的织物包块，加之其织物韧性强度极差，揭展分离这些粘连织物的难度极大。

　　通过滴加化学揭展剂或液体浸泡式的临时性加固揭展技术均不适用于法门寺织物包块。由于织物老化严重,纤维糟朽酥粉,若置于液体浸泡将会导致织物包块表面劣化严重的纤维在液体中分离游动,或导致织物吸水后形成纤维浆状物,导致织物包块内织物层结构更不清洗,增加织物揭展分离的难度。无论是化学揭展剂还是浸泡式临时性加固技术都需要在处理后将化学残留物漂洗干净,以避免残留物的后续隐患。但法门寺丝绸的强度及糟朽粘连状态决定了对其不能采用液体浸泡及水洗操作。

　　经过技术筛选,湿度调节技术作为对纺织品文物安全性相对较高的技术选择,对法门寺糟朽粘连丝绸进行了湿度调节进而开展了揭展操作。为了了解法门寺丝绸纤维在湿度调节操作过程中的变化特征,首先利用专门制作的湿度调节箱对小块干燥扭曲法门寺织物进行了回潮实验,并对含湿量较高的法门寺丝绸残块进行了去湿操作实验,通过控制加湿、去湿速率以及湿度调节空间内的相对湿度调节梯度,有效对法门寺丝绸残块进行了时代调节、扭曲矫形及粘连揭展。在此前提下,对较大型的法门寺织物包块进行了揭展操作,取得了较好的效果。

　　该法门寺织物包块原存放于冰柜低温环境,经置于低压吸力操作台中进行缓慢湿度调节(图4-37),待织物纤维含水量达到一定的数值时,开始从上往下逐层进行揭展,借助柔软平薄的条形工具对织物粘连部位进行分离揭展,避免用手直接"撕拉"式的揭展。从包块T68中,先后揭展出裤子、长袍、裙子、上衣等唐代衣物。所揭衣物中,有两件衣物的腰部由捻金(银)线织成的精美图案装饰(图4-38)。

图4-37　法门寺丝绸包块揭展(T68)

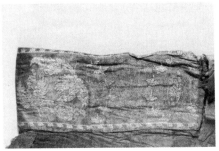

图4-38　从T68衣物包块内揭展出的一件衣物的腰部(T68G)

在揭展过程中，通过控制织物所在的相对独立密闭空间内的相对湿度，利用纤维分子结构中大量存在的能够吸湿和放湿的官能团，调节纤维吸收或释放水分的方向和程度，进而影响丝绸纤维的强度和韧性，在纤维强度韧性经得起揭展操作过程中的扰动时，对织物粘连部分进行揭展分离。在操作过程中，仅使用气态而非液态的水对丝绸纤维的含水量进行调节，没有使用任何化学高分子加固剂、化学揭展剂等强干预性的液态浸泡类技术，因而无须采用水洗浸泡对织物进行漂洗以去除揭展剂残留物。因而不存在化学试剂对纤维材质伤害的问题，也不存在材料老化问题，适于在脆弱糟朽纺织品文物的保护修复中应用，为最终实现文物的长期保存、文物信息的最大化提取、文物价值的深入挖掘乃至系统展示和利用提供了重要的技术支持。

3）其他相关技术

除了揭展技术之外，在纺织品文物保护修复的其他技术操作过程中，也同样可以实现粘连织物的揭展处理。例如，在湿洗操作过程中，在织物强度较好的情况下，一般的织物扭曲形变以及粘连均可在湿洗过程以及湿洗后的干燥过程中进行处理。因而，如果有必要对织物进行湿洗，且织物强度及表面附属材质的保存状况经得起湿洗，如果织物存在粘连问题，则可以考虑在湿洗过程中，一同对织物粘连进行处理。有些微生物加固技术，需要将织物浸泡在加固液中，且对处理过的织物进行多次漂洗，在这些过程中均可实现对织物形变以及粘连的技术处理。由此可见，织物的保存状况是决定织物粘连处理技术选择的决定因素。如果织物保存状况较好，强度较大，对织物粘连的揭展处理则相对容易，简单的回潮处理辅以小工具分离等技术手段即可实现粘连织物的揭展。揭展的难度多来自于织物强度韧性差，织物老化严重，纤维非结晶区含量少，对水气的吸收或释放反应能力较弱，因而难以改善纤维的强度和韧性，无法提升粘连织物在揭展过程中的可操作性和安全性，因而无法实现粘连织物的安全揭展。

3.4　清洗

纺织品文物清洗是指对纺织品文物表面及渗嵌在经纬线或刺绣线及其织物纤维之间的污染物进行去除的操作。从清洗的技术类型来看，可以分为表面清洁处理、湿洗和干洗三种类型。表面清洁一般指通过毛刷扫除、摩擦物擦除、黏性物质粘除以及吸尘设备吸除等操作，湿洗指利用水和其他极性清洗溶液对织物进行局部清洗或整体清洗，干洗则指利用有机溶剂对织物进行清洗处理。

以下将主要讨论对织物进行清洗的必要性、织物常见污染物类型、表面清洁、湿洗、干洗、清洗操作中涉及的文物保护原则等问题。

3.4.1 织物清洗的必要性

清洗是纺织品文物保护修复中的重要操作技术之一，在早期纺织品文物保护修复工作中湿洗的应用量较大。随着文物保护原则的不断发展，保护修复人员对织物污染物所携带历史信息的保存更加重视，加之纺织品文物保存环境的改善，污染物受环境影响而对织物造成病害或其他影响的程度得以控制，因此，对织物污染物进行彻底清洗处理的必要性在不断下降，这导致了湿洗操作的应用量在不断下降。虽然如此，清洗技术仍然是纺织品文物保护中的重点技术之一，在决定对一件文物清洗之前，首先要了解为什么要清洗纺织品，也就是织物清洗的必要性问题。

由于空气环境中所含漂浮污染物或地下埋藏环境的影响，纺织品文物常见各类型的表面污染物或渗嵌在织物内部的污染物。污染物覆盖在织物表面将影响织物外观的展示并在环境因素如湿度、有害气体、温度、紫外线等影响下，造成织物的病害。因此，从清除纺织品文物表面及内部的污染物，有助于织物的安全保存，清洁处理有助于文物展览及保存中稳定性。经清洁后，织物的外观色彩、纹样、表面装饰等将更为清晰，有助于提升织物的外观效果和纺织品文物信息的提取及研究工作开展。在湿洗、干洗以及织物湿度调节前，部分能够去除的污染物也需要进行清洁处理，以减少在回潮以及湿洗过程中污染物溶解后对织物造成的影响，降低清洗和漂洗难度，减少织物在清洗液及漂洗液中的浸泡时间。

虽然湿洗操作可以去除织物表面的大部分有害物质，改善织物外观和保存条件进而大大延长织物的保存时间。但相比过去，织物湿洗操作的使用频率已大大降低，因为湿洗是不可逆的操作，湿洗操作对文物具有积极的也有消极的影响。讨论湿洗操作必要性时，需要权衡两方面的影响，考虑湿洗后纺织品文物会在哪些方面得到改善，文物是否能够经得起湿洗，不湿洗会对文物造成的不利影响，文物是否会因湿洗而丢失某些物质和这些物质所携带的文物信息等。例如，文物表面的血迹等特殊污染物以及某些折叠或其他印痕均代表着文物的使用历史和经历，是文物丰富历史内涵的重要载体，在湿洗过程中丢失这些信息是否可取值得思考。在评估湿洗的必要性时，除了要权衡湿洗的利弊之外，还要综合考虑文物将来的使用目的、展览主题、保存环境、继续研究计划等因素。

3.4.2　织物清洗的可行性评估

织物存在清洗的必要性，并不代表织物就适于清洗。在决定清洗之前，需要全面了解被清洗对象的结构、性质和保存状况，判断是否具有清洗可操作性，对织物清洗的可行性进行评估。

1）需要了解纺织品文物的保存状况和材质组成，要对由不同纤维类型、多种纤维材质组成的织物和由多层织物组成的纺织品文物能否经得起湿洗进行充分的评估。还需要了解纺织品文物附带材质的物质特性，例如，染色或表面彩绘的色牢度，所用金属线的材质组成和腐蚀情况，所用缝线的材质和膨胀反应等。

2）需要了解被清除污染物的性质，判断污物的材质类型及其与织物的结合方式。可以利用外观（包括手感、气味、颜色、形貌和分布位置）观察、紫外或红外光下观察、溶解性试验和取样化学或仪器分析的方法对污物的性质进行判断。在了解文物本体、文物附带材质以及需要去除污物的保存状况和物质性质的前提下，方可有针对性的综合评估湿洗的可行性。

3）需要判断是否具有湿洗技术可操作性。这一部分是建立在对清洗对象充分检查的基础上的，具体包括文物本体、附带材质和需去除物质的保存状况、结合方式、物质特性和操作者所掌握的技术、设备、材料和实验室水平等因素。在综合考虑这些因素，确定具有可操作性之后，便可以有针对性地筛选恰当的湿洗方法，试验预判所选湿洗方法的使用效果，根据这些信息进行湿洗方案设计，并在必要时进行技术方案调整。

3.4.3　纺织品文物污染物类型

了解纺织品文物常见污染物类型及其清洗技术原理，是纺织品文物清洗的前提。根据来源不同，可以将污染物分为：落尘，泥土类物质如腐殖质、泥沙、煤灰等，金属类物质如铁锈、金属腐蚀物等，动物体分解物、排泄物如皮脂、汗、血迹等，食物残渣如淀粉、油脂等，黏合剂，水迹和染料流淌痕迹，霉菌和霉斑，外界沾染物质如油漆、墨水等；从污染物去除方法的角度，可将污染物分为采用物理方法可去除的（表面清洁技术），采用水洗方法可去除的（湿洗），采用有机溶剂可去除的（干洗）以及无法去除的污染物。针对不同类型的污染物的清洗应该采取不同的清洗技术，以下将分别介绍各类污染物的性质以及所对应清洗技术的应用，主要包括表面清洁、湿洗与干洗技术。

3.4.4 表面清洁技术

表面清洁技术主要用于处理纺织品文物上的落尘及类似的污染物。一般纺织品文物上的落尘主要来自于大气中的悬浮颗粒物，另外纺织品与不洁表面的接触也可能造成灰尘积聚于纺织品表面。此类落尘一般具有较大的比表面积，只是沉积在纺织品纤维表面，一般不会深入纤维内部，落尘在织物表面只是简单附着，不存在较大的粘结力，颗粒表面较为粗糙，使之能够吸附在纺织品表面，落尘不携带电荷，与纺织品纤维之间不存在静电吸引力。由此可见，此类污染物的去除相对简单，不需要专门采取措施消除污染物与织物的结合力，去除此类污染物的有效方法就是针对纺织品外围的具体状况，采用不同的表面清洁方法进行处理。表面清洁技术以物理或机械类方法为主，从去除污染物的方式来看可以分为吸除类、吹排类、扫除类、擦除类以及黏附类。

3.4.4.1 吸除类清洁技术

指采用各类型的吸尘器对织物表面的松散污染物进行吸除。目前，在纺织品文物保护领域使用的吸尘器的类型较多，手持式通过电池供电的小型吸尘器，其特点是吸力较小，适用于小面积的脆弱织物表面污染物的吸除，其吸嘴可以根据需要更换不同的尺寸和角度；CLE 吸尘器是早期纺织品文物保护实验室常见的吸尘器类型，从吸尘器引出的一个细塑料管作为吸尘器的吸筒，因吸尘器本身不具备吸力调节功能，塑料管的管口被剪成斜面，操作时根据织物强度及表面污染物被吸除的难易程度，手持吸嘴并控制吸嘴与织物的角度，以此来控制吸力的大小；另外还有被称为博物馆吸尘器的专业设备，其吸力大小可调，配有多种吸嘴，满足大面积织物的吸尘清洁，对强度较差的织物表面进行大面积除尘清洁时，为了保护织物表面不被吸力破坏，可以自制一个隔离网，在被吸尘处理的区域表面放置，起到隔离吸嘴与织物的直接接触，控制织物表面纤维及毛绒结构被吸附起的作用。

3.4.4.2 吹排类清洁技术

一般指利用洗耳球、吹尘枪或类似工具对织物表面非常松散的轻质污染物进行吹除。吹排技术的效率比较低，被吹走的污染物在织物上不能直接被吸除，而是在织物表面进行逐步迁移，如果织物污染面积较大，则需要从织物中心区域向织物边缘区域依次将污染物吹除，除了效率不高，对漏嵌到织物经纬线之间的污染物难以奏效，因此吹排技术在污染物表面清洁中的应用不多。

3.4.4.3 扫除类清洁技术

一般以超细纤维刷或笔为工具，对织物表面的污染物进行扰动扫离其原固着位置，如不配合吸尘设备，同样也不能直接将污染物彻底从织物表面清除走，另外还可能存在超细纤维刷对老化严重织物表面造成划伤的可能。

3.4.4.4 擦除清洁类技术

通过多孔软橡皮擦来摩擦松动织物表面的污染物，但其操作时不能及时看清织物表面的变化，也无法在显微镜下进行操作，因而其操作安全性不高，尤其是对糟朽的带有金属线及彩绘装饰的脆弱织物不适用。擦除清洁操作因难以控制擦除的力度，容易造成织物不同区域的清洁程度不同，形成斑状区域，影响织物外观。另外，被擦除掉的污染物也需要借助吸尘器等吸除技术除去。由于存在以上弊端，擦除类清洁技术在纺织品文物清洁上少有使用。

3.4.4.5 黏附类清洁技术

通过胶带纸、面团等具有黏性物质的黏结力将织物表面附着力不强的污染物黏附到胶带纸或面团上，达到对织物进行清洁处理的目的。面粉的主要成分是淀粉，淀粉分子受热溶胀而产生黏性，随着水温上升，淀粉微粒体积迅速膨胀，在水中相互积压，形成聚集的网络结构，黏度迅速增大，成为胶黏体系。面团的黏度比较大，如果污染物与织物的结合力不强，面团可黏除污染物的效果会比较好，如果织物老化严重，织物表面断裂的纤维碎末有可能会被粘离织物表面，另外在外力按压下，面团有可能会被填充到织物经纬线之间的缝隙中。除面团外，也有研究人员利用胶带纸、万能黏土等对织物表面污染物进行粘除，胶带纸仅对织物表面污染物有效，对渗入织物经纬线之间的污染物无法起到粘除作用。

在使用表面清洁技术时，除了对污染物的性质及其与织物的结合状态进行初步判断外，应对织物的强度和表面装饰工艺的类型和复杂程度进行评估，判断污染物是否携带任何历史信息，绘制污染物的分布及所清除污染物的分布图。

表面清洁技术是纺织品文物保护中最常用的技术之一，其应用范围十分广泛，但其清洁效果受限因素较多，清洁能力有限。除了附着很轻的表面污染物之外，对其他类型的污染物很难达到彻底清除的目的，因而表面清洁技术常常作为其他清洗技术的前置操作，很多污染物仍然需要采用湿洗或者干洗技术进行清洗才能去除。

3.4.5　湿洗

湿洗指利用水或水与其他添加剂的混合溶液作为清洗液，采用局部或整体浸泡的方式，对纺织品文物上的某些污染物进行洗除的操作。湿洗是不可逆的操作，湿洗过程有可能会对纺织品文物造成不同类型的损害。因此，纺织品文物保护领域对湿洗应用的态度越来越谨慎，应用量也将越来越少。但湿洗作为清除污染物的有效手段，在某些情况下，仍具有很大的适应范围，对其进行了解，掌握湿洗技术十分必要。在具体工作中，文物保护工作者需要充分论证某件纺织品文物是否需要被湿洗，是否能够被湿洗，也就是针对每一个案例都需要评估湿洗的必要性以及权衡湿洗的利与弊。

3.4.5.1　湿洗的必要性

考古出土的纺织品文物大都有污染物，污染物的种类也是多种多样，而绝大部分污染物都对文物的保存不利，例如，坚固的污物会加大纤维的受力和机械摩擦力，进而破坏纤维和织物；灰尘、烟熏和其他固体颗粒状污物会通过吸收水分和空气中的有害气体而加速织物的老化；含有金属离子的污物会催化纤维的光老化；部分锈蚀产物和土质污物会在环境水分的影响下改变织物的酸碱性；部分污物还会通过化学反应来加速纤维的老化。因此去除这些污染物会改善文物的保存条件，减缓文物的老化速度。

有些晚期墓葬出土的纺织品文物上沾满了棺液、蛋白质和其他多种污染物，这些污染物除了影响文物的外观，发出难闻气味，不利于进一步研究、存放、展览和研究使用外，还会因这些污染物而诱发霉害，或这些物质在恶劣的环境下进一步加剧纺织品的老化。血迹、蛋白质类污染物被氧化后会形成硬的污斑，还有可能与蛋白质类织物纤维交联。染色、墨迹、颜料以及其他有色的因化学或微生物引起的纤维老化产物除了影响文物的外观之外，还会使织物对光老化更加敏感。油脂类污物会嵌入其他种类的污渍，也会因自身的酸性对文物造成伤害。含有不饱和双键的油脂会被氧化，并形成硬的网状污斑并在污斑周边与织物结合处产生拉力进而破坏织物。湿洗是去除此类污染物的有效手段。

在库房保存的织物，在老化过程中产生的老化产物一般为暗棕黄色，除了会改变文物的整体颜色外，还因这些老化产物一般为酸性，会进一步加速织物的老化。部分发霉的织物会因为霉菌的生化酶反应而造成织物纤维的老化。霉菌的新陈代谢产物一般为酸性，且会改变文物的颜色。库房纺织品文物的老化产物以降落灰尘以及霉菌病害在无法采用吸尘等机械法清洁时也可以采用湿洗法进行处理。另外，褶皱严重的织物在回潮无法达到处理目的的情况下，如果织物的保存状况允许，也可以采用整体浸湿或湿洗的方法进行处理，既抚平了褶皱，矫正了织物经纬线，又可以清除一些污染物，进而改善文物的外观和保存状况。

3.4.5.2　湿洗的机理

湿洗操作通过湿洗液与织物污染物的接触，达到松动污染物，使其与织物纤维脱离的目的。湿洗液中的主要组成物质为水、表面活性剂以及其他具有不同功能的添加剂。其中水是最主要的组成物质，有时候也可以仅使用水而不添加任何表面活性剂等物质来湿洗纺织品文物。水本身是极性溶液，具有很好的清洗能力，能够清洗掉很多污染物，主要以无机盐类为主。但对于渗透到纤维内部，以范德华力即分子间的作用力与织物纤维紧密结合的污染物，仅使用水来清洗则很难将其从织物中清除。在这种情况下，则需使用表面活性剂来提升清洗效果。表面活性剂具有降低物体表面张力，使水能够均匀包裹并深入污染物裂缝与杂质中间，使污染物与其所附着的纺织品纤维基体脱离，并使脱离后的污染物悬浮在清洗液中，通过及时更换清洗液，即可将已经与织物脱离的污染物去除，避免其再次沉积于织物表面及内部，即可达到湿洗清除纺织品文物污染物的目的。表面活性剂的清洗原理见图 4 - 39。适于采用表面活性剂清洗的污染物一般无法与水发生良好的浸润作用，与纤维表面存在分子作用力。表面活性剂湿洗法是目前纺织品文物清洗领域应用较多的清洗技术。

除了常规的可用水或表面活性剂清洗除去的污染物外，还可以针对污染物的类型选择相应的弱碱性、酸性、氧化剂、还原剂、酶以及多价螯合剂等去除特定的某类污染物。例如，一些偏酸性的污染物如淀粉、酸性染料污染、果汁、油脂等，在氧化之后生成大量的酸性物质，理论上可以利于碱性溶剂如皂片、氨水等可以去除此类污染物；一些偏碱性的污染物如铁锈、碱性染料污染等，则可以利用弱酸性溶液如醋酸、乙酸、氢氟酸等去除；在有些纺

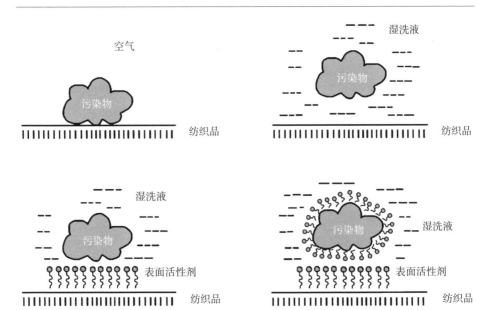

图 4 - 39　表面活性剂清除污染物原理示意图

织品文物上，有时可见污染色素渗透至纤维内部，普通清洗技术无法将这些污染物去除，目前常用的方法是借助氧化剂与色素污染发生氧化反应，而达到清洗的作用。在漂白清洗白色亚麻或棉织物时，可以采用次氯酸盐为氧化剂，在清洗羊毛和丝绸文物时，以使用双氧水为主，除了色素污染外，霉斑或高温灼伤斑迹也可以被双氧水去除。在清洗白色纺织品时，在清洗的尾处理阶段，可以添加一些弱醋酸溶液中和纺织品中的碱性物质，使其保持在弱酸性，以有效避免漂白后的织物在碱性环境下干燥并诱发有色污迹的再次生成；除了氧化反应外，在纺织品湿洗中也可以使用还原剂对一些还原染料流淌痕迹或金属腐蚀物的氧化产物进行还原处理，即可以使其老化颜色得以还原，还可以同时将污染物生成可溶性物质，随湿洗液清除。常用还原剂以亚硫酸钠、氯化亚钛为主，氢氟酸和柠檬酸对铁锈有效，抗坏血酸对铜锈有效，也可以用作纺织品文物湿洗中的还原剂使用；酶作为湿洗添加剂在文物清洗中常有应用，在纺织品文物湿洗中也有很长的应用历史，主要用于清洗蛋白质、脂类以及碳水化合物类的污染物。酶是生物体内一类有催化作用的蛋白质，它通过将污染物中不可溶解的大分子水解成可溶解的小分子，从而将悬浮到湿洗液中的小分子污染物清除。酶具有微量性、专一性、常温性、高效性的特点，其对物质的催化分解作用就像锁与钥匙的关系一样，一种酶只能催化一种（或一类）物质的化学反应。用于纺织品湿洗的酶主要有蛋白酶、脂肪酶和淀粉酶，分别对应清洗不同类型的污染物。在清洗蛋白质类如动物明胶、血迹、奶渍等污染物时，可选用蛋白酶，在清洗淀粉类如糨糊、食物残渣等污染物时，可以选用合适的淀粉酶，在清洗油脂类污染物时则可选用脂肪酶；污染物中还有钙、镁、铁、铜、锰等金属离子时，可采用多价螯合剂结合钙镁离子生成可溶于水的产物，随湿洗液清除。常用的多价螯合剂以多磷酸盐、葡萄糖酸盐和 EDTA（乙二胺四乙酸）为主；除此之外，还有一些自制的生物、植物清洗剂曾被应用于纺织品文物清洗。

这些弱酸、弱碱、氧化剂、还原剂、螯合剂溶液可以用于清洗去除纺织品文物上的某些污染物，但这些溶剂对织物纤维之外的染色、金属线、黏合剂等物质的复杂影响是需要特别关注的问题，因此选用这些溶剂时需特别慎重。首先，应该判断织物表面及内部污染物的性质，评估选用对文物影响最小的清洗方法进行清洗，如确需使用以上介绍的各类清洗溶液，则应将其溶剂浓度尽量控制到最低水平；其次，溶液对纺织品及其所附带材质的安全性是需要特别关注的因素，除了评估被清洗纺织品的整体保存状况外，还要注意清洗后将湿洗液添加剂漂洗干净，以避免因湿洗液残留物引起的后续隐患。

3.4.5.3 湿洗液的组成

纺织品文物上的污染物很多情况下是多种类型污染物的混合，理论上应当对污染物进行取样分析，判断污染物的类型，根据污染物的不同性质选择对应的清洗剂进行清洗，这样所形成的清洗液将为含有多种清洗剂的混合溶液。使用混合清洗剂，存在一定的风险。除了湿洗液中各类清洗剂之间存在相互影响，降低清洗效果或生成其他有害物质的可能外，一旦湿洗过程中出现不可预见的织物突发病害，将难以判定是清洗剂中的哪一部分对织物产生了直接影响。另外，在评估清洗效果及清洗剂残留物对织物的后续影响方面，也存在一定难度。清洗时，应以织物的主要污染物种类为对象，除非明确某类污染物对织物有明显危害，需要去除，一般不可能将所有污染物彻底清除。因而，在实际工作中，应该尽量减少混合清洗剂的使用，上面提到的弱酸、弱碱、氧化剂、还原剂、螯合剂、酶等均可在湿洗中使用，但并不是湿洗液中的常规组成部分，表面活性剂和水是湿洗液中最常见的组成部分。

1）表面活性剂

水具有的表面张力抑制了水对织物的浸湿速度和能力，很多纺织品文物的污渍仅靠水作为清洗液很难被清洗掉，这时就需要采取措施降低水的表面张力，加大污渍被脱离织物的力度，采用表面活性剂就是其中最主要的方式。表面活性剂是一种能在很低浓度时就可以显著降低溶液表面张力，并能在溶液表面定向排列的物质。我们一般意义上的表面活性剂都是指能显著降低水的表面张力的物质，表面活性剂分子都是两亲分子，都由亲水基和亲油基两部分构成。这就使该类特殊分子具有既亲水又亲油，但又不是整体亲水或亲油的特性。这使得表面活性剂能够通过分子的定向排列形成胶束包裹污渍并将污渍从织物上脱离，进而提升清洗效果。表面活性剂通过乳化、络合，使得污垢散离织物表面进入溶液，当表面活性剂浓度至一定值时，会发生胶束增溶作用，与纺织品文物上的污垢发生亲和作用，显著地提高去污能力。但对于古代织物来讲，洗液中表面活性剂的浓度很小，胶束增溶作用也较小。根据表面活性剂在水溶液中能否分解为离子，又将其分为离子型表面活性剂和非离子型表面活性剂两大类。离子型表面活性剂又可分为阳离子表面活性剂、阴离子表面活性剂和两性离子表面活性剂三种。在纺织品文物的湿洗中只有阴离子型表面活性剂和非离子型表面活性剂能够对织物污渍的去除起到正面、有效的作用。

在纺织品文物湿洗中，表面活性剂起到减弱污染物与织物黏附力的作用，使污染物易于从织物表面脱除，借助扰动力的作用，使污垢与固体分离并悬浮于湿洗液中，进而通过漂洗将污染物洗除。这一过程实际上是润湿、渗透、吸附、乳化、分散、增溶、解吸、气泡等一系列过程的综合。能够利用表面活性剂去除的污垢一般是通过物理吸附（范德华力、偶极相互作用）或是静电作用而附着于纺织品上的。在湿洗过程中，对于织物表面的固体污染物，表面活性剂能够吸附于固体污染物与织物表面，湿洗液中的表面活性剂通过吸附作用在污染物与织物的固—固界面上铺展，使固体污染物与织物分离，污染物分散悬浮于湿洗液中。表面活性剂的作用除了降低水的表面张力，改善水对织物表面的润湿性，去除织物表面的污染物外，还可以使已经分散的污染物悬浮于湿洗液中，避免二次沉积在织物表面，因而可以实现将纺织品文物污染物湿洗清除掉的操作目的。阴离子表面活性剂的清洗性能最好，非离子表面活性剂次之，阳离子表面活性剂则不适于在纺织品文物湿洗中应用。

2）水

水是湿洗液最主要的组成部分，水具有显著的溶剂性质，因此仅用水也可以清除掉某些污染物。未经处理的水因含有各类污染物和杂质，会对纺织品文物及其附属材质产生影响，因而不适用于纺织品文物保护。在纺织品文物湿洗技术发展历程中，未经处理或多种采用不同处理技术生产的水曾经或正在被使用。在纺织品文物保护初期，由于条件所限和对劣质水危害的认识不足，曾经使用过井水和河水来清洗纺织品文物。河水比较混浊，含有很多沙子、泥土、水生动植物以及分解有机物等杂质。井水则一般含有较高的钙、镁等金属离子，硬度较高，不适合用于纺织品文物湿洗。随着纺织品文物保护技术的发展，软化水、纯净水、矿泉水、蒸馏水、去离子水均曾被用于纺织品文物保护，用水的质量和要求呈逐步提高趋势。

软化水是指将水的硬度去除或降低到一定程度的水。水的软化过程实际上就是将硬水中的钙、镁离子转化成钠离子的过程。软化水的制备方法有化学试剂法和最常用的离子交换树脂法。离子交换树脂一般为硅酸铝钠或合成树脂，这些物质具有将钠和钙离子吸附到表面的功能。当需软化的水流经离子交换树脂柱时，水中的钙镁等离子会被离子交换树脂吸附而除去，同时释放出钠离子，因而水中钠离子的含量会显著增加，但对水中的阴离子并无任何处理，水中的其他污染物仍然存在。因而其水质并不高，尤其是软化水中存在的大量钠离子，对某些染色纺织品文物是非常有害的。例如，在一件由棉线和金属线装饰的深蓝色毛织物的清洗过程中，在使用去离子水清洗的过程中未曾发生蓝色脱色现象，而在后来使用软化水清洗的过程中却发生了蓝色脱色的现象，尽管蓝色染料的性质未经鉴定，但可以推断是因为软水中高浓度的钠离子导致了蓝色染料的脱色现象。综合考虑到软水中还含有阴离子和其他污染物，软化水一般不适于在纺织品文物湿洗中使用。

在特殊条件下，也曾有利用饮用纯净水或矿泉水对纺织品文物进行湿洗的情况发生。我国市场上的纯净水是以江河湖水、井水、自来水等为水源，采用蒸馏法、电渗析法、离子交换法、反渗透法等处理工艺，经过复杂深层的净化程序而得到的无菌纯净水。国家质量技术监督局于 1998 年发布了《瓶装饮用纯净水》和《瓶装饮用纯净水卫生标准》。国家标准规定饮用纯净水电导率为 $10\mu S/cm$，（$25\pm1°C$），电导率反映的是纯净水的纯净程度，金属离子和微生物过高，都会导致电导率偏高。电导率越小的水越纯净，$10\mu S/cm$ 是比较高的电导率。标准还规定了高锰酸钾消耗量，高锰酸钾消耗量是指 1L 水中还原性物质在一定条件下被高锰酸钾氧化时所消耗的氧毫克数，它考察的主要是水中有机物尤其是氯化物的含量。标准规定，饮用纯净水中高锰酸钾消耗量（以 O_2 计）不得超过 1.0mg/L。另外，还规定纯净水的 pH 范围为5～7。纯净水虽然有一定的纯净度，但其较高的电导率标准及含有机物和偏酸性条件，都决定了它不适宜在纺织品文物湿洗中应用。饮用天然矿泉水与纯净水的最大区别在于矿物质元素的含量。矿泉水是指从地下深处自然涌出的或人工发掘的、未受污染的地下矿水，含有一定量矿物盐、微量元素或二氧化碳气体。我国《饮用天然矿泉水国家标准》规定了各种微量元素的含量标准，矿泉水中含有多种金属阳离子且含量较高，这些物质在纺织品文物湿洗中存在一定的潜在危害，因此应该避免使用。

蒸馏水是通过将水加热沸腾产生蒸汽，并通过收集冷却蒸汽产生冷凝水的方法制备的。理论上可以去除水中的阴阳离子，但无法除去一些沸点低于水的挥发性有机物。因而在制备蒸馏水之前，通过一定手段去除有机物和水中溶解气体的预处理是十分必要的，有利于提高蒸馏水的纯度。通过多次蒸馏也可以提高蒸馏水的纯度。蒸馏水因为去除了大部分的离子，是一种溶解性非常强的液体，它可以在几个小时之内吸收溶解空气中的酸性气体，从而改变蒸馏水的 pH 值。因此，蒸馏水在储存过程中应密封保存，在纺织品文物湿洗之前应该测量 pH 值。纯度较高的蒸馏水基本适宜在纺织品文物湿洗中应用，但蒸馏水的溶解力很强，在纺织品文物湿洗过程中，可能会溶解掉除文物污染物之外的过多纤维老化产物，并对部分染色产生影响，这就需要在判断是否可以使用蒸馏水时，将纺织品文物及其附属材质的老化程度和保存状况纳入到考虑范围。

去离子水是指去掉所有离子的水。去离子水的制备一般有两种方式，离子交换树脂法和反渗透膜法。离子交换树脂柱可以是组合式的也可以是阴阳离子交换柱分开式的，在水经过阴阳离子交换柱时，水中的阳离子被吸附并交换出 H^+，阴离子被吸收并交换出 OH^+。H^+ 与 OH^+ 结合成中性水，因而离子交换过程对水的酸碱性没有影响。另外，还可以通过反渗透膜法制备去离子水，在压力作用下通过半透膜的选择截留作用，将水过滤净化。为了得到更纯的水，还可以进行多级净化处理。所产出的一级去离子水电导率≤0.1μs/cm，Na⁺（％）≤0.0010，二级去离子水的电导率≤0.5μs/cm，Na⁺（％）≤0.01，均是纯度很高的水。

与蒸馏水相比，去离子水中可能含有细菌等微生物，因此一般多在去离子水处理设备的出水末端或存储容器上加设紫外线消毒装置，以杀灭和抑制微生物污染。从去离子水的生产方式和极低的电导率可以看出，它的纯度很高，酸碱性不受干扰，适用于纺织品文物保护。但它与蒸馏水类似，溶解力也很强，在湿洗过程中也可能溶解掉除污染物之外的过多纤维老化产物并对部分染料产生影响。有资料显示一件表面有暗棕色植物纤维老化产物污染斑的印度棉织文物，在自来水中浸泡清洗后，发现暗棕色污斑更加牢固地附着在织物表面，难以去除。而在棉织物其他部位的同类污斑在用去离子水清洗后，污斑溶解明显较好，易于去除，棕色变浅。这足以说明去离子水溶解力突出的特点。在判断是否可以使用去离子水时，也需要考虑纺织品文物及其附属材质的老化程度和保存状况。

对各类水的特点、制备技术以及所含物质的种类和含量高低的充分了解，是合理选用水处理设备工艺、选择纺织品文物湿洗用水和理解水质对纺织品文物湿洗效果影响的基础。表4-4对各种水进行了比较，便于快速简要了解各种水的优缺点。

表4-4 常见水在不同方面的粗略比较

水质类别 含量	自来水	软化水	纯净水	矿泉水	蒸馏水	去离子水 （反渗透膜法）
悬浮颗粒	高	较低	极低	极低	极低	极低
微生物	高	高	极低	极低	极低	极低
金属离子	高	高	中	中	极低	极低
溶解电离气体	较高	较高	较高	较高	较高	极低
溶解有机物	高	高	较低	较低	较低	低

湿洗中所用水质的好坏即水的组成成分将直接影响到纺织品文物本身及

其附带的染料、颜料、黏合剂等材质的稳定，还会影响到保护操作的效果和安全性。酸碱性不适宜的水会加快纺织品纤维的水解速度，影响部分染色的稳定性，造成脱色、褪色甚至变色。水的酸碱性还会影响纺织品文物附带材质如胶结材料、金属线及其他材料的老化和腐蚀速度。除此之外，硬水中的钙镁离子会影响表面活性剂的清洗能力，加大清洗结束后漂洗处理的难度。在水质工作条件较差的情况下，至少应该保证织物湿洗的第一次浸泡和尾处理漂洗用水为高质量的水；在采用酶进行文物清洗处理时，低质水中含有的金属离子可能会抑制或阻止酶的活性；劣质水中含有的复杂成分，可能会与文物表面的某些附带材质或污染物发生化学反应，造成进一步破坏；含有较多自然腐烂分解物、细菌、微生物及藻类污染物的水，在用于纺织品文物湿洗后，可能会给纺织品文物、文物保存环境或所用材料设备带来微生物污染，尤其以霉害最为常见；采用离子交换法生产的软水中钠离子含量高，可能会对某些与纤维结合不牢的染料产生影响，造成脱色现象。去离子水和蒸馏水纯度高，离子含量极低，具有很强的溶解吸纳更多离子的趋势和能力，因而在纺织品文物湿洗过程中，可能会溶解掉除文物污染物之外过多的纤维老化产物，对部分结合不牢固的染色和附带材质造成影响，文物表面复杂的污染物也有可能在去离子水的作用下相互发生反应，造成破坏。

有些实验室因不具备水处理条件需要从市场上购买用水，但其水质不稳定，需要经过检测确保安全才可以用于纺织品文物保护。同样，实验室自制水的水质也随水源条件和设备工作状态的影响而波动，在使用前也需要进行检测。普通实验室一般可以测试水的总硬度、pH、导电率等。总硬度的测定就是测定水中的钙镁离子总量，通常以 $CaCO_3$ 进行计算，一般采用配位滴定法，用 EDTA 标准溶液直接滴定水中的钙镁离子总量，然后以 $CaCO_3$ 换算成相应的硬度单位（mg/L）。一般可以采用水硬度测试液、水总硬度检测仪、水硬度计等类似设备进行硬度测试；pH 显示溶解在水中的酸碱性物质的多少，酸性物质一般来自自然分解后产生的有机酸、溶解的二氧化碳和二氧化硫，碱性物质一般指碳酸盐。pH 小于 5.5 或高于 7.5，一般说明水受到了某种污染。pH 可以通过试纸或 pH 测定仪测试，一般用水的 pH 应在 5.8～6.5 之间；导电率（uS/cm）显示水的导电能力，它与水中溶解的盐类和气体的浓度有关，浓度越高，导电率越高，说明水的质量越低。导电率不揭示水中非离子性的颗粒、有机物和微生物的含量。在必要时，可将所用水取样交由专业的水分析实验室进行其他项目测试。水的储存也是需要注意的环节，水具有较强的溶剂性质，很容易被所接触的容器、管道和空气中的污染物污染。选用稳定的储存容器和输送管道系统，并加以合理维护是解决水储存问题的根本。所有与塑料容器接触的水都存在微生物繁殖生长的问题，解决这一问题的根本是首先从源头提高水质，尽量使用新鲜制成的水，在储存器或管道口安装即时紫外线杀菌装置也是有效的措施。

3.4.5.4　影响湿洗效果的因素

在湿洗过程中，纺织品污染物能否与织物有效分离，清除后的污染物是否能够在湿洗液中保持悬浮，并能够顺利被漂洗去除，除了与织物的保存状态以及湿洗液中所含清洗剂的清洗能力有关外，还与多个因素如湿洗液的 pH 值、湿洗液的温度、湿洗时间长短、对织物污染部位的按压扰动时间、湿洗液的泡沫量以及漂洗等有关。

在湿洗过程中，随着污染物在湿洗液中的溶解，湿洗液的酸碱性可能会发生变化，进而可能会引发织物附带对酸碱性敏感材质的一系列变化，因此在湿洗过程中，对浸泡织物前的湿洗液、湿洗以及漂洗过程中的湿洗液进行 pH 测定记录，有助于了解湿洗液与污染物结合后的反应，对突发的酸碱度变化进行关注，一旦发生突发的染色剥离或其他变化，便于及时发现，进行调整。非离子型表面活性剂一般在偏酸性的环境下具有很好的清洗能力，离子型表面活性剂则在偏碱性的环境下，分散较好，能够起到较好的清洗效果。多价螯合剂与离子型表面活性剂的混合溶液可以使湿洗液呈偏碱性，偏碱性的环境对于清洗保存状况较好且对碱性环境不敏感的织物有一定的优势。偏碱性环境下，离子型表面活性剂的清洗能力更强，通过皂化反应拆解脂类污染物，将污染物有效松散悬浮在湿洗液中，从织物上湿洗下来的酸性污染物能够被湿洗液中的碱性物质中和，继续保持整个湿洗液偏碱性的环境，维持湿洗环境的偏碱性条件，取到较好的清洗效果。

湿洗过程中，织物在湿洗液中的浸泡时间需要给予足够的时间让湿洗液与织物充分润湿，污染物被松解，悬浮在湿洗液中，但浸泡以及漂洗的时间过长会造成织物纤维的过度膨胀，进而引起纤维水解，染色剥离等问题。湿洗液将织物充分润湿的时间，与表面活性剂的类型有关，非离子型表面活性剂一般润湿速度较快，润湿所需时间还与织物纤维、织物厚度与结构以及湿洗液的温度有关。湿洗过程中，在污染物与织物脱离进入湿洗液并处于悬浮状态时，就应该考虑更换新的湿洗液进行二次湿洗或直接进入漂洗阶段，污染物进入湿洗液后若不及时清除，会再次沉积到织物表面。如果污染物较多，一次湿洗难以彻底去除，则建议更换新的湿洗液进行二次湿洗，而不建议将织物长时间浸泡在湿洗液中，通过延长湿洗浸泡时间来去除污染物的效果远小于利用新的湿洗液湿洗的效果，而且长时间浸泡对织物的危害更大。在实际湿洗过程中，浸泡时间应该在满足污染物与织物脱离的前提下尽量缩短，并快速完成漂洗。对于体量较小的一般织物，可以在 1~1.5 小时内完成 2 次湿洗液浸泡，以及 3~5 次的漂洗。

湿洗液的泡沫量对织物污染物的去除也有影响。不同类型的表面活性剂其泡沫产生量也不同。泡沫的产生是由于表面活性剂成分将水中的空气包裹成泡状而产生的，泡沫的多少与表面活性剂的清洁能力没有直接关系，但泡沫可以将湿洗液中的污染物吸纳在泡沫壁内，减少在湿洗液中悬浮的污染物量，避免悬浮污染物沉积于织物表面。采用将泡沫铺覆于织物表面的做法，可以实现将污染物吸附到泡沫内以除去的目的，还可以避免织物被长时间浸湿，因而可以降低水浸对织物的影响。但仅采用泡沫进行清洗且泡沫量大的情况下，会造成漂洗难度加大。

湿洗液的温度对湿洗效果有直接影响，温度越高越有利于表面活性剂的溶解，但在温度过高的情况下，表面活性剂的溶解性过强，会导致难以形成胶束，无法对污染物形成很好的包裹，无法将污染物悬浮在湿洗液中，因而无法达到很好的清洗效果。但过高的温度对织物会产生比较强的膨胀、收缩、水解以及染色剥离影响，或者引起织物污染物的过多溶解，导致织物重量减轻。因而，选用表面活性剂应该关注其达到最佳溶解度的温度，因此尽量选择在常温下即可溶解到最佳状态的非离子型表面活性剂，另外采用离子型和非离子型表面活性剂的混合湿洗液，有助于在常温条件下形成混合类的胶束，可以在常温湿洗液中达到较好的污染物清洗效果。

在湿洗过程中，借助小海绵球按压织物表面的污染物区，有助于将已经提升污染物与织物表面的脱离，尤其是嵌在织物内部深处污染物的排出更需要一定的按压等机械扰动，以在有效的浸泡时间内，将污染物尽可能的排离织物，使其悬浮在湿洗液中。另外，漂洗是在湿洗尾阶段的重要操作，其目的是将污染物以及表面活性剂的残留物清洗干净，温度较高的漂洗液漂洗效果较好，但高温对织物的不利影响也应该考虑，一般对于采用非离子表面活性剂清洗的织物，建议在 25~30℃ 的条件下进行漂洗。

3.4.5.5　湿洗技术类型

除了将织物浸泡于湿洗液中进行湿洗的常规技术之外，湿洗还有很多变化技术，例如将平面织物放置于斜面平台，将湿洗液滴加到织物上，使湿洗液随斜面自然流动式的湿洗方式，以及利用支架将立体纺织品文物套在支架上，将湿洗液从纺织品文物上部滴加，利用湿洗液自上而下的自然流动将污染物清除的方式。这两类技术，适于织物强度低，表面装饰脆弱，织物结构复杂，若采用整体浸泡于湿洗液会导致织物损坏的情况。

对于纤维老化严重，有彩绘等不稳定表面装饰的脆弱织物，若采用整体浸泡、斜面或支架下垂式自然滴溜清洗的方式，将导致织物纤维吸水膨胀，彩绘粘结材料溶胀，彩绘脱落等病害。对于这类织物的湿洗，减少湿洗液与纤维的接触时间，避免织物纤维、彩绘等敏感物质吸水膨胀，是降低织物在湿洗中发生病害的前提。为此，可以利用低压吸力操作台辅助湿洗过程，具体操作时可将织物平铺到低压吸力操作台上，将湿洗液滴加到织物表面有污染物的区域，开动装置，利用低压吸力操作台的吸力将湿洗液快速吸离织物，仅使织物表面污染物有机会与湿洗液接触，避免湿洗液对织物纤维与表面彩绘等物质的长时间浸泡，这一操作有助于提升此类敏感织物在湿洗中的安全性。

在织物湿洗过程中，湿洗液与被清洗织物间的相对运动以及对织物表面的机械扰动有助于污染物与织物的脱离，避免污染物再次沉积到织物表面。对于老化严重，结构脆弱的纺织品文物，机械扰动容易对纺织品文物造成损伤。为解决这一问题，可以采用超声波清洗技术在不扰动织物的前提下，对织物湿洗效果进行提升。超声波清洗机利用超声场所产生的强大作用力，促使物质发生一系列物理、化学变化而达到清洗目的。具体来说：当超声波的高频机械振动传给清洗液介质以后，液体介质在这种高频波振动下将会产生近真空的"空腔泡"，产生许多微小的真空空穴。当微小真空空穴崩裂时，产生冲击压力波，这种冲击波所产生的巨大压力能破坏不溶性污物而使它们分散于湿洗液中。超声在清洗液中传播时会产生正负交变的声压，冲击被清洗的纺织品，同时由于非线形效应会产生声流和微声流，而超声空化在固体和液体界面上会产生高速的微声流，这些作用均能够破坏纺织品上的污染物，除去或削弱边界污层，增加搅拌、扩散作用，加速可溶性污染物的溶解与清洗作用。超声波清洗效果除了与织物强度、污染物性质以及污染物与织物的结合力有关外，还受超声波的工作频率，湿洗液的温度和超声波作用时间三个因素的影响。

除以上介绍的湿洗技术类型外，实际工作中还有采用棉签等小工具沾湿洗液对织物表面污染物进行擦除的操作技术，这一技术的清洗效果有限，适用范围小，对织物深处的污染物没有清洗效果，擦洗不均匀，易于形成清晰斑点，另外擦洗的机械摩擦力容易对脆弱织物造成损伤。另外，还有膏状物进行湿洗的技术，膏状物以吸附性很强的惰性物质做载体，用溶剂饱和，涂敷在纺织品的污染区域。膏状材料使溶剂紧贴织物表面的污染物，被溶解的污染物在膏状物中的溶剂挥发的过程中，被从织物表面吸附到膏状物的空隙中。膏状物清洗的优点为，减缓溶剂的挥发，延长溶剂与织物表面污染物的接触时间，控制溶液在织物表面的扩散。加急纤维素、羧甲基纤维素、纸浆、Laponite 树脂和 Carbopol 树脂（聚烷基蔗糖或聚烷基季戊四醇与丙烯酸交联聚合物的共聚物）均可作为膏状物的载体。

3.4.5.6 湿洗后的干燥技术

纺织品文物，除了在湿洗过程中有可能发生病害外，干燥阶段也是容易发生病害的敏感阶段。干燥过程中，织物纤维在湿洗过程中所吸收的水分被逐渐释放出来，由于干燥方式不同，水分在织物表面迁移及挥发释放的方式也会不同，引起纤维干燥和收缩的速率差异，进而导致织物收缩、形变、褶皱等病害；染色随水分的迁移和挥发有可能出现迁移串色等病害；织物表面若有彩绘、贴金、金属线等使用黏合剂的情况，黏合剂在经浸泡湿水后的干燥过程中，也有可能因膨胀后再收缩而导致彩绘、贴金、金属线的稳定性下降。可见，织物干燥过程是湿洗之后的重要阶段，是湿洗操作的重要组成部分。

在湿洗后，除了尽量缩短织物的干燥过程以降低浸水对织物的危害外，还有很多织物矫形以及支撑衬垫保护工作需要开展。在设计湿洗方案时，不可遗漏干燥环节的技术细节、干燥过程时长以及干燥过程中需要进一步开展的织物矫形和保护操作预案等内容。对于平面织物，可将其平放在铺有塑料薄膜的平台上，织物此时含有较多表面富余水，在外力协助下，织物比较容易在薄膜表面上滑动，可以对经纬线进行矫正，待织物矫形到位后，利用吸水材料将织物表面的水分吸除，织物可紧紧吸附于塑料薄膜表面，并保持此状态直至再阴干，通过这种方式可以实现大部分织物形变的恢复处理。对于立体结构的服饰，湿洗后的干燥过程则更为复杂，需时较长，服饰结构的脆弱部位需要在干燥过程中给予充分的支撑衬垫保护，以使其能够在干燥过程中保持原有形貌结构，避免产生新的褶皱等形变。

具体到干燥技术，在织物强度允许的前提下，为了加速织物的干燥过程，一般可以采用柔软清洁白棉布沾吸织物表面较多的水分，也可以在相对密闭洁净的房间内离织物较远的区域放置落地电风扇，增强室内空气流动性，以加速织物表面水分的挥发。织物干燥时，水分将从较湿的部位向较干或比较轻薄干燥较快的区域移动，因此对于大部分织物而言，将织物装饰较多的一面朝上平放，从其中心区域开始干燥，让整个表面水分均匀挥发是常用的思路。织物破损区域的干燥速度一般大于其他保存较好的区域，织物的边缘区域干燥速度大于中心区域，这些一般规律都是需要提前关注的，以便调整干燥方案，控制有可能发生的病害。

在织物阴干过程中，对织物进行固定有助于避免织物因含水量变化而引起的变形等病害。对于一般比较轻薄的织物可以在上述矫形工作结束后，利用不锈钢大头针将织物固定在软质平台表面阴干，在织物表面尤其是周边区域根据需要用大头针通过织物经纬线间的空隙插入固定在底板上，大头针一般以较大角度向外转朝着纺织品边缘的角度插入，以起到在织物干燥过程中对织物的固定作用。干燥过程中，应时刻查看干燥过程，以便在大头针周围发生任何收缩之前及时取掉大头针，避免引起织物破裂；除此之外，还可以借助载玻片、边缘打磨过的玻璃片压在被干燥织物的边缘，以避免其在干燥过程中的收缩变形；对于服饰类文物，应该根据服饰身体不同部位进行整体或局部支撑，一般通过在纱网或弹性筒状织物内填充太空棉絮或类似软质可形变材料做成与被支撑服饰结构吻合的结构来支撑服饰，起到避免服饰干燥过程中产生形变的目的。

3.4.5.7 湿洗方案的制定

湿洗方案制定是十分必要的准备工作，因为湿洗操作开始后织物便被浸泡在洗液之中，便需要按照预定步骤和时间进行操作，以避免因操作终断而延长织物在洗液中的浸泡时间，因而制定详细的方案是规范操作的保障之一。湿洗方案的内容大体可总结为以下几个方面。

1）湿洗溶液选择

根据文物的纤维材质、保存条件、附带水敏感物质的特性以及需要洗除的污物的性质，以水为主体选择配置恰当的洗液。水是极性液体，可以溶解很多种类的极性污物；水可以溶解绝大部分的黄色和酸性纤维老化产物，从而改善文物的外观；水作为纤维分子链的滑动剂，可以改善纤维的塑性变形能力，提高纤维的柔韧性，从而去除褶皱平整织物；水便宜易得、安全环保。但水作为湿洗液也有自己的缺点，例如染色流失，颜色改变；老化产物被除去后会因织物重量减少，使脆弱织物更脆弱；因纤维膨胀收缩而改变织物的外貌；水还会对水敏感性物质造成损害，甚至溶解去除某些作为历史信息载体的污物等。

尽管可以仅用水来湿洗纺织品文物，为了获得更好的清洗效果，可以在保证安全的前提下，在水中加入表面活性剂、缓释剂（控制 pH）、活性酶等物质。选择使用这些物质的前提是，了解清洗对象和所选加入物质与文物及其附带物质的反应情况。在选择好所加物质之后，就要根据文物的污染程度，污物与织物的结合牢度和文物的保存状况，选择合适的浓度、溶液温度和 pH。

2）点滴试验

点滴试验是湿洗前必不可少的重要一环，需要将文物的丝线样品浸泡在计划使用的湿洗溶液中，浸泡时间与湿洗液温度条件与实际操作时的条件相同。因为在湿洗过程中，文物表面的污物可能会在溶解后改变洗液的 pH 值，因而点滴试验时的 pH 值测试范围需要比原湿洗液的 pH 宽，以保证在湿洗过程中 pH 变化时的文物安全。点滴试验的对象包括所有可能在湿洗过程中发生变化的文物材质，例如测试染色的色牢度，不同材质的经纬线在洗液中的膨胀反应情况等等。带有金属线和彩绘的文物一般不适宜湿洗，若湿洗则需对这些材料进行细致的点滴试验和特殊的控制设计。

3）模拟湿洗过程

在确定好湿洗溶液的成分之后，就可以配置少量溶液用于试验，并开始模拟设计湿洗程序。将需要洗除的污物取样，在湿洗液中浸泡清洗，记录浸泡时间、所更换洗液的次数和纤维的反应变化情况，直到清洗到一定程度为止。根据浸泡试验的情况，综合考虑文物的其他因素，可以对湿洗液的浓度、温度和 pH 条件进行适当调整，直至确定最后的湿洗溶液和湿洗程序。在实际湿洗文物时，便可按照浸泡试验中的浸泡次数和时间长短来操作。

4）脆弱部分保护

在开始正式湿洗之前，需要对织物的脆弱部分采取保护加固措施，以防在湿洗过程中遭到破坏。比如对残破织物的边缘、残破严重区域可以采用细软尼龙网缝护，在湿洗结束后再将其拆除。织物上的原始针眼是重要的历史信息，可以采用在针眼处穿入新线的方法以将其保存。对丝棉絮以及多层织物组成的复杂结构文物也要采取特殊的加固和支撑措施。对织物的金属配件、纽扣等物质也要在湿洗和阴干过程中进行必要的处理和防护。对于有些极脆弱不便清洗的区域，可以采用低压吸力操作台或仅在其周边区域局部采用湿洗操作，但需要采取措施控制洗液洇湿的影响。

5）湿洗预处理

在湿洗之前，需要在保证文物安全的前提下，尽量利用机械法去除文物表面灰尘和部分可以被机械扰动的污物，一般可以使用微型吸尘设备吸除。这一操作的意义在于，通过减少织物表面的污物，以降低所需湿洗溶液的浓度、降低湿洗温度、减少对文物的浸泡时间、湿洗和漂洗次数，从而尽量降低湿洗操作对织物的伤害。另外，还可以避免织物表面部分本可以提前除去的物质在湿洗过程中溶解在湿洗液中，从而加大湿洗难度甚至会致使某些顽固污渍更加渗入纤维内部。

湿洗预处理有时还需要注意织物在湿洗之前的保存环境条件，如果织物是从很干燥的环境下直接进入湿洗阶段，织物纤维在接触到湿洗液后会迅速吸水膨胀，在此过程中可能会产生很多意想不到的破坏。针对这种情况，如果文物的材质组成和保存状况许可，可以先进行缓慢的纤维湿度调节，然后再开始湿洗操作。

6）湿洗操作和尾处理

湿洗操作过程一般需按照预定程序按时逐步进行，在操作过程中须时刻观察文物的反应，发现问题应及时调整。在湿洗的尾处理阶段，需要进行漂洗，织物平整、经纬线扭曲矫正等织物外观调整操作。织物干燥是尾处理的另一阶段，若织物的强度和保存状况较好，可以采用自然阴干的方式干燥。若织物纤维因染色剥离或收缩变形等原因经不起长时间的潮湿浸泡，可以采取用干净棉布或滤纸吸走部分水后再阴干的方式进行。另外，还可以采用加强室内通风的方式，以加快织物的干燥过程。

7）紧急情况预案

紧急情况处理预案是方案中非常重要的一部分。如突然出现的织物染色掉色、纤维或丝绵絮剧烈膨胀和附带材质膨胀或发生化学变化等情况，需要预先做好应对措施，以便能够进行紧急技术处理。其他如断水、断电等日常紧急情况也应在预案范围之内。

3.4.5.8　湿洗操作的实施

湿洗操作开始即织物吸收湿洗液之后，除非出现突发情况不宜中断操作。因此，湿洗操作必须按照既定方案连贯进行，这就需要在开始湿洗之前，按照湿洗方案细致地准备操作时所需要的设备、工具、材料和场地。具体操作时，应综合考虑文物的数量、尺寸、实验室设备及人员的具体情况，灵活设计，合理操作。

根据文物的尺寸大小，准备相应的湿洗槽或其他容器，大型织物可以在地面用塑料薄膜搭建清洗池，根据文物尺寸、湿洗液的深度和更换湿洗液的次数计算出所需湿洗液的总量，提前配置好湿洗液并准备足量漂洗所需要的去离子水。若织物在湿洗中可以翻面，则应准备好翻面所需的材料和工具，以及文物清洗完毕后的搬动转移材料和阴干工作台面。

清洗过程中可以使用小海绵块轻压污染较重的织物表面，以通过挤压将污染物排离织物，但对于糟朽脆弱织物以及织物表面有特殊装饰效果的部分，则不宜采用海绵球按压操作。在湿洗过程中，需要测量记录织物关键部位及湿洗液的 pH 值，监测湿洗液温度和 pH 变化，并记录每次浸泡的时间。还需搜集每次清洗后的洗液样品，放入玻璃烧杯，以通过其浑浊程度做清洗程度对比观察或做后续清洗液成分分析使用。

织物漂洗结束之后，即进入织物的湿洗尾处理阶段。将织物安全转移到阴干台面，在织物尚含有较多水分时，对织物的褶皱以及扭曲变形经纬线进行及时的抚平和矫正工作，可以通过玻璃片以及标本针等辅助工具对织物进行位置固定。可以利用干燥洁净的棉布或吸墨纸吸收织物表面的水分，以适当缩短织物浸水阴干的时间。织物阴干过程中，需要经常查看织物的干燥和变化情况，避免出现染色洇色或织物收缩变形现象。

3.4.6　干洗

对于织物表面的油脂、蜡、松香、树脂、油漆等污染物，均难以通过表面清洁和湿洗彻底清除，可以采用乙醇、丙酮、三氯乙烯、乙酸乙酯等有机溶剂来去除。在清洗操作中一般仅采用有机溶剂，因而此类技术又称作干洗。

不同于湿洗，干洗剂不会造成纤维的膨胀，在纤维不膨胀的情况，渗嵌到织物内部的污染物难以与织物纤维脱离，因此干洗一般仅对覆盖在织物表面的有机物质和油脂沉积物有较明显的清洗效果，而这一类污染物在古代纺织品污染物中属于少数，因此干洗在实际工作中的应用量并不大。另外，有机溶剂通常不能溶解松散的污垢颗粒，从而使大量的污垢颗粒均匀地沉积在织物的背面。除了挥发较快的有机溶剂外，有一部分溶剂还有可能在纺织品上留有残余物。有机溶剂残余物对织物的长期影响目前尚不明确，但其潜在危害不能忽视。由于上述原因，干洗清洗技术在纺织文物清洗中的应用量有限。

与湿洗一样，对织物污染物类型的判断以及织物表面装饰工艺与干洗剂接触后的稳定性评估，是决定使用干洗以及选择干洗剂的前提。干洗清洗多以局部干洗为主，为避免干洗剂对人体和室内环境的影响，一般在通风厨或吸风管道下进行干洗操作。干洗剂与织物接触后，能够被干洗剂溶解的污染物会很快溶解，溶解后的污染物会随着有机溶剂在织物内的流动与挥发，在短时间内以污染物为中心向外扩散。如果干洗停留在中间阶段，则有可能在被清洗区域的外围形成一个新的污渍外圈。因此，在干洗过程中，随着干洗剂的滴加，应及时将已经溶解的污染物通过吸墨纸等吸附材料将污染物吸走，避免已溶解的污染物在织物内部迁移。干洗需要多次将有机溶剂滴加到污染物区域，不断利用吸附材料将污染物与有机溶剂一起吸走，直到被处理区域污染物被彻底清洗干净为止。

3.4.7 织物清洗的利与弊

总体来讲，清洗在改善织物外观、揭示文物信息、减除病害、减缓老化、提升织物保存、展陈中的稳定性等很多方面都具有积极的作用。但清洗操作对织物也同样存在很多不利影响，也并非所有的织物污染物都可以或都应该被清洗。以湿洗为例，湿洗过程中纤维老化产物被溶解，纤维因吸水膨胀，重量增加但强度却会降低，纤维受力加大，此时对织物的挪动及翻转等操作会使织物因受到机械外力扰动而断裂。织物的边缘、脆弱部分及残破严重的区域在湿洗过程中容易遭受更多的损害。加上织物尤其是刺绣织物含有的多种材质丝线在吸水后的不同反应，会引起织物不同区域的膨胀收缩差异，相互挤压，引起织物结构上的形变；有金属线、不稳定染色、彩绘以及特殊表面装饰效果的织物在湿洗过程中也会降低稳定性；部分污染物溶解进入清洗液后也有可能对织物的其他部分或材质造成损害；另外，湿洗后织物的干燥过程是织物发生纤维收缩和织物变形的危险期，也是染色剥离的高发期。可见，湿洗操作对纺织品文物材质的可能损害贯穿于湿洗操作的整个过程。除了材质损害之外，织物美感和附载信息的损失是湿洗的另一个弊端。文物的老化及污染外观是文物的历史痕迹，附载着一定的历史信息和历史沧桑感，对解答很多历史考古疑问，鉴定文物身份、年代、用途、性质等都有很重要的意义，是文物历史价值的重要组成部分，一经湿洗这些信息将大量减少，湿洗过程是绝对不可逆的操作过程。

由于湿洗的积极作用，湿洗操作在国内外纺织品文物保护中曾被大量使用。但目前纺织品文物保护领域对湿洗越来越持谨慎态度，湿洗的应用量也逐渐减少。原因在于大量前期湿洗过的纺织品文物所发生的变化和不利影响逐渐显现，湿洗在纺织品文物材质以及所附带信息损失方面的风险和弊端愈发明显。由此可见，湿洗应用的难点除了湿洗剂选择、湿洗操作和湿洗后的干燥外，更重要的在于对织物和污染物的充分了解，以及综合评估清洗的必要性和可行性。

以上对清洗的相关知识进行了介绍，涉及了表面清洁、湿洗与干洗，在实际工作中应用量最大的是表面清洁技术，湿洗次之，干洗最少。表面清洁技术相对简单，湿洗技术较为复杂，应用量也最大，因而用了较多篇幅介绍，其中主要涉及了织物表面污染物的甄别、表面活性剂、水、湿洗条件筛选、湿洗技术、湿洗后的干燥技术等内容。对于一些非常规的清洗技术例如膏状物清洗技术、酶、微生物清洗技术如红茶菌发酵液、乳酸菌发酵液以及天然材料清洗材料等未做详细介绍。这些技术均需要利用水与其清洗剂的混合溶液将织物进行长时间浸泡以及多次漂洗，其技术类型也同属于湿洗技术范畴，可根据需要分别参考相关技术报告进行试验验证，筛选恰当的技术进行应用。

采用清洗技术可以去除大部分织物的污染物，但并非所有污染物都能被清洗干净，在纺织品文物上还常见到一些无法去除的污渍，例如淀粉、糖、纤维素所形成的色斑，已经发生化学脱水或化学水合现象的污染物，基本无法用常规清洗手段进行清除。

3.5　加固

3.5.1　针线加固法

纺织品类文物需要保护的对象庞大、繁杂。不同类别的纺织品文物其损伤状况与病害特征也有所不同。由于其自身的特点决定了它难以保存，容易出现生物危害及微生物损害，材料的特性也决定了它容易产生人为损伤，老化问题较为严重。所以，对这类文物加固方法的选择尤为重要。对于状况较差的出土类纺织品文物，常用的方法有夹持法、压裱法、丝网加固法、生物技术加固法、丝蛋白技术加固脆弱纺织品等。对于状况及强度较好的出土类或传世类纺织品文物，常用的方法有装裱法及补衬加固的针线修复法等。

3.5.1.1　使用针线修复方法的历史

在了解针线修复方法的历史之前我们要先明确何为传统的针线修复法："针线修复法就是运用缝制服饰的针线技术来修复纺织品文物的一种方法。此方法是在纺织品文物背后或表面加衬一层现代织物，通过针线缝合技术将两层或多层织物缝合，以起到加固文物破损部分的作用。针线修复法是一种纯物理的修复方法，具有可再处理性，即修复部位的材料在将来必要时可以拆除，从而恢复文物的原状。"这种方法只适用于清理后具有一定强度能够承受缝纫力度的纺织品文物。

针线缝制的方法早在新石器时代就已经产生，只不过那是原始意义上的纺织品修复。在那个时代先民们就已会磨制骨针、纺轮纺线、缝纫衣裙遮体（兽皮、简单的植物纤维纺织物）。在衣裙磨损、撕裂或开线时再次缝纫；衣物脏污时投入河中清洗。这个时期，最早的针线修复已经产生。战国末期楚国的伟大诗人屈原在《楚辞·天问》载："女岐缝裳，而馆同爰止。"意为神女女岐借着缝补衣服，与浇同住一个房间，证明当时已有对服装的缝补行为。这些都是劳动人民在日常生活中为衣服穿的耐久，对纺织品进行加固处理的真实写照。使用的方法多为针线缝合或用衬布加固，俗称"打补丁"。随着历史的发展，人们开始发明使用织补技术，据新疆考古所有关专家介绍，在距今4000年的新疆罗布泊孔雀河古墓沟墓葬发现的毛织副平纹斗篷上发现有类似织补的痕迹。唐代（宋摹本）张萱《捣练图》中分组描绘宫中妇女加工白练的情形，依次为捣练、织修与熨平。其中的织修部分描绘了一位妇女对白练进行织补或修复平整的手工劳动。在《红楼梦》第五十二回中描写了清代民间对纺织精品孔雀裘织补的操作过程和方法。上述这些都说明古人已经有对纺织品的修复和保护的历史。

民国时期古玩盛行，促进了纺织品文物的保护与修复。古玩商为了获得更高的利润将凌乱破损的丝织品修复后再出售。到了近现代，纺织厂为了提高整批布料的价值在出现瑕疵部位采用手工织修，使经修补后的布料完好如新。现代社会上一些洗衣店也有织补服装的经营项目，使用的方法多为传统的织补法。

当今，纺织品的保护修复逐渐作为一项综合性的研究工作，在传统的方法上结合现代科技，系统性地开展起来。从对文物的消毒灭菌、除尘清洗、对脆弱纺织品的揭展加固等一系列修复保护方法的应用，到使用各种现代仪器设备对纺织品文物进行必要的检测分析，以及新材料新工具的合理运用等。随着财力的不断投入，工具设备的改进、专业技术人员知识水平的提高以及专业研究的开展，纺织品的保护修复技术在不断摸索实践中得以发展。传统针线修复法也从原来的单纯操作技术逐渐发展成为一种相对可逆安全的修复理念，被国内外广为使用，现代针线修复不再拘泥于单纯的操作技术，而是一种全面系统的保护修复过程，会借助现代科技来判定材质，从而决定使用何种材料实施修复；会通过试验筛选效果较好的清洗试剂，来完成除尘清理的步骤；会分析文物的破损程度、损伤位置等，来决定选择何种针法和实施哪种针迹；会评估文物修复后的储存环境、运输条件等来制定相应的储存及展览建议。这些过程组成了针线修复法整体，缺一不可。

3.5.1.2　针线修复法使用的材料及工具

针线修复方法需要借助一定的辅助材料及工具来完成。这些材料需要被检测是安全无害的，不会对文物产生新的影响。而工具最好是用来修复纺织品文物的特殊工具，必要时需要定制工具来参与修复过程。传世纺织品文物种类较多，有服饰、靴鞋帽、室内的铺垫帏幔、纺织类的挂屏围屏、布匹等，这类纺织品文物在确定纤维强度允许的情况下都可以采用针线法修复。出土的纺织品主要包括残片和服饰，残片可采用丝网加固或玻璃加封等保护措施，而对与残破的服饰，丝网和玻璃加封存在一定的局限性，树脂加固、托裱等方法又不能使其复原，在这种情况下就应采用针线修复法，这种方法也是国际上最为常用的纺织品修复方法。

1）针线修复法使用材料

（1）背衬材料

选用质量上乘的纺织品作为文物支撑及加固的面料，加固材料本着不改变文物外观的原则，争取在视觉、触觉和质感等方面尽量与文物保持一致。修复材料要比较耐久、具有可再处理性并且便于更新，也就是符合可逆性的原则，在有了新的材料之后可以便于替代。由于文物的材质有所不同，所用的背衬材料也有区别，要根据所修复的纺织品文物的实际情况来选择背衬材料的质地，比如蚕丝纤维的纺织品文物尽量选择丝绸面料、棉纤维的纺织品文物尽量选择纯棉材质的面料等。修复所用的背衬材料要和原文物相同或相近，或根据原文物材料的状态来选择天然纤维的纺织品材料，最好不选用化纤材质的纺织品作为修复加固的背衬。修复所用背衬材料的手感也要与原文物的手感近似，如果背衬物太硬，则显得被加固支撑后的文物呆板，尤其是服装类的文物，背衬的硬挺度会直接影响整个服装的视觉和观众感官，使原本飘逸的服装变得僵硬；如果背衬太软，则无法对所修文物起到支撑及加固的作用，用在服装上的背衬则会显得没有骨架，影响服饰的整体；因此修复所用的背衬织物要选择与文物柔软度及厚度相当的纺织品。在背衬的颜色选择方面，要在选择面料或染色时注重背衬材料的色相、明度及饱和度方面与原文物近似。背衬材料的色泽深度应与文物的深度相近或较深。由于文物历经多年后光泽度普遍降低，变得较为柔和、暗淡，如果选择光泽较好的现代纺织品，则会影响突出文物主体，背衬织物的亮光会抢尽文物的"风头"。因此，应选择光泽度较低的材料作为背衬。织物组织结构也尽可能地选择同一种类，比如平纹组织面料文物应该选择平纹组织的背衬材料；缎纹组织文物应该选择缎纹组织背衬材料等。若没有相同组织的材料，也应挑选与文物组织相近的、纹理结构类似的纺织品作为背衬材料。

（2）缝线的选择

缝纫用线是针线修复方法中的必备材料，一般有棉线、丝线、化纤线、金属丝等。如果按照材质分类可分为天然纤维、合成纤维缝纫线及混合缝纫线三大类。缝纫线在文物修复过程中用于缝合各种开裂的纺织品文物面料、缝合加固支撑材料等，缝线的材质、强度和细度等规格参数直接影响被修复的纺织品文物。天然纤维缝纫线是指用天然纤维棉、麻、丝、毛经过加工而成的缝纫线。棉线是指用棉花纤维搓纺而成的细长可以任意曲折的线，特点是拉力高、型稳性高、耐高温、弹性差、有良好的可缝性、缩水率大（图4－40）。棉纺混合线是指棉纤维加上其他化纤纤维混合加捻而成的缝纫线，比如涤棉线（图4－41）。丝线是一种用蚕丝搓纺而成的线，特点是质地柔软、强度好、光滑耐磨、坚韧牢固，弹力较高（图4－42）。合成纤维缝线是指将聚合物在高温、高压下熔融后，经过极细孔径的喷头喷出流丝，经凝固后加工制成纤维并纺成线的连结材料。这类缝线无接头、强度较高、具有很好的牢固性、不缩水、防腐霉、抗热性有限（图4－43）。金属丝线是指捻金线和片金线，传统的捻金线是将金箔黏合在纸上再切成0.5mm左右的窄条即成扁金线，将扁金线螺旋地裹于棉纱或丝线外即成圆金线。修复用的捻金（银）线（图4－44）或片金（银）线（图4－45）一般都是用来补配文物上脱落的金线或银线，所以，捻金（银）线或片金（银）线的工艺必须和文物上使用的金属线工艺相同。以捻金线为例，新制作的捻金线即使在金箔含金量与文物相同的情况下，也会比文物的金箔表面更加光亮，需要进行一些老化再进行补配，以保证不会影响文物主体的视觉效果。

2）针线修复法使用的工具

（1）针

纺织品修复所用的缝针分为直缝针和弯缝针，直缝针的型号和类型多种多样，修复时选用直缝针的型号、细度和长短应该根据所修复文物的厚度而决定。

图 4-40　棉线

图 4-41　混合线

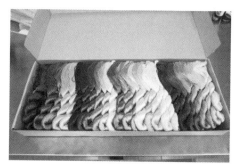

图 4-42　丝线图

图 4-43　合成纤维缝线

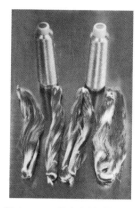

图 4-44　修复用的捻金线

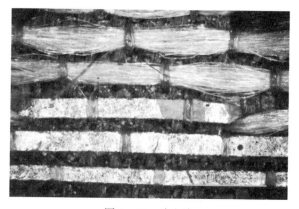

图 4-45　片金线

通常直缝针用在修复丝绸类较薄的纺织品文物，常用的型号是 7～12 号直缝针。弯缝针是用在多层及较厚纺织品文物的修复，弯缝针为医用眼科手术缝针，针的主体为圆柱形，具有一定的弧度，基本呈半圆形（图 4-46）。

（2）剪刀

剪刀分为服装剪和医用手术用剪，服装剪用来裁剪各种修复材料、医用手术剪用来减断缝纫用线和多余的纱线等。服装剪选用 8～12 号，医用手术用剪选用 10～14cm（图 4－47）。

图 4－46　针

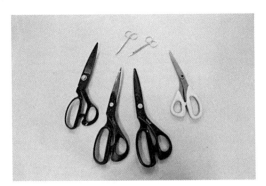

图 4－47　剪刀

（3）镊子

在修复纺织品过程中，纺织品整形时需要理顺文物的纤维，使纬线和经线横平竖直。有时需要用镊子夹取掉落的纱线或纤维等。在不伤害纺织品文物本体的情况下，选用的镊子为不锈钢直头镊或弯头镊，表面光滑，镊头最好是有锯齿的，这样可以增强夹取时的摩擦力（图 4－48）。

（4）其他

用于纺织品文物修复的辅助工具还有珠针、画粉、吸铁石等。珠针和吸铁石都可以用来固定及整形；画粉用来在补配材料上绘制所需裁剪的图形（图 4－49）。

图 4－48　镊子

图 4－49　其他辅助工具

3.5.2　桑蚕单丝网加固法

3.5.2.1　桑蚕单丝网制作原理

此种方法主要针对朽败极为严重的纺织品、纸张等有机质文物的修复加固。丝网加固本着"以天然材料为主，合成材料为辅的原则"。该方法是以单根桑蚕丝叠绕网为主体，以聚乙烯醇缩丁醛为胶黏剂的一整套丝网加固技术。利用自制的绕网机绕制加工。成品具有平纹织物的外观，但经纬线不交织，为上下两层叠压胶结成形。丝网密度、尺寸可调整。

3.5.2.2　常用桑蚕单丝网的制作方法

桑蚕单丝网主要分为有膜丝网、无膜丝网、絮状丝网以及复合膜丝网等。有膜丝网主要针对极为腐朽，整体连结力很差或者表层粉化的薄质字书文物。而絮状丝网主要用于"羊皮纸"书页或薄皮革的肉面（网状层表面）的补贴加固。复合膜丝网用于较为特殊的印绘有油墨油彩的有机质文物。目前在有机质文物保护修复中最为常用的是无膜丝网（以下简称"丝网"），下面主要介绍该种丝网的制作方法：

1）选用桑蚕白茧，以当年新茧为优，粒度一般取中等者，茧丝全长约 800m 左右，大小均匀洁白无污染。单丝断裂强度约在 3.3～3.9g/D，断裂伸长约 13%～18%。蚕茧也可根据文物修复需要染色备用（图 4-50、4-51）。

图 4-50　天然蚕茧

图 4-51　染色蚕茧

2）取聚乙烯醇缩丁醛（PVB）、乙醇预溶，按重量比配成 3%～6% 的透明无色胶液备用，浓度可根据需要调整。

3）网框正背面均贴上与框边等宽的纸条，此步骤利于丝网完成后从网框上揭取。并方便丝网的日后存放。

4）利用丝网绕网机制作丝网（目前广泛使用的是第三代丝网绕网机）。取已煮好的蚕茧一粒，置温水杯中索绪，再将单根蚕丝的丝头固定于丝网框一端，开机向网框上等距绕丝，第一层丝绕满之后，将网框取下（图4-52）。

5）网框正背面的上下两端再次贴附纸条，晾干。

6）将网框旋转90度，置于丝网机上，开机垂直绕第二层丝，绕满之后，形成叠压的网格，将丝头固定后取下网框。

7）再次取纸条贴于网框框边，方法同第五步。

8）采用绘画用喷笔、喷泵将配比好的PVB黏合剂均匀喷涂在绕好的丝网上。向丝网上喷涂黏合剂时务必做到覆盖均匀，丝网上的所有交叉点及每根单丝上皆须均匀挂上胶层，可多次反复喷涂，待每一遍干后再喷一次，且两面均要喷涂。此为无膜丝网。喷枪用后可用乙醇溶剂浸泡清洗即可（图4-53）。

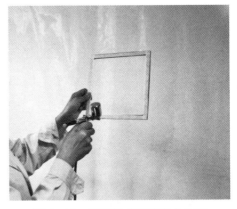

图4-52　丝网机　　　　　　　图4-53　丝网绕成后喷附黏合剂

9）待丝网阴干后，先用裁纸刀沿网框侧面丝线连接处裁开，揭取正、背两面固定的纸条，即同时完成两张丝网，夹入黑纸中保存备用，放置于平整干燥处。

3.5.2.3　丝网的加固方法

1）热压黏合法

热压法须作用于有一定强度的纸质及纺织品文物。通过热压把"无膜丝网"贴在文物表面。在丝网和热压工具之间必须垫一张薄薄的"防粘衬垫"，一般采用聚四氟乙烯膜隔离，此膜经济实用，方便取材。

2）溶剂黏合法

此法适合不宜热压作用的皮革和古丝绸等文物。可用乙醇、丙酮等作为溶剂。剪取合适大小的丝网，平铺在待修复文物的糟朽或需要加固、连接处，以软毛笔蘸无水乙醇适量，先点定四角，再有顺序的将丝网溶贴于书页表面，以匀而不显光泽为准。点贴无膜丝网时，乙醇用量更要少，宜在干燥的气候条件下工作。

3）去除方法

有膜丝网、无膜丝网抑或它种丝网，并勿论溶贴或热压粘贴在文物上的丝网，都还可以容易的再溶取下来。方法是软毛笔蘸无水乙醇溶剂，点溶丝网，即可取下。

3.5.3　夹持加固法

夹持方法加固，主要适合需陈列上展，且糟朽、脆弱、老化严重的纺织品残片。此方法采用物理方法加固，不直接或很少的对织物施加物质，以最少的手段侵扰文物的原貌。该方法利于文物双面的观察研究。

夹持材料需选取透明度高、挺括平滑、成分稳定性强的物质。方法简单易行，即将织物夹持在中间，根据文物特点及夹持材料的不同，采用相应的固定手段固定、封护，以起到对织物保护、衬托的作用。

最早采用玻璃板夹持，由于玻璃易碎，成分不够稳定等原因，逐渐淘汰。后选用有机玻璃，表面喷涂紫外线吸收剂覆盖膜，安全有效的对纺织品文物进行加固保护。目前还有专业的紫外线吸收型有机玻璃。较早出现的还有卡纸夹持，近些年均选取无酸卡纸为夹持材料。再有随着高分子化学的发展，各种树脂材料在这方面也不断地进行着有益的尝试。

3.5.4　托裱加固法

一般来说帛书、帛画、唐卡、圣旨、诏书、刺绣残片等单面有纹饰的纺织品文物，可采用托裱加固的方法，此法是利用传统装裱材料和技法进行加固保护的方法和流程。

3.5.5　其他加固方法

科学技术手段的不断发展，衍生了很多种针对有机质文物的加固方法。20 世纪 70 年代，马王堆汉墓出土的一幅完整的泥金银火焰纹印花纱采用天然丝胶加固；80 年代，有用硅橡胶加固处理炭化成灰纺织品的案例；近年来，聚乙烯醇缩丁醛、硝化纤维素、聚丙烯酸酯等高分子合成材料在纺织品加固方面已有较多的应用，南京博物院对新疆出土的西汉纺织品进行了派拉伦膜涂覆，酸浸试验；故宫博物院用醋酸纤维素加固清黄羽毛纱伞，以及用 EVA 热溶胶膜法加固黄缎绣双龙团扇；再有除物理加固、化学加固方法外，生物技术也被引入了纺织品的加固应用中，例如荆州文保中心多年来进行了生物保护技术的研究。利用温、湿度控制菌的生长速度，其最终代谢物和尸体留在被加固文物表面对文物起到加固作用。

3.6　染色

纺织品的染色，历史悠久。《诗经》中就有关于蓝草、茜草染色的记载，可见中国在东周时期使用植物染料已较普遍。长沙马王堆汉墓出土的绚丽多彩的丝织物，表明 2000 多年前中国的染色和印花技术已达到相当水平。

3.6.1　染色的基本原理

所谓染色是指染料和纤维发生化学或物理化学结合，或在纤维上生成有色物质的过程。这一过程绝大多数是在以水为介质中进行的。对直接染料和酸性染料（包括部分天然染料）而言，染色过程和上染过程是相同的，对于酸性媒介染料和活性染料，上染过程和染色过程不同，上染过程仅仅是染色过程的一个组成部分（具体参见本书相关内容）。

纺织品染色后，染料在纤维上应该有一定的耐水（皂）洗、日晒、摩擦等性能，这些性能统称为染色牢度。不同类型的染料上染同一种纤维，其染色牢度会有较大的差别，即使是统一类型的染料，也会因为颜色不同、染料浓度不同、染色工艺不同等因素造成染色牢度的差异。

现代染色理论认为：染料之所以能够上染纤维，并在纤维织物上具有一定牢度，是因为染料分子与纤维分子之间存在着各种引力的结果，各类染料的染色原理和染色工艺，因染料、纤维各自的特性而有很大差别，不能一概而论，但就其染色整体过程而言，大致都可以分为三个基本阶段。

3.6.1.1　吸附

当纤维（或者其他形式的纺织品，例如纤维条、纱线、织物、成衣等）进入染料以后，染料渐渐地由溶液转移到纤维表面，这个过程称为吸附。随着时间的推移，纤维上的染料浓度逐渐增加，溶液中的染料浓度逐渐降低，经过一段时间后，达到平衡状态。吸附的逆过程为解吸，在上染过程中，吸附和解吸是同时存在的。

3.6.1.2　扩散

吸附在纤维表面的染料向纤维内部进行扩散，直到纤维各部分的染料浓度趋向一致。由于吸附在纤维表面的染料浓度大于纤维内部的染料浓度，促使扩散进行。此时，染料的扩散破坏了最初建立的吸附平衡，溶液中的染料又会不断地吸附到纤维表面，吸附和解吸再次达到平衡。

3.6.1.3　固色

染料在纤维内固着，是染料与纤维结合的过程，可认为是染料保持在纤维上的过程。染料、纤维不同，其结合方式也各不相同，它们之间固着的原理和条件也不同，一般来说，染料固着在纤维上主要有两种类型。一种是物理固着，由于染料与纤维之间的分子间力（范德华力）及氢键的作用，而使染料固着在纤维上。棉、麻等纤维素纤维与一些染料，如直接染料、硫化染料、还原染料等都是依赖这种引力而固着在纤维上的。另一种是化学固着，染料与纤维发生化学反应，从而使染料固着在纤维上。例如：活性染料染纤维素纤维，彼此形成共价结合。通式如下：

$$DRX + Cell - OH \rightarrow DR - O - Cell + HX$$

DRX：活性染料结构简式；

X：活性基团；

Cell – OH：表示纤维素。

以上两种固着方式，物理固着所有染料与纤维之间的结合都存在，部分染料与纤维的结合存在化学固着。

需要强调的是：上述三个阶段在染色过程中往往是同时存在，不能截然分开。只是在染色的某一段时间某个过程占优势而已。

3.6.2　染料的概述

一般纺织工业常用的着色剂（colorant）可分为两类，即染料（dyestuff）和颜料（pigment）。

3.6.2.1　染料的定义

染料是能将纤维或其他基质染成一定颜色的有色有机化合物。

3.6.2.2　颜料的定义

颜料是不溶于水和一般有机溶剂的有机或无机的有色化合物。颜料本身对纤维没有上染能力，借助某些高分子黏合剂将颜料颗粒黏着在纤维的表面、纱线之间或纱线内部。

3.6.2.3　染料与颜料的异同点

1）相同点：具有鲜艳的颜色，良好的化学稳定性，具有符合应用要求的色牢度。

2）不同点：（1）溶解性。大多数染料溶于水，或通过一定的化学处理在染色时转变成可溶状态。有些染料不溶于水而溶于醇、油。颜料不溶于水。随着科技的发展，仅仅以是否溶于水来区别染料与颜料已不准确了。（2）结合力。染料与纤维发生物理的或化学的结合，颜料本身对纤维没有上染能力；化学组成。染料为有机化合物，颜料为有机或无机化合物。（3）应用范围。染料主要用于织物的染色和印花，还可用于油蜡、塑料、纸张、皮革、食品等的染色。颜料主要用于油漆、油墨、橡胶、塑料以及合成纤维的原浆着色，也可用于纺织品的染色及印花。

3.6.2.4　染料必须具备下列条件

1）对可见光有选择性吸收，从而具有不同的色泽。

2）作为某一类纤维染色用的染料，必须对该纤维具有一定的亲和力。

3）具有一定的水溶性或能分散于水或其他染色介质中。

4）所染织物应具有较好的色牢度。

3.6.2.5　染料的发展历史

早在 5000 年前，人类就开始使用来自植物、动物和矿物的天然染料对毛皮、织物和其他物品进行染色。公元前 2500 年在中国和印度，人们已能利用天然染料染色，如植物性染料：靛蓝、茜草、五倍子等；动物性染料：古代紫（紫螺）、胭脂红（胭脂虫）等。但是天然染料品种不多，染色牢度也较差，自从 19 世纪中叶合成染料出现后，天然染料逐渐失去其重要性。

英国人 W. H. Perkin 在 1856 年发现了苯胺紫（Mauve），标志着合成染料的诞生。1858 年，P. Griese 在芳伯胺重氮化反应的基础上，于 1864 年发现了偶氮染料，使之成为合成染料中最大的类别。

Calsert 于 1860 年研制出了酸性染料。1884 年 P. Boetigger 合成了第一只上染棉纤维的直接染料——刚果红。1889 年 Lauth 和 Krekeler 在酸性染料的基础上研制出了酸性媒染染料。在 1883 年 A. Von Baeyer 确定了靛蓝的化学结构式的基础上，德国化学家 R. Bohn 于 1901 年合成了第一只还原染料——还原蓝 RSN。1912 年 Laska Zitscher 合成了不溶性偶氮染料。1923 年 Br. Celanese 研制了第一只分散染料，当时仅用于醋酸纤维的染色。在 1927 年发现酞菁染料结构的基础上，Linstesd 于 1935 年合成了一系列酞菁染料。1940 年 IG 公司首创了荧光增白剂。1956 年 I. Rattee 和 W. E. Stephen 合成了能与纤维素纤维发生共价结合的染料——活性染料。

染料的发展与纤维的发展是紧密相关的，随着 20 世纪 30 ~ 40 年代多种合成纤维的出现，许多新型染料也相继问世。例如 1935 年和 1938 年开发出锦纶 66 和锦纶 6，1949 年出现了 1∶2 型的金属络合染料（中性染料）。1941年开发出了聚酯纤维，1953 年合成了染聚酯纤维用的分散染料。1953 年腈纶开始工业化生产，1955 年出现了染腈纶用的阳离子染料。

从合成染料出现至今已有一个半世纪，各种不同品种的染料和颜料近 8000 种，这近 8000 种染料和颜料记载于《染料索引》（Colour Index，缩写为 C. I.），其中经常使用的品种有 2000 多种。

3.6.3 染料的应用分类

染料的分类主要有应用分类和结构分类两种方法。应用分类法就是按照染料的应用范围、应用方法和染色性能来进行分类。结构分类就是按照染料的化学结构来分类。

按染料的应用分类可分为：

3.6.3.1 直接染料（包括直接耐晒染料）

直接染料分子结构较大，呈线性、狭长，共平面性好。染料分子中大多含有磺酸基（—SO_3Na）、羧酸基（—COOH）等水溶性基团，可溶于水，是一类阴离子染料。染料分子与纤维分子之间以范德华力和氢键相结合。直接染料主要用于棉、黏胶等纤维素纤维及再生纤维素纤维的染色，也可用于蚕丝、纸张、皮革的染色。直接染料色泽鲜艳、色谱齐全、价格便宜、应用方便，但染色织物的湿处理牢度较差。另外，一些直接染料分子中含有联苯胺等禁用芳香胺，属于禁用染料之列，因此部分直接染料的应用在一定程度上受到了限制，需谨慎选用。

3.6.3.2 活性染料（又称反应性染料）

活性染料分子结构中含有活性基团，在碱性条件下，能与纤维素纤维上的羟基、蛋白质纤维中的氨基等基团反应形成共价键，从而上染纤维。活性染料主要用于纤维素纤维的染色和印花，也可用于羊毛、丝绸和锦纶等纤维、织物的染色，由于形成共价键，故湿处理牢度较好。

3.6.3.3 还原染料（包括可溶性还原染料）

还原染料分子含有两个或两个以上的羰基，不溶于水，在染色时需用还原剂（如保险粉）在碱性条件下被还原成隐色体钠盐，被纤维吸附，再经空气或氧化剂氧化成为原来的状态而固着在纤维上。主要用于纤维素纤维的染色。还原染料色泽鲜艳，色谱齐全，且各色牢度优异，但染色方法复杂。

把还原染料在染料厂制成可溶于水的染料（接上硫酸酯基—OSO_3Na），染料吸附到纤维上后，经氧化脱去水溶性基团而成为不溶性还原染料固着在纤维上，这种染料称可溶性还原染料，又称为印地素染料。这类染料较之还原染料省去了还原的过程，故染色方法简便，但成本较高，一般用于高档织物的中、浅色染色。

3.6.3.4 不溶性偶氮染料（又称冰染染料）

这类染料由两部分组成，即重氮组分（色基）和偶氮组分（色酚），染色时将重氮化了的色基和色酚在纤维上发生偶合，生成不溶于水的偶氮染料而固着纤维上。由于色基的重氮化及染色过程（偶合过程）均需在冰水浴中（0~5℃）条件下进行，所以也叫作冰染染料。这类染料主要用于纤维素纤维的染色和印花。

3.6.3.5 硫化染料

这类染料分子中含有比较复杂的含硫结构，和还原染料相似，本身不溶于水，需在硫化碱溶液中还原，生成可溶性的隐色体钠盐，才能上染纤维，后经过氧化又成为不溶性染料而固着在纤维上。主要用于纤维素纤维的染色。

3.6.3.6 缩聚染料

这类染料可溶于水，分子内含有硫代硫酸基，染色时在纤维上脱去水溶性基团而发生分子间的缩聚反应，成为分子质量较大的不溶性染料而固着在纤维上，故称缩聚染料。目前主要用于纤维素纤维的染色和印花，也可用于维纶的染色。

3.6.3.7 酸性染料（包括酸性媒染染料，酸性含媒染料）

酸性染料分子中含有磺酸基和羧基等水溶性基团，是一类水溶性阴离子染料，在酸性染浴中可以与蛋白质纤维分子中的氨基以离子键结合，故称酸性染料。主要用于羊毛、蚕丝、锦纶、皮革等染色。

酸性媒染染料是一类含有能与金属离子络合的配位基团的酸性染料，该染料含有磺酸基等水溶性基团，是水溶性染料，常用于羊毛染色。

酸性含媒染料是一类在染料分子结构中已经具有金属螯合结构的酸性染料，含的金属离子一般也是铬离子，少数品种为钴离子。酸性含媒染料具有染色操作工艺较简便，染色牢度较好等优点，主要用于羊毛、蚕丝和锦纶的染色。

此外，用于化纤染色的主要有分散染料、阳离子染料等，还有用于纺织品的氧化染料（如苯胺黑）、溶剂染料以及用于食品的食品色素等。

3.6.4　染料的染色性能

3.6.4.1　直接染料的染色性能

直接染料大都含有羧酸基（—COOH）、磺酸基（—SO_3Na）等水溶性集团，染料溶解度大小主要取决于分子中水溶性集团的多少。另外，染料的溶解度也和温度有关，通常温度越高，溶解度越大。染色时必须使用软水，如果染色用水硬度较高，大部分染料能与硬水中的钙盐或镁盐结合生成不溶性的沉淀，影响染色效果。在染色时加入无机的中性盐类，如食盐、元明粉等，无机盐可作为促染剂，到达促染的效果。因为在水溶液中无机盐会发生电离，生成无机的阳离子（Na^+，K^+）体积较小，在水溶液中活性较大，容易吸附在纤维分子的周围，从而降低纤维分子表面的负电荷，相对地增加了染料阴离子与纤维分子间的吸附量，达到促染的效果。但是，如果盐类增加过多又会因染料溶解度降低而析出沉淀。

根据直接染料染色性能的不同，大致可以分为以下三类：

1）A 类（匀染性直接染料）

这类染料分子结构比较简单，在染液中聚集倾向较小，对纤维的亲和力较低，在纤维内的扩散速率较高，匀染性和移染性好，食盐的促染作用不显著，在规定的染色时间内，染色温度的升高会降低平衡上染率，因此染色温度不宜太高，一般在 70～80℃染色即可。这类染料的湿处理牢度较低，一般仅宜染浅色。

如直接冻黄 G（C. I. 直接黄 12）便属此类：

（化学结构式）

2）B 类（盐效应直接染料）

这类染料分子结构比较复杂，分子中含有较多的水溶性基团，对纤维的亲和力较高，染料在纤维内的扩散速率较低，移染性较差，如果上染不匀，难以通过移染加以纠正。而食盐等中性电解质对这类染料的促染效果显著，但必须注意控制促染剂加入的用量和时间以获得匀染效果和提高上染率。这类染料的湿处理牢度较高。

如直接耐晒绿 BB（C. I. 直接黄 33）便属此类：

（化学结构式）

3）C 类（温度效应直接染料）

这类染料分子结构也比较复杂，对纤维的亲和力高，扩散速率低，移染及匀染性较差。染料分子中含有的水溶性基团较少，在含有少量的中性电解质染浴里也能达到较高的上染率。染色时要用较高的温度，上染百分率一般随染色温度的升高而增加。但初染温度不能太高，升温不能太快，要控制好升温速率，否则容易造成染色不匀。

如直接黄棕 D3G（C. I. 直接棕 1）便属此类：

（化学结构式）

在拼色时，要注意选用性能相近的同类染料为宜。如果直接染料染后织物需固色处理，一般常用的阳离子固色剂 Y 和固色剂 M 或者直接染料反应型固色剂。

3.6.4.2　活性染料的染色性能

活性染料的结构通式可以表示为：

$$W - D - B - Re$$

W：水溶性基团，一般为磺酸基；

D：染料母体，决定染料的颜色、鲜艳度、牢度及直接性；

B：活性基与母体间的连接基或称桥基，一般为—NH—；

Re：是反应性集团（活性基）。

活性基团应同时具有一定的反应性和稳定性。活性基团结构还与染料的溶解度、直接性及扩散性等性能有关。活性染料根据活性基团不同主要分为 X 型、K 型和 KN 型等。

1）二氯均三嗪型活性染料（国产 X 型）

结构通式：

特点：反应活性较强，上染速率却较快，适于低温（25～45℃）染色，可在碱性较弱的条件下与纤维反应，又称普通型或冷染型活性染料。但染料容易水解，固色率较低，贮存稳定性差。

2）一氯均三嗪型活性染料（国产 K 型）

结构通式：

R：—NH₂、—NHCH₃、—NHAr、—N（CH₃）Ar、—OR 等。

特点：反应活性较弱，适于高温（90℃以上）染色，可在碱性较强的条件下与纤维反应，又称热固型活性染料，染料不易水解，贮存稳定性较好，

"染料—纤维"共价键的水解稳定性比 X 型染料好。

3）乙烯砜型活性染料（国产 KN 型）

结构通式：$D—SO_2—CH_2CH_2—OSO_2Na$

商品染料是一种含 β - 羟乙基砜硫酸酯结构的染料，它在弱碱介质（pH = 8）条件下可转化成乙烯砜基而具有高的反应性，与纤维形成稳定的共价键，反应如下：

$$D—SO_2—CH_2CH_2—OSO_3Na \rightarrow D—SO_2—CH—CH_2$$

特点：KN 型活性染料具有鲜艳的色谱和良好的水溶性。乙烯砜基的反应活性介于二氯均三嗪和一氯均三嗪之间，即 KN 型活性染料的性能和染色条件介于 X 型和 K 型活性染料之间，染色温度 50～70℃，在弱碱性条件下固色。乙烯砜型活性染料的直接性相对较低，因此这种类型的染料更适合用在冷轧堆法、连续染色法及印花工艺中。"染料—纤维"共价键的耐酸稳定性较好，耐碱的水解稳定性差。

为了提高活性染料固色率，近年来开发了复合活性基团的活性染料，即在一个染料大分子中含有两个相同的或不同的活性基团，其最大的特点是固色率高，得色浓艳，各项色牢度优良。另外，毛用活性染料的开发也拓宽了活性染料的应用范围。

3.6.4.3 还原染料的染色性能

还原染料分子中不含水溶性基团，故不溶于水。染料分子结构大，芳环共平面性好，对纤维素纤维的亲和力较大，因此初染率较高，移染性较差，易产生染色不匀的现象。主要用于棉、黏胶等纤维的染色，染色方法主要有隐色体染色法（浸染法）和悬浮体染色法（轧染法）。染色织物的湿处理牢度很好，多数染料具有较高的耐日晒牢度，是目前各类商品染料中应用很广的高档染料。还原染料分子中至少含有两个处于共轭体系中的羰基，在还原剂的作用下被还原成具有烯醇结构的隐色酸，隐色酸可溶于碱性溶液中而被纤维吸附，吸附在纤维上的隐色体（染料的可溶性钠盐）在酸和氧化剂的作用下又恢复到原来不溶于水的羰基（醌体或酮体）状态，固着在纤维内部。还原染料隐色体上染纤维素纤维以阴离子形式通过与纤维之间的范德华力和氢键等力被吸附在纤维表面，然后再向纤维内部扩散。

不正常的还原现象：

1）过度还原现象

还原染料分子结构中的羰基在正常情况下并不能全部被还原，如果还原液的温度过高或烧碱—保险粉的浓度过高，就会引起过度还原。过度还原会使染料隐色体的直接性降低、色光发生变化，当碱不足并继续过度还原，会导致染料丧失亲和力。

2）脱卤现象

分子中含有卤素基的染料，在高温下还原，容易发生脱卤现象，从而改变色光，降低耐氯牢度。

3）分子重排现象

染料被还原后，若烧碱量不足，有些染料会发生重排，分子重排后，即使再添加烧碱也难以恢复成正常的隐色体。

4）水解现象

酰胺结构的还原染料在温度升高和碱浓度较高的情况下发生水解，使色光、染色性能和染色牢度发生变化。

5）结晶现象

如果染料隐色体的溶解度小，而浓度又过高，则有可能发生隐色体的结晶和沉淀现象，因而不能进行正常染色。

3.6.4.4　酸性染料的染色性能

酸性染料的匀染性和湿处理牢度随染料结构变化而不同。按染料对羊毛的染色性能，酸性染料可分为强酸浴、弱酸浴和中性浴染色的三类酸性染料。

1）强酸浴染色的酸性染料（又称匀染性酸性染料）

该类染料分子结构简单，相对分子质量较低，分子中磺酸基所占比例高，在水中溶解度较高，在常温染浴中基本上以离子状态分散，对羊毛纤维的亲和力较低，染色需在强酸性浴中进行（pH = 2.5 ~ 4）。这类染料湿处理牢度较差，耐日晒牢度较好，色泽鲜艳，匀染性良好。这类染料难以染深色，不耐缩绒，且染后羊毛强度有损伤，手感不好。

2）弱酸浴染色的酸性染料

该类染料分子结构稍复杂，磺酸基在分子中占的比例较低，在水中的溶解度较低，在常温染浴中基本上以胶体分散状态存在，对羊毛纤维的亲和力较高，与羊毛纤维的结合，离子键已不处于主要地位，纤维和染料之间有较大的范德华力和氢键，所以除了离子键以外，染料主要以范德华力和氢键固着在纤维中。染色在弱酸浴中进行（pH = 4 ~ 5）。这类染料的湿处理牢度较好，匀染性稍差。

3）中酸浴染色的酸性染料

该类染料结构更复杂，分子中磺酸基所占比例更低，疏水性部分增加，在水中的溶解度更差些，在常温染浴中基本上以胶体状态存在，对羊毛的亲和力更高，染色需在中性浴中进行（pH = 6 ~ 7），染料的上染已不再是羊毛吸附质子所产生的结果，此时酸性染料上染羊毛的情况与直接染料上染纤维素纤维相似，染料阴离子必须克服较大的库伦斥力才能上染纤维，染料靠范德华力和氢键上染纤维，并以此固着在纤维中。吸附等温线符合弗氏吸附等温线。这类染料匀染性较差，色泽不够鲜艳，但湿处理牢度好。

酸性染料在羊毛、蚕丝、锦纶上的染色匀染性和湿处理牢度并非一致。通常情况下，染锦纶的匀染性差，而湿处理牢度好；染蚕丝的匀染性比较好，但湿处理牢度逊于羊毛染色牢度。在生产中，强酸性浴染色的酸性染料主要用于来染羊毛，而弱酸性浴和中性浴染色的酸性染料，除了染羊毛外，还可以用于蚕丝和锦纶的染色。

酸性染料的染色机理：

羊毛、蚕丝、聚酰胺分子中含有大量的氨基和羧基：

$$H_2N—W—COOH$$

在水中，氨基和羧基发生离解，形成两性离子：

$$^+H_3N—W—COO^-$$

当溶液的 pH 值达到某一值时，羊毛纤维中电离的氨基和羧基数量相等，此时纤维大分子上的正、负离子数目相等，处于等电状态，纤维呈电性中和，这时的 pH 值称为该纤维的等电点。羊毛等电点的 pH 值为 4.2 ~ 4.8。

在酸性条件下，酸性染料在染液中电离成 $D—SO_3^-$ 和 Na^+，而羊毛等纤维带正电荷，吸引染料负离子上染：

　　强酸性染料对羊毛等纤维染色主要是靠离子键起作用，弱酸性染料与羊毛等纤维染色主要是靠范德华力和氢键起作用。

3.6.5　染色方式、方法及上染过程

3.6.5.1　染色方式

　　纺织品的染色可以在纤维、纱线、织物及成衣等不同阶段进行染色：

　　1）散状纤维染色

　　在纺纱之前的纤维或散状纤维的染色，装入大的染缸，在适当的温度进行染色。色纺纱大多采用散纤维染色的方法（也有不同纤维单染的效果），常用于粗纺毛织物。

　　2）毛条染色

　　这也属于纤维成纱前的纤维染色，与散状纤维染色的目的一样，是为了获得柔和的混色效果。毛条染色一般用于精梳毛纱与毛织物。

　　3）纱线染色

　　织造前对纱线进行染色，一般用于色织物、毛衫等或直接使用纱线（缝纫线等），纱线染色是染织的基础。

　　常规纱线染色的方法有三种：

　　（1）绞纱染色

　　将松散的绞纱浸在特制的染缸中，这是一种成本最高的染色方法。

　　（2）筒子染色

　　筒子染色的纱线卷绕在一个有孔的筒子上，然后将许多的筒子装入染色缸，染液循环流动，蓬松效果与柔软程度不如绞纱染色。

　　（3）经轴染色

　　是一种大规模卷装染色，梭织制造前要先制成经轴（整经），将整个经轴的纱线进行染色。例如靛蓝染色大多使用的还原染色方法，只有使用经轴染色才可以很好地解决，如果没有经轴落筒，是很难实现的。

　　4）匹染

　　对织物进行染色的方法，常用的方法有绳状染色、喷射染色、卷染、轧染（不是扎染）和经轴染色。这里不一一介绍。

　　5）成衣染色

　　把成衣装入尼龙袋子，一系列的袋子一起装入染缸，在染缸内持续搅拌

（桨叶式染色机）。成衣染色多适合于针织袜类、T恤等大部分针织服装、毛衫、裤子、衬衫等一些简单的成衣。

6）艺术染色

主要有扎染、蜡染、吊染、段染、泼染以及手绘等。

3.6.5.2 染色方法及上染过程

1）直接染料的染色方法及上染过程

直接染料主要用于纤维素纤维的染色，染色工艺较其他染料要简单，根据被染物的形态如散纤维、纱线或织物，可以采用合适的浸染、卷染及轧染的染色方法。

直接染料棉织物浸染工艺举例：

（1）主要实验材料、化学品和仪器

丝光、漂白棉织物、直接大红4BS（B类）、食盐、染杯、烧杯、表面皿、量筒、移液管、吸球、温度计、电子天平、恒温水浴锅、烘箱。

（2）实验处方和工艺条件

直接大红4BS/%（o. w. f）：2

食盐/$g \cdot L^{-1}$：5 ~ 15

染色温度/℃：90

染色时间/分钟：45

浴比：1∶50

（3）实验步骤

按实验处方计算染料和食盐的用量，用蒸馏水配制染料溶液，然后在干净的染杯中加入规定量的染料溶液（用带刻度的移液管准确吸取），补足所需要的水量。染浴配制完毕后，升温至40℃，将已润湿的丝光漂白棉织物挤干后投入染浴中开始染色，染杯上盖上表面皿。

染浴在15分钟内逐渐升温至90℃，在90℃染15分钟后加入1/2量食盐，90℃续染15分钟后加入剩余的1/2量食盐，再续染15分钟，然后逐渐降温至50℃，染色完毕后取出试样，用冷水洗，洗净的织物烘干（图4 - 54）。

注意事项：

（1）染色前织物先润湿，使水（软水）替代纤维空隙中原有的空气，易于染料按孔道扩散模型扩散，还可防止染液产生气泡。

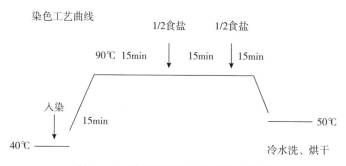

图 4 - 54　直接染料棉织物浸染实验图

（2）染色温度和升温速度根据具体染料而定。

（3）盐（电解质）在染色时要分批加入。

2）活性染料的染色方法及上染过程

活性染料染色可以采用浸染、轧染及冷轧堆等染色方法。活性染料的上染过程一般分为两个阶段：第一为上染阶段，第二为固色阶段。

活性染料棉织物浸染工艺举例：

（1）主要实验材料、化学品和仪器

丝光漂白棉织物、活性橙 K - G、食盐、纯碱、皂片、染杯、烧杯、表面皿、量筒、移液管、吸球、温度计、电子天平、恒温水浴锅、烘箱。

（2）实验处方和工艺条件

活性橙 K - G/%（o. w. f）：2

食盐/$g \cdot L^{-1}$：40

纯碱/$g \cdot L^{-1}$：10

浴比：1∶50

染色温度/℃：60

染色时间/分钟：30

固色温度/℃：90

固色时间/分钟：30

（3）实验步骤

按实验处方计算染料、食盐和纯碱的用量。用蒸馏水配制染料溶液，然后用移液管准确吸取规定量的染料溶液加入干净的染杯中，补足所需要的水量。染浴配制完毕后，按工艺控制染色温度，60℃时将已经在水中润湿的丝光漂白棉织物挤干后投入染浴中开始染色。

在60℃染15分钟后加入食盐，在60℃续染15分钟，升温至90℃后加入纯碱，在90℃固色30分钟，染色完毕后降温冷却，取出试样，用冷水洗、皂煮（皂片2g/L，纯碱2g/L，95℃×10分钟，浴比1：30）、水洗、烘干（图4-55）。

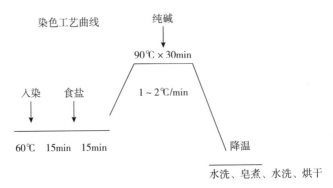

图4-55 活性染料棉织物浸染实验图

注意事项：

（1）用移液管吸取所配制的染料溶液时，一定要将所配制染料溶液摇匀以后才能使用。试样浸染前必须要充分润湿后挤干，方能染色。

（2）浸染过程中，加食盐或纯碱时，应先将织物取出，待加入并搅拌溶解后再放入织物。

（3）浸染过程中，要盖上表面皿，并注意及时补充适量水以维持染浴的浴比。

3）还原染料的染色方法及上染过程

还原染料隐色体对纤维素纤维具有很高的亲和力，染色方法主要有隐色体染色法（浸染法）和悬浮体染色法（轧染法）。

隐色体染色法是在染色前先将染料在烧碱、保险粉的条件还原成隐色体钠盐，然后进行隐色体上染。由于各染料的化学结构和上染性能不同，因此还原条件和上染条件也不一样。根据还原染料被还原的难易程度，还原方法分为全浴法和干缸法两种，全浴还原法适用于易于还原的还原染料（还原速率高）的还原；干缸还原法适用于难于还原的还原染料（还原速率低）的还原。

还原染料隐色体染色时，根据染色温度、烧碱和保险粉的用量不同，染色方法可以分为甲法、乙法和丙法三种，甲法适用于染料分子易于聚集，初染速率较高，扩散速率缓慢的染料，乙法、丙法适用于染料分子较小，聚集倾向较小，上染速率较慢，扩散速率较高的染料。每个染料需选择最合适的还原方法和染色方法，以便得到鲜艳的色泽、最佳的染色牢度和良好的上染百分率。

还原染料的染色过程一般分为四个步骤，即还原→隐色体上染→氧化→皂煮。

还原染料隐色体浸染工艺举例：

（1）主要实验材料、化学品和仪器

丝光漂白棉织物、还原蓝 RSN、还原桃红 R、还原金黄 GK、太古油、烧碱、保险粉、食盐、皂片、纯碱、染杯、烧杯、表面皿、量筒、温度计、电子天平、恒温水浴锅、烘箱。

（2）实验处方和工艺条件（表4-5）

表4-5　还原染料隐色体浸染实验处方和工艺条件

染色方法	甲法	乙法	丙法
染料名称	还原蓝 RSN	还原桃红 R	还原金黄 GK
染料用量/%（o. w. f）	2	2	2
太古油/滴	5	5	5
烧碱/g·L⁻¹	15	9	7.5
85%保险粉/g·L⁻¹	15	12	10
食盐/g·L⁻¹	—	10	20
浴比	1:50		
还原温度	全浴60℃	干缸80℃	干缸45℃
染色温度/℃	60±2	50±2	30±2
染色时间/分钟	45	45	45

（3）实验步骤

还原蓝 RSN 用全浴法还原，先称取染料放入染杯中，加数滴太古油调成浆状，用规定量的蒸馏水稀释，加入全部量的烧碱和保险粉，搅拌并升温至

60℃，使染料充分还原10~15分钟，制成隐色体染液。用玻璃棒蘸取染液滴于滤纸上观察还原染料是否完全还原，并观察隐色体颜色（蓝色）。

　　还原桃红R和还原金黄GK用干缸法还原，分别称取染料放入2个干净的烧杯中，加数滴太古油调成浆状，用少量蒸馏水（2ml）稀释，加入2/3量的烧碱、保险粉，加水使染浴为染液总量的1/4，搅拌，分别升温至80℃和45℃，使染料充分还原10~15分钟，制成隐色体染液。用玻璃棒蘸取染液滴于滤纸上，观察还原染料是否完全还原，并观察隐色体颜色（还原桃红R为黄色，还原金黄GK为紫红色）。另在2个250ml染杯中，分别加入所需染液总量3/4的蒸馏水，分别升温至80℃和45℃，加入剩余的1/3量的烧碱、保险粉，然后将已干缸还原完毕的染液加入，搅拌均匀，即制成隐色体染液。

　　还原染料隐色体染浴配制完毕后，分别将染浴调节至规定的染色温度，将已经在水中润湿的丝光漂白棉织物挤干后投入染浴中开始染色。染浴在规定的染色温度染15分钟后加入1/2量食盐（甲法不加），续染15分钟后再加入剩余的1/2量食盐，再续染15分钟，染色完毕后取出试样，空气氧化、冷水洗、皂煮（皂片2g/L，纯碱2g/L，95℃×10分钟，浴比1∶30）、水洗、烘干（图4-56）。

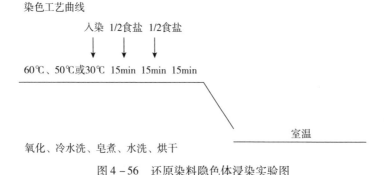

图4-56　还原染料隐色体浸染实验图

　　4）酸性染料的染色方法及上染过程

　　酸性染料对蛋白质纤维具有较高的亲和力，主要用于羊毛、蚕丝、锦纶、皮革等染色，强酸性浴染色酸性染料一般用于羊毛染色，弱酸性浴和中性浴染色酸性染料主要用于羊毛和蚕丝染色，也可用于聚酰胺纤维和皮革制品的染色，染色方法主要为浸染法。

　　酸性染料羊毛染色工艺举例：

（1）主要实验材料、化学品和仪器

羊毛织物、酸性橙Ⅱ、硫酸、冰醋酸、硫酸铵、pH 试纸、染杯、烧杯、表面皿、量筒、移液管、吸球、温度计、电子天平、恒温水浴锅、烘箱。

（2）实验处方和工艺条件（表 4 - 6）

表 4 - 6　酸性染料羊毛染色实验处方和工艺条件

	强酸性浴	弱酸性浴	中性浴
酸性橙Ⅱ/%（o. w. f）	2	2	2
浓硫酸/%（o. w. f）	2	—	—
冰醋酸/%（o. w. f）	—	4	—
硫酸铵/%（o. w. f）	—	—	8
浴比	1：50		
pH 值	2. 5 ~ 3	4 ~ 4. 5	6 ~ 8

（3）实验步骤

按处方计算染料和助剂的用量。用蒸馏水配制染料溶液，然后在干净的染杯中加入规定量的染料溶液和助剂（用刻度移液管准确吸取），补足所需要的水量。染浴配制完毕后，升温至 40℃，将已经在 50℃水中润湿的羊毛织物挤干后投入染浴中开始染色。染浴以 2℃/分钟的速度逐渐升温至 100℃，在100℃染 60 分钟，染色完毕后取出试样，用冷水洗、皂煮（皂片 2g/L，纯碱1g/L，95℃ × 10 分钟，浴比 1：30）、水洗、烘干（图 4 - 57）。

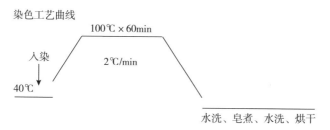

图 4 - 57　酸性染料羊毛染色实验图

酸性染料丝绸染色工艺举例：

（1）主要实验材料、化学品和仪器

真丝织物、弱酸红 B、硫酸铵、硫酸钠、pH 试纸、染杯、烧杯、表面皿、量筒、移液管、吸球、温度计、电子天平、恒温水浴锅、烘箱。

（2）实验处方和工艺条件（表 4-7）

表 4-7 酸性染料丝绸染色实验处方和工艺条件

实验编号	1	2
弱酸红 B/%（o.w.f）	2	2
硫酸铵/%（o.w.f）	10	10
硫酸钠/%（o.w.f）	—	10
浴比	1:100	

（3）实验步骤

按处方计算染料和助剂的用量。用蒸馏水配制染料溶液，然后在干净的染杯中加入规定量的染料溶液和助剂溶液（用刻度移液管准确吸取），根据浴比补足所需要的水量。染浴配制完毕后，将已经在水中润湿的真丝织物挤干后投入染浴中开始染色。

在不断搅拌情况下，染浴以 2℃/分钟的速度逐渐升温至 90℃，保温染色60 分钟，染色完毕后取出试样，用冷水洗、皂煮（皂片 2g/L，纯碱 1g/L，95℃×10 分钟，浴比 1:30）、水洗、烘干或晾干（图 4-58）。

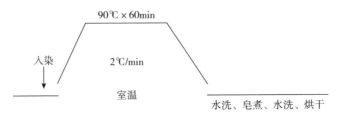

染色工艺曲线

图 4-58 酸性染料丝绸染色实验图

注意事项：

（1）羊毛织物染色之前，必须在 50℃ 热水中浸泡 10 分钟，以赶走羊毛纤维之间的空气。

（2）弱酸性浴染色和中性浴染色酸性染料要严格控制初染温度和升温过

程，以达到匀染的目的。

（3）染色过程中，染液的 pH 值一定要严格控制，要勤用玻璃棒搅拌（不能用温度计搅拌），要注意及时补充适量水以维持染浴的浴比。

3.7　修复

3.7.1　常用的修复工具及设备

3.7.1.1　操作间设置及相关设备

纺织品文物属有机质文物，对保存环境极为敏感，修复过程又相对复杂。因此对修复工作环境的要求较高，为了能够安全、科学、有效地对其进行保护修复，避免在修复过程中文物之间的二次感染，以及工作人员的安全防护考虑，纺织品文物修复应根据其修复工作流程设置相对独立的功能性操作间。

1）消毒操作间

纺织品文物属有机质蛋白类文物，极易受到各种微生物、地下水、埋藏环境等的污染、毁损。考古出土及馆藏纺织品文物在修复前均带有各种有害生物污染物，因此首要建立消毒操作间，对其进行消毒、灭菌处理。国内常用的方法是化学熏蒸法。该项工作属有毒操作，尽量选取远离工作区、人员密集区的相对独立、通风性好的工作室。

设备：配备自动或半自动熏蒸设备，包括带气动门的熏蒸箱、加热系统、加压系统、减压系统、加湿系统、废气吸收系统、控制系统、气体房、有机气体报警器等（图 4 - 59）。

脱氧杀虫消毒法在有机质文物虫害控制上也发挥了一定的作用。真空充氮除氧杀虫系统是目前国内逐渐被采用的灭虫方法。具体方法是以惰性气体"氮气"完全替换密闭容器里的空气，形成绝氧环境，从而达到杀虫灭菌的效果。优势是原材料为空气和水，不使用化学试剂，不进行高温处理，对文物和人员安全环保。劣势是对虫卵没有太大的杀伤力，且在密闭操作过程中对厌氧菌不能起到很好的抑制作用（图 4 - 60）。

2）揭取、清洗操作间

出土纺织品文物起取后进入室内清理环节，也极易因环境变化或处置不当造成纹样、色彩等信息严重劣化损失。剥离揭取、回潮揭展、清洁等过程尤其是对温湿度的要求比较高。一般来说，此间工作室的温度应控制在 16℃，

图 4 – 59　熏蒸室及其设备　　　　图 4 – 60　真空充氮除氧杀虫设备

湿度控制在 65% ~75% 为宜。有自然光或明亮的日光灯，应避免日光直射或白炽灯。常用设备如下：

（1）清洗池

目前清洗池分为不可调式和可调式两种。可根据实际情况选配。清洗池大小可根据需要定制，一般长宽尺寸不小于 180cm × 120cm，高度 80cm 为宜，通体采用不锈钢材质，设置排水口或排水槽；可调式清洗池是可以调整倾斜角度，完善排水配件，清洗一些脆弱的物料尤为适合。有的清洗槽的大小亦可应文物的大小而调整。清洗槽底部藏有发热管，可将槽内的水温提升至 38℃来增强除污效果（图 4 –61）。

图 4 –61　清洗池

（2）工作台

清洗操作间内的工作台配备普通可移动形式的即可，桌面以附有复合塑料薄膜的铁皮包裹最佳，方便文物整形时磁铁压覆。要求工作台整体做工精良，边角无刮手感，台面平滑。台面尺寸可定制的略大些，方便长袍、被衾、挂毯等体量大的纺织品平铺放置，一般不小于 120cm×180cm，高度在 80cm 左右。如空间有限也可定制几个中型工作台，遇大型文物可拼搭使用，但要求高低一致，地面平整，拼搭时达到无缝感，上铺合适尺寸的厚款羊毛毡及脱浆纯棉白色台布。

（3）晾架

文物清洗完成阴干后或修复完成后暂时的存放装置，因此也可称为存放架。一般传统晾架为不锈钢结构，辅以生丝丝网为网面的网框。晾架材料应选用优质不锈钢，尺寸 110cm×180cm×200cm 为宜，最下面一层要与地面间隔 30～40cm，每层间隔 15～20cm。晾架不宜过高，否则不利于最上层文物的取放。宽度不宜过窄，纺织品文物修复后最好是平铺存放，根据一般长袍的尺寸制作，如遇特殊尺寸文物，如过大的纺织品可用圆筒状软衬局部蜷曲或折起，尽量避免文物无垫衬的折叠，会对丝纤维造成很大的损伤。晾架还要配备合适尺寸的网框，同样网框的框架需选用优质不锈钢材料。取生丝丝网，用结实的粗棉线绷在网框上，丝网要绷平、紧实，切勿松垮（图 4-62）。除传统不锈钢晾架外，目前也有采用复合材料设计制作的晾架。

图 4-62　不锈钢晾架及网框

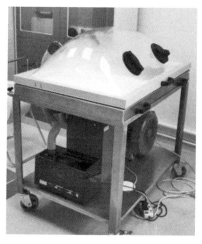

图 4-63　加湿吸附台

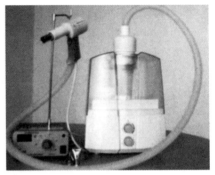

图 4 - 64　无压蒸汽清洗机

（4）加湿回潮设备

加湿吸附台以及辅助用小型加湿设备，主要针对出土后发现由于墓葬环境所致的或后期保存不当造成的板结、粘连、酥脆、老化严重的纺织品文物的揭展。采用冷的水蒸气加湿纺织品，待其于半干半湿状态，有一定强度时，用手或工具将其揭开（图 4 - 63、4 - 64）。

（5）制水设备

普通自来水中含有硫酸盐、氯化物、碳酸盐等矿物质，以及多种微生物、污染物等，不适宜用于纺织品文物的清洗。纺织品文物保护用水最好采用纯水，需通过一定的手段或设备对保护修复用水进行净化提纯，纯水分为蒸馏水和去离子水，后者提取方法比较经济，但是水质不如蒸馏水，在水质高硬度地区，树脂的反洗、更新频率高（图 4 - 65、4 - 66）。

图 4 - 65　中型纯水机　　　　　　　图 4 - 66　轻便型纯水机

（6）其他

除以上大型设备外，清洗操作间还应具备放置化学试剂、药品的药品储藏柜。存放待处理纺织品的冰柜以及清洗台布、工作服的洗衣机等设备。

3）整形、加固操作间

经消毒除虫、清洁处理后，此时纺织品文物处于相对稳定的状态，避免与未清理过的文物通过空气、人为操作携带等环节二次污染。在进行整形、缝纫、补配等修复流程时最好设置一个独立的操作空间。此工作室的小环境控制同揭取、清洗操作间。常用设备如下：

（1）工作台

纺织品修复工作台主要用于纺织品文物的整形、缝纫、加固、补配等流程的操作，目前可分为两种形式：一为常规修复台，形制同揭取、清洗操作间制备的修复台；二为纺织品专用修复台，一种是台面由多个小面板组合而成，面板拼接平滑紧密，台面拼搭完整可做一般修复台使用，面板取下利于纺织品文物局部的缝纫和补绣。一般传统方法补绣需将文物置于绣花绷子上，方可方便刺绣。而在这种台面上纺织品平铺状态即可进行上下穿针缝绣操作，大大减少了对文物的抻拉力度（图 4 - 67）。还有一种为透明玻璃台面修复台，主要用于质地薄、有暗纹的纺织品文物，利于修复时的观察。

（2）可调式吸风烫台

自吸风烫台用于面料保存状况较好的纺织品的整形熨烫。点动脚操作真空自吸风功能可利于带夹层文物的整形操作，模头可用于衣领袖口的整形（图 4 - 68）。

图 4 - 67　纺织品专用修复台

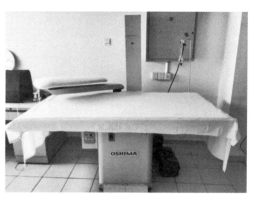

图 4 - 68　可调式烫台

（3）其他设备

该操作间根据空间大小还可配备一些辅助修复用设备如：缝纫机、蒸汽挂烫机、蒸汽熨斗、人模（男、女各一）、无影修复灯、手持式视频显微镜、织物密度镜、修复材料储物柜等（图 4 - 69 ~ 4 - 73）。

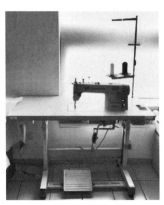

图 4 - 69   小型电动缝纫机   图 4 - 70   高速平缝机

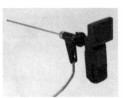

图 4 - 71   人模   图 4 - 72   无影修复灯   图 4 - 73   手持式视频显微镜

（4）染色操作间

纺织品修复用补配材料的染色一般考虑到固色性好、操作简便等方面大多采用化学染料染色，但多种化学染料中均具有一定的毒性，甚至有的操作不当会对人体有较大的伤害。化学染料普遍为粉末微粒，在操作过程中有些微粒会飘浮在空中，故染色操作间要与修复室隔开，此间不易存放文物。并要选择通风条件好的房间。常用设备如下：

染色过程要在染色台上完成，染色台必须配备吸风、排风系统。除此以外还需配备化学染料存储柜、清洗池、水浴锅、电磁炉、不锈钢锅或盆、电子天平、量筒、量杯、磨口瓶、化学试剂回收桶等（图 4 – 74、4 – 75）。

图 4 – 74　染色操作台

图 4 – 75　水浴锅

3.7.1.2　纺织品文物修复用工具及材料

1）记录需要的工具

必要的文字和画图工具（参见文物绘图部分），功能较好的数码照相机、摄像机、比例尺、色标卡、密度镜等，全面的记录修复保护的过程。

2）揭取清理工具及材料

系列医用不锈钢镊子、各种型号、款式的医用不锈钢剪刀、剥离用竹签、棉签、调刀、针锥、测量工具、吹球、各种规格的羊毛软刷、毛笔、注射器、喷壶、滴管、取样瓶、密封袋、烧杯、大小托盘、托板、一次性口罩等。

所用到材料有棉纸、宣纸、脱浆本白棉布、白色电力纺、滤纸、聚乙烯膜、RP 材料及药剂等。

3）清理保护工具及材料

（1）物理清理法用工具及材料

常规物理清理法用工具及材料：博物馆专用吸尘器、清理前制备潮布（采用本白棉布）、粘尘滚、小型吹风筒、面团、糌粑团等（图 4 – 76、4 – 77）。

图4－76　专业手持式真空吸尘器　　　　图4－77　真空负压吸尘器

　　超声波清洗法用工具及材料：无机盐类污染物通常是以结晶盐的形式附着于纺织品的表面，比较严重的会紧嵌于纺织品的织物结构之中。由于这些结晶盐基本是不溶于水的，所以一般会先用物理方法作初步处理：一是用针锥将这些结晶物扎碎；二是回潮后手工剥离；三是对比较坚固的结晶盐可以使用电动洁牙机或超声波清洗仪进行预处理，使其沉淀物与织物结合部分变得不甚紧密，然后再根据情况做进一步的处理（图4－78、4－79）。

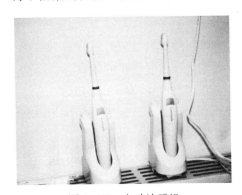

图4－78　电动洁牙机　　　　　　　图4－79　超声波清洗仪

　　（2）化学清洗法用工具及材料

　　湿洗法用工具及材料：除清洗池、丝网框等常规设备外，纺织品文物清洗还需配置托盘、羊毛软刷、中性洗涤剂、各种化学溶剂、去离子水、pH试纸等；干洗需要用到干洗剂、羊毛软刷、棉签、吹球、橡皮泥等（图4－80、4－81）。

图 4 - 80　托盘浸泡清洗　　　　　　图 4 - 81　清洗池软毛刷清洗

　　针对纺织品上的油脂、血渍、霉斑等有害污渍湿洗法常用的化学清洗剂有乙醇、丙酮、草酸、乙酸乙酯、冰醋酸、三氯乙烯等，有时候会将几种试剂配合使用，以达到最佳清洗效果。此外，湿洗过程中现在常用的是各种中性的洗涤剂，相对于化学药品，它们对丝织品文物的影响会更小，对工作人员的危害也少。

　　干洗法用工具及材料：干洗法使用有机溶剂分别为：非极性碳氢化合物：苯和汽油，通常用于定点清除污点或沉积物；氯化烃：四氯化碳、三氯乙烷、三氯乙烯和四氯乙烯，四氯乙烯毒性更低，非常有效，而且挥发性不十分强，因此更为常用；氟化烃：常用三氟三氯乙烷，是一种与四氯乙烯同样反应十分迅速的溶剂，可用于色牢度较差的纺织品的清洁；含氧的极性溶剂：丙酮、醇、醚等。

　　（3）生物清洗法用工具及材料

　　生物清洗法是通过筛选或处理获得符合条件的菌株，并将菌株功能进行组合，利用微生物菌群在繁殖过程中所产生的酶及代谢物质，对古代出土丝织物的有害结晶体进行清除、转换、脱矿化和糖化等处理，可达到清洗处理的目的。所需工具及材料为：针对纺织品上的血、脂肪、结晶盐等污染物成分研制的微生物代谢产生活性物质的优化配比液、生物表面活性剂、清洗用容器、纯水。一般操作是将纺织品文物在优化配比液中无动力浸泡，根据文物污渍情况，选定浸泡时间，去渍浸泡完成后，用流动水漂洗干净，阴干。

　　4）平整、干燥工具及材料

　　清洗完毕的纺织品文物须阴干，不能暴晒。阴干载体最好采用绷有生丝的丝网框，衬垫用白色电力纺或脱浆棉布，加速干燥时采用吸水性好的滤纸或海绵以及热风机等（图4-82）。

对于有的可能会缩水的织物，初步平整须与晾干的过程同时进行，初步平整时可选用包有电力纺或棉布的小磁块、玻片等小而较轻的物体压覆，然后慢慢控制干燥（图4-83）。

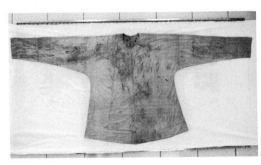

图4-82　丝网上阴干　　　　　　　　图4-83　初步平整

5）整形工具及材料

适用于纺织品平铺展开的修复工作台、可调式烫台、整形用压覆铅条、冷压工具（压条、压块、沙包）、热熨工具（蒸汽熨斗、挂烫机）、人台、标本针、防熨烫大头针、喷壶、立体或特殊形制服饰的整形辅助物等（图4-84、4-85）。

图4-84　可调式烫台熨烫整形　　　　图4-85　铅条压覆整形

6）加固、补配工具及材料

（1）夹持加固法用工具及材料

此种方法属于物理加固，适用于体积不大的平面织物，可用材料有有机玻璃板、透明无酸卡纸、树脂模等。

（2）背衬加固法用工具及材料

背衬加固法分为托裱法和针线缝合法两种，托裱法利用传统书画装裱方法和流程，工具一般为马蹄刀、裁板、裁尺、棕刷、排笔、竹启子、针锥，材料多为宣纸、绫绢、糨糊等。

针线缝合法选用的工具有韧性好不易断裂的直缝针（7~12 号）、眼科、纺织品修复弯缝针（国外进口，00-3 号，长 9~19.6mm）、顶针、针插、穿针器、医用镊子（扁头、尖头、弯头）、服装剪 8~12 号、眼科手术剪 10~14cm、绣花架、绣花撑。补配材料采用经过染色、老化等预处理的丝线、棉线、金线、银线、真丝面料、白棉布等。

（3）丝网加固用工具及材料

制作完成的丝网、3%~6% 的聚乙烯醇缩丁醛乙醇溶液，聚四氟乙烯膜、乙醇、丙酮等溶剂、软毛笔、熨斗、镊子等。

（4）化学、生物加固法

目前衍生了很多种针对有机质文物的加固方法和高新材料。国内外文保工作者在这两方面做了大量的有益尝试和研究，无论化学高分子材料还是生物技术手段就目前的纺织品文物加固领域均是新的开拓，这里不做过多阐述。

3.7.2　修复材料的选择和预处理

纺织品文物修复材料的选择和预处理主要针对的是针线加固、补配的材料。这部分材料是要伴随文物共存的物质，因此要格外注意其材质属性的稳定性、安全性，以及材料的再处理性。

3.7.2.1　修复材料的选择

选择修复材料首先要考虑被修复文物的强度、组织结构、剩余拉伸力度、色彩和光泽度，根据这几方面选择相配的背衬和缝线。

1）缝线的选择

适用于纺织品修复工作的是天然纤维缝纫线。棉线可做棉布类服装用线，其价格低廉，能耐高位，易缩水，牢度一般；麻线主要用于麻类织物的缝补用线；金银线、孔雀羽线、马鬃线等工艺线主要用于织金面料的补配和刺绣面料的补绣方面；绝大部分纺织品修复用线采用桑蚕真丝线，这种线比较细，韧度好且与古代织物用线一致，能达到要求的强度和弹性，既能给予原织物支撑和保护，又不损坏文物本身，并且保持得不会太坚固。

缝线的颜色及粗细需与待修复文物相一致。或使用背衬织物的纬线作为缝线。原则上，在修复中不能使用化学纤维及混纺缝纫线。

2）背衬面料的选择

面料选择以细棉、亚麻、纱、绢、绸、毛等天然纤维原料类纺织品为优，尽量避免选用化纤合成类织物。国外一般采用细棉和亚麻来修复老的纺织品，国内则提倡选用与文物本身织物结构、颜色相同或相近的材料加固补配文物。背衬色泽深度应略深于文物本体，纺织品文物经过若干年外部因素的搅扰，保存至今，颜色已基本趋于稳定，而新的面料受紫外线、空气、温度等作用会出现氧化、褪色等现象，随着时间的推移，补配面料的色泽度会渐渐降低。由于纺织品文物历经多年后，其光泽已变得柔和、暗淡。新的真丝面料、丝线的光泽度较高，作为背衬面料和缝线需在预处理过程中进行作旧消光处理，尽量接近原物效果。

3.7.2.2　修复材料的预处理

纺织品文物修复所用织物、丝线、棉线等均为现代纤维材料，市场上购得的绝大部分为工业生产，材料本身几乎全部经过染整助剂的处理，再加库存、运输等不可控环节。再者补配材料为保护文物本体的牺牲用料，其强度不能远远大于修复对象的纤维强度，否则会造成局部应力过大，无形中起到破坏的作用。各种原因致使修复材料要进行不同程度的预处理，一般需经过消毒、防霉、脱浆处理后方可使用，有些还需进行老化、做旧、染色等预处理流程。

1）消毒、防霉处理

严格来讲，初从市场购回的纺织面料、缝线等同纺织品文物一样先进行消毒、防霉处理，方法同文物的处理流程。

2）脱浆处理

可用沸水煮洗的方法去除现代纤维材料的淀粉、树脂整理剂以及媒染剂的浆料。如果这些化学品留在纺织品文物的背衬中，则以后会加速织物的老化。将选定的新的背衬材料，置于盛有纯水的容器中加热，沸腾后煮20分钟，取出用纯水漂洗2～3次，脱水干燥。

3）老化处理

作为支撑材料的纺织品应具备一定的强度，能够起到对纺织品文物的加固保护作用，但也不必追求过高的强力，只要保证在博物馆储存条件下其老化降解速度不高于所支撑的文物即可。为了保护文物，织补材料的强度应接近或低于原文物材料的强度，织补材料要经过老化处理，对于文物本体老化严重，糟朽、酥脆的背衬材料、缝线的选用尤为谨慎。应先对选定的材料，尤其是缝线要进行老化处理，一般针对纺织品采用热老化，可利用恒温恒湿箱根据需要设定时间长短、温度高低等进行处理，改变新线的部分物理属性。

4）染色处理

在实际修复过程中与文物颜色相匹配的材料往往很难找到，需要对选定面料染色以获得理想效果。对于已选好的白坯材料，要经过预处理后再进行染色。染色的效果要求与文物在整体上一致，但并不要求完全相同。不提倡使用植物染料，其色牢度较差。修复用材料染色以现代的合成染料为主。背衬织物的染色色泽应比文物的颜色略深些为宜。文物本体的色彩不会与新染成的背衬材料以同样的速度褪色。因其在长期的墓葬中以及较长时间的暴露于空气中，其褪色程度已趋于稳定。再有要注意所选用的几种染料的色牢度应尽量一致，否则染后的织物会朝着染料中色牢度最高的颜色变化。为了避免此现象，一般以选择两种到三种染料混合染色为宜。

5）做旧处理

纺织品文物由于老化及光照后的劣变，其光泽一般较为柔和。由于加固织物是用于文物损坏部分的视觉替代物，因此也要追求一种追仿文物原色泽柔和的效果。但是，新的真丝织物或丝线均光泽度很高，处理丝光可以通过染色过程中添加助染剂，以达到色泽柔和的效果。也可通过皂水、茶叶水等碱性水煮泡的方法，达到消光做旧的效果。

6）平整处理

修复用背衬材料经煮洗、染色后，织物结构会发生不同程度的变形、褶皱等变化，在使用前应作平整处理。方法是将织物平放于工作台上，喷壶取纯水喷洒回潮待其半干时先理顺织物丝路，整形后压覆阴干。

3.7.3 常用的基本针法

纺织品修复过程中，要根据文物的状况来选择使用的修复针法，有时，也会依照文物上的残存痕迹用同样的针法进行复原，所以了解各个时期的针法操作技艺尤为重要，以下介绍的是在纺织品修复保护中所能涉及的各种针法。

1）绗针：分为长绗针、短绗针和长短绗针。长绗针用于两块或以上布料的临时固定等，起针时线不打结，由右至左，以 3cm 左右长（根据需要）的针距运针。长绗针亦有众多变化，如正面长，反面短；正反面短，中间长。短绗针是固定布料等用的基本针法。针法亦由右至左，以 1cm 2～4 针（通常 2.5 针）的针距运针。长短绗针综合了长绗针与短绗针的特点，以一长一短的针迹运针，多用于临时缝合布料等。

2）跑针：此针法在纺织品修复过程中使用率较高，行针过程类似于绗针中的短绗针法。缝线施加于织物纱线的力较小，纱线在受到外力产生位移时，不会被缝线死死地固定住，而是有一定的活动余量，这对于脆弱纱线的保护是非常有利的。主要用在两层或多层织物的缝合、单层或多层织物收皱打褶、拼接织物、破洞和裂缝部位的修复、固定缝口、为破损处添加背衬织物等。

3）回针：此针法的针脚互相连接，正面类似缝纫机机缝的针迹，反面针迹相互重叠，其线迹总长度为正面的两倍。回针法的稳定性较好，被缝的织物较难产生滑动的现象。主要用在两层织物的缝合、织物拼接及加固、破洞和裂缝的修复、固定缝口等。

4）缲针：有两种，一是明缲，二是暗缲。明缲又称扳针。以直针斜线浅挑，针迹为斜势，故亦称其为斜针。由右至左运针，以正面的线迹小而整齐为好，且线的色彩宜与面料相近，多用于固定服装的贴边和袋夹里等。暗缲又称暗针。正面不露针迹，亦有正反面均不见针迹的，它同样用于服装的贴边等处。

5）铺针：该针法是修复纺织品破损和脆弱部位较好的一种针法，广泛应用于纺织品文物的针线法修复当中。铺针中缝线对于织物经纬线的作用力较为均匀，多排铺针的运用可较柔和稳定地保护所修复部位，与其余较完好的部位相融于一体。主要用在裂缝的缝合、破洞和裂缝的修复、破损部位与背衬材料的缝合、将松散的纱线固定于背衬织物等。

6）交叉针：此针法用于纺织品修复时，正面的线迹较长，而反面线迹很短且稀疏。主要用在卷边缝、加固、破损部位与背衬材料的缝合等。

7）锁边针：亦称包边针、锁针。是修饰布料毛边、防止松散的常用针法，亦可用于贴布。先横挑针，再竖挑针，缝线从竖挑针下穿过，以此重复至所需长度。锁边针可以有多种变化形式。此针法的作用与交叉针类似，但正反面线迹相同。主要用在衩口的固定、经线的固定、边缘的加固等。

8）带针：正反两面针迹相同，类似于机缝的平缝针，可将两块织物在同一平面对接。主要用于裂缝缝合、拼接织物等。

9）缭针：可用于织物卷边的固定或两块卷边织物的水平连接以及复原古代织物连接时所用的针法。

10）一字针：此针法用于拼接布料，接缝平薄。自布料反面起针，正面针迹呈一字状，反面针迹呈斜势，从下向上运针，上下需对齐。主要用在裂缝的拼合等。

11）八字针：亦称作人字针，纳针，扎针。斜针针迹 0.8cm 左右，针距约 1cm，横竖对齐，正面以一根丝挑牢。

12）倒勾针：俗称扣针，又称缉针。先向前运一针（针迹约 0.3cm），然后后退一针（约 0.9cm），针迹略为斜势。由于此针法比较牢固，所以拼合裤后缝、装袖窿时常用。

13）三角针：亦称花绷，俗称狗牙针。用于固定衣服的袖口边、底边及裤边等。从左至右运针。正面不露线迹，反面针迹呈交叉之势。

14）杨柳针：民间亦称杨树花。主要用于女装大衣夹里的下摆贴边处，不仅可固定贴边，亦起到一定的装饰作用。从反面起针，正面在线上横挑出针，并向左抽紧，先以 45°向下重复二至三针，再向上 45°重复，正面针迹以锯齿形由右至左运针，至所需长度后，于反面止针。

15）甩针：亦称作甩缝子，缭缝。用于无法用锁边针包边的毛边修饰，针迹呈斜形。

16）拱针：正面针迹较细短，排列整齐。用于衣边装饰，又可加固衣缝。

17）扯线袢：是连接衣服下摆处的面与里的一种方法。引针后，将线头藏入布内，出针之后使线呈圈状，再引线套入圈内。以左手钩线，拉紧，使钩出的线形成第二个圈状，再送线，套线，钩线，拉线。如此循环往复至所需长度。

18）钉扣袢：用于纽袢、穿带孔等。起针后将线头藏于布内。按纽扣大小或带子粗细缝四至六道衬线。然后以针引线圈并抽紧，重复抽线圈至衬线长，止针结最好能在布上，线头需藏起。

19）蚊子结：此法用于线的连接，当用线不够长时，可用此法将线加长。以其中一线绕成圈状，另一线穿入其中绕回，捏紧，然后互相扯紧即可。

20）套结针：用于服装的开叉止口处等。针迹长约 0.6～1cm，先横挑 2 或 3 道线，再自上而下于线后插入竖线，套线上抽，重复至横挑线长度，竖线线迹需密而整齐。

3.7.4 纺织品修复的基本步骤（图 4-86）

1）观察、记录、拍照：文物在被提取或送到修复室后，先进行查验伤况、目测观察、记录及拍照等工作。文字描述是记录文物信息的最基本、最直接的方式，所有与文物相关的信息资料都应以文字的形式记录下来，并存档为电子文本，以备查阅。所记录的内容包括：纺织品的名称、等级、原料、颜色、尺寸及织造工艺、破损情况等基本信息。查阅与文物相关的历史资料和图片，必要时可请教相关的历史学家、艺术学家及以前的修复者。文物拍照应由专业摄影人员使用摄影或摄像器材对所修复文物进行影像资料的拍摄，对于修复前的原状、病害、细节等进行拍照记录，有关文物病害的细节照可以由修复人员在修复保护过程中随时拍照记录。

2）科学检测：使用现代先进的科学仪器，对被修复的文物进行相应的检验、检测。检测包括纤维材质分析，污染物成分分析、织物组织结构分析等，从而有根据的制定修复方案。

3）制定修复方案：遵循文物修复的原则和我国在藏品修复工作中规定的原则。

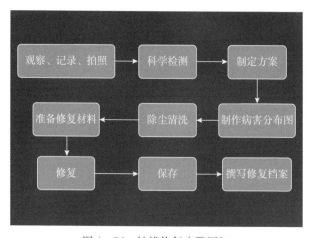

图 4-86 针线修复步骤图解

4）绘制病害图：分为直接描图与画图两种形式，描图是指用油性记号笔将文物的相关信息拓在透明的胶片上，用不同的颜色记号线表达不同的病害状况，多用于平面类纺织品的描绘，图与实物的比例是 1：1。一般包括纺织品病害图、纺织品制造工艺图以及纺织品纹样图。画图是指将文物的病害图、结构图、裁剪图等按一定的比例绘制于图纸上，或在电脑中绘出，同是记录文物信息的一个重要方面。

5）除尘：除尘最好选择物理除尘法，也就是利用物理方法将吸附在纺织品表面或纤维之间的松散污染物颗粒（如灰尘、沙土等）去除。对于一般织物，可以选用合适的软刷或棉签，用水稍稍湿润，然后沿着织物纤维的走向，将隐藏在纤维之间的尘土轻轻往同一方向刷除。在除尘过程中，织物应该保持干燥状态，并及时清洁软刷，以防尘土对文物的再次污染。物理除尘的主要设备是博物馆专用吸尘器，使用吸尘器除尘的对象要具有一定的强度。虽然专用于纺织品表面清洁的吸尘器属于专业设备，但在使用之前也必须对吸尘器的安全性做一定测试，必要时在吸尘管口加装一层保护网。

6）清洗：湿洗主要针对单一颜色色彩牢固度较强并且织物纤维具备适于清洗的强度。清洗用水为去离子水或蒸馏水，不能使用自来水。去离子水是用离子交换树脂去除钙、镁等重金属离子之后的水；蒸馏水是用不锈钢蒸馏水器，使自来水经过加热蒸发后获得的软水。这类清洗用水不会对已经糟朽的织物造成再次损伤。羊毛和丝绸的主要成分是蛋白质，清洗剂最好使用中性的合成洗涤剂。棉、麻纤维属于纤维素，在碱性条件下比较稳定，所以洗涤棉麻材质时应选择弱碱性的合成洗涤剂或皂角苷、皂粉等。

以下例举一小件平面织物的清洗过程：

（1）准备一个能够完全放置文物的托盘，在托盘内放置一张透明胶片，将文物放置在透明胶片上，用喷雾水壶向文物喷水，然后用海绵按压，使水分充分浸透织物。

（2）调配清洗剂，稀释清洗剂后缓慢倒入清洗托盘内。用海绵或软毛刷轻轻按压织物本体，待污物析出后，将污水倒出，再用海绵将剩余污水吸干。

（3）用纯净水或去离子水对织物进行二次清洗，水要顺着媒介缓慢倒入托盘内而不是直接倒在文物之上。再用海绵或毛刷按压，此步骤要根据冲洗后的程度决定冲洗次数。

（4）将污水全部倒出吸干后将文物取出平铺于桌面之上，调整好形状，用吸水纸吸掉织物上残余水分，在织物四周压上重物，令其自然干燥（图4-87）。

图4-87　织物清洗过程

干洗：指使用有机溶剂清洗（详见上文干洗法用工具及材料）。

7）准备修复材料：包括用于支撑加固的背衬材料、覆护材料、缝纫材料及各类修复辅助材料等（详见上文针线修复法使用材料）

8）修复：修复材料准备好后，对修复所用的辅助材料进行清洗、除浆。需要染色的使用现代合成染料进行染色。将已经完成除尘或清洗步骤的纺织品文物进行整形，整形时使用镊子来梳理纤维，调整文物的经纬线，使经线与纬线垂直。将文物本体置于背衬材料之上，使用适当的针线修复技法进行缝补或织补修复，如果文物纤维糟朽严重时，不仅要在文物下面背衬支撑材料还要在表面覆盖保护纤维的透明面料，同样也要使用针线缝合的方式加以固定。

9）保存：保存方式可以分为平摊式保存、卷轴式保存（图4-88）和悬挂式保存等。平摊式保存可以使纺织品得到最为安全的保存方式，织物纤维无须承受任何外界压力，因此是一种最为理想的保存方法。存放时要根据纺织品的尺寸、形状，选择合适的储存柜或无酸卡纸箱收纳。尽可能减少纺织品的折叠次数，如确实因物件太大而必须折叠时，应在折叠处衬垫纸卷，减轻折痕。卷轴式保存方式比较适合庞大厚重的大型纺织品文物或是窄长型的带状纺织品文物的收藏，卷轴的直径尽可能大以便于减少重叠的次数，卷轴表面必须用无酸材料包裹。相反对于表面极其精细或是有刺绣、彩绘等装饰的纺织品文物而言则不建议采取卷轴式保存方式。悬挂式保存主要针对立体服装的展示或储存，这是一种非常节省空间的保存方法。可采用衣架、人体模台、或按照文物的实际形状量身定制模具加以支撑。

图 4 - 88　卷轴式保存

3.7.5　撰写修复报告

修复报告是在修复保护工作完成后，对所修文物的总体状况进行归纳、对修复方法进行评估、叙述文物的修复保护全过程，并且指出在此次修复过程中已经解决的问题同时提出今后有待解决的问题等。修复报告应该包括的内容如下：

1）文物基本信息：包括文物的来源、历史背景、文物经历、修复经历等内容。

2）文物现状：包括文物外观的描述、文物尺寸、病害现状等内容。病害要以照片、病害图以及文字描述的形式依次记录。

3）检测分析结果：包括对所修复文物材质检测、组织结构分析、污染物成分检测分析等内容。

4）工艺分析：包括纺织品的织造工艺、服装的制作工艺、裁剪工艺、缝制工艺，如果在织物上有其他工艺操作的也要进行分析，如刺绣工艺在此件纺织品上用了多少种刺绣技法，每种技法的操作是如何进行的。这部分也要以画图及文字相结合的方式进行记录。

5）文物修复过程：分步骤撰写文物修复的全过程。

6）文物修复后状况：以文物修复前后的对比照片结合文字描述进行记录，突出在此次修复保护过程中解决了什么问题，还有哪些未解决的问题存在。对此次使用的方法和材料进行简单的评估等。

7）保存环境建议：对于文物今后储存方式、储存环境进行设计及建议，提出储存及展览时该文物适宜的温度、湿度以及小环境的控制方法等。

3.8 包装

在众多的文物材质中，纺织品文物是最脆弱且对外部环境十分敏感的一类，低劣或不恰当的包装将加大对纺织品文物造成损害的几率，不稳定包装材料所释放出的有害物质会对纺织品文物造成不可逆转的劣化影响。由于包装不完善而造成的纺织品文物机械损伤，即使经过修复也无法彻底恢复。另外，粗糙低劣的包装还会影响纺织品文物的信息展示和美感体现。

鉴于纺织品文物的特质和包装难度，对纺织品文物进行包装设计和制作稳定包装是十分必要的。纺织品文物包装的目的主要包含两个方面内容。首先是出于文物材质安全目的而采用的相应包装保护措施，其次是为了纺织品文物的展示研究利用和美感体现而采取的包装设计。其中，为纺织品文物美感体现和展示利用而采取的包装必须同时满足对文物安全保护的目的和要求。

纺织品文物的包装类型因文物的使用方向不同而有所不同，通常包括文物封存、文物保存、文物保护、文物研究、文物展览以及文物运输等不同功用的包装。确立纺织品文物未来的使用方向是确定和设计包装类型的前提。纺织品文物的结构是影响其包装类型的另一个主要因素。从纺织品文物结构的角度，可将其分为平整织物、不平整织物、服饰、非常规结构纺织品文物等。不同类型的织物结构所需要的包装类型及其制作方法和复杂程度也有所不同。另外，从文物包装层次的角度，可以将包装分为接触面包装、阻隔包装和防震缓冲包装等不同类型。除此之外，还可以从不同的角度，对文物的包装进行不同的分类。

3.8.1 包装材料选择

在纺织品文物的包装材料选择中，除了考虑常规文物包装材料的选材需求外，还应该考虑到纺织品文物的特殊性。在纺织品文物中常见的纤维种类有丝、毛、棉、麻等，各类纤维对保存材料的要求基本一致。除了常规的对文物箱盒、展柜的材料要求外，还应该特别注意与纺织品接触的包装用衬纸、衬布、填充物、纸板以及一些辅助材料的稳定性和耐久性问题。

　　无酸纸是纺织品包装中最常用的纸张。无酸纸的 pH 值为中性或偏碱性，分为缓冲型和非缓冲型两种，在丝绸、毛织物的包装中常使用非缓冲型无酸纸。无酸纸在使用过程中，会吸收环境中的酸性物质而导致纸张自身酸碱性的变化，因而无酸纸需要定期更换。除了无酸纸外，硅纸、宣纸、绵纸、聚酯塑料薄膜等薄型材料也常用于纺织品文物的包装。宣纸和绵纸的生产工艺和环境条件差别较大，纸张所含有害物质以及酸碱性标准难以控制，因此应当慎重选用。

　　在纺织品的衬垫和包装中，常用到各种衬布织物。根据被衬垫和包装文物的材质、厚度和纺织结构的不同特点，所选背衬和垫衬织物的材料、厚薄和疏密程度也不同。常用衬布以棉布和丝绸为主，棉布以平纹为主，有时根据需要还可选用平纹双面抓毛棉布。在需要细致平滑衬布表面时，可选用优质丝绸平纹布作为衬垫和包装衬布。棉布和丝绸常需要染成与所衬垫文物的整体色彩相协调的色彩，在染色过程中需要选用合格的染料，遵守染色工艺，并做好染色尾处理，以降低染色过程对衬垫织物的影响，减除染色过程中助剂残留物对文物的影响。对于不需染色的衬垫织物也需要进行基本的处理，才能应用于纺织品文物的衬垫和包装。具体可通过多次高温水洗的方式，以清除棉布和丝绸面料在工业生产过程中残留的添加剂和助剂等可能对文物造成损害的有害物质。另外，用于纺织品文物衬垫和包装的织物，在染色后或湿洗预处理后，应该趁织物在湿水状态下，在平整台面上将织物的经纬线平铺摆正，应做到经纬线相互平行垂直，织物自然干燥后即会保持在平直的状态，这有利于衬垫和包装的平整、美观、耐久，并可避免在使用过程中变形。

　　在服饰等三维立体结构纺织品的包装中，常需要利用纤维絮类填充物来填充支撑服饰的内部空间，所用纤维填充物以棉布、人造纤维、太空棉和丝绵为主。棉布填充物在贴合弧度等对塑形要求高的填充操作时，表现没有丝绵絮或人造丝棉絮好，因此常采用棉布或弹性好的棉袜筒布包裹的丝绵絮来填充服饰等三维立体结构的内部空间。

　　除了以上提到的纸张、衬布和纤维絮之类的包装材料之外，纺织品包装中还常用到各类中性卡板纸、具有缓冲功能的瓦楞纸以及蜂窝型夹层纸板等纸质包装材料，以及采用塑形或挖孔的聚乙烯泡沫板等材料用作包装的支撑或容纳物。另外，一些包装辅助材料例如黏合剂、胶带、金属丝、鱼线、卡扣、大头针、缝线、塑料支架等也常有使用，在选择这些辅助材料时也应首先考虑材料的稳定性、安全性和耐久性。

目前在纺织品文物包装领域应用的材料，可以分为两种类型，一类是对纺织品保存有潜在危害的材料，另一类是在博物馆环境下材料组成成分为纺织品文物所接受的包装材料。基本可以确知稳定性的包装材料主要包括：不锈钢、玻璃、陶瓷、洁净未经漂白和特殊处理的棉布以及亚麻布、无酸纸、绵纸、聚酯纤维、聚苯乙烯、聚碳酸酯材料等。对于有潜在危害的材料，可以通过密闭隔绝技术对潜在的有害物质进行隔绝处理。另外，还可以借助环境控制技术、有害气体吸附材料、RP材料、惰性气体等预防性保护措施对包装效果进行稳定干预。对于不确定是否适用于纺织品文物包装的材料，可以通过人工模拟老化试验来检测材料是否会在老化过程中释放出对纺织品有害的物质，进而评估材料的稳定性和安全性。

3.8.2　包装设计和制作

纺织品文物的包装技术类型多种多样，其类型和技术因织物的类型、尺寸和保存状况差异而不同。从织物的结构来看，有平面织物、服装、服装附属物、堆绣类的刺绣或厚重金属线刺绣织物等特殊结构织物。织物的大小也有很大的差异，有小的刺绣残片或徽章，有面积很大的壁毯。有的织物保存强度较好，有的织物纤维强度和韧性极差，糟朽脆弱。这些差异性，都对织物的包装技术选择和类型设计有直接影响。

3.8.2.1　平整织物

对于面积较小的平整织物，在空间允许的条件下，应尽量平铺存放。根据织物的保存状况不同，可以适当在底衬板表面进行相应的衬垫处理。面积较大的织物，在保存状况允许的情况下，可以采用卷轴式存放。卷轴应当选用无酸纸筒或有机玻璃筒，对材料不稳定的卷筒可以通过贴附聚酯薄膜或铝箔对卷筒内外面进行封护隔绝处理。

平整织物的包装形式还有很多其他种类，例如压裱包装、纸板画框式包装方法等，这类包装既可以用于织物的保存也可以用于展览所用。玻璃板或有机玻璃板压裱包装的基本方法是采用稳定木板或其他稳定板材做支撑，板材表面从里到外依次包裹抓毛棉布、细棉布和表层底衬面料，在底衬织物上平放需要包装的纺织品织物，然后将与板材尺寸相同的玻璃板或有机玻璃板覆盖在织物上方，将玻璃板与支撑板材通过卡扣和螺丝固定连接（图 4 - 89）。经过此方法包装的织物可以悬挂展览，也可以竖放保存。纺织品的纸板画框式包装方法与照片、地图等平面纸质文物的包装展示方法类似，适用于平整的、图案纹样丰富织物的包装展示（图 4 - 90、图 4 - 91）。

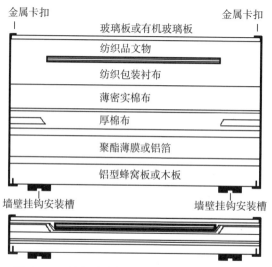

图 4 - 89　纺织品文物压裱包装技术剖面结构图

图 4 - 90　经画框式卡纸包装的法门寺
　　　　　丝绸刺绣残片

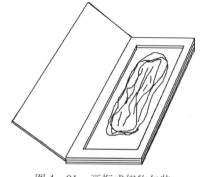

图 4 - 91　画框式织物包装
　　　　　结构示意

3.8.2.2　服饰类文物

　　服饰类文物的包装因文物保存状况不同以及保存展览目的不同，其包装形式也相应不同。法门寺唐代丝绸包块内揭展出的衣物，极为糟朽，强度韧性极差，经不起翻转折叠和悬挂，因而全部平放在包裹衬垫材料的板材上。对于平铺存放的服饰，需要在衣物的折叠和弯曲部位采用软质织物卷或纸筒卷进行支撑垫护，以防这些部位在长期存放和自重的作用下发生严重劣化和断裂损伤。保存状况好的服饰，可采用衣架悬挂式存放。衣架的尺寸需与服饰的肩宽或袖长尺寸匹配，并在衣架周围进行软质衬垫处理，加宽衣架与衣物接触的受力面，以降低织物所受自重拉力负荷的影响。另有一些服饰，因保存空间所限，经折叠存放于箱盒内，应当说无论强度优劣，服饰都不适于折叠存放，服饰折叠位置的纤维在长期存放过程中会处于高压拉伸或挤压状态，纤维所受持续的外力负荷会诱发大量不可自行恢复的塑性形变的产生，最终将导致纤维的脆化和劣化，直至断裂粉化。对于适于站立展示的服饰，需要做好细致的支撑和加固包装工作。服饰支撑包装的基本方法是，首先制作主支撑结构，一般以钢制或木质结构为主，然后在支撑结构上根据服饰需要支撑部位的尺寸，安装强度较好的木质、铝制或泡沫板材，板材用棉布包裹，再根据服饰需支撑部位的空间情况，在棉布上缝棉袜筒包裹的棉絮（或根据形状和尺寸需要，控制棉絮缝缀的位置和高度），待形状确定之后，再在模特的外表面缝一层优质紧实棉布或丝绸，即可将服饰套装在支撑模特体之上，图4-92即展示了一般服饰支撑模特的内部结构。

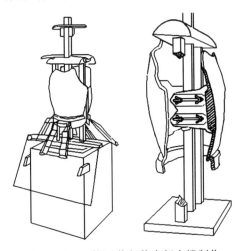

图4-92　服饰展览包装内部支撑制作

3.8.2.3　非常规结构织物

非常规结构织物指帽子、鞋、手套、包、枕头等由纺织品组成的服饰附属物或其他物品。包装此类文物的基本思路仍然是根据织物的结构，制定相应结构的支撑，然后再支撑上加垫衬护材料，达到对非常规结构织物需要支护部位的妥善包装保护。对于结构不稳定的织物，不应勉强使用竖立或伸展式的展示方式，应全面考虑织物的不同部位以及不同附属物在包装中的稳定性，平衡折中选择恰当的展示包装方式。与用于保存的织物包装不同，用于展览的包装还需要考虑包装设施不应外露太多，尤其不应影响织物本体的展示，不应误导织物本体的真实性和信息的全面展示。

纺织品文物的类型多种多样，织物的保存状况也千差万别，包装材料也是种类繁多，受篇幅所限，在此无法大量介绍现有的包装设计实例。包装实例也仅仅是给予提供包装设计制作的思路，由于文物和包装材料的差异性，不能简单照搬其他包装形式来应用。在实际工作中了解纺织品文物的实际情况，确定包装的目的和设计目标，考虑材料的稳定性和可得性是制作包装的前提，在文物测量即包装尺寸的确定阶段，对于有些结构复杂的立体纺织品文物的测量是包装过程中的难点，对于这个问题应掌握的基本原则是仅可能准确掌握织物不同位置的尺寸和角度，在所涉及的包装中织物每个位置都应有妥善的支撑、覆盖或包裹等保护措施。

3.8.3　包装设计原则

在纺织品文物包装的设计制作过程中，首先应当确定文物的包装目的。其次应当全面评估纺织品的保存状况，文物的保存状况直接影响到文物的包装方式和方法。然后，对文物的包装形式和结构进行设计，选择适用于纺织品文物包装的稳定材料进行包装制作。最后，应该做好文物包装制作的档案工作，主要记录包装所用材料的性质、组成和产品信息，包装的结构尺寸和安装过程，注明包装的组装拆卸方法、使用注意事项以及定期检查和材料更换指南。

纺织品文物的包装可分为用于短期及长期保存包装、展览包装、文物研究及教学包装等。文物的使用方向即包装目的决定了包装的方式和类型。纺织品文物的保存状况决定了其所需要的包装形式、文物的固定形式以及包装的精细程度，保存状况好的纺织品可以采用较为简单的包装形式；另外，包装形式的设计还需结合文物库房以及展厅的环境条件状况。在温湿度、光线和有害气体得到有效控制的环境内，纺织品的包装可以采用相对宽松的包装形式。在保存和展览环境条件差的情况下，则需要在纺织品文物包装的设计过程中采取温湿度缓冲、有害气体吸附或隔绝、防尘等措施；包装的设计应该方便文物的存放和拿取，因此包装应尽量设计为可组合安装的结构，包装结构应尽量减少文物在安装和拿取过程中所受的搬动、悬空、翻转等操作影响；包装的功能除了对文物进行保护性包装之外，还有助于提升文物信息和美感的展示，但包装不应喧宾夺主，更不应误导观众，在保证文物安全包装和展示的前提下，力争利用稳定优质的包装材料，通过精细的加工，制作稳定耐久且与文物外观协调的包装；要做到这一点，文物包装材料的筛选是很重要的前提，应当选用适合博物馆使用的包装材料，材料本身不应含有任何对文物有害的物质，材料在受外界环境因素影响后不应生成或释放出有害物质，材料应该具有一定的强度和形状稳定性。在设计制作包装过程中，还应考虑材料的易得性、成本以及加工工具设备条件和操作技术水平；在同一实验室或库房内，纺织品文物包装应尽量统一风格和尺寸，尤其是自制卡纸箱盒的尺寸可遵循 1、1/2、1/4 的比例设计，以便于箱盒的叠压存放和长期管理。无酸纸包装盒可以通过测量文物所需包装尺寸，设计所需样式，标示清楚哪些位置需要将纸板切透，哪些需要半切割以便折叠成所需纸盒结构，纸盒各部位的连接和固定基本不需要使用黏合剂粘接，仅通过设计插合结构即可实现。另外，除了人工设计和切割纸板制作包装盒外，文物行业已采用打样机结合盒型设计软件对纸盒进行设计并利用机器切割纸板；文物包装直接或间接与纺织品文物接触，其稳定性和对文物的安全性与其所使用的材料组成、技术指标、加工方法、结构数据等有直接关系，因此记录这些信息对评估包装的实用性、安全性以及在包装对文物产生不良影响后的原因分析等方面都具有重要意义。另外，包装制作者应当写明文物包装的拆卸方法和使用维护规范等信息，以保证后续文物包装的安全使用和文物安全。

3.8.4　总结

纺织品文物的包装设计和制作是纺织品文物保护修复人员应该掌握的一门技术，纺织品文物的多样性和保存状况差异性决定了其包装不可能统一生产，而需要专门制作。尤其是脆弱珍贵织物的包装，更需要专业纺织品保护修复人员专门设计制作。目前，国内对纺织品文物包装技术的培训和应用水平仍然亟待提高，国产的适用于纺织品文物的包装材料更是亟待开发，进口包装材料的高成本在一定程度上影响了专业纺织品包装材料在国内的推广和应用，进而直接影响了国内纺织品文物包装工作的发展水平。

在设计制作纺织品文物包装时，首先应该确定文物包装的目的即文物的使用方向，评估文物的保存状况，结合文物保存或展览的环境条件，考虑易得稳定材料的种类、成本以及加工技术条件，细致测量文物的尺寸和相关数据，在此基础上设计纺织品文物的包装形式。在包装制作过程中，除了选用稳定耐久的包装材料外，还应注意避免所使用的辅助材料和加工工艺给文物包装带来新的安全隐患。另外，还应做好文物包装设计和制作的档案工作，记录所用材料信息、包装结构、安装拆卸方法，以及包装维护使用、定期检查和材料更换指南。

3.9 运输

纺织品文物尤其是结构复杂的脆弱文物应尽量减少运输，确需运输则应进行妥善包装，并对运输工具以及运输路线进行细致要求。除意外情况的发生外，运输过程对纺织品的主要危害来自于震动，震动易造成织物脆弱部位受力损伤。运输过程中易产生与车辆行驶方向平行的冲击力，因此，应考虑织物的结构稳定性，选择织物强度较好的方向，确定织物在车上的摆放方向，并在外包装上标示清楚哪个方向是向着车辆前进方向的，以最大限度地减少织物在运输中的受力损伤。在外包装上，按照国际标准喷印防水、防震、勿压、易碎、小心轻放、防倒置等标识以及文物图片、文字说明等信息也是需要做的工作；对于纺织品文物在大文物包装箱内的摆放、填压、缓冲等，按照一般的文物包装技术，再给予更多的四周缓冲填塞设计即可。

纺织品文物运输中的安全性，除了震动受力损伤外，还应尽力做好温湿度控制，有些运输车厢可以实现温湿度控制功能，可以保证纺织品在运输期间，处于相对理想的稳定温湿度环境。因包装箱密闭，因而不存在灰尘、光照对织物的不利影响。运输文物的大包装箱常为多次使用，在用于包装纺织品文物之前，建议对包装箱内外进行彻底清洁处理，仅使用新的缓冲填充材料对纺织品文物包装盒进行填充固定。根据运输时间长短以及纺织品的保存状况，有必要在包装盒内放置除氧剂、调湿剂、防霉剂等。

在纺织品文物运输中，常规的文物运输注意事项也同样需要做到。例如，对运输工具车载能力、减震设计、轮胎胎压等方面的调整改装有助于运输中的安全性，严格按照搬运文物的操作规程进行装卸，按箱体标签中的指示方向，平抬轻放，尽量减少搬移次数，避免文物在多次搬移中震动受损。文物箱之间应塞放隔离板并分别固定，避免运输途中文物箱相互撞击，外箱应该具有防水、防晒、防尘功能，另外还需要做好安全保卫工作，做好运输记录。

第5章 纺织品文物的预防性保护

任何材料在环境因素作用下的老化变质是一种自然的客观规律。文物由一定的材料所组成，同时文物材料又长期处于一定的环境之中，文物的消失是材料与环境共同作用而发生老化变质所致。文物保护研究就是针对这两个致使文物材料老化变质的原因进行研究，以便找到科学有效的保护方法。因此，文物保护研究应由文物保存环境研究、文物材料分析、文物修复技术三部分组成，他们相对独立而又紧密联系。研究环境因素和文物材料性质，能够对文物材料的老化变质原因、速度、规律做出比较准确的判断，从而为更加科学合理地修复文物、保护文物奠定坚实的理论基础。

文物保护中的环境研究范围非常广泛，凡是能对文物材料产生影响的外界因素都属于文物保存环境研究的对象。诸如温度、湿度、光辐射、空气污染物、地质环境、环境震动、有害微生物、有害昆虫等，这些因素对文物材料的危害性是毋庸置疑的，但对不同材料的文物，其危害途径又各不相同。目的一是研究环境因素对文物的影响过程及机理；二是研究如何控制环境以利于文物的保存。

长期的文物保护实践证明，在文物保护中应坚持以防为主、防治结合的原则。所谓防，一是最大限度防止或减缓环境因素对文物材料的破坏作用；二是采取有效措施提高文物材料自身抵御环境因素影响的能力。治则是对已损坏文物进行修复，以使文物材料重新变得稳定，减缓文物材料的衰变速度。以防为主、防治结合的方针是做好文物保护工作的基本方针，防是主动的，治则是被动的，防易于治。防的本质就在于延缓文物材料的老化速度，放弃了防也就失去了文物保护研究工作的意义。

随着人们对文物保护研究的不断深入，发现对文物保存环境的监测和控制，显得越来越重要，许多文物保护专家认识到改善文物所处的环境，为文物提供一个最佳保存环境，比在文物本体上进行修复更为必要。由此，提出了文物预防性保护的概念。预防性保护一词来自英文 "Preventive Conservation" 的直译，最早提出这一概念是 1930 年在罗马召开的 "第一届艺术品保护科学方法研究" 的国际会议上，此次会议肯定了实验室工作对于文物研究的意义，建立了科学保护文物的国际共识，并首次提出文物预防性保护的概念，当时主要是指对馆藏文物保存环境的控制。

此后，预防性保护的概念经不断讨论和实践，并从馆藏文物扩展到不可移动文物，乃至整个文化遗产领域。由于预防性保护是一种全新的保护策略，它意味着对文化遗产的保护态度、习惯、方法和思维等方面的多重转变，由以往的 "保护为主" 转变为 "预防为主"，关注对象也由原来的 "已经破损的文化遗产" 转变为 "现状良好或者可能面临损毁的文化遗产"，工作思路的最大变化在于更加侧重于现状调查和评估，强调调查的准确性以及病害的连续监测和记录，评估则由以往基于价值评估为主转变为价值评估和风险评估并重；工作重点则由以往依损毁后的抢救性保护修复转变为系统监测、灾害预警、日常维护和管理；鼓励传统工艺与现代技术结合；提倡构建全民自觉性保护意识，鼓励社会公众共同参与。

预防性保护自 1930 年提出以来，经历了三个时期：定义与讨论阶段（20世纪 30~70 年代），定义讨论的重点是如何能够避免紧急情况下的抢救性修复；实践发展阶段（20 世纪 80~90 年代），首先在馆藏文物保护领域进行广泛实践，核心为文物保存环境；完善成熟阶段（20 世纪 90 年代末以后），开始关注对文化遗产构成威胁的所有因素，包括博物馆的建筑设计、文物的包装运输、管理模式、政策导引、培训教育、公众展示等方面，预防性保护的参与者也由原来以修复师和保护专家为主扩展为博物馆的全体员工。近年，风险评估、安全防卫等也纳入了预防性保护范畴。同时，不可移动文物的预防性保护开始作为研究专题而受到广泛重视。目前这一理念已被国际文化遗产保护界所完全接受，可以说预防性保护概念的提出及其发展完善对于文化遗产的保护具有里程碑的意义。

1　国外关于预防性保护的定义与讨论

预防性保护自 1930 年提出后，先后有不同学者对其进行了定义。具有代表性的由以下几个：

1）1963 年，Cesare Brandi 在其《修复理论》一文中对预防性保护如此定义：“预防性保护是指所有致力于消除危害以及确保有利保护措施得到实施的统一行动，其目的在于阻止极端紧急状态下的修复行为，因为这样的修复很难达到对艺术品的全面保护，并且最终总会对艺术品造成某种创伤性损害。”

2）1978 年，联合国教科文组织通过了《关于保护可移动文化财产的建议》，提出了的预防性保护措施：各成员国应采取一切必要措施以确保对博物馆和其他类似机构中的文化财产的适当保护。他们应：（1）鼓励按照专门为此目的制定的方法（标准卡片、照片，并且如可能还应有彩色照片及可能的微缩胶卷），尽可能详细地对文化财产系统编目和分类。这样的目录在需要确定文化财产损坏和退化时是有用的。借助于这样的文献，可以在采取一切应有预防措施的情况下向负责对付盗窃、非法贸易及赝品流通的国家和国际机构提供必要的情报；（2）视情况鼓励利用当代技术提供的谨慎方法对文化财产进行标准化鉴定；（3）敦促博物馆及类似机构通过包括切实可行的安全措施和技术设施的综合系统加强风险预防，并确保所有文化财产的保存、展览、运输以保护其免受可能致使其损坏或毁坏的所有因素，特别是包括温度、亮度、湿度、污染、各种化学和生物药剂、振荡和震动影响的方式进行；（4）向其所负责的博物馆及类似机构提供必要的为执行上述第三项所规定措施所必需的资金；（5）采取必要措施以确保与保护可移动文化财产相联系的所有任务都按照最适合于特定文化财产的传统工艺和最先进的科学方法和技术而予执行；为此目的，应建立专业资格培训与审查的适当制度，以便保证所有关涉人员均具备所要求的能力。这方面的设施应加强，或如需要应予建立。为节俭起见，建议设立地区性保护和修复中心；（6）对辅助人员（包括保安人员）予以适当培训并拟订此等人员的行动守则，规定其履行其职责的准则；（7）鼓励对保护、保存及保安人员的正规培训；（8）确保博物馆和类似机构的工作人员亦接受必要培训，以使其能够于发生灾祸时在由主管公共机构所实施营救活动中予以有效合作；（9）鼓励向负有责任者公布并传播关于可移动文化财产的保护、保存及保安各方面的最新科学与技术情报，如有必要，则以保密形式；（10）颁发博物馆及公共和私人收藏保安设备操作标准并鼓励其使用。

这些措施已成为各国博物馆文物保护的基本规则。

3）1992 年，Jeffrey Levin（美国盖蒂保护研究所研究人员）撰写的《预防性保护》一文，指出："预防性保护是为防止文物破损或降低文物破坏可能性的所有措施，它需要保护态度和习惯上的改变：首先要理解预防性保护的意义，将其作为合法合理的一种保护策略，最后也是最重要的是使它成为机构意识的一个组成部分，将它纳入日常操作中。预防性保护的科学研究框架包括四个阶段：（1）确定潜在的威胁；（2）证实存在的风险；（3）以成本效益的方法衡量风险；（4）制定减少或消除风险的方法。"

4）1994 年，在第一届预防性保护国际会议上，Koller Manfred 提出："预防性保护并不是一个新概念，至少从古希腊和古罗马时期已经由有相关概念。预防性措施主要包括：被动方面，由结构引起的气候控制，防止潮湿，表面保护等；主动方面的如定期清理，护理，保护层的更新等。"

5）1996 年，在爱丁堡召开的国际博物馆协会（ICOM）年会上，首次确立了预防性保护专门工作小组，明确了"预防性保护工作组的主要职责是研究避免或减少文物的恶化导致其损失的一切措施。这些措施是间接的，不会影响和改变文物材料和结构，也不会影响文物的外观"。

6）1999 年，Gael de Guichen 撰写的《预防性保护：只是一种时尚还是一场意义深远的变革？》一文中指出："预防性保护的提出是为了应对 20 世纪环境和遗产发生巨变，作为全新的保护策略用以解决遗产所面临的新的、更激烈的侵害。预防性保护意味着改变传统思维方式，将对遗产保护带来多方面的变化，包括培训、组织、规划和公众。将会在每一个博物馆逐步形成预防性保护的综合规划，与遗产相关的每一个人，每一个机构都应参与其中，面对自然因素和人为因素引起的文化遗产损坏，应积极采取各种方法延长其寿命，以保护它们所携带的历史文化信息。与被动性保护主要关注面临存在消失风险的遗产所不同，预防性保护主要关注如何防止来自各种自然和人为因素的侵害。"

7）2003 年，ICOMOS 颁布的《壁画保存和修复导则》中，第四条："预防性保护的目的是创造有利条件最大限度地减少破损，避免不必要的补救性修复，从而延长壁画的寿命。环境监测和控制是预防性保护的重要组成部分。"

8）美国历史文物与艺术品保护研究所对预防性保护的定义："一种经由制定文物保护监测及实行保护措施以减缓文物损害的方法，保护措施可包括良好的环境控制，藏品典藏、展示、包装、迁移、使用时的持拿及维护措施，整合性的文物虫害和微生物菌害管理，急难救灾准备，拷贝及复制。"

9）澳大利亚国家画廊对预防性保护的定义："预防性保护旨在将危害艺术品的损毁因素最小化，以避免实施被动性保护措施。预防性保护方法基于通过控制引起破坏艺术品损毁的主要因素而实现。早期通过控制艺术品的保存环境，包括保持温度、相对湿度、光照的稳定，控制和防止艺术品免遭虫害或其他物理、化学危害。预防性保护是一个相对的新概念，也是一个需要跨学科知识的专业，它涉及材料科学、建筑科学、化学、物理学、生物学、工程学、系统科学、管理科学等多学科以及相关技术。预防性保护的相关措施包括：环境监测与控制以保证适宜的温度、相对湿度、空气质量和光照条件；虫害菌害治理；关于艺术品存放、展览、包装运输方面的措施，以及日常维护方法；灾害预防；特殊事件的保护措施；鼓励全体员工的参与和团队工作以实现预防性保护目标。"

10）2007～2008 年，在"建筑遗产的预防性保护和监测论坛"国际会议上，最终形成的文件指出：相对于可移动文物的保护，在建筑遗产中的预防性保护不同，建筑遗产的预防性保护应用范围包括建筑结构的稳定加固、日常维护和监测（包括修缮材料和各种监测技术）。在建筑遗产中，预防性保护包括遗产管理，以及尽早发现可能的损害、避免损毁速度加快两个层面。因此，预防性保护研究包括：（1）分析和诊断建筑遗产破损和退化的原因；（2）监测记录；（3）日常维护；（4）最低限度干预。

11）2008 年，Neza Cebron Lipovec（RLICC 的研究员）提出："预防性保护包括所有减免从原材料到整体性破损的措施，可以通过完整记录、检测、监测以及最低限度干预实现。预防性保护不仅包括持续的、谨慎重复的措施，还应包括防止损害的应急措施。它需要居民和遗产使用者共同参与，也需要传统工艺和先进技术的介入。预防性保护只有在法律和金融大框架支持下的综合体制才能成功实施。预防性保护的影响体现在三个方面：价值层面有助于保护构成遗产材料、技术的原真性和整体性；经济层面有助于形成具有长期成本效益的战略投资；社会层面可以促进当地社区居民的积极参与，将责任从维护者转入所有者或用户而得以实现。"

2　我国关于预防性保护的定义与讨论

综合分析以上关于预防性保护的多个定义，每个定义的侧重点虽然不尽相同，但也有达成共识的部分，即预防性保护主要指能够防止、降低或减缓遗产破损的所有措施，目的在于阻止极端紧急状态下的修复行为，日常维护和环境监测与控制是预防性保护的主要内容。

2000 年，国家文物局为防止由于人为和自然因素的影响，而导致馆藏文物的劣化变质乃至毁损现象，对馆藏文物的保护管理进行全面综合研究，设立"馆藏文物保护管理综合研究"课题，研究制订文物从发掘出土、入馆收藏、陈列展览、修复保养、包装运输等各环节的保护管理基础技术标准，使文物在最佳的保存环境中收藏利用。该课题的研究报告全面分析了馆藏文物保护管理现状，以及存在的主要问题，首次将预防性保护提到了前所未有的高度："增强藏品预防性保护的理念。藏品是博物馆存在的基础，藏品的数量和质量决定着博物馆的规模和地位，故藏品在博物馆的重要地位和作用是不容置疑的。但在相当长的一个时期里，博物馆不同程度地存在着'重陈列，经保管'的倾向，未能将科学地保护管理藏品，合理地利用藏品，放在应有的位置。致使博物馆的藏品保护管理工作相对滞后。造成这种现象的主要原因是对藏品预防性保护的观念淡薄，从而不能采取相应的措施。长期以来，一些博物馆对藏品的自然损坏现象任其自流，束手无策。在规章制度上，从馆长到保管员，似乎没有任何人的责任。对已损坏文物进行抢救性修复是必要的，但这是被动性保护文物。若没有良好的收藏环境，经保养修复技术处理后的藏品，仍会继续损坏。而预防性保护是主动性保护文物，即创造最佳收藏环境，使藏品在博物馆得以妥善保存。"

2002～2005 年，国家文物局部署完成了"全国馆藏文物腐蚀损失调查"项目。该项目是新中国成立以来，针对国有文物收藏单位开展的第一次全国性馆藏文物腐蚀损失科技专项调查，是文物博物馆领域率先采用信息技术手段、引进统计学原理，组织跨学科、跨行业、跨领域、多单位共同协作的大型科技专项调查项目。通过对全国 31 个省（自治区、直辖市）的 2803 家各级国有文物收藏单位的 1470 余万件（组）馆藏文物的保存现状进行了全面、系统调查，针对文物库房是现有各级国有文物收藏单位保存馆藏文物的主要场所，且博物馆中 95% 的文物长期保存在库房这一现实情况，提出文物库房应满足"保存环境适宜、储存空间充足、防护设施齐全、存放取用安全、养护保管方便"等基本要求。在有效保护馆藏文物的八项对策与建议中，其中的三项与预防性保护有关：

第二条：加强环境控制技术研究，改善文物保存环境。

1）实施关键技术攻关，控制馆藏文物保存环境

研究表明，博物馆环境质量越佳，对文物保存越为有利。对博物馆文物保存环境总的要求是，要达到最大限度降低环境因素对文物所造成的损害。通过对文物保存环境进行有效控制，以延缓文物的腐蚀速度、延长文物使用寿命，是国内外文物保护界业已取得的共识。自 20 世纪 60 年代以来，国际文物保护机构和发达国家就已制订、颁布了有关保存环境标准，实现对博物馆文物保存环境的有效控制。

文物保存环境对文物的影响是一个缓慢的过程。在目前环境因素对馆藏文物影响作用机理和各种环境因素之间的增效作用尚不十分清晰，现行的环境评价监测技术手段和规范不能完全适用于馆藏文物保存环境研究需要，无法对文物保存微环境实施全面科学监测和分析的现状下，应开展相关基础研究，加强环境及其对文物影响的监测，是目前迫切需要关注和解决的问题，也是实施预防性保护的首要前提。因此，应建立馆藏文物保存环境质量技术监控体系，对馆藏文物保存环境进行长期监测与评估，为预防性技术保护工作提供数据支撑。

微环境控制是改善文物保存环境的有效手段。如囊匣可为文物提供相对稳定的小环境，减少外界环境因素对文物损坏的程度和速度。囊匣虽然不是完全密闭的，但能起到屏障作用，阻隔外界的影响，尤其是光线的影响和灰尘的附着。即使大环境的各种因素发生了变化，囊匣内的文物微环境变化较小且速度缓慢。因此，材料适合的囊匣等辅助保管设施，能够有效延缓文物的腐蚀速度，延长文物的使用寿命。

应努力促进博物馆藏品保存条件的改善，合理规划和兴建符合标准的文物库房，逐步改造现有不符合标准的库房，以满足馆藏文物对保存环境的基本要求。

2）增加文物库房面积，分类保管馆藏文物

增加基础设施建设投入，增加库房面积，避免使用不适合的场所保管文物，做好现有文物库房的维护、维修或改建工作。在条件成熟时，根据各地的藏品数量、分布情况和新增数量，新建地区集中库房，逐步改变我国馆藏文物库房面积不足和建筑陈旧的现状。对藏品数量较小的县级博物馆或文物保管所而言，单独建造符合标准的文物库房，不仅要增大基本建设投资，而且文物的有效管理和利用也受到限制。对县级馆藏珍贵文物在不改变管理权的前提下，集中保管在保管条件较好的中心库房，既有利于馆藏文物的保护与管理，又能节约人力、物力、财力，从而实现全国县级馆藏珍贵文物的有效保护。

3）加强辅助保管设施研发，长久保存腐蚀易损文物

加强馆藏文物辅助保管设施的研发，制定辅助保管设施，如文物橱柜、囊匣、套袋的技术要求，加大经费投入与研发力度，为馆藏文物配置辅助保管的防潮、防裂、防空气污染、防光、防尘、防霉、防虫、防震等设施，并更换现有不利于馆藏文物保护的文物橱柜、囊匣等；同时，也为今后能够研发出合理有效的保护修复科技方法，长久地保存这些遭受腐蚀的脆弱易损馆藏文物创造有利条件。

第三条：实践预防性保护理念，构建日常养护长效机制。

馆藏文物腐蚀后的再次保护修复是被动的保护措施，而主动的文物预防性保护是为文物创造良好的收藏保存环境。依据《威尼斯宪章》中的"不改变文物原状原则"和"最低限度干预原则"，国际博物馆协会倡导的馆藏文物保护理念是："为文物提供一个稳定、洁净的保存环境"，即预防性保护。预防性保护主要是指对文物保存环境的控制和日常养护。20世纪90年代，预防性保护理论已经细化到了七个方面的指标，其理念是为了避免在修复过程中对文物蕴含的历史、文化和科学技术信息的干扰与破坏，并可显著减少保护修复所需要的经费投入。因此，预防性保护措施是馆藏文物保护的治本之道，其主要工作内容包括控制环境、使用适当材料的保管设施以及正确的日常养护方法等。针对保存环境控制、库房建设、制度建设、日常养护、基础技术标准规范等诸多与预防性保护馆藏文物有关的问题，建议从改善我国预防性保护馆藏文物的现状入手，达到减缓馆藏文物老化的速度，使文物得以长久

保存。

　　馆藏文物保护的日常工作是了解文物保存状况、实现文物长久保存、合理利用的基本保障。日常养护是长久保存馆藏文物最基本和最重要的手段，可以起到事半功倍的效果，最大限度地保留文物的历史、艺术、科学价值，并延长其使用寿命。因此，必须制定相关标准规范，建立馆藏文物日常养护长效机制。

　　第七条：加大资金投入，保障馆藏文物长治久安。

　　积极开展馆藏文物本体病害防治和保护关键技术的科学研究，加强已有科技成果的推广力度，加大保护科技的经费投入，逐步开展改善馆藏文物保存环境和濒危易损珍贵文物的抢救性保护修复专项科技行动，实现馆藏文物从抢救性保护向预防性保护的切实转变。

　　针对保存环境控制、库房建设、日常养护、基础技术标准规范等诸多与馆藏文物保护有关的问题，建议从改善我国预防性保护馆藏文物的现状入手，在建立国家及地方级文物保护分析测试中心、国家及省级馆藏文物保护修复科研基地、国家及省级馆藏文物实用技术研发和成果推广中心、馆藏文物保护修复科技培训基地等方面，追加经费投入，从而建设以国家级文物保护修复科研机构和队伍为核心，辐射省级文物保护修复科研机构和队伍的全国文物保护修复科研创新体系、成果推广应用体系和人才培养体系，最终达到减缓馆藏文物劣化速度、使文物得以长久保存的目的。

3　预防性保护的实践

　　文物材料的老化变质过程中，环境因素起着决定性的作用，按保存环境条件可分为馆藏文物（可移动文物）、室外文物（不可移动文物）、地下文物（包括水域内文物）三类。同一物质材料组成的文物因其所处的环境不同，或同一环境下保存不同材料的文物，其保护研究的侧重点和修复材料及工艺就有可能完全不同。

　　对于馆藏文物的保护，由于一间展厅、一个陈列柜、文物库房等的环境可以人为控制调节，馆藏文物保护的发展趋势是研究适合于文物保存的最佳环境条件，以便人为控制文物保存环境。对于室外文物，由于其环境条件的不可控制性或者说只能采取一些宏观措施使环境条件向着有利于文物保存的方向发展。所以保护室外文物的根本出发点是在现有的环境条件下，研究环境因素对文物材料老化变质的作用机理，从大的环境改造方面着手寻找最佳保护方案，如何采取适当的保护措施，提高文物自身抵御环境因素的影响，以将文物材料的老化速度降到最低。

长期以来，文物入馆收藏后因自然因素的作用而受损的情况仍很普遍，有的文物严重劣化变质而丧失其价值，皆因博物馆的收藏保存环境不宜所致。由于此种现象是自然因素造成，似乎没有任何人的责任，故未引起足够重视，长此以往文物的命运不堪设想。因此颁布执行"馆藏文物保存环境质量标准"势在必行。研究不同环境因素对不同材料的文物影响作用过程、机理，以及适宜的环境条件是制订"馆藏文物保存环境质量标准"的前提条件。

由此，文物预防性保护的研究与实践主要围绕两个方面开展工作。一是研究不同环境因素对不同材料组成文物的影响过程、机理，二是制订文物保存环境质量标准。

3.1　欧美国家的实践与发展

欧美在预防性保护研究方面开展研究工作较早，所做的工作较多。例如分别研究了温湿度因素对金属文物、地质标本、古代玻璃、纸张、染料、纺织品的影响作用机理，以及湿涨干缩效应。光辐射对文物的影响研究则主要集中在纸张老化变色、染料褪色等有机材料组成的文物方面。有关空气污染物对文物的影响，其研究成果很多，主要包括 SO_2 对皮革、石灰岩雕刻、金属文物、颜料与染料、纸张的腐蚀机理，以及 H_2S 对银器的影响，以及 SO_2 浓度与文物材料损伤的关系。对文物材料有损伤作用的氮氧化物主要是 NO_2、PNA、HNO_3，NO_2 对有机材料文物及金属文物均能够产生影响，并且其作用比 SO_2 更为严重；有关 PNA 对文物的影响作用机理正在研究之中，但研究表明 HNO_3 对某些颜料和染料的褪色作用更甚于 NO_2，并且对活性炭过滤 HNO_3 的效果进行了评价。有关 O_3 对文物的影响，研究了 O_3 对颜料及染料的褪色变化关系及反应机理、对金属的腐蚀以及 O_3 浓度与材料损伤的关系。此外，对氯化物、有机酸、二氧化碳、甲醛、粉尘等污染物对不同组成材料的文物的腐蚀机理及预防方法的研究成果也较多。

国外文物保存环境研究非常注重多种环境因素共存时对文物材料的损伤效应，例如在 SO_2、NO_2、O_3 共存时，对石质文物的腐蚀速度远大于单一因素、SO_2 与 NO_2 共存时在不同相对湿度条件下的腐蚀速度研究。

　　由于认识到博物馆环境对于文物保护的重要性，因而制订博物馆环境标准问题自 20 世纪 60 年代起，国际文物保护机构和发达国家就已制订颁布了有关标准，以对博物馆文物保存环境进行控制。1960 年国际博物馆协会（ICOM）搜集整理了欧美各国博物馆温湿度控制标准，并向世界其他博物馆进行推荐执行见表 5 - 1。英国国家美术馆科学顾问汤姆森（J. Tomson）1986 编著的《博物馆环境》一书全面论述了各种环境因素对不同组成材料文物的影响，并提出了环境控制标准，见表 5 - 2。此书后由国家文物局博物馆司组织翻译，在我国出版。美国国家标准局 1983 年制订了以纸张为主的档案资料保护的污染物气体环境质量标准；近年，美国的文物保护研究机构和各大博物馆在重新讨论博物馆温湿度环境标准；1989 年美国 Purafil 公司，在长期对博物馆、档案馆空气净化技术研究的基础上，进行污染物因子与损伤程度的定量分析及空气质量分级，并开发了用于博物馆环境质量监测的铜及银挂片。

表 5 - 1　20 世纪 60 年代国外部分博物馆的温湿度标准

国家	城市	名称	场所性质或保存对象	温度（℃）	湿度（%）
英国	伦敦	British Museum	博物馆	15.5	60
英国	伦敦	V&A Museum	博物馆库房	15.5	60
英国	伦敦	Natial Gallery	博物馆库房	17.2	58
葡萄牙	利斯本	Museum Nacional de Arte Antiga	博物馆	14 ~ 18	60
法国	巴黎	Musee Louvre	画库	18 ~ 20	65
法国	巴黎	Musee Louvre	博物馆		55 ~ 70
法国	里尔	Palais des beaux-arts	博物馆	16 ~ 17	65 ~ 70
比利时	安得瓦甫	Etnografisch Museum	博物馆	12 ~ 18	50 ~ 70
荷兰	阿姆斯特丹	Bijks Museum	博物馆	14 ~ 20	55 ~ 70
德国	纽伦堡	Germanisches National Museum	博物馆	13	60 ~ 70
德国	斯图加特	Wurttembergisches Landes Museum	博物馆		60 ~ 70
瑞典	斯德哥尔摩	National Museum	博物馆	18	50 ~ 60

续表

国家	城市	名称	场所性质或保存对象	温度℃	湿度%
美国	克利夫兰	Museum of Art	博物馆	20～22	50～55
美国	纽约	Metropolitan Museum of Art	油画、帆布织物、石质	7～18.5	55
美国	华盛顿	Freer Gallery of Art	博物馆	18.5～25	40～55
美国	华盛顿	National Gallery of Art	博物馆		45～55
加拿大	多伦多	The Art Gallery	博物馆		50～60

表 5 - 2　环境因素标准

一级环境

光线	
照度限制	
中敏感度材质	（如油画）
日光或是人工光	200lx ± 50lx 在人的视线水平处
或每年的曝光量不能超过	650klx·h
敏感材质	（如织品）
人工光	50lx
或每年的曝光量不能超过	200klx·h
绘画馆	在整个该有画的区域内最高和最低的照度之比不超过 2∶1
修复	2000lx
摄影和摄像	
钨丝电灯泡	1000lx
金属卤化物灯	2500lx
闪光灯照射	100ASA 时 f 22（20lx·min）
博物馆光源显色性	Ra 约 90 或更高，最差 R 约为 80 或更高；Crawford 等级 A，B，C

续表

一级环境	
光线	
紫外线辐射	
光源中紫外线含量	不能超过 75μW/lm
相对湿度	
全年全天（昼夜）时间	50% 或 55% ±5% RH

范围可稍作调整，但是对于混合放置的藏品来说，其摊位应该在 45% ~60% 之间，特殊的展品可能需要特别的条件

温度	
冬天	19℃ ±1℃
夏天	24℃ ±1℃

注 1：必须控制温度以便控制相对湿度，但是规定的温度范围应该让人感到舒适。如果为了节能，建议在冬季和夏季使用不同的温度范围

注 2：在冬天，不对公众开放的库房区或建筑内，温度可以调低，不过不能降得太低，以免在太冷或通风不好的表面发生冷凝，建议最低温度为 10℃

空气污染	
颗粒物去除	Eurovent 4/5 标准的 80% 效率
二氧化硫和二氧化氮	分别降低到低于 $10\mu g/m^3$
臭氧	低于 $2\mu g/m^3$
空气流通率	
屋顶高度 3m 以下	8 次换气/小时
屋顶高度 4~5m 以下	6 次换气/小时
屋顶高度 6~8m 以下	4 次换气/小时
	（不使用时可减少到一半）
噪声	

展厅内来自人员通行和设备的噪声不能超过（噪声等级）NR35

二级环境

光线	
中敏感度材质	绝对不能有直射日光；使用光度计和手动控制窗帘把照度控制在不超过几百个 lux 内
敏感材质	和一级环境的规定相同
紫外辐射	和一级环境的规定相同
相对湿度	使用室内加湿器或是除湿器使湿度保持在 40% ~70% 之间
温度	适当稳定以保持相对湿度。
空气污染	可以使用室内或柜内装置使特殊区域和展柜避免空气污染

意大利学者卡瓦利尼（T. Cavallini）对比了 20 世纪 70、80 年代欧美等国家的博物馆保存环境标准，认为文物的蜕变取决于材质性质和周围环境的严酷程度，更取决于其环境条件的"变异"。因此，尽量保持文物外界条件恒定是非常必要的，因为蜕变的可能性随着文物与外界物质、能量交换过程的降低而趋于最小。指出即使是专家们提出的环境参数标准，其数据也不尽一致。有必要强调这些所谓的"环境标准"只是一般要求，由于所处的地理位置不同，文物材质长期暴露于其中并逐渐适应环境的压力也不一样，因此还必须考虑环境条件"变异"对文物的影响，否则将是非常错误的。如果我们要求博物馆最佳环境条件以确保文物艺术品的蜕变在最低水平，就要考虑文物"历史年龄"的重要性。日本学者三浦定俊对博物馆保存环境的探讨认为，在重视重要文物展览期间防盗、防火设备和加强管理体制的同时，也应重视馆内温度、湿度的控制。

国际博物馆协会曾经对世界各国博物馆的展厅、库房，图书的馆阅览室、库房最适宜的温湿度调查。调查结果显示，不同地域所设的环境指标差异很大，大多数地区温度设定在 15 ~20℃，湿度设定在 50% ~60%。而美国俄亥俄州的 Memorial Art Museum，温度设定在 7 ~18.5℃、湿度设定在 55%，主要是低温有利于保存油画和木材制品。国际保护修复委员会根据不同材质文物，分别设定了比较适宜的温湿度条件，见表 5 – 3。

表 5 - 3　世界各国博物馆的温湿度条件

对象	温度（℃）	湿度（%）
羊皮纸	15.5 ~ 23.5	55 ~ 60
纸	15.5	60
油画画板、木材	7 ~ 18.5	52.5
油画画布、纺织品	4.5 ~ 15.5	50
博物馆	12 ~ 15	45 ~ 70
博物馆库房	16.1	59
图书馆	12 ~ 24	40 ~ 65
博物馆实验室	16 ~ 21	45 ~ 60

3.2　我国的实践与发展

博物馆的文物保存环境影响因素主要有温湿度、光辐射、污染物，不同材料的文物受各种环境因素影响在程度上是不同的，某些因素起主导作用，某些因素则起协同增效作用。近年来，随着我国经济的高速发展，基本建设规模不断扩大、自然资源被大量开发，交通运输迅猛增长，导致环境污染越来越严重，我国已成为世界上大气污染最严重的国家之一。环境污染物对文物的影响日趋严重，有的地区甚至在不长的时间内就直接导致文物的受损破坏。因此，有关保存环境因素，尤其是大气污染物对文物材料老化的影响及其防治对策方面的研究成果已有大量报道。这些成果从不同侧面研究了温湿度、光辐射、空气污染物等因素对文物材料的影响及其控制预防方法。并在此基础上，编辑出版了我国第一部有关环境因素对文物材料的作用机理及其控制方法的专著。

保存环境监测与分析研究是遗址保护中最基础，同时也是最重要的工作，它关系到遗址加固工程所采取的工艺及材料、遗址保护修复材料及工艺筛选研究等许多方面。目前仅敦煌莫高窟、大同云冈石窟、秦始皇兵马俑博物馆等少数单位对此问题予以了应有的重视。敦煌和大同的环境监测系统比较适用于文物保护，也比较先进。以敦煌为例，建立窟区小环境气象站，对窟区的温湿度、地表温度、风速风向、降雨（雪）量、日照量、紫外线强度等进行监测，因监测数据密度较大，真实地反映了窟区小环境变化状况。同时，选择了壁画病害较为严重的洞窟进行微气象环境的监测研究，以便确切掌握窟区小环境对洞窟微环境的影响规律、环境因素对壁画的影响、壁画发生病害的环境原因、观众对洞窟微环境和壁画的影响等。在85窟增加了壁画及地仗下岩体不同深度的温湿度探头，数据密度为每小时4次。与这套全自动监测系统相配套的无线电通信设备可以将监测数据传输到室内的计算机内存储，然后用专门程序进行数据整理、绘图、分析。这种环境监测系统可以对不同层位的洞窟、开放与不开放洞窟的环境状况做出较为准确的评价，为研究壁画病害机理和治理提供了必需的、基础的数据。

针对我国文物科技保护的现状，组织开展了国家重点科技项目"影响文物保护的环境因素及环境质量标准研究"课题。该项目旨在从宏观上对影响馆藏文物保护的环境因素进行研究控制，制订馆藏文物保护的环境质量标准，并从宏观上对影响馆藏文物保护的环境因素进行研究控制。通过对馆藏文物保存环境、环境对文物影响的因素调查、模拟实验等研究，在收集国内外博物馆、图书馆、档案馆相应的环境质量标准基础上，制订馆藏文物保护的环境质量标准。

陈元生等对博物馆文物保存环境中的温湿度、可见光、紫外光、污染气体等影响进行了研究，认为研究其反应机理、反应速率，量化它们之间的关系，是制定出文物保存环境质量标准的重要依据。应根据治理技术、监测技术、经济许可等制定分级标准，有利博物馆文物保存环境的控制。他们提出了如下的博物馆环境质量的分级标准，见表5-4。

表5-4　博物馆环境质量的分级标准

项目	标准		
温度（℃）	$19 \sim 24 \pm 1$		
相对湿度（%）	$35 \sim 65$；$40 \sim 50$（纸张、金属保存）；$(50 \sim 55) \pm 5$，应按不同材质选择不同的相对湿度范围。		
光（lx）	应避免直射太阳光，200 ± 50；75；紫外光不超过 $75\mu W$		
	一级标准	二级标准	三级标准
二氧化硫（$\mu g/m^3$）	1	10	20

项目	标准		
	一级标准	二级标准	三级标准
氮氧化物（$\mu g/m^3$）	5	10	20
臭氧（$\mu g/m^3$）	2	10	20
二氧化碳（$\mu g/m^3$）	2.5		
羟基化合物（醋酸等）（$\mu g/m^3$）	0.1		
颗粒物（$\mu g/m^3$）	75		
甲醛 $\times 10^{-9}$	4.0		

1999～2003 年，国家文物局组织有关专家进行了馆藏文物保存环境达标建设的相关研究，并编制了《馆藏文物保存环境试行规范（草案）》，详细划分了博物馆藏品保存的温度、相对湿度、光线辐射、空气污染物、噪声、微振动、生物损害等，并根据文物材质提出了环境控制基本要求，见表 5-5～5-8。

表 5-5　博物馆藏品保存环境温度、相对湿度标准

材质	藏品类性	温度（℃）	相对湿度（%）
金属	青铜器、铁器、金银器、金属币	20	0～40
	锡器、铅器	25	0～40
	珐琅器、搪瓷器	20	40～50
硅酸盐	陶器、陶俑、唐三彩、紫砂器、砖瓦	20	40～50
	瓷器	20	40～50
	玻璃器	20	0～40
岩石	石器、碑刻、石雕、石砚、画像石、岩画、玉器、宝石	20	40～50
	古生物化石、岩矿标本	20	40～50
	彩绘泥塑、壁画	20	40～50
动植物材料	纸张、文献、经卷、书法、国画、书籍、拓片、邮票	20	50～60

材质	藏品类性	温度（℃）	相对湿度（%）
动植物材料	丝毛棉麻纺织品、织绣、服装、帛书、唐卡、油画	20	50～60
	漆器、木器、木雕、竹器、藤器、家具、版画	20	50～60
	象牙制品、甲骨制品、角制器、贝壳制品	20	50～60
	皮革、皮毛	5	50～60
	动物标本、植物标本	20	50～60
其他	黑白照片及胶片	15	40～50
	彩色照片及胶片	0	40～50

环境相对湿度日波动值不得大于5%。

环境温度日较差不得高于2～5℃。

表 5-6　博物馆藏品存放环境空气质量标准

污染物	一级标准 日平均浓度限值（mg/m³）
二氧化硫	0.05
二氧化氮	0.08
一氧化碳	4
臭氧	0.12（1小时平均浓度限值）
可吸入颗粒物	0.12

表 5-7　博物馆藏品存放环境建筑材料污染物浓度限值

污染物	最高允许浓度限值（mg/m³）
甲醛	≤0.08
苯	≤0.09
氨	≤0.2

污染物	最高允许浓度限值（mg/m³）
氡	≤200BQ/m³
总挥发性有机化合物	≤0.5

表 5 - 8　博物馆藏品保存环境光照水平标准

藏品类性	照度标准（lux）
对光特别敏感的藏品有：丝毛棉麻等纺织品、织绣品、中国画、水彩画、水粉画、水墨画、版画、素描和书法、拓片、手稿、文献、书籍、邮票、图片、相片等纸制藏品；壁画、彩绘泥塑、彩绘陶瓷、染色皮革、各种动植物标本等	≤50
对光敏感的藏品有：油画、蛋青画、不染色的皮革、角制品、骨制品、象牙制品、竹木制品和漆器等	≤100
对光不敏感的藏品有：青铜器、铁器、金银器、兵器、古钱币等金属制品；石器、画像石、碑刻、砚台、化石、印章等石材制品；陶器、唐三彩、瓷器、玻璃器等硅酸盐制品；珠宝、翠钻等宝玉石制品；搪瓷器、珐琅器和各种岩矿标本	≤300

　　郑爱平认为文物保存环境的控制系统必须考虑六个基本要素：室内空气温度、相对湿度、空气洁净度、气流速度、光照度以及噪声水平。ASHRAE（美国采暖、制冷与空调工程师学会）建议温度控制范围为 20 ~ 22°C，相对湿度控制范围为 40% ~ 55%，而且连续控制，不允许出现温湿度周期性波动。他们建议成立一支由环境学科、文物保护学科、建筑学科等人员组成的科研队伍，以节能型建筑结构和绿色建筑材料为基点，通过实验研究，利用太阳能、地热等自然能源，采用新型制冷技术和成型吸附剂技术，将气调技术与恒温恒湿空调技术相结合，开展以节能为中心的技术改造，营建运行费用低廉的"绿色馆藏环境"。

　　陕西历史博物馆是一座现代化大型博物馆，其建筑采用全封闭式，利用人工光源照明，闭路空调系统调节温湿度，有利于控制馆藏文物保存环境。陕西历史博物馆收藏唐墓壁画 400 多幅，新馆建设是边设计、边施工、边布展的"三边工程"，投入使用初期曾出现甲醛、酚类等有害气体超标、空气循环不畅等环境问题，后来采取了一定的治理措施。北京工业大学研制出世界上最长的恒温恒湿充氮文物密封展柜，该文物展柜将由温度控制系统、湿度控制系统、照明防紫外系统、充氮密封系统、机械启闭系统、蓄热系统、自动控制显示系统和安全防盗系统八个子系统组成，是目前世界上最长的恒温恒湿充氮的文物密封展柜。为原画仅长 5.28m、现连同题跋总长超过 15m 的《清明上河图》在故宫博物院 80 周年庆典上展出提供环境保障。上海博物馆2001 年在书法馆、绘画馆陈列改建工程中，引进了世界先进的恒温恒湿环境净化系统和监测技术，使该两馆画廊小环境的文物保存环境控制和监测技术迈进了世界先进行列，五年来的跟踪监测数据表明，该两馆画廊小环境符合书画文物陈列保存的要求，达到了世界先进水平。

上述这些我国的初期研究工作，为进一步深入研究馆藏文物保存环境控制和改善技术奠定了良好的基础。河南博物院收藏的"四神云气图"等西汉时期的壁画作品，1992 年由河南省古代建筑研究所进行揭取，1994 年移交河南博物院。其中四神云气图壁画 1997 年入选河南博物院基本陈列，在 2000年左右开始出现变形、开裂等多种病害，根据监测，在 1999 ~ 2001 年之间，展厅温湿度采用人工手动的简约化控制，温湿度受季节影响。夏季的温度控制依靠空调，冬季的温湿度控制依靠锅炉供暖。夏季（空调状况下）温度21 ±3℃，相对湿度 60 ±5% RH；冬季（供暖情况下）温度 23 ±3℃，相对湿度 33 ±5% RH。固定壁画的展柜高 5.8m，长 7.12m，宽 0.83m，壁画位于展柜后背。壁画展柜内灯光位于展柜的顶部，照明功率为 480W。研究认为壁画保存环境湿度不稳定，是促使壁画变形的外部因素，因此实施了陈列环境控制。目前该壁画保存于铝合金框架的密封展柜内，为降低壁画对支撑材料的剪切力，支撑框架上部向后倾斜 5°。采用空调进行恒温恒湿控制、智能调节系统对光照进行控制，具体环境条件为：空调采用室外安装方式，以减少对壁画的震动，空调连续工作，温度 20℃ ±1℃；湿度 45% ±3% RH；送风采用风道与室内展柜连通，风道传输距离约 2.5m；保证展柜内温湿度均匀；风流不能直接吹向壁画。展柜基础照度 50 ~ 100lux 之间可调，观众走入 5m 范围内，光源渐变至系统最大安全亮度，观众只要在运动状态，灯光就会维持在系统规定的控制亮度；当观众离去，控制区域无红外和运动信号，可控光源部分在 10 秒钟内逐渐熄灭，最终恢复到无观众时规定的基础亮度；光源显色指数 Ra≥95。紫外线输出小于 50μW/lm；光源光通量 2400lm，色温 3800K。另有部分小幅壁画目前收藏于该院库房，环境温度相对恒定，相对湿度波动较大。郭宏、马清林根据我国馆藏壁画的保存现状，参考国内外相关研究成果，对库房和陈列条件下馆藏壁画保存环境控制标准提出建议，分别见表 5 - 9 和 5 - 10。

　　壁画的保存需要一个相对稳定的保存环境，展示环境与收藏环境同等重要，在这两种环境中影响壁画保存的因素也是基本相同的。不同的是，收藏环境只考虑文物，而展示环境还要考虑为参观者提供便利的参观条件。比如

表 5 - 9　馆藏壁画库房保存环境标准

项目		单位	控制指标
温度		℃	20 ± 5
湿度		%	55 ± 5
光辐射	照度	lx	≤150lux
	曝光量	klx·h	≤200klx·h（参考汤姆森一级标准）
	紫外辐射	μW/lm	应使用无紫外线光源
有害气体	二氧化硫	μg/m³	0.05
	二氧化氮	μg/m³	0.08
	一氧化碳	μg/m³	4.00
	臭氧	μg/m³	0.12（1 小时平均浓度限值）
	可吸入颗粒物	μg/m³	0.12
污染物	甲醛	mg/m³	≤0.08
	苯	mg/m³	≤0.09
	氨	mg/m³	≤0.2
	氡	mg/m³	≤200BQ/m³
	总挥发性有机化合物	mg/m³	≤0.5
微生物（沉降法，个/皿）			≤30

表 5 – 10　馆藏壁画陈列条件下保存环境标准

项目		单位	控制指标
温度		℃	20 ± 5
湿度		%	55 ± 5
光辐射	照度	lux	库房无光线暗室保存或≤50lux
	曝光量	klx · h	控制曝光量尽可能小
	紫外辐射	μW/lm	应使用无紫外线光源
有害气体	二氧化硫	μg/m³	0.05
	二氧化氮	μg/m³	0.08
	一氧化碳	μg/m³	4.00
	臭氧	μg/m³	0.12（1 小时平均浓度限值）
	可吸入颗粒物	μg/m³	0.12
污染物	甲醛	mg/m³	≤0.08
	苯	mg/m³	≤0.09
	氨	mg/m³	≤0.2
	氡	mg/m³	≤200BQ/m³
	总挥发性有机化合物	mg/m³	≤0.5
微生物（沉降法，个/皿）			≤75

光线在展示中就是不可欠缺的条件，还有参观者大量的出入，造成的展厅空气与外界空气的流动，温度湿度发生变化，粉尘、有害气体的增加等诸多变化，加强了壁画自身的负担。所以展示环境的管理难度大，成本高。有条件的博物馆的现有展厅和库房一般对照明所产生的紫外线、热都采取了防护措施，温湿度也依赖空调来控制，使用带空调的展柜，更有效的控制了文物展示环境的稳定。

4　基于预防性保护理念的文化遗产风险防范、管理及防灾减灾

综上所述，预防性保护理念自 1930 年提出以来，20 世纪 30 ~ 70 年代对其定义讨论的重点是如何能够"阻止紧急情况下的抢救性修复"；20 世纪

80～90 年代预防性保护在馆藏文物保护领域被广泛实践，关注的核心为文物所处的环境；至 20 世纪 90 年代末，预防性保护开始关注对文物构成威胁的所有因素，包括博物馆建筑的设计、文物运输、管理手段、政策导引、培训教育、公众展示等方面，预防性保护的参与者也由原来"以修复师和保护专家为主"扩展为博物馆的全体员工。最近几年，风险评估、安全防卫等方面也被纳入了预防性保护的范畴。同时，以建筑遗产的预防性保护为主的其他不可移动文物也开始作为专题而受到重视。

文化遗产领域的风险研究是从 20 世纪 90 年代开始的。伴随着自然灾害对文化遗产造成的巨大损失以及世界减灾防灾活动的广泛开展，许多遗产保护机构和专业人士提出以往一贯的治疗性保护措施已经不能应付这些局面，应该有一种新的保护态度和保护模式。为此，Herb Stovel 撰写了专题报告《风险防范：世界文化遗产管理手册》，提出了文化遗产风险框架和风险防范的相关实施措施。

4.1 风险防范

风险防范是一项减少风险和灾害后果的规划工作，它也包括灾后紧急应对和灾后恢复的规划工作。其具体的工作框架为：防范阶段，包括降低风险源、加固遗产以抵御灾害、为即将发生的灾难提供预警并制订应急预案；回应阶段，确保应急预案的可行性，调动保护团队；恢复阶段，努力减轻灾害的负面影响，努力重建遗产以及使用遗产的社会结构和社区，努力恢复和加强防范措施。风险防范应该遵循十大准则：1）对处于危险境地的文化遗产有效保护的关键是事先规划和准备；2）事先规划应关注遗产整体，包括其建筑物、结构及其相关的内容和景观；3）文化遗产保护防灾的事先规划应当纳入遗产整体的防灾战略；4）防范要求应当符合文物建筑的价值评估；5）明确记载遗产的重要属性和救灾历史，将此作为适当的灾害规划、紧急应对和恢复的基础；6）遗产的日常维护方案应结合文化遗产面临风险的角度；7）遗产所有者或用户应当直接参与应急预案；8）紧急情况下要优先保护文化遗产的特色；9）灾难后应该尽一切努力来保留、修缮遭受损害的结构或功能；10）保护原则适用于灾害规划、应对和恢复的所有阶段。

4.2 风险管理

风险管理是以风险分析为基础的，主要分四个基本步骤：1）确认风险；

2）评估每一个风险的程度；3）确定可能的减灾战略；4）评估每个战略的成本和效益。目前对文化遗产的风险管理的研究主要是基于风险管理的一般方法再结合文化遗产保护领域的相关原理进行的。

4.3　防灾减灾

近年国内有学者提出文化遗产的防灾减灾，如中国灾害防御协会副秘书长金磊先生于 2007 年开始撰文呼吁文化遗产的防灾减灾工作，他提出"文化遗产保护的防灾减灾对策，重在强化、普及安全文化教育。要同时在文博界、建筑界、安全与环保界开展以提高从业人员安全文化素质与能力为中心的防灾减灾教育，强化古建筑文化遗产保护工程的监理制度。只有做好这些基础工作，才能有效展开文化遗产的防灾减灾工作：对不同文化遗产进行灾害易损性分析；根据不同文物的重要性进行灾害风险区划研究；确定防灾减灾设防的重点及文物保护的加固标准；进一步研究具有文化遗产价值的工程项目的防灾减灾设防问题等"。后来也有其他学者讨论文化遗产的防灾减灾思路和方法，但更多是直接套用防灾减灾系统工程的思路，今后应结合文化遗产的特色进行深入展开。

5　影响纺织品文物保存的环境因素及标准

5.1　环境因素对纺织品文物的影响

对于博物馆中的文物来说，不论是保存在库房中还是陈列于展厅内，都会受到各种环境因素的影响。影响纺织品文物保存的环境因素主要有温度、湿度、光辐射、空气污染物、有害生物等。大多数情况下，文物的受损并非是单一因素造成的，而是多种环境因素共同作用的结果。

5.1.1　温度对纺织品文物的影响

本文所说的温度是指文物所处环境中的空气温度。科学实验证明：组成物质的微观粒子时时刻刻都在做着无规则运动，而且温度越高，粒子的速度越快，无规则运动越剧烈。温度与化学反应速度之间的关系非常复杂，但可以肯定的是温度越高，化学反应速度越快。根据阿伦尼乌斯（Arrhenius）经验公式，在常温下温度升高 10℃，化学反应速度将会成倍地提高，因此，通常将文物保存在低温环境中是比较有利的（特殊情况除外）。

对于没有人工干预的室内环境温度，总是会受到室外环境温度的影响，其温度曲线的变化趋势是一致的，并且以天为单位呈周期性变化，但是通常情况下室内温度的变化更平缓，最高和最低温度的出现要比室外滞后一段时间。在馆藏文物的保存环境中的温度一般不会很高或很低，常温下温度升高利于虫霉的生长繁殖，温度降低到零度以下，有可能造成纤维内部的游离水结冰，从而对文物造成损害。实际上作为单一的因素，温度对文物的损害没有相对湿度大，但温度的变化会改变相对湿度，温度升高会使光照、空气中有害气体对文物的损伤加剧，这就是多种因素的协同作用。温度的变化还会引起材料的热胀冷缩，但由于纺织品文物材质的热膨胀系数较小，通常不会产生较大的影响。

5.1.2　湿度对纺织品文物的影响

相对湿度和温度是作用于文物最基本的环境因素。从理论上说，任何文物都有其相对适宜的保存环境，不适宜的保存环境将会造成文物的受损。

湿度分为绝对湿度和相对湿度。绝对湿度表示每立方米空气中所含的水蒸气的质量；相对湿度表示某一温度下，一定质量空气中的水蒸气量与该温度下该质量空气所能容纳的最大水蒸气量的比值，它代表了空气的干湿程度，文物保存环境所关心的就是相对湿度。

对于纺织品文物而言，相对湿度变化会导致织物纤维湿涨干缩现象的发生。

纺织品是细线织造而成的，其所用的纤维通常可分为两大类：即动物纤维和植物纤维。动物毛和蚕丝等属于动物纤维，其化学成分主要是蛋白质，棉花、亚麻等属于植物纤维，其主要化学成分是纤维素。一般情况下，动物纤维比较耐酸而不耐碱，植物纤维相对耐碱而不耐酸，因此，它们对保存环境的要求也是不同的。

相对湿度如果过高，将有利于微生物和虫害的生长，同时纺织纤维吸收空气中的水分，导致织物体积膨胀变形、纤维强度降低、色彩减退等；相对湿度过低会引起织物内部含水量下降，纤维结构遭到破坏，机械性能降低，从而造成文物受损。丝毛棉麻等纤维类文物对于湿度变化的反应都比较敏感，相同温湿条件下不同纤维的含水率是不同的，而且即使同一种纤维的膨胀在其长度方向上和直径方向上也是不同的，通常情况下纤维的径向膨胀要远远大于纵向膨胀，纵向膨胀很小，可以忽略不计。

纤维吸附的水分有化学吸附和物理吸附两种，化学吸附是由于纤维中亲水基团作用吸附的水分子，如—OH、—COOH、—CONH—、—NH₂ 等，化学吸附主要靠氢键吸附，结合力较强；物理吸附主要是由于毛细管作用而吸附的毛细水和因纤维表面能而吸附的黏着水，因为没有化学键的作用，所以结合力较弱。

对于丝织品来说，生丝在 20% ~70% 相对湿度时的含水率基本稳定在 11% 左右，但当相对湿度提高到 80% 时，均衡被打破，含水率大幅升高，当相对湿度达到 90% 时，其含水率高达 27%。生丝强度在相对湿度 20% 时最大，随着湿度的增加，强度逐渐减小。

相对湿度与染料的褪色关系密切。相关研究表明，丝织品上的植物染料在 20% ~40% 的相对湿度中最稳定，相对湿度超过 60% 时，染料褪色明显。实际情况与此相符，例如沙漠干燥地区保存下来的纺织品的颜色通常都比较鲜明。

5.1.3　光辐射对纺织品文物的影响

光辐射根据其波长从短到长的顺序分别是：γ 射线、X 射线、紫外线、可见光、红外线、微波、无线电波、长波（图 5 - 1）。通常情况下，馆藏文物在室内环境中接触到的光辐射主要有紫外光、可见光和红外光，其中，可见光的波长范围大致是 400 ~760nm，空气中紫外光的波长范围大致为 100 ~400nm，波长更短的紫外光称为真空紫外光。一般将波长在 315 ~400nm 范围内的紫外线称为 UV - A 波段，将波长在 280 ~315nm 范围内的紫外线称为 UV - B 波段，将波长在 100 ~280nm 范围内的紫外线称为 UV - C 波段。由于日光中的紫外线在照射到地球表面时，其中的 UV - C 波段完全被大气层吸收，因此，到达地表的紫外线只有 UV - A 和 UV - B 波段。UV - B 波段紫外线透过玻璃后大部分被过滤掉了，因此，室内环境中的紫外线以 UV - A 波段为主。

光是一种能量，它对所有有机化合物都是相当危险的。光引起的化学反应会削弱物质的强度，并使染料、颜料褪色，最终使物质整体遭到破坏。光的能量与波长有关，波长越短，能量越高。在同等条件下，光对物质的损害

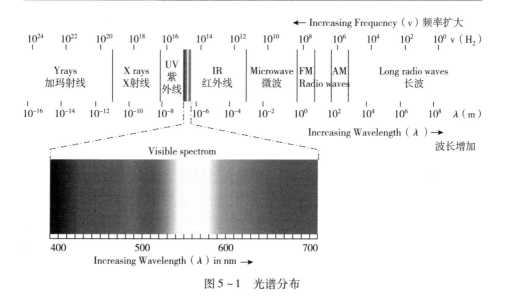

图 5 - 1 光谱分布

程度为紫外光 > 紫光 > 蓝光 > 黄光，因此，文物应尽量减少紫外光、紫光等高能量光线的照射。

光辐射对于纺织品文物的破坏作用很大，除了它的热效应能使化学反应速度加快外，更重要的是光辐射所引发的光化学反应，它能够引起纺织品表面颜料褪色，纤维脆弱、老化。馆藏文物保存环境中有可能接触到的光辐射主要是紫外光、可见光、红外光。紫外光由于波长较短，因此能量较高，可以引发材料的光化学反应，对有机质地文物伤害最大；可见光的能量属于中等程度，它可以引起纺织品的褪色并产生部分热效应，但不是纤维老化的最主要因素；红外光在三种光中由于波长最长，能量最低，主要产生热效应，一般不会对文物产生直接的伤害。

研究表明，光辐射会导致纤维素聚合度的下降，并随之出现变脆、泛黄等老化现象。古代纺织品文物的呈色主要依靠植物中提取的天然染料。染料的种类繁多，且均为天然有机化合物，故成分复杂，显色物质各不相同。染料的褪色是由于光辐射导致染料分子中的某些化学键断裂，进而引起染料分子结构的变化，造成染料分子的消光系数减小，宏观上就表现为褪色。

表 5 - 11 列出了不同波长光的能量。根据表 5 - 12，波长小于 447nm 的光线对有机物 C、H、O、N 之间的单键有破坏作用，表中所列的有机物共价键

的键能所对应的光的波长完全处于紫外区和可见光的紫色光能量范围之内，因此，从理论上说纺织品等有机物中所含的各类单键受到紫外光或紫光的长期照射后，经过一定的积累，其化学键就可能断裂。反应是否发生取决于该物质吸收特定波长光的可能性和激发态发生特定反应的可能性。因此，对于纺织品等有机质文物来说，必须严格控制紫外光以及紫光等高能量光源的照射。

表 5 – 11 不同波长光的能量

波长（nm）	光能（kJ/mol）
200	598.5
300	399.0
400	299.3
500	239.4
600	199.5
700	170.8
760	157.5

表 5 – 12 常见单键的键能和相应能量光子的近似波长

化学键	键能（kJ/mol）	波长（nm）
O—H	465	257
H—H	436	274
C—H	415	288
N—H	390	307
C—O	360	332
C—C	348	344
C—Cl	339	353
C—N	291	411
O—O（过氧化物）	268	447

5.1.4 空气污染物对纺织品文物的影响

空气是一种混合气体，洁净空气中只含有氮气、氧气、惰性气体、二氧化碳和水蒸气，还有微量的臭氧、氮氧化物等气体。不洁净的空气中可能含有浓度较高的各种污染气体，包括硫化物、氮氧化物、臭氧、氯化物、有机挥发性气体以及气溶胶类的固态或液态颗粒物质等。这些对人体有害的空气污染物绝大多数也会对各类文物产生损伤，尤其是对纺织品文物的影响更明显，以下简单加以描述。

5.1.4.1　硫化物

空气中的硫化物主要是二氧化硫和硫化氢。

二氧化硫是一种无色、具有强烈刺激性气味的气体，它易溶于水，是大气环境中分布最广、危害较大的一种酸性气体。二氧化硫对纺织品文物有较大的伤害，而且在适宜的条件下与空气中的氧气反应可形成三氧化硫，三氧化硫与空气中的水分子结合，从而形成硫酸雾。硫酸是一种酸性、氧化性和腐蚀性都很强的无机酸，对纺织品文物有极强的破坏作用。对于附着在文物表面的微小的硫酸液滴是无法通过换气或净化空气的方式清除的，因为硫酸没有挥发性。

二氧化硫对纺织品文物的危害与相对湿度密切相关，由于它对纺织品的损伤主要是二氧化硫与水结合可以形成亚硫酸和硫酸，所以在空气干燥的情况下危害较小，而当空气比较潮湿时会形成微小的酸性液滴，那么对文物的损伤也会相应增加。二氧化硫转化成硫酸的反应有可能发生在文物的表面上，某些金属元素（比如五氧化二钒）可以加速反应的进行。

植物纤维容易受到二氧化硫的侵蚀，其侵蚀的速率主要取决于有无催化剂以及相对湿度高低等因素。植物纤维对酸性物质的耐受能力比动物纤维弱，原因是植物纤维可以与酸发生水解反应，从而使纤维素的机械强度下降。动物纤维对于酸的敏感程度虽然不如植物纤维，但如果在光照和二氧化硫同时存在的条件下，它们对于丝织品的损伤要比单一因素作用所产生的损伤严重得多。

包括纺织品在内的几乎所有文物材质都会受到二氧化硫的影响，因而对其有害浓度、渗透速度、反应机理的研究应该引起充分的重视。二氧化硫对纤维素（棉、麻等织物）、蛋白质（丝、毛、皮革）以及染料、颜料都有腐蚀破坏作用。

二氧化硫对染料褪色有确定的影响。国外学者 Williams 对 34 种绘画着色剂用二氧化硫，在 22℃、46% 相对湿度和无光照的条件下进行了 12 周的实验，测定其颜色变化，其中品红、鲜绿、铬黄、姜黄、苯胺紫、靛蓝、玫瑰苯胺、普施安蓝等均有变色，结果见表 5－13。

表 5－13　二氧化硫对染料变色的影响

染料名称	二氧化硫浓度/ppb	色差/ΔE
品红	93 ± 5	7.6 ± 0.7
鲜绿	93 ± 5	5.3 ± 0.2
铬黄	93 ± 5	4.4 ± 4.0
姜黄	93 ± 5	2.6 ± 0.2
苯胺紫	93 ± 5	2.7 ± 0.5
靛蓝	93 ± 5	2.1 ± 0.6
玫瑰苯胺	93 ± 5	4.3 ± 0.2
普施安蓝	93 ± 5	2.1 ± 0.2

硫化氢是一种酸性较弱但还原性非常强的气体，溶于水后形成氢硫酸。纺织品等纤维质材料吸收了硫化氢气体后，在空气中或材料内部水分子的作用下，使纤维素发生水解反应，其损伤机理与二氧化硫相似。

5.1.4.2　氮氧化物（NO_x）

空气中的氮氧化物主要以 NO_2、NO、N_2O 等形式存在，NO 和 N_2O 的化学性质都相对稳定，一般不会对文物产生损伤，但 NO 在臭氧形成过程中起到重要作用，应该引起重视。对文物产生重要影响的主要是二氧化氮（NO_2），其溶于水后可以形成硝酸和亚硝酸，亚硝酸在空气中会继续氧化并生成硝酸。硝酸和硫酸一样具有很强的酸性、腐蚀性和氧化性，几乎对于所有材质都有腐蚀（金以及部分人造高分子化合物除外），不过由于硝酸的挥发性极强，在干燥环境中其威胁比硫酸要小得多。

研究表明棉制品和羊毛制品对二氧化氮都非常敏感。二氧化氮对纺织品和染料的影响比二氧化硫更严重，例如对含有氨基染料的腐蚀，特别是在纤维素材质和聚酯类材质上的染料，靛蓝就是这类染料。美国环境保护局对 20 种织物所用染料的实验研究证明：当二氧化氮浓度为 0.1～1.0ppm 时，就可以使不同的染料产生褪色。Whitemore 选取了不同的染料在 0.5ppm 的二氧化氮气体环境中经过 12 周的暴露试验，检测到染料的褪色情况如表 5 – 14 所示。

表 5 – 14　二氧化氮对染料变色的影响

染料名称	色差（ΔE）
姜黄素	14.5
橘黄染料	2.7
槲皮粉	3.2
波斯浆果	3.5
藤黄	4.4
胭脂	3.7
虫胶	4.9

5.1.4.3　臭氧（O_3）

臭氧大量存在于 20～30km 高的大气平流层中，对于宇宙射线中的紫外线有很好的屏蔽作用。臭氧具有极强的氧化性，对包括纺织品在内的几乎所有有机物都会造成破坏。在地面大气中的天然本底值大约在 20～60μg/m³ 之间，如果低层大气中臭氧浓度过高，将是严重威胁。臭氧可以与不饱和有机化合物发生一种特殊的反应，即可以破坏它接触到的碳链上的每个双键，将有机大分子裂解为小分子，从而造成有机物的降解。

5.2　博物馆环境的监测与分析

目前，文物环境监测的手段主要分为在线实时监测、被动扩散采样分析监测、便携式仪器现场监测等。在线监测设备能够实时感知、记录文物的环境状况，通过监测数据能够客观地分析出年、月、日及工作日、节假日等不同周期、不同情景下环境参数的变化规律，建立环境参数变化曲线。在线监测的优点是反应迅速、检测精度高、采样间隔自由设置、数据量大、使用方便，能够随时了解文物环境的整体情况，及时发现环境的突发性变化，以便采取有效的应对措施。其缺点是监测设备及网络的前期投入较大，因此各文博单位可根据文物材质、文物环境现状、资金情况等综合考虑，分阶段建立文物保存环境监测平台。被动扩散采样分析方法属于经典的国标分析方法，是利用被动采样装置采集一定体积的待测气体，在实验室内通过化学分析或仪器分析手段测定各种气体及颗粒物的浓度或含量，其优点是测试准确度和精度高，缺点是检测周期长且需要具备专业知识和技能的检测分析人员，因此在文物保护领域应用受到一定限制，可以作为其他分析手段的补充。便携式监测仪器主要应用于文物环境现场不同位置的巡检，为快速了解文物环境现状提供技术支持。其特点是检测数据实时显示，操作简便。不足之处是受仪器本身特点以及现场环境波动的影响，检测结果有一定波动，准确度相对偏低，可与在线监测手段配合使用。

具体实施中，可以根据不同的监测目的选择不同的监测方法。以总挥发性有机化合物（TVOC）为例，不同的监测分析方法，所采用的吸附剂不同，样品的分离、检测以及计算方法上均有所不同，导致结果会产生很大差异，缺乏可比性。因此，监测方法的统一、规范非常重要。

传统国标化学分析方法、数字式记录仪、便携式仪器检测设备的应用可以弥补馆藏文物保存环境在线监测装备无法满足的环境指标的高精度、多参数理化分析手段问题，满足馆藏文物预防性保护监测与研究的需求。

在室内的各种环境影响因素中，温度、相对湿度、光照度、紫外线辐照强度等参数对于文物有较大影响，同时，这些指标的监测方法相对可靠、规范，可以选择有代表性的重要场所，建立在线多参数组合式监测平台，对现场环境进行实时监测，以便随时查看、掌握文物环境状况，及时发现异常情况并采取相应防范措施。另外，也可考虑分阶段进行，先建立温湿度在线实时监测系统，其他指标、场所可采用记录仪的方式监测，然后逐步扩展，目标是解决文物保存环境质量基本指标的实时监测的需求问题，满足馆藏文物预防性保护的科学监测与评估的要求，建立馆藏文物保存环境多参数监测配套体系和平台。

颗粒物、二氧化硫、氮氧化物、臭氧是室外环境中的主要污染物，同时也普遍存在于室内环境中，因此也需要监测并了解其浓度变化的规律，但采用何种监测方法还需综合考量。目前，环保局等室外环境专业检测机构普遍采用大气环境质量自动监测站作为空气质量的监测设备，其质量和可靠性均有保障，但不适用于室内环境。若采用传统国标的监测方法，则需要有专业人员承担，采样和检测时间周期较长，而且不能连续监测。使用便携式仪器可以随时对不同场所进行监测，但准确性相对差一些而且不够系统。综合考虑各种方法的利弊，如果需要长期对以上指标进行监测，还是应该建立在线的文物保存环境监测平台。

随着化学品和各种装饰材料的广泛使用，室内挥发性有机化合物的种类不断增加，目前，TVOC 已经成为室内空气质量的指示指标，有机酸、NH_3 等在室内环境中也经常存在，特别是展柜中的板材、胶会释放出 VOC、甲酸、乙酸等对文物产生影响的气体，所以应该了解其污染和浓度分布情况，至于采用什么监测方法还需要具体情况具体分析。

纺织品文物保存环境监测总体上应综合采用在线实时监测、被动扩散采用分析、便携式仪器检测等方式，对文物保存环境的温度、湿度、光照、颗粒物和有害气体等环境参数进行长期监测和控制，建立系统的文物环境参数数据库，从中揭示出其变化规律，研究文物藏品与环境影响因素之间的关系，创造最佳的文物保存环境，实现对文物蜕变、损坏的有效控制。

5.3　纺织品文物的保存环境标准

文物保存环境与文物材质的状态相互关联并直接影响到文物的稳定性，决定了文物保存的质量。只有通过深入的研究，才能了解并掌握文物的材质及其与周围环境的关系。目前国际上对于文物保护处理遵循最小干预的原则实际上是对文物本身、保存状态和保护材料的研究提出了更高、更科学的要求，也就是要求对影响文物的环境因素以及文物病变的机理进行更深入的研究。

理论上，每一类文物都有其最适宜的保存环境，但是现实的情况却要复杂得多。尽管国内外对于文物保存环境的标准问题已经进行了很多年的研究和讨论，但仍然没有达成一个统一的、权威性的标准。这一方面是由于各种环境因素对不同种类文物的影响确实非常复杂，包括物理的、化学的、生物的，而且是多种因素的综合作用。例如在高湿环境中，二氧化氮能加快染料褪色的速度。Yoshizumi 等采用浓度小于 1.4ppm 的臭氧测试对染料褪色的影响，结果发现湿度对褪色速度影响很大，高湿度时染料褪色的速度明显加快。John Havermans 的研究证明高湿环境可以加快二氧化硫与纤维素之间的反应速度。又比如二氧化硫和二氧化氮这两种酸性气体，对很多种文物都会产生损害，但两种有害气体混合后对文物造成的损害，有可能远远大于单一气体分别造成的损害之和，这就是物质的协同作用。环境因素的复杂性和多样性对于环境标准的研究形成了较大的影响，同时也使得目前一些标准的准确性和权威性值得商榷。

大多数有机类文物（书画、织物、皮革、竹、木、牙、角、漆器等）都是吸湿性材质，可以随着温湿度的变化而发生体积和形态的变化（膨胀、收缩、开裂、变形等），而且当相对湿度超过65%时，霉菌生长的可能性开始显著增加，因此，有机类文物对于相对湿度有较高的要求，但国内外各种环境标准的相对湿度从30%~70%都有（详见表5-15），无法取得普遍共识。表5-15~5-18为国外部分文博机构所采纳或环境专著中推荐的文物环境标准。

表5-15　国外博物馆制定的文物保存温、湿度标准

国家	城市	名称	保存对象	温度（℃）	湿度（%）
英国	伦敦	H. J. Plenderleith	羊皮纸	15.5~23.5	55~60
英国	伦敦	H. J. Plenderleith	纸	15.5	60
英国	伦敦	H. J. Plenderleith	图书馆	15.5~24	50~65
英国	伦敦	H. J. Plenderleith	博物馆	17	58
英国	伦敦	British Museum	博物馆	15.5	60
英国	伦敦	Victoric and Aalbert Museum	库房	15.5	60
英国	伦敦	Nation Gallery	库房	17.2	58
英国	伦敦	F. I. G. Ravalins	博物馆	15.6	55±3
英国	伯明翰	Museum of Art	博物馆	13.5~14	50
葡萄牙	里斯本	Museum Nacional de Arte Antiga	博物馆	14~18	60
葡萄牙	雅塞乌	Museum Regional de Grao Vasco	博物馆	18	65

国家	城市	名称	保存对象	温度（℃）	湿度（%）
法国	巴黎	罗浮宫（Musee Louver）	画库	18～20	65
法国	巴黎	罗浮宫	博物馆		55～70
法国	巴黎	A. Noblecourt	图书馆	16～24	45～63
法国	巴黎	A. Noblecourt	博物馆	18	58±3
法国	里尔	Palais des beaux-arts	博物馆	16～17	65～70
比利时	安特卫普	Etnografisch Museum	博物馆	20	45
比利时	安特卫普	Stadsarchief	图书馆	15～20	45～60
比利时	布鲁塞尔	Musees royaux des beaux-arts	博物馆	12～18	50～70
荷兰	阿姆斯特丹	Rijks Museum	博物馆	14～20	55～70
瑞士	伯尔尼	Musee des beaux – arts	博物馆	16	55～65
瑞士	巴塞尔	Kunstmnseum	博物馆	15～25	50～60
德国	汉堡	Kunsthalle	博物馆	16～20	65～68
德国	纽伦堡	Germanisches Nationalmuseum	博物馆	13	60～70
德国	律伯克	Museum der Stadt	博物馆	—	55～65
德国	斯图加特	Staatsgalerie	博物馆	17	66
德国	斯图加特	Wurttembergisches Landesmuseum	博物馆	—	60～70
瑞典	斯德哥尔摩	National Museum	博物馆	18	50～60
美国	克利夫兰	Museum of Art	博物馆	20～22	50～55
美国	底特律	Institute of Art	博物馆	—	50～55
美国	纽约	Memorial Museum of Art	油画板木帆布织物	—	50 30
美国	奥伯林	Memorial Art Museum	油画板木帆布织物博物馆实验室	7～18.5 4.5～15.5 16～21	55 45～60 45～60
美国	里士满	Virginia Museum of Fine Arts	博物馆	20	40～60

国家	城市	名称	保存对象	温度（℃）	湿度（%）
美国	圣地亚哥	The Fine Arts Gallery	博物馆	21	60~70
美国	华盛顿	Freer Gallery of Art	博物馆	18.5~25	40~55
美国	华盛顿	National Gallery of Art	博物馆	——	45~50
加拿大	多伦多	The Art Gallery	博物馆	——	50~60

博物馆、档案馆方面的两本国外环境专著对于温湿度和空气污染物所制定的标准也有较大差别，详见表 5–16。目前，多数专家学者认为，文物保存环境的要求应根据当地气候环境特点和文物收藏单位的实际情况以及低碳环保的角度综合考量，其中温湿度应以长期稳定为主，一般温度每天的变化应在设定值的 ±2℃ 范围内，相对湿度每天的变化应不超过 ±5%。对于各种有害气体、颗粒物、光辐射则应尽可能地降低其浓度和辐照强度。

表 5–16　博物馆、档案馆方面两本环境专著制定的文物保存环境标准比较

环境因素	《博物馆环境》（Thomson，1986）	《历史性案卷的保存》（国家研究会，1986）
温度	（19 or 24）±1℃	20~22℃
相对湿度	（50~55）±5%	40%~50%
SO_2	≤10μg/m³	≤1μg/m³
NO_2	≤10μg/m³	运用最有效的技术
O_3	≤2μg/m³	≤2μg/m³
颗粒物	80%效率	——

表 5–17　有关国家图书馆、博物馆、档案馆的环境质量标准

制定标准的机构或权威人士	SO_2	NO_2	O_3	颗粒物质（过滤效率）
美国国家标准研究所照相标准	采用合适的气体清洗和吸附设备	采用合适的气体清洗和吸附设备	采用合适的气体清洗和吸附设备	——
美国冷暖空调工程师协会	Ganister 型空气过滤器	Ganister 型空气过滤器	Ganister 型空气过滤器	85%

续表

制定标准的机构或权威人士	SO₂	NO₂	O₃	颗粒物质（过滤效率）
加拿大文物保护协会	≤10ppb	≤10ppb	≤10ppb	95%（粒径≥1μm）；50%（0.5μm≤粒径≤1μm）
国会图书馆	采用 Purafil 空气过滤系统	采用 Purafil 空气过滤系统	采用 Purafil 空气过滤系统	95%
国家标准局	1μg/m³（0.4ppb）	5μg/m³（2.5ppb）	25μg/m³（13ppb）	—
Bank 研究报告	≤10μg/m³	≤10μg/m³	≤2μg/m³	—
安大略皇家博物馆	采用活性炭或相当的过滤器	采用活性炭或相当的过滤器	采用活性炭或相当的过滤器	99%（粒径≥10μm）；95%（粒径≥1μm）
博物馆环境（Thomson，1986）	≤10μg/m³	≤10μg/m³	≤2μg/m³	Eurovent 4/5 标准的80%效率

表 5 – 18　《博物馆环境》中的光照标准（G. Thomson，1986）

一级环境（国家级及新建的重要博物馆）	二级环境（重要历史性建筑和教堂）
对光中度敏感的展品（例如油画）	对光中度敏感的展品
日光或人工光：200lux ± 50lux	绝对无折射光照度保持在近几百 lux
年照度不大于：650000lux	—
对光敏感展品（例如织物）	对光敏感展品
人工光源：50lux	人工光源：50lux
年照度不大于：20000lux	年照度不大于：20000lux

实际上，一些材质的文物对于环境具有一定的适应性。温度和相对湿度属于气象因素，其对文物材质产生的直接影响主要是物理方面的，即外形和体积的变化，包括这些变化所引起的开裂、变形、膨胀等，同时，温湿度的

变化对于各种有害气体、光辐射作用以及霉菌和有害昆虫都有很大的影响。然而，很多文物特别是有机材质类文物由于长期保存于某一环境中，对该环境的温湿度产生了一定程度的适应，如果突然将温湿度调整到所谓最适宜的数值，反而有可能对文物造成新的损伤。例如，家具或是漆器类文物，南、北方博物馆都有收藏，而且也都能保存得很好，但保存环境却可能有较大差别，这就是文物的适应性。一件大型彩绘木雕，在一个稳定的温湿度环境中放置较长时间（几个月甚至一年以上）后与环境逐渐达到平衡，此时如果贸然将该文物转移到与原有环境差异较大的环境中，或是将一件刚出土的饱水漆器放到所谓的最适宜环境中，文物将试图在新的环境中达成平衡，这一过程无疑会对文物造成损伤。

还有一类经常遇到的问题是复合材质文物的保存条件，例如一件文物上既包括金属材质，也有竹、木等有机材质，可能还有工艺复杂的镶嵌，这类复合材质文物的保存也是需要深入探讨和研究的。文物收藏单位在实际工作中会遇到很多具体的困惑。以故宫为例，文物库房分为地面库房和地下库房，院内文物展陈场所是在古建筑内，文物外展场所的环境条件更是无法确定。如果执行一个统一的标准，显然不太现实。但如果没有标准，不采取任何保护措施，放任文物环境的自然变化，也是不负责任和不科学的。

诸如此类问题的争论，一般都会形成两种观点，一部分人主张应避免引入过多的技术措施从而使博物馆受到干扰，而也有观点热衷于在博物馆中安装大量的机械设备。两种观点似乎都有一定道理又都值得商榷。这涉及对"文物的最小干预原则"的理解。最小干预是针对文物本身而言，最小干预不等于不干预，如果完全不干预，文物保护也就无从谈起，但干预过度显然也会造成负面影响。一切用于博物馆展品保存的设施都不能太过突兀，因此还是要把握好适度的原则，具体问题具体分析。对于有环境控制设施的现代建筑库房，可以按照不同的文物材质类别，设定各类文物适宜的温湿度数值，并保持稳定；而对于原状陈列而言，温湿度的调控必然受到一定的限制。从"不改变文物原状"的原则出发，可以根据现场的具体情况，采取相对稳妥的折中方案，维持温湿度的基本稳定，如果不能保证长期的稳定，也要使全年温湿度的变化尽量平缓，并减少短期内的大幅波动。

6　纺织品文物保存环境的调节及控制

实际上，所有文物都无一例外地受到各种环境因素不同程度的影响。文物材料的自然老化是必然的，即使处于非常理想的环境中，材料老化的发生也是不可避免的，这是客观规律。另一方面，环境因素对文物的影响是可以控制和改变的，通过深入分析和研究各类文物病害产生的原因，采取科学、合理的措施，将环境因素对文物的影响降到最小，延长其寿命，这就是文物的预防性保护。

6.1　纺织品文物保存环境中光辐射的控制

光辐射是纺织品受损老化的主要因素，但又不可能完全避免照射。从能量的角度来说，紫外光的能量最强，而且对于文物的展示没有任何帮助，因此应该尽可能地去除。可见光虽然能量比紫外光弱一些，但实际情况是紫外光在光辐射中的比例比可见光要小得多，因此可见光与紫外光对纺织品文物的损伤很难说孰轻孰重，都需要严格控制。

6.1.1　减少照射时间

减少照射时间首先体现在库房文物的保存应避光。对自然光照度的限制主要应从建筑的角度考虑，如建立地下库房或密闭式无窗的地面库房，从根本上防止日光的照射。对有窗户的库房，可采用遮阳罩、百叶窗、不透光窗帘、磨砂玻璃等方式避免或减少日光的照射。

紫外线是纺织品纤维老化的主要因素。控制紫外线的措施除了直接遮挡外，对于需要一定自然采光的展示场所，可以采用含有氧化铈和氧化钴的防紫外玻璃。在玻璃表面涂刷紫外线吸收剂或粘贴防紫外膜也可达到过滤紫外线的效果。展厅和库房内的人工光源，应选用带紫外线过滤措施的光源并保证光源的显色效果和色温等指标都符合博物馆照明设计规范中的相关要求，确保紫外线含量低于 $75\mu W/lm$。另外，也可选择符合博物馆照明设计规范要求的单色光，如近年来不断发展的 LED 光源。单色光的波长是单一固定的，不会产生色散，也不含紫外线和红外线，这样就从源头上杜绝了紫外线的危害。

6.1.2　降低光照强度

纺织品属于对光非常敏感的材料，文物的展示需要严格控制可见光照射强度，博物馆照明设计规范以及国外博物馆的照明标准，都将纺织品文物的可见光照度控制在 50lux 以下，我国的《博物馆照明设计规范》GB/T23863 – 2009 还对辐照总量做了限制，即每年的曝光量不能超过 50000lux·h。但照度并非越低越好，它必须满足文物陈列展示的基本需求。研究表明，照度低于 30lux 时，人眼将逐渐失去色彩感知能力，也就是说如果照度低于 30lux，参观者将无法准确获得文物表面的色彩信息，因此，文物展出中的照度值也不宜过低。

6.2　纺织品文物保存环境中温湿度的控制

纺织品文物保存的温湿度目前国内外均没有强制的、统一的标准，但多数文博机构将温度控制在 18 ~ 22℃ 之间，相对湿度范围在 45% ~ 65%，例如有些博物馆推荐在 45% ~ 55% 之间，有些推荐在 50% ~ 60% 之间，具体数值可根据博物馆所处地理位置的气候特点和文物初始的保存环境并考虑文物的适应性制定一个适宜的温湿度指标。不同地区的纺织品文物保存环境虽然可能会有所差异，但都需要保持温湿度的相对稳定，通常要求温度每天的变化幅度不超过 ±2℃，相对湿度每天的变化幅度不超过 ±5%。要保持温湿度在设定的范围内平缓变化，可采用以下的控制方法。

6.2.1　为文物提供相对密闭的保存环境，减少与外界的空气交换

室内的温湿度极易受到室外气候的影响，因此减少室内外空气的交换是行之有效的方法。密封良好的库房可以提供相对平稳的温湿度环境，但展厅由于开放的原因无法避免室内外空气的交换，因此，可使用密封性能良好的陈列柜、储藏柜，减少展柜与外界的空气交换，使温湿度变化相对平缓。如果能采用冷光源照明并且没有阳光直射，柜内相对湿度的波动比在房间里的波动要小得多，比室外的湿度变化更小。

6.2.2　使用温湿度调节设备改善室内或文物柜内的温湿度

纺织品的陈列和保存环境应该配备适量的空调或是加湿、除湿设备，使温湿度特别是相对湿度维持在合理的区间并围绕设定值上下缓慢浮动。安装了湿度调节设备并不代表整个房间内的空气能够完全混合均匀。设备运行后，应在整个密闭空间（房间或展柜）内做一次全面检测，查找是否还有一些区域或死角由于空气流通不畅或由于超出控制范围所导致的湿度不佳。一旦发现就要重新调整设备或是增加辅助的加湿除湿设施。

6.2.3　使用调湿材料调节文物柜内的相对湿度

将纺织品放在密封性能良好的文物柜内，其相对湿度的日波动基本上可以被消除，每周的相对湿度波动也大大减小，但却无法抵御季节更替所带来的湿度变化，因为即使密封性能再好，当季节变换时，温度会有较大的升高或降低，而温度的升高会导致相对湿度下降，温度降低导致相对湿度升高。在文物柜内放入一定数量的调湿剂可以平缓温度变化导致的相对湿度波动以及文物柜内外少量空气交换造成的相对湿度变化。有时，当空气温度很低但湿度很高时空调可能会停止工作，此时使用调湿剂就可以完成除湿工作。调湿剂通常分为两类：一类是采用饱和盐溶液调湿，饱和盐溶液具有恒定的相对湿度，例如20℃时，硝酸镁饱和溶液的平衡相对湿度为54.4%，溴化钠饱和溶液的平衡相对湿度为59.1%。当环境中的湿度大于饱和盐溶液的湿度，溶液就会吸湿，当环境湿度小于饱和盐溶液的湿度，溶液就会放湿。饱和盐溶液的调湿效果很好，但缺点是溶液中的过量盐晶体会沿着容器壁缓慢地爬升，并有可能进入到展柜里，此外，对于金属文物来说，如果展柜里有盐的晶体，则发生电化学反应的可能性大大增加从而导致金属腐蚀。因此，饱和盐溶液的应用现在已经很少了。另一类调湿剂是固态物质，包括硅胶、活性氧化铝、分子筛、活性炭、氯化钙、氧化钙等，其中除硅胶同时具有吸湿和放湿功效外，其他几种都是吸湿剂，基本不具有放湿功能，因此，目前文物保护所使用的调湿剂主要以硅胶类为主。

6.3　纺织品文物保存环境中空气污染物的控制

馆藏文物保存环境与室外空气质量关系密切，室外空气通过门窗缝隙、通风等途径与室内空气进行交换，从而把室外的空气污染物带入室内，所以室内空气污染物的浓度随室外浓度的变化而变化。为改善室内空气质量，应采取以下措施。

6.3.1　为文物提供相对密闭的保存环境，减少与外界的空气交换

与湿度的控制原理相同，密封性能良好的库房以及文物柜，可以减少文物保存环境与外界的空气交换，使污染物浓度保持在较低水平。

6.3.2　配备空气净化设备

空气中有害物质主要包括两类，一类是悬浮于空气中的固体颗粒物，另一类是二氧化硫、二氧化氮、臭氧等气态有害物质。对于颗粒物可以安装过

滤装置去除，如 HEPA 高效过滤器是国际上公认的高效过滤材料，对直径为 0.3μm 以上的微粒去除效率可达到 99.7%，是烟雾、灰尘以及细菌等污染物最有效的过滤媒介（抽烟产生的烟雾颗粒直径为 0.5μm）。对于气态有害物质可以安装活性炭过滤器或其他类似的过滤装置。活性炭具有大量的极为细小的孔隙，显著增加了与空气的接触面，高质量的活性炭比表面积可达 700m²/g，可以吸附经过的气体，容易液化的气体优先被吸附。二氧化硫和二氧化氮分别在 -10℃ 和 -21℃ 时液化，所以都能够被有效地吸附。实验证明，一个比表面积为 700m²/g 的活性炭过滤器对二氧化硫的吸收率是 95%，对二氧化氮的吸收率是 90%，而且对硫化氢的吸收率也很高。活性炭还可以高效去除臭氧，但不是通过吸附，而是将臭氧诱捕到它所吸附的有机物上。

正常情况下，1g 活性炭如果比表面积达到 1000m²/g，则吸附的气体可达自重的 15%~20%。它对某些气体的吸附能力见表 5-19。

表 5-19 活性炭对气体的吸附能力

气体名称	吸附保持量/%
二氧化硫	10
氯气	15
臭氧	15
苯	24

使用活性炭过滤器需要注意，活性炭必须定期更换，否则超过使用年限后，将没有任何吸附作用，同时更换下来的活性炭是不能再生的。

7 纺织品文物有害生物的防治（微生物、虫害）

7.1 害虫、微生物对纺织品文物的危害

7.1.1 害虫对纺织品文物的危害

纺织品文物的质地主要是棉、麻等植物纤维以及丝、毛等动物纤维。纺织品文物害虫是隶属于昆虫纲，以植物纤维或动物纤维为食的部分昆虫，常见的有幕衣蛾、毛衣鱼、书虱、皮蠹、裸蛛甲等。害虫多以卵繁殖，一生经过卵、幼虫、蛹、成虫四个时期（有的没有蛹期）。害虫的生命周期短则几个月，长则几年。在适宜的环境条件下，害虫的生长与繁殖都很快，有时一年

可以繁殖好几代。害虫对纺织品文物的危害主要是害虫以文物为食物，轻则出现蛀洞，重则会将文物蛀蚀殆尽，使文物失去本来面目。害虫的排泄物也会污染文物，使文物遭到破坏。

7.1.2　微生物对纺织品文物的危害

危害纺织品文物的微生物主要是指霉菌。霉菌不是微生物的分类名称，而是生长在营养基质上形成绒毛状、蜘蛛网状或絮状菌丝体的一类真菌的总称。在自然界广泛存在于土壤、水、空气中，它分解一些复杂的有机物如纤维素、蛋白质等的能力较强，对自然界物质循环起着重要作用。但是，如果霉菌生长在纺织品文物上，会给文物带来灭顶之灾。

纺织品文物上常见的霉菌主要有青霉、曲霉、木霉、毛霉、交链孢霉、毛壳霉等，这些霉菌以产生各种无性孢子或有性孢子来繁殖，无性繁殖产生个体多而快。霉菌能够分泌纤维素酶、淀粉酶、蛋白酶、脂肪酶等，引起纤维素分子、蛋白质分子的降解，从而降低纺织品文物的机械强度，严重时会引起整件文物的霉变破损。很多霉菌还会分泌不同颜色的色素，在文物表面留下难以去除的色斑，影响文物的面貌。霉菌在代谢过程中会产生柠檬酸、草酸等有机酸，增加文物的酸性，加速文物的变质。霉菌在代谢过程中还会产生水分，霉菌菌丝本身也含有大量水分，因此纺织品文物生霉会导致文物含水量增高，含水量增高又促使霉菌迅速生长，造成恶性循环，危害文物安全。总之，文物生霉轻则可能损害文物质地的机械强度或影响观瞻效果，重则能导致文物面目全非、破坏殆尽。

害虫、微生物对纺织品文物的危害如此之大，不能等到出现问题再去解决，应在预防上下功夫，做到防患于未然。

7.2　纺织品文物害虫、微生物的防治

7.2.1　纺织品文物库房害虫、微生物的防治

害虫和微生物要大量生长繁殖，离不开食物、温度、湿度（水分）、氧气、有效的传播途径等，而纺织品文物作为害虫和霉菌的食物是实际存在不可控的，因此可以通过如下几点进行防控。

7.2.1.1　做好库内外卫生

霉菌以产生各种无性孢子或有性孢子来繁殖，孢子很小，很轻，直径微米级，肉眼不可见。它们可以飘浮在空气中，存在于灰尘里，随着空气和灰

尘的流动，落到文物上，遇到适宜的环境就会生长繁殖，危害文物安全。害虫的卵也可能藏匿于灰尘中，遇到适宜的环境也会生长繁殖，因此要保持库内环境干净卫生，不要有大量灰尘。如果库房有空调系统，送进的新风最好能做除尘杀菌处理。工作人员进库房最好有专用服装。

7.2.1.2 切断传播途径

害虫有可能通过库房不严密的门窗、孔洞进入库房，也可通过生虫的文物、文物包装等进入库房。同样，霉菌也可通过生霉的文物、文物包装进入库房。因此应该经常检查库房的门窗等，封堵孔洞，阻止害虫进入库房，不给害虫可乘之机。文物入库前，要仔细检查文物及包装等附属物品是否有生虫生霉问题，如有，要杀灭后再入库。新建好的库房，最好经过杀虫除霉处理后再启用。

7.2.1.3 控制库内温湿度，营造不利于虫霉生长的环境

适宜的温湿度是害虫和霉菌生长繁殖不可缺少的条件。有关资料表明，霉菌的最适生长温度为 $25 \sim 32°C$，湿度为 $80\% \sim 95\%$，在这种条件下，霉菌生长和繁殖都很快。但温度低于 $25°C$，湿度低于 80%，霉菌仍会生长，只不过速度会减慢。霉菌孢子抵抗低温低湿的能力更强，在干燥环境下，孢子可以存活很久，当环境条件适宜时，还可以生长繁殖。害虫的最适温区一般为 $22 \sim 30°C$，湿度为 $70\% \sim 90\%$，在此范围内，害虫生长发育快，繁殖力强，死亡率低。

根据上述虫霉生长的最适温湿条件，结合不同地区、不同博物馆的承受能力，将库房温湿度调控在虫霉最适温湿度以下，可有效抑制虫霉的生长发育。现在公认的纺织品文物保存环境温度为 $20°C$ 左右，每日波动为 $\pm2°C$，湿度为 55% 左右，每日波动为 $\pm5\%$。温湿度的波动范围过大，会影响文物的机械强度，造成文物的损坏，因此，不仅要控制库房的温湿度，也要控制温湿度的波动幅度。

7.2.1.4 药物防治

对于没有条件进行温湿度调控的库房，可以使用防虫药物进行害虫防治。目前常用的药物有樟脑、对二氯苯（纯度 99.8%）、除虫菊酯等。一种药物长期使用，会使害虫产生抗药性，应轮换使用。目前，有些博物馆也在研究使用植物类防虫防霉药物，可结合馆藏纺织品的种类选择使用。对于霉菌防

治，可以选择广谱、无毒或低毒的防霉剂，可以抑制空气中霉菌的传播。也可用防霉剂制作防霉纸等。

7.2.1.5　建立完善的虫霉检测制度

除上述防治措施外，还要加强虫霉的监测工作，定期检查库内是否有害虫的活动迹象，文物及其包装制品是否有新出现的蛀洞，可疑的碎屑粉末，是否有虫卵等。对于外包装盒（非文物），可以扣过来在桌面上轻轻磕一磕，虫子受惊后会跑出来，有的虫子会装死，要及时抓住。虫子也可能会在包装盒的接缝处产卵，因此这些地方也要检查。发现问题及时处理。

有些博物馆利用昆虫信息素进行害虫监控。昆虫信息素，是昆虫用来传递信息的化学物质，它们能对同种昆虫的其他成员引起强烈的行为反应。利用昆虫信息素可以进行害虫监测，根据装有信息素的诱捕器所诱捕的虫数，可以预报害虫发生时间、虫口密度及其危害范围；信息素与黏胶、农药、化学拒食剂、病毒或灯光等结合使用，还可以直接防治害虫。这些方法在农业上已广泛应用，但昆虫信息素一般都有较强的专一性，只能监测一种害虫。在文物害虫的监测上还有待进一步研究。

温暖潮湿的季节容易滋生霉菌，此时更要加强霉菌的监测工作，即使是恒温恒湿的库房，也可能会有霉菌存在，要经常检查文物及其包装制品是否有新出现的霉斑或其他生霉迹象，发现问题及时解决。也可对库房空气进行霉菌调查工作，了解库房中霉菌的数量、种类、优势种是什么、是否存在对纺织品文物有严重危害的种类等，有针对性的解决问题。

库房空气霉菌调查采样一般采用自然沉降法，即把盛有马铃薯葡萄糖培养基的无菌培养皿放在库房的待采样位置，打开培养皿盖子，使培养基表面在空气中暴露 5 或 10 分钟，然后盖好盖子。把采集的样品带回实验室放置在 25℃ 培养箱中，培养 3~5 天，然后计算其菌落数，并把生长出来的每一种菌进行分离、纯化再培养、鉴定。

库房空气霉菌调查工作需注意采样点的选择、分布要合理，要根据库房的大小决定采样点的个数。在放置培养皿时走动要轻，尽量少带起灰尘。另外在做准备工作时，培养皿的灭菌要彻底，现用现做，不要把灭好菌的培养皿放置太长时间，以免遭到污染，影响调查工作的准确性。

霉菌分离最好在无菌室进行，如果没有无菌室，可在无菌操作台进行，但不能开鼓风机，因为风会把孢子吹起造成污染，并且也会影响身体健康。还要注意，每一个生长出来的菌株都应进行单独培养，不要轻易取舍。只有经过纯培养，反复比较几株菌正反面的异同后，才能去掉相同的种类。如果几株菌长的菌落有重叠的部分，分离时可能会不纯，需进行二次分离。经过纯培养后得到的菌株就可以进行鉴定了。

在鉴定时，常见的种类比较好确认。如果是不常见或是比较相近的种类，就应该按照霉菌鉴定的技术要求，严格配置鉴定用培养基，注意培养温度，详细记录每株菌的宏观形态、微观结构特征，以便于与标准种进行比较。对于不好识别的种类，如果没有把握，最好找权威部门进行鉴定。

影响文物霉菌调查工作准确性的因素有很多，在采样、分离培养、鉴定过程中都可能产生偏差，但最需要注意的是污染问题，因为霉菌孢子无处不在，稍不注意就会使样品受到污染。因此在工作中一定要注意操作的规范性，不能怕麻烦，不能着急，必须一步一步仔细去做。

在霉菌调查工作中，还有一点值得特别注意，那就是参加调查工作的人员的健康安全问题。因为很多霉菌能产生毒素，如黄曲霉产生的黄曲霉毒素，杂色曲霉、构巢曲霉产生的杂色曲霉毒素有可能诱发癌症。互隔交链孢可引起过敏性肺炎、哮喘等。有些青、曲霉可引起人的过敏反应。由于空气中就飘浮有霉菌孢子，人们生活在自然环境中，会不可避免地吸入一些霉菌孢子，但由于人类呼吸道的天然屏障健全，并不引起过敏反应，而一旦呼吸道发生炎症，有些霉菌就会乘虚而入，使人发生过敏反应。因此在工作中注意不要吸入大量的霉菌孢子，生病时最好停止工作，不要一边吃东西一边工作，吃饭、喝水、上卫生间前都要用肥皂把手洗干净。培养过霉菌的试管、培养皿要先用高压锅灭菌后再处理掉残留的沾有霉菌的培养基，最后清洗干净。镜检后的切片（包括载玻片、盖玻片）要用肥皂水煮沸30分钟，或用高压锅灭菌后再清洗或丢弃。这样做既能保证工作人员的安全又不会污染环境。

7.2.2　纺织品文物展室害虫、微生物的防治

纺织品文物展室害虫、微生物的防治与库房基本一致，但也有区别。展室人员流动大，空间开放，容易将虫霉带入，因此要随时保持展室的干净卫生，不留死角。劝导观众文明观展，不在展室吃食物。应每天观察文物的状况，监测虫霉的发生与否，及时处理发现的问题。尽量保持环境温湿度的稳

定。也可在展柜中放置调湿剂，为文物创造适宜的小环境。目前常用的调湿剂是硅胶，在湿度高时，它可以吸湿；湿度低时，又可以释放部分水分。

7.2.3　纺织品文物工作室害虫、微生物的防治

纺织品文物工作室同样要随时保持干净卫生，及时清理修复工作产生的废弃物，不在工作室存放容易生霉生虫的食品，最好将办公室与工作室分开。在高温高湿的夏季，要用透气性好的纸或防霉纸遮盖修复的纺织品，不要用不透气的材料遮盖，以免生霉生虫。如果条件许可，尽可能使室内保持适宜的温湿度。

8　水、火等自然和人为危害的防范措施

俗话说，水火无情，纺织品文物遭水浸后，会引起文物串色，易生霉生虫，使文物机械强度下降，修复十分困难。火更可怕，短时间内就能使文物化为乌有，毁坏殆尽。

自然因素引起的水患主要是暴雨、洪水等，人为因素可能有设备跑水、自来水管或暖气管爆裂漏水等。

博物馆火灾可能的自然因素是雷电失火、地震失火等，更多的可能是人为因素造成的。现代化博物馆使用的电器设备、科学仪器日益增多，仪器操作失当、设备或电线老化、电线短路、用电超载等，都可能引发火灾，另外，文物保护修复中使用的易燃化学药品，操作不当也会引起火灾。工作人员或观众吸烟引起的火灾也不容忽视。

要免遭祸患，首先要建立完善的制度并监督执行到位。工作人员要有责任心，定期检查设备是否有跑水、自来水管或暖气管、水龙头是否有跑冒滴漏等问题，长期不使用或在休长假时，关闭水阀门，将隐患消灭在萌芽状态。

对于防火，随着科学技术的发展，许多新技术新材料被用到消防工作上。消防工作要有专人负责，由懂行的人员负责，了解消防技术和消防材料的发展，把新技术、新材料、新设备运用到消防上。根据库房、展室、工作室的实际情况，配备相应的灭火器材。对员工进行消防培训，使得人人会使用消防器材、会灭初期火灾等。制定仪器操作规程，仪器使用前后要进行检查，不要带伤操作。

人为危害是指纺织品文物在保管、展览或修复保护研究时，由于工作

操作失误引起的文物损坏。从事文物工作，要有高度的责任心，纺织品文物比较脆弱，文物要轻拿轻放，不要大力拉拽。展览时，要根据文物的状况采取适宜的展览形式。修复保护研究时也要慎重，对于修复方法要多加论证，使用的材料要经过试验，尽量不要对文物造成二次伤害。文物研究检测，尽量使用无损或微损技术，按操作规程使用仪器，按规矩办事，不要违规操作。

参考文献

1. 张兴英.高分子化学.北京：化学工业出版社，2013.

2. 赵丰.博物馆纺织品文物保护技术手册.北京：文物出版社，2009.

3. 黄能腹，陈娟娟.中国丝绸科技艺术七千年.北京：中国纺织出版社，2002.

4. 沈从文.中国古代服饰研究.上海：上海世纪出版集团，2005.

5. 高雅琴.动物纤维组织学彩色图谱.兰州：甘肃科学技术出版社，2007.

6. 赵丰.中国丝绸通史.苏州：苏州大学出版社，2005.

7. 钱小萍.中国织锦大全.北京：中国纺织出版社，2014.

8. 范雪荣主编.纺织品染整工艺学.北京：中国纺织出版社，1999.

9. 曾元儿，张凌.分析化学.北京：科学出版社，2007.

10. 夏少武，夏树伟编著.结构化学.北京：科学出版社，2012.

11. 高汉玉.长沙马王堆一号汉墓出土纺织品的研究.北京：文物出版社，1980.

12. 董炎明，熊晓鹏，郑薇等编著.高分子研究方法.北京：中国石化出版社，2011.

13. 于伟东，储才元.纺织物理.上海：东华大学出版社，2002.

14. 李栋高，蒋蕙均.丝绸材料学，北京：中国纺织出版社，1994.

15. 李东光，翟怀凤.实用洗涤剂配方手册.北京：化学工业出版社，2000.

16. 国家文物局博物馆与社会文物司.博物馆纺织品文物保护技术手册.北京：文物出版社，2009.

17. 郭宏.文物保存环境概论.北京：科学出版社，2001.

18. 陈卫.现代博物馆建筑与文物保存环境.科技考古论丛（第二辑）.合肥：中国科学技术大学出版社，2000.

19. 赵西晨.考试论"及时性"在考古现场保护中的重要意义——以张家川战国墓地现场保护实践为例.文物保护与考古科学，2009（4）.

20. 于群力，杨秋颖.文物病害与保存环境.文博，2005（1）.

21. 张晓梅，原思训.老化丝织品的氨基酸分析研究.文物保护与考古科学，2003，15（4）.

22. 张懿华，黄悦，张晓梅.环境扫描电镜对不同丝胶含量的老化丝纤维的研究.电子显微学报，2008（3）.

23. 费利华.有机质文物现场发掘时的科学保护处理.江汉考古，1997（12）.

24. 赵昆.文物包装概述.文博，2006（6）.

25. 帅瑞艳，刘飞虎.亚麻起源及在中国的栽培与利用.中国麻业科学，2010，32（5）.

26. 兰红艳，张延辉.麻类纤维的性能及其应用.上海毛麻科技，2009（3）.

27. 董政娥，管映亭.苘麻韧皮纤维脱胶过程中木质素去除研究分析.中国纺织经济，2004（1）.

28. 曹连平，等.色差仪的应用实践.印染，2004（24）.

29. 陈元生，解玉林，熊樱菲，等.扎滚鲁克墓群出土毛织品上蓝色染料的分析鉴定研究.上海博物馆集刊，2000（8）.

30. 樊锦诗，马世长.莫高窟发现的唐代丝织物及其他.文物，1972（12）.

31. 张晓梅，魏西凝，雷勇，等.古代丝织品及古建彩画蓝色染料的微量及无损分析.光谱学与光谱分析，2010（12）.

32. 杨建军，崔岩.天然染料的染色技术与媒染方法.通化师范学院学报，2014（11）.

33. 刘恩迪，田金英，陆寿麟.环氧乙烷熏蒸消毒在文物上应用条件的探讨.文博，1986（1）.

34. 路智勇，惠任.纺织品文物回潮应用规范初探.考古与文物.2009（2）.

35. 曹晓晔，周旸，赵丰.出土丝织品固结成分分析以及揭展剂模拟保护研究.纺织学报，2012，33（3）.

36. 邱祖明，魏彦飞，吴顺清.乳酸菌发酵液对古代丝织品清洗效果研究，江汉考古，2010（4）.

37. 吕庆，程德润.在SO_2存在下青铜腐蚀与相对湿度的关系.文物保护与考古科学.1997，9（2）.

38. 刘刚，薛平，等.敦煌莫高窟第85窟气象环境研究.敦煌研究.2000（1）.

后 记

纺织品类文物的数量在我国馆藏文物中占有相当大的比例，许多珍贵的纺织品文物代表了古代中国在艺术、绘画、纺织等多领域的较高成就，已成为研究我国经济、社会、历史等学科稀缺的实物资料。20世纪80年代以来，随着材料科学和工业技术的不断发展，我国学者纷纷探索用各种现代技术保护文物的方法，针对纺织品文物的保护技术也相继问世。但由于构成纺织品文物材料的特殊性，无论传世品还是考古出土品均不易保存。这些文物的病害状况千差百异，给保护工作带来了极大的困难。

纺织品文物保护修复是一门综合学科，不仅需要了解纺织技术，还要掌握考古、艺术、材料、化学、生物、环境等多学科知识。因此，人才培养是纺织品文物保护修复领域一直面临的重大问题。在此背景下，受国家文物局的资助，中国文化遗产研究院组织文博系统科研院所、博物馆及相关高校的专家学者共同编写了这本《纺织品文物保护修复概论》，旨在归纳总结以往的专业经验，较为全面地涵盖纺织品文物保护修复中所涉及的相关学科知识及近几年的科研成果，并以此指导工作实践，进一步提高我国纺织品文物保护修复的整体水平。

全书由高雅统稿，编写人员具体分工如下：

第1章　绪论：路智勇；

第2章　出土纺织品文物考古现场的保护：魏彦飞、赵西晨；

第3章　纺织品文物的相关分析鉴别技术：王允丽、王晨、李红梅、李玉芳、魏书亚、陈杨、何海平、武望婷；

第4章　纺织品文物的保护与修复：路智勇、陈杨、贾汀、谷岸、王京菊、王建明；

第5章　纺织品文物的预防性保护：郭宏、王方、王春蕾。

在此特别感谢王丹华、潘路等专家的指导；感谢所有作者的辛勤付出。本书虽经长期磨合，但仍存诸多偏颇缺漏，敬请各位读者提出宝贵意见并不吝赐教。

2019 年 11 月